DANOS EXTRAPATRIMONIAIS

nas relações de trabalho

Alexandre Agra Belmonte

DANOS EXTRAPATRIMONIAIS

nas relações de trabalho

Identificação das ofensas extrapatrimoniais morais e existenciais e sua quantificação

5ª edição
Revista, atualizada e ampliada

2024

EDITORA JusPODIVM
www.editorajuspodivm.com.br

EDITORA *Jus*PODIVM
www.editorajuspodivm.com.br

Rua Canuto Saraiva, 131 – Mooca – CEP: 03113-010 – São Paulo – São Paulo
Tel: (11) 3582.5757
• Contato: https://www.editorajuspodivm.com.br/central-de-relacionamento

Diagramação: Equipe *Jus*PODIVM

Capa: Ana Caquetti

B451d Belmonte, Alexandre Agra
Danos Extrapatrimoniais nas Relações de Trabalho / Alexandre Agra Belmonte – 5.ed., rev., atual. e ampl. - São Paulo: Editora JusPodivm, 2024.
512 p.

ISBN: 978-85-442-5363-2

1. Direito do Trabalho. I. Belmonte, Alexandre Agra. II. Título.

CDD 342.6

BIBLIOTECÁRIA RESPONSÁVEL

Ana Carolina Ribeiro Mois – CRB7 – RJ 007348/0

À Cristina Capanema Thomaz Belmonte, meu norte;
aos meus filhos João Gabriel, Pedro Ivo e Daniel Belmonte;
e ao meu enteado Pedro Capanema

APRESENTAÇÃO

Por ocasião do lançamento da primeira edição, em 2001, de nossa obra intitulada *Dos Danos Morais no Direito do Trabalho*, pela Editora Renovar, pouca coisa havia sido escrita sobre os danos morais decorrentes das relações de trabalho. Sequer existia o atual Código Civil, de 2002, que, passando a prever a composição do dano moral e atribuir poder discricionário ao juiz para a fixação da indenização na esfera cível, terminou estimulando vários estudos sobre o assunto, com repercussão na área trabalhista.

Na época, ainda em 2001, anteriormente ao referido diploma civil, partindo do estudo da responsabilidade civil e da natureza dos danos causados aos direitos da personalidade, defendemos a existência de um dano moral trabalhista típico, que deveria ser enfrentado na própria Justiça do Trabalho, de acordo com os princípios e normas materiais e processuais trabalhistas.

Observava, então, que a ofensa dirigida por um componente de uma roda de jogo a outro caracterizava dano moral comum, enquanto a ofensa moral direcionada a uma empregada, acompanhante de um senhor idoso, em meio a um jogo de cartas destinado a distraí-lo durante o expediente de trabalho, importava em dano moral tipicamente trabalhista, a ser composto no contexto das regras e princípios regentes do Direito do Trabalho. Dizíamos que a competência constante do art. 114 da Constituição da República, para apreciar os conflitos individuais e coletivos decorrentes da relação de trabalho, abrangia também a atribuição do poder de julgar o dano moral decorrente.

Também defendi, naquela oportunidade, a composição, pela Justiça do Trabalho, da indenização devida pelo empregador ao empregado, como decorrência dos acidentes do trabalho.

Finalmente, procurei então demonstrar a existência e composição, na seara trabalhista, dos danos morais impostos a uma comunidade de trabalhadores (danos morais coletivos).

No início, a matéria nada tinha de pacífica. Pelo menos três correntes podiam ser identificadas: a que defendia a existência e composição, pela Justiça do Trabalho, de um dano moral típico; a que negava ambos os aspectos; e a que os entendia admissíveis, mas somente após a edição de lei ordinária.

Já por ocasião da segunda edição daquela obra, boa parte da doutrina e a jurisprudência, inclusive do STF, exceto no tocante aos acidentes de trabalho – em que se iniciava nova controvérsia –, admitiam a competência da Justiça do Trabalho para a composição de danos morais decorrentes da relação de emprego.

Com a Emenda Constitucional n. 45, de 2004, a pequena resistência que ainda havia à apreciação, pela Especializada, da caracterização e composição de dano moral tipicamente trabalhista, restou superada. Norma expressa lhe atribui esse poder (art. 114, VI, da CF). E, conforme interpretação do STF, também para compor os danos morais e materiais decorrentes dos acidentes do trabalho causados pelo empregador.

A reforma constitucional foi além e atribuiu à Justiça do Trabalho a competência para decidir os danos patrimoniais e morais decorrentes não apenas da relação de emprego, mas também das demais relações de trabalho. Nos referimos, especificamente, às relações em que o trabalhador, a exemplo do que já ocorria por força do art. 652, III, da CLT (pequeno empreiteiro ou artífice), sem falar nos trabalhadores avulso e temporário, executa trabalho pessoal, sem natureza empresarial ou consumerista.

Considerando que a matéria já se encontra devidamente sedimentada na lei e na jurisprudência quanto às hipóteses de caracterização do dano moral em sede trabalhista, inclusive no tocante ao regime prescricional aplicável, resta agora a investigação de um tema que tem atormentado os juristas: como manejar os critérios de quantificação do dano moral, estabelecidos no art. 223-G, da CLT.

A Constituição Federal admite, no art. 5º, V e X, a fixação de valor pecuniário para a composição do dano moral ofensivo de direito da personalidade do trabalhador (dano moral puro ou direto), independentemente de ofensa patrimonial.

Regulamentando a Constituição, o art. 944, do Código Civil, subsidiariamente aplicável à CLT por força do art. 8º, §1º, estabelece os critérios que devem ser utilizados na fixação da compensação pecuniária: indenização integral, abrangendo o dano em toda a sua extensão ou intensidade, servindo-se dos princípios da proporcionalidade e da razoabilidade para avaliação do grau de culpa e das agravantes e atenuantes relacionadas à situação concreta, para aferição de uma justa e equitativa indenização. Ou seja, permite ao magistrado que, de forma discricionária, mas justificada na avaliação dos critérios objetivos agora fornecidos pelo legislador trabalhista no art. 223-G, da CLT, fixe a indenização.

Anteriormente à reforma trabalhista, que incluiu na CLT os artigos 223-A a 223-G, apresentamos critérios objetivos na obra publicada pela LTr, *Tutela da composição dos danos morais nas relações de trabalho – Identificação das ofensas morais e critérios objetivos para quantificação*, de 2014, que terminaram, em linhas gerais, acolhidos pelo legislador. As diferenças foram a opção legislativa pela tarifação, em detrimento do critério aberto de indenização final que propúnhamos, bem como o valor de partida, eis que o legislador, contra a jurisprudência histórica e pacífica da Corte constitucional, escolheu o salário contratual e não o que entendíamos mais razoável, um valor neutro. Resultado: a questão foi parar no STF, em julgamento concluído em 23/6/23, em que a Corte decidiu assegurar a postulação do dano em ricochete na Justiça do Trabalho, e que os critérios de quantificação compensatórios do dano extrapatrimonial previstos na CLT são meramente orientativos, podendo ser superados pelas circunstâncias.[1]

Esta obra tornou-se mais ampla, quer na identificação dos danos morais, quer pela inclusão dos danos existenciais.

A obra parte das noções gerais de responsabilidade civil, que abrange danos patrimoniais e extrapatrimoniais, indispensáveis à caracterização do

1 https://portal.stf.jus.br/noticias/verNoticiaDetalhe.asp?incidente=5612680.

nexo causal e suas excludentes, notadamente o fato exclusivo da vítima, o fato de terceiro, o caso fortuito, a força maior e o fato do príncipe; da distribuição de culpas, quando concorrentes; ou da imputação objetiva pelo fato da atividade ou da lei.

Daí prossegue no estudo dos direitos da personalidade, dos aspectos gerais do dano extrapatrimonial e da caracterização de típico dano trabalhista. Classifica os danos morais individuais trabalhistas em danos causados aos atributos valorativos da personalidade, aos atributos físicos da personalidade e aos atributos psíquicos ou psicológicos da personalidade e investiga as hipóteses configuradoras do dano extrapatrimonial coletivo, sem deixar de enfrentar outros danos de natureza extrapatrimonial, como os danos estéticos, existenciais e sociais.

Diante da pandemia da COVID-19, a responsabilidade do empregador por danos à saúde do trabalhador, tanto no setor da saúde, quanto nos demais, também é abordada.

Por fim, se dedica ao estudo da operacionalização necessária à parametrização dos danos extrapatrimoniais individuais e coletivos, sem descuidar do enfrentamento das questões atinentes à prescrição, atualização monetária e juros.

O Autor

PREFÁCIO

Nas certeiras e clássicas palavras do jurista italiano Luigi Mengoni, o modelo antropológico do Direito do Trabalho "pressupõe o homem que trabalha, e não simplesmente um proprietário de força de trabalho que a oferece no mercado" (La tutela giuridica della vita materiale nelle varie età dell'uomo. *Rivista Trimestrale di Diritto e Procedura Civile*, 1982, p. 1.121). E, com efeito, o trabalhador não é, apenas, um ser laborioso e produtivo, alguém que se dedica a cumprir escrupulosamente as múltiplas obrigações emergentes do contrato de trabalho, vendendo as suas energias laborais com o fito de obter um determinado rendimento patrimonial; antes e mais do que trabalhador, ele é uma pessoa e um cidadão, ainda que, ao celebrar e executar o contrato de trabalho, ele fique colocado sob a autoridade e direcção de outrem, a entidade empregadora, inserindo-se no respectivo âmbito de organização.

O cerne do Direito do Trabalho consiste, precisamente, nessa relação de troca trabalho-salário, fundada num (ou disfarçada de?) contrato, relação marcadamente patrimonial à qual assiste, no entanto, uma dimensão irrecusavelmente pessoal – pois a força de trabalho não é dissociável do trabalhador, e este, tanto ou mais do que sujeito do contrato, é objecto do mesmo. Com efeito, o trabalhador compromete intensamente a sua pessoa na relação laboral, ele como que se incorpora nesta ao efectuar a prestação devida, ao invés do que sucede com o empregador, que apenas participa limitadamente. Por isso mesmo não espanta que, certa vez, o famoso empresário Henry Ford se tenha queixado de que, ao pretender contratar um par de mãos, recebera também um ser humano...

Eis, então, os ingredientes que compõem esse verdadeiro triângulo mágico:

> 1° A força de trabalho é um atributo inseparável da pessoa do trabalhador, o que supõe um profundo envolvimento da pessoa deste na execução, em moldes heterodeterminados, do contrato de trabalho. Por isso mesmo se diz que, ao alienar a disponibilidade da sua força de trabalho, o trabalhador se aliena, de algum modo, a si próprio;
>
> 2° A relação de trabalho é uma relação estruturalmente assimétrica, isto é, manifestamente inigualitária, pois o trabalhador, a mais de, em regra, carecer dos rendimentos do trabalho para satisfazer as suas necessidades essenciais (dependência económica), fica sujeito à autoridade e direcção do empregador em tudo o que diz respeito à execução do trabalho (subordinação jurídica). Para o trabalhador, cumprir é, antes de mais nada, obedecer, vale dizer, a sua vontade compromete-se pelo contrato, mas também se submete nesse contrato;
>
> 3° Nos termos do disposto no n.1 do art. 496° do Código Civil português, "na fixação da indemnização deve atender-se aos danos não patrimoniais que, pela sua gravidade, mereçam a tutela do direito". Ou seja, a ressarcibilidade dos chamados "danos morais" encontra-se há muito positivamente consagrada no direito privado lusitano, tal como, de resto, no direito brasileiro.

A combinação dialéctica destes três ingredientes – pessoa, poder e dano, dano sofrido pela pessoa que se submete ao poder de outrem – no seio da relação de trabalho vem se revelando explosiva e explica a indesmentível e crescente importância que as questões relativas ao dano moral vêm assumindo no plano jurídico-laboral.

De tudo isto se ocupa, com notável mestria, o autor desta obra. Quem conhece seu trabalho sabe que Alexandre Agra Belmonte vem reflectindo, há muito, sobre as estreitas relações entre o Direito Civil e o Direito do Trabalho. Nas páginas que seguem, o autor discorre judiciosamente sobre temas tão centrais como os da responsabilidade civil e responsabilidade trabalhista, sobre os direitos de personalidade do trabalhador, sobre os assédios moral e sexual, sobre a prescrição trabalhista, sobre a enorme multiplicidade de danos morais susceptíveis de ocorrerem nas relações de trabalho e, bem assim, sobre a melindrosa questão da avaliação e composição do dano moral, buscando critérios objectivos para a fixação do valor da indemnização devida nesses casos.

Alexandre Agra Belmonte não carece de elogios fáceis. Seu trabalho aí está, à vista de todos, para ser lido, escrutinado, debatido, quiçá criticado. É o trabalho de um jurista conhecedor, sagaz e metódico, um texto que alia as qualidades de académico reconhecido e de magistrado brilhante, aquele que agora se dá à estampa. Não posso deixar de recomendar vivamente a leitura desta obra a todos quantos se ocupam das questões trabalhistas, pois não sofre dúvida que, no Brasil e em Portugal, vem-se atribuindo uma importância crescente à tutela jurídica da personalidade do trabalhador. Ora, uma parte dessa tutela passa pela identificação e pelo ressarcimento dos danos morais por este sofridos no âmbito das relações trabalhistas. Pois, na verdade, como alguém lucidamente observou, o trabalho não existe, o que existe são pessoas que trabalham em proveito e sob a autoridade de outrem...

Alexandre Agra Belmonte está de parabéns. Leiam este livro e colham seus preciosos ensinamentos. Eu já o li, mas irei, sem dúvida, relê-lo com redobrado gosto e proveito assim que for publicado.

João Leal Amado

Professor Associado da Faculdade de Direito da Universidade de Coimbra.

SUMÁRIO

INTRODUÇÃO

Nem sempre os bens jurídicos estão localizados no mundo exterior. Há direitos que se situam no âmbito da própria pessoa, integrando o seu ser, porque essenciais a uma existência livre, igualitária, solidária e socialmente justa na ordem social e econômica.

Tais direitos, inatos e interiores à pessoa e, por isso, integrantes da sua personalidade, são tão merecedores de tutela jurídica quanto os bens exteriores, pelo que também podem ser objeto de direito. Regulados no plano infraconstitucional como direitos da personalidade, são direitos fundamentais à integridade física, psicológica e moral da pessoa humana, a exemplo dos direitos à vida, integridade física, da liberdade de ir e vir, de circulação, manifestação do pensamento, convicção, crença, expressão, informação, sexual, reunião e associação e dos direitos à imagem, intimidade, vida privada, segredo das comunicações, segurança, saúde, greve e tratamento respeitoso das condições pessoais e profissionais.

A tutela dos direitos da personalidade não é exclusiva do ser humano. A pessoa jurídica também é detentora de personalidade, embora de aquisição e para finalidade distintas da pessoa natural. Daí que também adquire direitos da personalidade a partir de sua existência, tais como o direito ao nome, à marca, à imagem, ao segredo empresarial e ao sigilo das comunicações, que merecem proteção.

Os direitos da personalidade ingressam na categoria de direitos extrapatrimoniais, posto que, ao contrário dos bens patrimoniais, que têm valoração pecuniária, são destituídos de avaliação econômica.

Com efeito, se alguém causa um dano patrimonial à esfera jurídica alheia, é possível mensurar o valor reparatório, quer quanto ao dano emergente, quer quanto aos lucros cessantes, se incidentes. Mas se alguém ofende a honra ou a intimidade alheia, como calcular o sofrimento imposto?

Enfim, a importância da distinção entre danos patrimoniais e extrapatrimoniais está em que os danos causados aos direitos de natureza econômica são compostos pela via reparatória com base na equivalência pecuniária em relação ao bem ofendido, eis que se pelo meio pecuniário são valorados ou medidos, por essa via devem ser os prejuízos compostos, na exata medida do dano experimentado pela vítima. Já os danos causados aos direitos da personalidade, porque extrapatrimoniais, não têm equivalência econômica e sua composição, quando impossível *in natura* – e geralmente o é, ocorre por meio de paliativo econômico, tão somente como forma de compensar os efeitos da ofensa e pedagogicamente reprimir novas investidas do ofensor.

Lembra MARIA HELENA DINIZ que, na hipótese de o ofendido reclamar uma compensação pecuniária em decorrência de dano moral, não se está a pretender um preço para a sua dor, mas sim a concessão de um meio capaz de atenuar as consequências do dano. Ao contrário do dano patrimonial, na reparação do dano moral o dinheiro não tem equivalência com o prejuízo causado, porque a dor não pode ser concretamente medida. Acrescenta, com propriedade, que o padecimento, dor ou aflição decorrentes da ofensa a um bem jurídico extrapatrimonial encontra outros meios de solução[2].

Realmente, a revolta e humilhação provocadas pela agressão à honra; a dor decorrente da morte de um filho, provocada por terceiro; o complexo advindo do acidente causado por avanço de sinal, tornando a vítima paraplégica; o trauma derivado da perda de um membro em defeituosa prensa não pode ser desfeito. Não há retorno possível ao *status quo ante*, pelo que devem ser buscadas outras formas de solução jurídica para compor ofensas dessa natureza.

---

2 DINIZ, Maria Helena. Curso de Direito Civil Brasileiro, Responsabilidade Civil, 7a ed, Saraiva, 1998, p. 82.

É certo que como decorrência do relacionamento social, inúmeras transgressões, intencionais ou não, são passíveis de cometimento aos direitos da personalidade e o fato de serem extrapatrimoniais não exclui a necessidade de se buscar alternativas para solucionar ou amenizar os efeitos do dano causado. Eventual compensação pecuniária dessa sensação dolorosa pode servir de lenitivo para o ofendido e de exemplar sanção social, dissuasória para o ofensor. Além de servir de exemplo social quanto às consequências dos atos ofensivos ao sentimento alheio, tem a função de coibir o ofensor quanto a novas investidas e de proporcionar ao ofendido o custeio de prazeres compensatórios da dor, proporcionados pelo dinheiro.

Convém, no entanto, não esquecer que lesões causadas a direitos da personalidade, como a cometida à integridade física de uma pessoa em decorrência de acidente do trabalho, pode produzir, além do dano estético (defeito aparente), da dor sentimental decorrente da deformidade (humilhações, limitações e complexos, advindos, por exemplo, da perda de movimentos) e de impedimentos existenciais de vida pessoal, familiar e/ou social), reflexos patrimoniais ou econômicos (dano patrimonial indireto, consistente no ressarcimento de despesas hospitalares, médicas e de tratamento) e indenização pelo impedimento temporário ou permanente de exercício de labor remunerado, sem falar, no plano existencial, em impossibilidades de aspirações futuras e de regular vida social.

O mesmo é possível dizer das ofensas à honra, em que, além da dor sentimental, prejuízos reflexos de ordem econômica podem ser experimentados, como diminuição de clientela ou maior dificuldade de acesso ao mercado de trabalho, pelas consequências das investidas contra a credibilidade da pessoa humana.

A respeito, observa MARIA HELENA DINIZ que a reparação ou compensação dos danos não fica limitada às lesões decorrentes das agressões à integridade corporal ou à vida: havendo ofensas aos direitos do autor, à honra das pessoas, ao seu nome, ter-se-á dano moral, que não elimina, contudo, a possibilidade de verificação de dano patrimonial indireto caso impeçam ou dificultem a atividade profissional do ofendido[3].

---

3 Ob. cit., p. 76.

Para MIGUEL REALE, quando é atingida a dimensão social ou a imagem (dimensão ética) de uma pessoa no meio social, diminuindo-lhe o valor perante a opinião pública, tem-se o dano moral objetivo (atinente assim à consideração social). Já se agressão se refere a estados d'alma, sofrimentos ou sensações dolorosas que afetem os valores íntimos da pessoa, tem-se o dano moral subjetivo (pertinente assim à consideração pessoal)[4].

O revogado Código Bevilaqua (Código Civil de 1916) apenas estabelecia o legítimo interesse moral como condição para o exercício do direito de ação (art. 76 daquele diploma), determinando somente em casos específicos a forma de reparação dos danos a direitos personalíssimos (por exemplo, para os crimes de violência sexual e danos por injúria). Consequentemente, àquela época houve quem sustentasse que o sistema era limitativo, com restrição da reparabilidade do dano basicamente às hipóteses previstas em lei e assim mesmo, via de regra, quando se verificasse a existência concomitante de prejuízo material. Havia, dizia-se, a impossibilidade de avaliação pecuniária de dores e sofrimentos – o *pretium doloris*[5], tese por muito tempo acolhida pela jurisprudência[6], a afastar a fixação de dano moral puro.

Se, num primeiro momento, a interpretação fria da lei afastou, salvo nos casos especificados, a reparação do sofrimento íntimo, o passar do tempo e o alcance de uma época em que a socialização dos riscos, fundamento inclusive da responsabilidade objetiva, cada vez mais encontrava adeptos (destinando-se o seguro de vida exatamente a compensar, pela via econômica, a morte ou acidente sofrido[7]), abalaram, sobremaneira, esse posicionamento. Quando menos, impunha-se a fixação de indenização em pecúnia para coibir as ofensas morais e satisfazer a vítima com algum lenitivo ou prazer compensatório do dano experimentado.

---

4 *Temas de Direito Civil, O Dano Moral no Direito Brasileiro*, RT, 1992, p. 23.

5 CAHALI, Yussef Said. *Dano Moral*, RT, 1998, p. 50-51.

6 V.g., GOMES, Orlando. *Obrigações*, 195 p. 334 e ALVIM, Agostinho. *Da Inexecução das Obrigações e suas Consequências*, n. 159 e 160, p. 220-221.

7 WALD, Arnoldo. *Obrigações e Contratos*, vol. II, 1992, p. 118.

Partindo-se do pressuposto de que a pessoa tanto pode ser lesada no que tem, como no que é[8] e no que poderia vir a ter, da construção jurídica limitativa da composição dos direitos personalíssimos apenas quando decorrente da reflexão no patrimônio (com tutela pela via obrigacional e indenização do concreto prejuízo de natureza patrimonial acaso verificado como resultado de uma ofensa moral), passou-se a sustentar, embora não sem resistência, a compensação do sofrimento íntimo, independentemente da verificação de prejuízo material.

A atual Constituição, construída no Estado Democrático de Direito, encerrou definitivamente quaisquer discussões a respeito da indenizabilidade direta do dano moral. Ela aponta a justiça social como um de seus valores supremos (art. 3º, I), apresenta a dignidade humana como um dos fundamentos do Estado brasileiro (art. 1º, III) e assegura, além da inviolabilidade da honra, imagem, intimidade e vida privada (incluindo o sigilo da correspondência e das comunicações telegráficas, de dados e das comunicações telefônicas – art. 5º, XII), a proteção dos demais direitos fundamentais extrapatrimoniais, além de indenização por dano material ou moral decorrente da respectiva transgressão (art. 5º, V e X).

Ao assim proceder, veio a consagrar, definitivamente e sem limitações, o direito à reparação de ofensa a interesses extrapatrimoniais, notadamente os morais. Ou seja, sem fazer qualquer exigência à necessidade de repercussão econômica para a respectiva indenizabilidade, demonstrou contentar-se com o simples fato da violação (dano moral puro).

Enfim, a composição do dano extrapatrimonial, mormente quanto aos atributos valorativos da personalidade do sujeito enquanto ente social, não está, necessariamente, ligada a prejuízo de ordem patrimonial (dano patrimonial), menos ainda à existência de uma economicidade imediata, pelo que eventual compensação pecuniária da dor sentimental causada, por exemplo, à vida privada, à intimidade e ao sigilo, não decorre de ofensa patrimonial[9].

---

8 Von JHERING, Rudolf. *Actio Injuriarum des lésions injurieuses en droit romain (et en droit français)*, trad. Meulenaere. Chevalier, Paris, 1988, p. 1 e 24.

9 Observa Caio Mário da Silva Pereira, a enumeração constitucional é meramente exemplificativa (*in Responsabilidade Civil*. 4. ed. Forense: Rio de Janeiro, 1993. p. 58).

O Código Reale, de 2002, além de regular, expressamente, os direitos da personalidade (arts. 11 a 21), também prevê indenização por dano moral puro, regulamentando o texto constitucional e fornecendo critérios gerais para a sua apuração (arts. 944 e 945, do Código Civil).

Por força da Lei nº 13.467/2017, a CLT agora identifica, expressamente, os danos extrapatrimoniais verificáveis nas relações de trabalho (embora, evidentemente, de forma exemplificativa), os critérios objetivos para a sua composição e, não obstante questionáveis quer quanto ao critério estabelecido para o valor inicial, quer quanto à fixação de tetos por classes, limitações valorativas da indenização, que em nosso entender, devem ser interpretadas como meramente sugestivas, podendo ser fundamentadamente superadas (arts. 223-A a G, da CLT).[10]

Empregado e empregador têm deveres recíprocos, que decorrem, basicamente, das características da bilateralidade, da comutatividade, da alteridade, da pessoalidade, da fiduciariedade e da sucessividade contratuais.

Com efeito, o vínculo se desenvolve em torno de duas prestações fundamentais e correlatas: a do trabalhador de prestar o serviço objetivado no contrato (prestação de fazer) e a do empregador, de pagar a remuneração aplicável à execução do trabalho obreiro (prestação de dar).

Sendo o empregado um auxiliar no desenvolvimento de atividade organizada pelo empregador, por conta e em proveito do qual trabalha e a quem está pessoalmente subordinado, inúmeras são as obrigações complementares à de prestar o serviço ajustado: deve fazê-lo pessoalmente e com obediência ou atenção às determinações patronais, diretrizes e regulamento interno e na conclusão e execução do contrato, agir com probidade, fidelidade, colaboração, diligência e eficiência, devendo ainda respeito à pessoa do empregador e aos seus colegas de trabalho.

10 Se para a reparação do dano patrimonial o valor do salário do trabalhador é ponto de partida adequado, para efeito de dano extrapatrimonial a dor sentimental termina medida por critério que diferencia a pessoa pelos ganhos, estando a questão a merecer revisão legislativa para a adoção de um valor neutro, por exemplo, calculada como ponto de partida pelo maior valor de benefício da previdência social.

Por seu turno, também do empregador exige-se a observância de diversas prestações correlatas ao direito de exigir do empregado a prestação de serviços: como decorrência da probidade e boa fé e dos princípios que informam o Direito do Trabalho e o contrato em que se desenvolve a relação, não pode, sem o consentimento do empregado, alterar as cláusulas contratuais essenciais; deve exigir os afazeres obreiros nos exatos limites da função e das aptidões do empregado, respeitando assim as condições pessoais do trabalhador e a sua qualificação profissional; deve cumprir as normas legais e coletivas de melhoria das condições de trabalho e remunerá-lo, integralmente, no tempo, modo, forma e lugar do pagamento. Ou seja, o exercício do poder empregatício, decorrente da livre iniciativa, tem por limites a lei e normas coletivas, as cláusulas contratuais e os direitos fundamentais do trabalhador, tudo apreciável sob o ângulo da dignidade da pessoa, humana, do valor social do trabalho e do meio ambiente seguro e saudável.

O desrespeito às obrigações das partes no contrato de emprego configura a culpa contratual. E, diante da falta, de sua intensidade, repetição e circunstâncias, pode ensejar a aplicação de penas disciplinares (advertência e suspensão), quando cometida pelo empregado. Ou então a simples anulação do ato, quando cometida pelo empregador e o obreiro não tiver interesse na solução do pacto. Ou ainda a resolução culpável do contrato, quer mediante o despedimento por justa causa, quer mediante a "rescisão indireta" (resolução culposa).

Diante dos elementos constitutivos da relação de emprego, das características do contrato de trabalho e do poder empregatício, que atua como elemento limitador do exercício dos direitos fundamentais do trabalhador, tais fatores são, evidentemente, suscetíveis de gerar abusos e ofensas extrapatrimoniais e, consequentemente, danos morais típicos do relacionamento entre empregado e empregador.

Como todo e qualquer relacionamento jurídico, o trabalhista é uma via de mão dupla. Também é possível o descumprimento das obrigações pelo trabalhador, incluindo o desrespeito aos direitos da personalidade da pessoa física ou jurídica do empregador. Assim como a vida, integridade física, intimidade, privacidade e outros bens jurídicos do empregador pessoa física, podem ser colocados em risco pelo trabalhador, o nome, a imagem e os segredos empresariais da pessoa jurídica do empregador também são suscetíveis de serem ofendidos pelo trabalhador.

O presente estudo, não obstante discorra sobre a identificação e as diversas questões relacionadas à caracterização dos danos extrapatrimoniais decorrentes da relação de trabalho, também tem por fim estabelecer como devem ser utilizados os critérios objetivos destinados a nortear a fixação da indenização pecuniária pelas ofensas.

Finalmente, é preciso observar que dano extrapatrimonial é tema de responsabilidade civil, pelo que não é possível enfrentá-lo sem essa necessária contextualização.

Também se impõe observar que o dano extrapatrimonial inerente às relações de trabalho é típico, decorrente, portanto, dos contornos específicos desse tipo de vínculo. E se existe dano extrapatrimonial tipicamente trabalhista, também existe responsabilidade tipicamente trabalhista.

Passaremos, portanto, ao exame da responsabilidade civil, da responsabilidade trabalhista, dos direitos da personalidade do empregado e do empregador e dos danos extrapatrimoniais trabalhistas, para se chegar, finalmente, à avaliação da indenização, quer em relação aos danos individuais, quer em relação aos danos coletivos, que, evidentemente, devem ser norteadas por critérios distintos (*vide* Capítulo XII). Concluiremos com o exame do regime prescricional aplicável, e dos critérios para atualização monetária e juros em relação ao valor arbitrado.

I

RESPONSABILIDADE CIVIL: NOÇÕES GERAIS

1.1. Conceito e elementos constitutivos

Compete à Justiça do Trabalho processar e julgar as ações de indenização por dano moral ou patrimonial, decorrentes da relação de trabalho (art. 114, VI, da CF).

Ressalvadas as normas de identificação e composição dos danos extrapatrimoniais (arts. 223-A a 223-G) introduzidas pela reforma trabalhista (Lei nº 13.467/2017) e as normas específicas de indenização por descumprimento de obrigações contratuais, a CLT é omissa quanto à regulação geral da responsabilidade. Pelo que a aplicação subsidiária do Código Civil e da teoria geral da responsabilidade civil se faz necessária, reforçando assim a relevância da Teoria do Diálogo das Fontes, eis que o ordenamento jurídico é um todo unitário.

O Código Civil regula a responsabilidade civil nos arts. 927 a 954 e em dispositivos esparsos, atinentes a hipóteses específicas.

Nos artigos 927 a 943 cuida regula da "obrigação" de indenizar e nos artigos 944 a 954 trata dos critérios que devem ser utilizados para fixar a indenização.

Por força do art. 8º, §1º da CLT, tais dispositivos são, portanto, subsidiariamente aplicáveis à CLT em suas omissões, quando compatíveis.

Do exame desses dispositivos legais podemos extrair uma definição sintética de responsabilidade civil, consistente no dever de indenizar o dano causado à esfera jurídica do lesado. O fundamento pode variar: culpa, dolo, risco da atividade, ofensa a dispositivo de lei ou de cláusula contratual e falta de prevenção, cuidado ou precaução, quando exigível. De forma mais precisa e abrangente, responsabilidade civil é a relação jurídica consistente na atribuição do dever garantido por lei, obrigação ou contrato, de reparar ou compensar o dano patrimonial ou extrapatrimonial causado ao ofendido ou ao seu patrimônio, pelo ofensor ou por pessoa, animal, atividade ou coisa sob a sua guarda ou domínio, ou mesmo de compensar o risco de dano na submissão de pessoa ou bem do seu patrimônio a situação potencialmente lesiva, sem a prevenção exigida por lei ou pelo contrato.

FÁBIO ULHOA COELHO dá os seguintes exemplos:

> Motorista que desobedece às regras de trânsito e dá ensejo a acidente, tornando-se devedor dos prejuízos causados pelo ato ilícito; o empresário que fornece ao mercado produto ou serviço defeituoso, deve indenizar os prejuízos derivados de acidente de consumo, derivado do fato jurídico da exploração de atividade econômica de fornecimento de produtos ou serviços; perdas e danos, como prejuízo decorrente do descumprimento de um contrato[1].

São exemplos na área trabalhista: indenização pela quebra do contrato por prazo determinado; indenização compensatória de 40% pela despedida imotivada ou de 20% por motivo de força maior ou culpa recíproca, incidentes sobre o FGTS; indenização patrimonial pela redução da capacidade laborativa do trabalhador em decorrência de acidente de trabalho; indenização por dano estético; indenização por dano moral à honra ou imagem do trabalhador; indenização por impedimentos existenciais.

A legislação trabalhista dispõe sobre o dever de indenizar, por exemplo, nos 4º, §1º, 223-F a G, 439, 449, §2º, 475, §1º, 478-A, 479, 480, 483, 484, 484-A, 485, 486, 490, 496, 497, 498, 499, §§2º e 3º, 502, 504, 611-B, III, 729, §2º, 793-C, §3º e 846, §2º; 28, I e II, 29, §5º e 31, da Lei nº 9.615/1998; 5º, V e X e 7º, I e XXVIII, da CF; e art. 10, I, do ADCT.

---

1 Curso de Direito Civil, vol.02, Saraiva, 2ª edição, 2004, p. 252.

1.1.1. Natureza jurídica

A responsabilidade civil não se esgota na obrigação descumprida, pelo que a sua natureza jurídica não é obrigacional sucessiva, e sim autônoma.

Assim ocorre, porque o dever de indenizar tanto pode advir de momento sucessivo da relação obrigacional descumprida, como admite a forma autônoma, de responsabilidade extracontratual ou aquiliana (*tort law*[2]), a exemplo de um acidente de trânsito, envolvendo pessoas que não tinham entre si um vínculo obrigacional.

Tecnicamente, obrigação é espécie de relação jurídica de crédito, estabelecida em torno de uma prestação de dar, restituir, fazer ou não fazer para o alcance de um bem jurídico de natureza econômica, com garantia geral incidente sobre o patrimônio do devedor. E a responsabilidade tanto pode resultar de relações jurídicas originárias de conteúdo extrapatrimonial, sem obrigação antecedente, como também pode se verificar obrigação sem responsabilidade, a exemplo das obrigações naturais[3].

Apenas se adotada a ideia de que em sentido lato obrigação é palavra sinônima de dever jurídico, poder-se-á entender responsabilidade sempre corresponderia a uma obrigação descumprida.

1.1.2. Fato gerador do dever de indenizar

Todo e qualquer fato lesivo, causador de dano patrimonial ou extrapatrimonial decorrente da prática de ato ilícito, de previsão legal, do exercício de atividade de risco e da falta de prevenção ou precaução, quando exigível, e uma vez preenchidos os pressupostos de caracterização da responsabilidade, é suscetível de reparação ou composição.

O dever de indenizar o dano pode e costuma decorrer da prática de ato ilícito, cuja definição consta dos arts. 186 e 187, do CC, assim com

---

2 "A tort is an act or omission that gives rise to injury or harm to another and amounts to a civil wrong for which courts impose liability. In the context of torts, "injury" describes the invasion of any legal right, whereas "harm" describes a loss or detriment in fact that an individual suffers". Legal Information Institute (Cornel Law School). Disponível em https://www.law.cornell.edu/wex/tort na data de 13/5/2024.

3 Aquelas em que o cumprimento é facultativo, porque destituída de coerção para cumprimento, caso da dívida prescrita.

fundamento, como regra, na prática de ato culposo, doloso ou abusivo do ofensor, gerador do dano – responsabilidade subjetiva – *caput* do art. 927, do CC.

No entanto, ele também pode derivar de hipóteses em que, independentemente de culpa ou dolo, basta a verificação objetiva do fato do dano por evento atribuível ao titular de uma atividade ou pela imputação decorrer da responsabilidade por pessoa, coisa ou animal que venham a causar dano à vítima. Assim ocorre nos casos especificados em lei sejam ou não de risco (a exemplo dos de responsabilidade acima referidos – art.932, CC [4]), ou naqueles em que o exercício da atividade implique em risco acentuado a direito alheio (responsabilidade objetiva, previsto no parágrafo único do art. 927, do CC).[5] Finalmente, há situações em que o fato da mera exposição de pessoa ou patrimônio a risco, ainda que não ocorra sinistro à vítima, é suficiente para caracterizar dano indenizável ou compensável, de forma individual ou coletiva. Como exemplo, a falta de prevenção adequada contra os riscos ambientais à saúde e segurança do trabalhador (art. 7º, XXII, CF).

1.2. Funções da responsabilidade civil

Para FÁBIO ULHOA, a responsabilidade civil cumpre funções compensatória e preventiva.

Observa o jurista que a função compensatória visa recompor o prejuízo experimentado pelo lesado. Quando o prejuízo é patrimonial,

4 BRASIL, Lei nº 10.406, de 10 de janeiro de 2002 (Código Civil), art. 932. "São também responsáveis pela reparação civil: I - os pais, pelos filhos menores que estiverem sob sua autoridade e em sua companhia; II - o tutor e o curador, pelos pupilos e curatelados, que se acharem nas mesmas condições; III - o empregador ou comitente, por seus empregados, serviçais e prepostos, no exercício do trabalho que lhes competir, ou em razão dele; IV - os donos de hotéis, hospedarias, casas ou estabelecimentos onde se albergue por dinheiro, mesmo para fins de educação, pelos seus hóspedes, moradores e educandos; V - os que gratuitamente houverem participado nos produtos do crime, até a concorrente quantia." Disponível em https://www.planalto.gov.br/ccivil_03/leis/2002/l10406compilada.htm na data de 12/5/2024.

5 BANDEIRA DE MELLO, Oswaldo Aranha. Conceito de Responsabilidade e Responsabilidade Civil. v. 3. item 23. São Paulo: RDPubl, 1968; LOPES, Serpa. Curso de Direito Civil. 2. ed. Rio de Janeiro: Freitas Bastos, 1962. pp. 186-187.

a compensação equivale ao dano, ao passo que no extrapatrimonial é lenitiva.

Finalmente, que a função preventiva é de natureza sancionatória dos atos ilícitos na responsabilidade subjetiva, e de socialização de custos na objetiva[6].

De nossa parte, entendemos que a responsabilidade civil cumpre funções preventiva ou precaucional, reparatória ou restituitória e compensatória ou lenitiva. E, em se tratando de dano extrapatrimonial individual ou coletivo, com o acréscimo das funções punitiva e exemplar.

A função preventiva ou precaucional atua impondo medidas para evitar o dano ou prevenir contra o risco ou efeitos do acontecimento danoso. Nas relações de trabalho há previsão constitucional de que a prevenção contra os riscos ambientais à saúde e segurança é direito dos trabalhadores (art. 7º, XXII, CF). E a jurisprudência trabalhista concede indenização por dano extrapatrimonial ao bancário encarregado de transportar numerário para outra agência, pelo risco inerente a que submetido.

A função reparatória visa a recomposição integral dos danos patrimoniais causados, envolvendo o dano emergente e os lucros cessantes.

Em se tratando de responsabilidade objetiva fundada no risco, ainda que a atividade seja necessária à comunidade, o fato de se tornar potencialmente causadora de dano faz com que seja justo que a vítima que sofre individualmente com os malefícios do benefício social trazido à sociedade, ou econômico ao empreendimento, seja indenizada.

A função compensatória, incidente no dano extrapatrimonial, visa, de forma lenitiva, compensar os sofrimentos espirituais e os impedimentos causados à vida pessoal e de relações familiares e sociais pelas ofensas aos direitos da personalidade. Compensar, porque a reparação dependeria do retorno do bem jurídico ofendido ao *status quo* ante, mediante substituição do bem jurídico afetado por outro igual ou o valor monetário correspondente à perda, conforme valor de mercado. Obviamente, as dores sentimentais e os impedimentos não têm valoração econômica. A indenização é lenitiva. Compensa, pune e dá exemplo social.

---

6 Ob.cit, pp. 270-271.

As funções punitiva e exemplar decorrem do fato de que o ofensor que precisa indenizar a ofensa a direito extrapatrimonial, que é um direito que não tem valoração de mercado, tem, independentemente do caráter compensatório da dor sentimental causada, natureza de punição pelo dano e de exemplo social pedagógico.

NELSON ROSENVALD, ao abordar a multifuncionalidade da responsabilidade civil destaca exatamente as funções compensatória, punitiva, restituitória, precaucional e promocional.[7]

1.3. Requisitos, pressupostos ou elementos da responsabilidade

São requisitos, pressupostos ou elementos da responsabilidade civil o fato lesivo, o nexo causal e o dano.

1.3.1. Fato lesivo. Ato ilícito e fato da atividade

Fato lesivo é o fato jurídico suscetível de causar dano. Todavia, ele é apenas um dos requisitos de caracterização da responsabilidade civil, posto que deve ser considerado juntamente com o dano concretamente produzido no contexto do nexo causal e de suas eventuais circunstâncias e excludentes.

O fato lesivo pode ser subjetiva ou objetivamente considerado. Quando subjetivamente considerado, precisa configurar-se como comportamento voluntário comissivo ou omissivo, caracterizador de um ato ilícito, para adquirir aptidão indenizatória. Objetivamente considerado, precisa configurar-se na realização de uma situação específica, prevista em lei ou como decorrência do risco de uma atividade.

1.3.1.1. Fato lesivo (voluntário) na apreciação subjetiva. A culpa como fundamento

A apreciação subjetiva do fato suscetível de causar dano requer que ele seja voluntário e a avaliação da conduta. Com efeito, o fato lesivo será

7 ROSENVALD, Nelson e BRAGA NETTO, Felipe. Responsabilidade Civil – Teoria Geral. Editora Foco, Indaiatuba, SP, 2024, pp.95-202.

subjetivamente apreciado quando o comportamento consistente numa ação ou omissão culposa, dolosa ou abusiva, suscetível de violar direito e causar dano à esfera jurídica de outrem, for o requisito ou pressuposto necessário para a caracterização da responsabilidade civil e assim, do dever de indenizar (arts. 186 e 187, CC).

Essa forma de apreciação da responsabilidade é prevista no *caput* do art. 927, do CC.

Quanto ao fato jurídico subjetivamente considerado, a conduta antijurídica lesiva, ou seja, causadora de dano à esfera jurídica alheia, é denominada ato ilícito ("tort law").

Ato ilícito é a ação ou omissão voluntária, fundada em ato voluntário, intencional ou não, que violar direito e causar dano a outrem, ainda que exclusivamente moral (art. 186, do Código Civil).

Também comete ato ilícito o titular de um direito que, ao exercê-lo, excede manifestamente os limites impostos pelo seu fim econômico ou social, pela boa-fé ou pelos bons costumes, caracterizando o abuso de direito (art. 187, CC).

Como exemplos, quem cobra crédito já satisfeito (art. 940, CC); quem se excede na legítima defesa de um direito (art. 188, par. único, do CC); o empregador que suspende o empregado por período superior a 30 dias (art. 474, CLT). Nesses casos o ofensor deve reparar o dano causado, na forma prevista em lei. No caso trabalhista, a hipótese prevista no citado dispositivo legal pode inclusive ensejar a rescisão indireta, sem prejuízo das reparações patrimoniais e morais.

Passemos então ao exame das diversas modalidades de culpa, ensejadoras da ilicitude de conduta:

- culpa *in committendo* ou *faciendo* e *in omittendo*, conforme derive a culpa de omissão ou de ação do agente;
- *culpa contratual e extracontratual ou aquiliana*, conforme tenha fundamento num contrato ou então no dever geral de conduta;
- *culpa não intencional ou* in negligendo, decorrente de negligência, imprudência ou imperícia *e culpa intencional ou* dolo;
- *culpa in eligendo,* decorrente da má escolha do preposto ou pessoa eleita para praticar certo ato;

- *culpa in vigilando*, decorrente da falta de fiscalização, vigilância ou cuidado em relação a coisa, pessoa ou animal sob responsabilidade de alguém;
- *culpa in custodiendo*, decorrente da falta de cautela ou atenção quanto à guarda de pessoa ou coisa;
- *culpa in contrahendo é a que se caracteriza* pela assunção de uma obrigação que um dos contratantes não pretende cumprir;
- culpa grave, média, leve e levíssima, conforme o grau de desatenção, imprudência ou inabilidade na prática do ato ou na tomada de providências necessárias a evitar ou minimizar os efeitos do dano, quando extrapatrimonial (vide art. 223-G, §1º, da CLT);
- culpa exclusiva, culpa concorrente e culpa comum, conforme provocado o dano por ato do agente ou da vítima; por ambos, em concurso; ou em comunhão, com neutralização compensatória da reparação.

A culpa pode estar presente na conduta comissiva ou na conduta omissiva. O empregador que assedia o trabalhador por meio de maus tratos age com culpa in *comittendo* ou *in faciendo*. Já o empregador que deixa de fornecer equipamento de proteção ao trabalhador ou não dá as instruções para o necessário ou adequado uso, se omite em relação às suas obrigações como empregador. E se o dano vem a se verificar pela culpa *in omittendo*, lhe cabe repará-lo.

A culpa também pode se verificar em ato ou omissão que caracterize descumprimento de obrigação contratual, a exemplo da recusa imotivada do empregado à realização de uma tarefa, ou decorrer de ato que não diz respeito ao contrato, como um acidente de trânsito envolvendo duas pessoas desconhecidas.

Culpa não intencional ou *in negligendo* é a caracterizada pela negligência, imprudência ou imperícia e dolo é a culpa intencional, dirigida à produção do resultado. Nas relações civis e trabalhistas a importância da distinção está na fixação do valor dos danos extrapatrimoniais.

Culpa *in negligendo* é a caracterizada pela negligência, imprudência ou imperícia e culpa endereçada ao resultado (dolo). Nas relações civis e trabalhistas, a distinção é importante em se tratando de dano extrapatrimonial.

Culpa *in eligendo* decorre da má escolha da pessoa eleita por alguém para praticar certo ato. Assim ocorre, por exemplo, quando o empregador contrata a prestação de serviços por terceiro, nos moldes previsto na Lei nº 6.019/1974. Responderá subsidiariamente em caso de inadimplemento, pela empresa contratada das obrigações dos trabalhadores utilizados no contrato de prestação de serviços.

Também pode ser citado como exemplo de culpa *in eligendo* a do empregador que admite empregado sem aptidões de fato requeridas para o exercício da atividade de motorista e ele vem a causar dano a terceiro. Além de responder pelo dano causado, o empregador não poderá se ressarcir junto ao trabalhador que sabidamente não tinha a aptidão necessária ao exercício da função.

A hipótese é interessante, por se tratar de ato decorrente de imperícia, mas que afasta a responsabilidade do trabalhador, concentrando-a no empregador, por ter eleito para a função pessoa que, mesmo formalmente capacitada, na prática não tinha a necessária habilidade para o manejo de veículo. Para verificação de habilidade para o exercício de tarefas existe o teste e o contrato de experiência.

Culpa *in vigilando* decorre da falta de fiscalização quanto ao procedimento de outrem. Assim ocorre, por exemplo, quando a administração pública, direta ou indireta, contrata a prestação de serviços por terceiro, via licitação (Lei nº 14.133, de 1º de abril de 2021) e não fiscaliza o cumprimento das obrigações trabalhistas pela empresa contratada. Responderá, subsidiariamente, pelo inadimplemento das obrigações dos trabalhadores da empresa contratada.

Também fundados nesse tipo de culpa estão a responsabilidade pelo dano resultante de ruína, pelo dono do prédio ou construção, se proveniente de falta de reparos; a responsabilidade do habitante de uma casa, pelas coisas que dela caírem; a responsabilidade do pai, tutor, curador, patrão e donos de estabelecimentos ou albergues, pelos danos causados, respectivamente, por filhos menores, tutelados e curatelados, empregados e hóspedes, moradores e educandos; a responsabilidade do empregador ao permitir que veículo seu, sem adequada manutenção dos freios, seja guiado por empregado que vem a atropelar um transeunte em virtude do referido defeito no equipamento.

Culpa *in custodiendo* decorre da falta de cautela ou atenção quanto a pessoa, coisa ou animal sob a responsabilidade ou guarda de alguém. Assim ocorre, por exemplo, na verificação de dano à integridade física do filho menor, por descaso do pai. Ou quando o depositário não toma os cuidados necessários à conservação do animal de terceiro sob a sua guarda e ele vem a sofrer dano.

Culpa *in contrahendo* é a caracterizada pela celebração de um negócio cuja avença é, por si mesma, um dano. Assim ocorre, por exemplo, quando o empresário, sabedor de que o artista não poderá se apresentar em determinado espetáculo, sonega a informação, levando a outra parte a firmar um ajuste que não será cumprido.

A culpa pode ser classificada em grave, média, leve e levíssima, conforme o grau de desatenção, imprudência ou inabilidade na prática do ato ou na tomada de providências necessárias a evitar ou minimizar os efeitos do dano.

A importância dessa gradação reside unicamente no valor da indenização por danos extrapatrimoniais (vide art. 223-G, §1º, da CLT), posto que nos danos patrimoniais a reparação do prejuízo diz respeito unicamente ao valor do bem perdido ou danificado.

A culpa também pode ser exclusiva e concorrente. É exclusiva, quando decorre de comportamento atribuível unicamente ao causador do dano. E é concorrente quando lesante e lesado agem, por atos paralelos, com parcela de culpa, na produção eficiente e conjunta do resultado, respondendo cada um, proporcionalmente, por sua contribuição na caracterização do dano.

A respeito, dispõe o art. 945, do CC: "Se a vítima tiver concorrido culposamente para o evento danoso, a sua indenização será fixada tendo-se em conta a gravidade de sua culpa em confronto com a do autor do dano."

É exemplo de concorrência de culpas o acidente que vitima o empregado que se encontrava em excesso de velocidade em veículo da empresa sem adequada manutenção, em que se constata a concomitância dos fatos para a produção do acidente.

Finalmente, pode ocorrer culpa comum ou comunhão de culpas, quando lesante e lesado causam, de forma culposa e conjunta, o mesmo dano, que assim sofrerá compensação, neutralizando a reparação.

Examinaremos esse tipo de responsabilidade, subjetiva, no item 2.1.1 do capítulo II, infra.

1.3.1.2. Fato lesivo na apreciação objetiva

Na apreciação objetiva do fato jurídico suscetível de causar dano, a conduta do agente não é pressuposto de caracterização. No máximo, pode servir para majorar o valor de danos extrapatrimoniais.

O fato lesivo também pode, objetivamente, ser caracterizado pela ocorrência da tipificação ou previsão específica da hipótese pela letra da lei ou então pelo risco da atividade desenvolvida por alguém, na ocorrência de dano ao ofendido, desde que por ele não causado. Nestes casos, a apreciação de culpabilidade do imputado é irrelevante, ainda que ela possa, cumulativamente, estar presente e ser considerada na mensuração da indenização por danos extrapatrimoniais.

A apreciação do fato lesivo pela ótica objetiva está prevista no parágrafo único do art. 927 do Código Civil.

Examinaremos esse tipo de responsabilidade, objetiva, no item 2.1.2 do capítulo II, infra, mas adiantamos que não estando o fato lesivo previsto em lei ou não decorrendo de atividade de risco ou de falta de prevenção, a responsabilidade deverá ser apreciada sob o aspecto da culpabilidade, ou seja, subjetivamente investigada.

1.3.1.3. Excludentes de ilicitude

Não constituem atos ilícitos e assim isentam de culpa o agente, quando praticado em legítima defesa ou no exercício regular de um direito reconhecido, bem como a ação necessária, que não exceda os limites do indispensável nas circunstâncias, destinada a remover perigo iminente, mas que importe em deterioração ou destruição da coisa alheia, ou a lesão a pessoa, caracterizadora do estado de necessidade (art. 188, *caput*, I II e parágrafo único, CC).

Estado de necessidade é o ato de salvar bem jurídico próprio ou de outrem, para a remoção de perigo iminente, por meio da deterioração ou destruição da coisa alheia, ou lesão a pessoa, quando não é possível exigir do agente, nas circunstâncias, conduta distinta (art. 188, II, do Código Civil).

O ato será legítimo somente quando as circunstâncias o tornarem absolutamente necessário, não excedendo os limites do indispensável para a remoção do perigo (art. 188, parágrafo único, do Código Civil).

O ato praticado em estado de necessidade não é, por força de lei, ilícito, mas pode ensejar responsabilidade civil, devendo o ofensor reparar os danos causados à pessoa ou ao dano da coisa, se a pessoa lesada não for a culpada do perigo (art. 929, do Código Civil). Se for, não há dano a ser reparado pelo ofensor altruísta que age para remover um perigo causado, direta ou indiretamente, pelo próprio ofendido.

Nos casos em que o terceiro é direta ou indiretamente o responsável pela necessária intervenção do ofensor altruísta, poderá dele, em regresso, se ressarcir do dano causado ao bem do ofendido (art. 930, *caput*, do Código Civil).

A respeito, ensina CAIO MÁRIO que a obrigação de ressarcir o dano está fundamentada em que o fato do legislador permitir o sacrifício do direito menos valioso, quando em jogo está mais de um, em conflito, não exime o dever de reparar o dano causado, nos casos previstos em lei[8].

Note-se, todavia, que se a pessoa lesada for a culpada do perigo (culpa exclusiva da vítima) ou se a situação de perigo iminente for causada por fato da natureza ou por motivo de força maior, não gera responsabilidade civil para o ofensor (inteligência dos arts. 929 e 930, do Cód. Civil).

O estado de necessidade não se confunde com o estado de perigo regulado nos arts. 156 e 157, do CC. Nestes, contrata-se prestação excessivamente onerosa; no estado de necessidade, sacrifica-se um bem jurídico em detrimento de outro.

---

8 Instituições de Dir. Civil, vol. III, 7ª ed., 1986, Forense, pág. 399.

A respeito, decidiu o STJ, no REsp. 124.527, cujo acórdão da 4ª Turma publicado no DJ em 05/06/00, em que foi Relator o Ministro Aldir Passarinho Junior, que *"A empresa cujo preposto, buscando evitar atropelamento, procede a manobra evasiva que culmina no abalroamento de outro veículo, causando danos, responde civilmente pela sua reparação, ainda que não se configure, na espécie, a ilicitude do ato, praticado em estado de necessidade."* O referido julgado ressalvou o direito de regresso para efeito de ressarcimento da indenização que imposta à empresa.

Como exemplos de atos praticados em estado de necessidade, em sede estritamente trabalhista, estão a destruição, pelo empregado, de um aparelho elétrico em curto-circuito, como forma de salvar o estabelecimento do risco de um incêndio iminente e o dano causado pelo arrombamento da porta de um elevador, como forma de salvar pessoa que está presa e, que, sabidamente, sofre de claustrofobia e é cardíaca.

Legítima defesa é o ato de resistência moderada a uma agressão ou ameaça de agressão injusta a direito próprio ou de outrem (art. 188, I c/c par.único do art. 930, do Código Civil).

Na legítima defesa, por constituir o ato de resistência uma reação a uma agressão ilícita, não provoca a responsabilidade civil, ainda que venha a causar danos ao agressor. Mas para que essa excludente se verifique, é preciso que a reação ocorra de forma razoável e proporcional, respondendo o reagente pelo excesso. Como exemplos, a resistência do empregador a atos grevistas e a reação do empregado destinada a repelir injusta agressão, moral ou física, própria ou de outrem, praticada pelo empregador (respectivamente, arts. 482, j, *in fine*, e 483, f, *in fine* c/c 8º par. único, da CLT e 188, I, do Código Civil).

Na ocorrência de legítima defesa putativa, a responsabilidade civil subsistirá, ainda que a ilicitude reste excluída.

Exercício regular de um direito reconhecido é a prática de ato autorizado por lei, respondendo, no entanto, o agente, por eventual excesso (abuso de direito).

Nos termos da lei, caberá ação para efeito de ressarcimento contra aquele em defesa de quem se causou o dano (art. 188, inciso I, do Código Civil).

São inúmeros os atos que podem ser praticados no exercício regular de um direito: o de mover ação judicial, o de denunciar a prática de crime, o de suspender ou dispensar, por justa causa, o empregado que pratica falta grave e até mesmo o de apossar-se de bem de outrem por expressa autorização legal, seja para fazer cessar o sacrifício imposto ao próprio, seja para fins de garantia, seja para outro fim autorizado em lei. Como exemplos, o direito de retenção, pelo empregado, de um mostruário de vendas pertencente ao empregador, legitimamente detido pelo primeiro como garantia pelo não pagamento dos salários em atraso; a exceção de inadimplemento; a passagem forçada de prédio encravado e sem acesso à via pública; a penhora de bens do devedor. Ainda em relação à conduta abusiva, decidiu o STJ no REsp. 124.527, cujo acórdão da 4ª Turma publicado no DJ em 19/09/00, em que foi Relator o Ministro Sálvio de Figueiredo Teixeira, que *"é inconcebível que empresas comerciais, na proteção aos seus interesses comerciais, violentem a ordem jurídica, inclusive encarcerando pessoas em suas dependências sob a suspeita de furto de suas mercadorias."*[9]

Espécie de exercício regular de um direito, é o estrito cumprimento de dever legal, que não exclui a reparação do dano causado pelo ofensor. Por exemplo, se durante troca de tiros, um empregado, que, em horário de trabalho passava pelo local, vem a ser ferido por policiais, o Estado responderá pelos danos patrimonial, moral e estético causados.

1.3.1.4. Excludentes de imputabilidade

No concernente à ação lesiva, são causas de inimputabilidade do agente as que excluem a imputação ou a atribuição da responsabilidade ao próprio ofensor pelos atos praticados, *embora possam não excluir, ex vi do art. 930, do CC, a responsabilidade civil* dos responsáveis pelos inimputáveis (por exemplo, do pai em relação ao dano causado a outrem pelo filho menor).

A menoridade absoluta, a falta de discernimento e a anuência da vítima são as excludentes de imputabilidade.

9 BRAGA NETTO, Felipe P. Ob. citada, p. 124.

No entanto, nos termos do art. 928, do Código Civil, "*O incapaz responde pelos prejuízos que causar, se as pessoas por ele responsáveis não tiverem obrigação de fazê-lo ou não dispuserem de meios suficientes.*" Mas acrescenta o parágrafo único: "*A indenização prevista neste artigo, que deverá ser eqüitativa, não terá lugar se privar do necessário o incapaz ou as pessoas que dele dependem.*"

Em casos como luta de boxe, corrida de automóvel e ingestão de medicamento experimental, salvo por culpa ou dolo do contendor ou do organizador, a anuência da vítima exclui a imputabilidade e até mesmo a responsabilidade civil.

1.3.1.5. Cláusula de não indenizar

A cláusula de não indenizar é de natureza contratual, ajustada entre as partes e que exclui a responsabilidade na ocorrência dos fatos ou atos nela previstos, muito comuns nos contratos de seguro e planos de saúde.

A cláusula de não indenizar não pode ser abusiva ou ilegal. Tem por limites a função social interna do contrato, não podendo, por exemplo, ofender a dignidade da pessoa humana, como a que limita o número de internações, ou a que intencionar fraudar a lei, muito menos ofender a função social externa ou sua projeção em relação a terceiros, por exemplo, de boa-fé ou atingir direitos difusos e coletivos.

Logo, de nenhuma valia terá a cláusula de não indenizar o rompimento do contrato de trabalho ou de não ressarcir ao trabalhador as diárias para viagens a serviço do empregador.

A lei trabalhista prevê, no entanto, a possibilidade de o trabalhador indenizar os danos causados por culpa apenas se assim for acordado entre as partes, passando a obrigação de não fazer, como cláusula legal (no silêncio das partes) ou convencional (se expressa), parte inerente do contrato de trabalho (art. 462, §1°, CLT).

Outrossim, nos termos do art. 75-D, da CLT, "*As disposições relativas à responsabilidade pela aquisição, manutenção ou fornecimento dos equipamentos tecnológicos e da infraestrutura necessária e adequada à prestação do trabalho remoto, bem como ao reembolso de despesas arcadas pelo empregado, serão previstas em contrato escrito.*"

O dispositivo legal supratranscrito merece revisão. Ficaria melhor redigido e mais adequado à situação fática prevista, se dele constasse que *"Salvo ajuste em contrário, é do empregador a responsabilidade pela aquisição, manutenção ou fornecimento dos equipamentos tecnológicos e da infraestrutura necessária e adequada à prestação do trabalho remoto, bem como ao reembolso das despesas arcadas pelo empregado."*

1.3.2. Nexo causal, pluralidade ou concorrência de causas e excludentes do nexo causal

1.3.2.1. Nexo causal

Nexo de causalidade é a relação entre o dano e o fato lesivo como pressuposto juridicamente determinante para a produção do resultado. Como exemplos, num acidente de trânsito o fato ou evento lesivo pode ser a desatenção, a imprudência, uma ação de terceiro, ou mesmo um defeito mecânico que leva à colisão com outro veículo ou a um atropelamento.

NELSON ROSENVALD conceitua nexo causal como "a ligação jurídica realizada entre a conduta ou atividade antecedente e o dano, para fins de imputação da obrigação ressarcitória".[10] É a relação de causa e efeito entre o fato ofensivo e o dano por ele causado, devendo o segundo ser decorrência do primeiro e ser imputável ao ofensor. É ele quem permite identificar a titularidade da conduta lesiva.

Evidentemente, a causa não se confunde com as condições que a antecedem, que podem ou não influir na verificação do evento. O fato dos pneus do automóvel funcional utilizado pelo trabalhador em horário de expediente estarem carecas e o acidente ter ocorrido num dia de fortes chuvas, por si só não significa que tenha sido a causa, se considerado for que esse veículo estava parado num sinal de trânsito quando foi abalroado por outro carro dirigido por um motorista que se distraiu ao olhar mensagens recebido no celular, não viu o sinal fechar e por causa do chão escorregadio não conseguiu frear a tempo e o acidente ocorreu. O fechamento do sinal, os pneus carecas, as fortes chuvas e o chão escorregadio foram condições ou irrelevantes ou que contribuíram

10 Responsabilidade Civil Teoria Geral, Editora Focus, Idaiatuba, SP, 2024, p.946.

para o acidente. Mas a causa foi a negligência derivada da distração do motorista que pelo se comportamento não conseguiu prevenir por meio da diminuição da velocidade e freada a tempo, que o acidente não acontecesse. O nexo de causalidade consistiu na relação entre o fato lesivo e o dano ressarcível verificado.

Esclarece JOSÉ ALBERTO GONZÀLEZ que é necessário existir uma particular ligação entre o fato lesivo desencadeador do processo causal e o dano a ele associado para que se permita afirmar que foi decisiva para a verificação do resultado e que o prejuízo experimentado pela vítima é atribuível ao autor da ofensa. E questiona "(i) se e em que medida a causalidade para efeitos jurídicos difere da causalidade natural e (ii) quais os critérios apropriados para, em sede de responsabilidade civil, se poder atestar que uma ação/inação deu origem a certo dano".[11]

Para ROSENVALD a "causalidade física é suplantada por uma causalidade jurídica, normativa, na qual a identificação da causalidade não resultará propriamente de um liame entre o dano e um fato, mas sim entre o evento lesivo e o fator de atribuição previamente selecionado pelo legislador. Ou seja, em vez de qualificarmos o nexo como um elemento factual, devemos lhe emprestar uma qualificação jurídica, seja para selecionar quais são os danos reparáveis e em face de quem será atribuída a obrigação de indenizar."[12]

Enfim, o nexo causal é o elemento que visa investigar se há ligação entre o fato lesivo e o dano produzido ou havendo, se decisivo para a produção do resultado e assim apurar quem ou o que o titularizou e como, para a caracterização ou descaracterização da responsabilidade, conforme o caso. Além disso, permite verificar a extensão do dano, para a aferição integral da responsabilidade. Ou, como ensina ROSENVALD, "o nexo de causalidade possui natureza binária: lado a lado concorrem a causalidade fundamentadora da responsabilidade e a causalidade preenchedora da responsabilidade."[13]

11 Direito da Responsabilidade Civil, Quida Juris, Lisboa, 2017, p.196.

12 Ob.cit., idem, ibidem.

13 Ob, citada, p.945.

Entre as várias teorias que se dedicaram ao estudo do nexo causal, destacam-se a teoria da equivalência dos antecedentes causais e a teoria da adequação ou da causalidade adequada.

Para a primeira teoria, que não distingue causa e condição, as condições essenciais ou não essenciais que concorrem para a produção do resultado têm igual valor e relevância e assim se equivalem em eficácia para a sua caracterização (MAXIMILIAN VON BURI)[14]; para a outra, somente a causa adequada à produção do resultado deve ser considerada para efeito de imputação (VON KRIES)[15]. Enfim, para Von Buri quaisquer das condições componentes dos antecedentes é causa do resultado, se considerado que a inocorrência de uma delas impediria a realização do evento danoso, enquanto para Von Kries a causa é o antecedente imprescindível e o mais adequado para a produção do resultado. A teoria da causalidade adequada admite uma formulação positiva e outra negativa. Quanto à positiva, para ANTUNES VARELA "o fato será causa adequada do dano sempre que constitua uma consequência normal ou típica daquele, ou seja, sempre que verificado o fato, se possa prever o dano como consequência natural ou como efeito provável dessa verificação."[16] Podemos citar como exemplo de consequência natural as doenças profissionais, previstas na Lei nº 8.213/1991, *verbis*:

> *"Art. 20. Consideram-se acidente do trabalho, nos termos do artigo anterior, as seguintes entidades mórbidas:*
>
> *I - doença profissional, assim entendida a produzida ou desencadeada pelo exercício do trabalho peculiar a determinada atividade e constante da respectiva relação elaborada pelo Ministério do Trabalho e da Previdência Social;"*

---

14 ROCHA, Renan. A relação de causalidade no direito penal. Coleção Ciência Criminal Contemporânea Coordenação: Cláudio Brandão. D'Placido editora, Belo Horizonte, MG, 2016, p.11.

15 ROCHA, Renan. A relação de causalidade no direito penal. Coleção Ciência Criminal Contemporânea Coordenação: Cláudio Brandão. D'Placido editora, Belo Horizonte, MG, 2016, p.27.

16 ANTUNES VARELA, João de Matos. Das Obrigações em Geral – vol.1, editora Almedina, Coimbra, 2000, p.890.

De igual sorte, podemos citar como exemplo de efeito provável as doenças do trabalho, também previstas na citada lei:

> *"II - doença do trabalho, assim entendida a adquirida ou desencadeada em função de condições especiais em que o trabalho é realizado e com ele se relacione diretamente, constante da relação mencionada no inciso I. "*

Em outras palavras, na hipótese de consequência natural a consequência é presumida, enquanto na provável dependerá de comprovação da vítima.

Quanto à negativa, o fato é descartado como causa se "era de todo indiferente para a produção do dano e só se tornou condição dele em virtude de outras circunstâncias extraordinárias, sendo portanto inadequada para este dano." Como exemplo, o disposto no § 2º do art.21 da Lei n º 8.213/1991: *"Não é considerada agravação ou complicação de acidente do trabalho a lesão que, resultante de acidente de outra origem, se associe ou se superponha às conseqüências do anterior."*

SÉRGIO CAVALIERI FILHO observa que a teoria da equivalência predomina na esfera penal e a da causalidade adequada na órbita civil e, invocando exemplo fornecido por ANTUNES VARELLA, diz que se alguém retém ilicitamente uma pessoa que iria tomar certo avião e acaba tomando outro, que vem a cair e provocar a morte de todos os passageiros, tem-se que a retenção não foi, em abstrato, a causa adequada ao dano[17].

O nexo causal poderá verificar-se mesmo que o dano venha a ocorrer como resultado mediato de uma ação lesiva, ou seja, as circunstâncias concorrentes, se resultantes do fato antecedente, não excluem o nexo causal ou reduzem a responsabilidade, quando o fato preexistente é idôneo para a produção do resultado. Como exemplos, MARIA HELENA DINIZ fornece a responsabilidade do desordeiro pelo custo do vidro e sua colocação e ainda do valor dos objetos furtados por outrem em consequência de ter quebrado o vidro da vitrine de uma loja; da mesma forma, se alguém, ferido levemente, vem a falecer em virtude de sua constituição anômala.[18]

---

17 Programa de Responsabilidade Civil, 6ª ed, Malheiros, p. 73.

18 Maria Helena Diniz, ob. cit., pág. 93.

ROSENVALD destaca a importância da teoria do dano direto e imediato (teoria da interrupção do nexo causal) na comparação da teoria da causalidade adequada, observando, no entanto, que por um lado tem a vantagem de ser objetiva, afastando conceitos jurídicos indeterminados como probabilidade e normalidade, mas por outro pode excluir danos indiretos que precisariam ser considerados, o que pode tornar-se injusto.[19]

A teoria do dano direto e imediato considera causa eficiente para caracterização do dano apenas a causa próxima, ou seja, aquela que tiver relação direta com o prejuízo. ROSENVALD cita como exemplo o disposto no art.403 do Código Civil[20]:

> *"Ainda que a inexecução resulte de dolo do devedor, as perdas e danos só incluem os prejuízos efetivos e os lucros cessantes por efeito dela direto e imediato, sem prejuízo do disposto na lei processual."*

Por tais razões surge a subteoria da necessariedade atrelada à da causalidade imediata, para interpretar "dano direto e imediato" como o nexo causal necessário entre o comportamento do ofensor e o prejuízo, ainda que os efeitos possam ser indiretos.

Citando AGOSTINHO ALVIM, ROSENVALD registra que a subteoria da necessariedade consiste em identificar se determinada condição é necessária, ou, diversamente, interruptiva do nexo em relação a certo dano ... E esclarece que a necessariedade a ser investigada é a da causa, pelo que a aplicação dessa subteoria sob a ótica positiva propicia eliminar injustiças geradas pela exclusão baseada na interpretação literal do art.403 do Código Civil. [21]

ROSENVALD observa que há vozes reconhecendo que a teoria do escopo da norma é capaz de solucionar concretamente questões que fogem à causalidade adequada.[22]

---

19 Responsabilidade Civil Teoria Geral, Editora Focus, Idaiatuba, SP, 2023, p.961.

20 Ob.citada, idem, ibidem.

21 Ob.citada. idem, pp.963-964.

22 Ob.citada, idem, p.968.

A respeito, tomemos como exemplo, o que dispõe o art.7º, XXII, CF, que determina ao empregador a redução dos riscos inerentes ao trabalho, por meio de normas de saúde, higiene e segurança, para fixar indenização ao bancário incumbido de transportar numerário de uma agência para outra ou para um cliente. Se interpretada apenas com base na teoria da causalidade adequada, não caberia indenização pelo mero fato da exposição do(s) trabalhador(es) a uma situação de risco.

Por fim, citando MAFALDA MIRANDA BARBOSA, relata a proposta de superação da causalidade pelo modelo imputacional. Afastada a exigência de prova da relação causal, bastaria a comprovação, pela vítima, da configuração do evento lesivo pela construção de uma esfera de risco pelo lesante, ou seja, mediante a comprovação de que o dano resulta da assunção ou incremento de um risco.

Enfim, a adoção da imputação objetiva pela não adoção dos deveres de cuidado em relação ao agir, ao ambiente que oferece e à atividade que desenvolve ou à pessoa ou coisa sob a sua guarda em substituição ao pressuposto da relação causa-efeito. Do "que se trata é de saber se o dano teria tido lugar sensivelmente do mesmo modo, no mesmo tempo e nas mesmas condições, ainda que a preterição do dever não se tivesse verificado", excluindo-se a imputação "quando o risco não foi criado, quando haja diminuição do risco e quando ocorra força maior."[23]

A professora MAFALDA propõe exatamente essa compreensão acerca da causalidade.[24]

1.3.2.2. Pluralidade ou concorrência de causas (multicausalidade ou concausalidade).

Assim como o dano pode resultar de uma única causa, não é incomum que também possa derivar de várias, razão pela qual quando mais de uma condição concorre para a verificação do dano estaremos diante da pluralidade de causas ou concausa.

23 Responsabilidade Civil Teoria Geral, Editora Focus, Idaiatuba, SP, 2024, pp.969-970.

24 BARBOSA, Mafalda Miranda e Muniz, Francisco, coord. Responsabilidade Civil – 50 anos em Portugal – 15 anos no Brasil. Editora JusPodium, Salvador, BA, 2017, pp.121-135.

Concausa é a coexistência ou sobreposição a outra causa, principal, a que, somada, influi na caracterização ou agravamento do dano. Em outras palavras, é a condição ou fato que aderindo à causa inicial amplia ou modifica o resultado.

Quanto ao momento da verificação, as concausas podem ser preexistentes, concomitantes e supervenientes.

São preexistentes as constituídas por circunstâncias já existentes quando da conduta do agente ou verificação objetiva do fato; concomitantes as que surgem junto com a causa atribuída ao ofensor; e supervenientes as constituídas por novas circunstâncias ou fatores que ocorrem após o evento.

Como exemplo de concausa preexistente podemos citar a exemplo do trabalhador que tem problemas congênitos de coluna cervical e é admitido em trabalho que consiste em carregar peso diariamente.

Como exemplo de concausas supervenientes podemos citar erros médicos, infecções hospitalares no tratamento de acidentado do trabalho.

Quanto ao grau de interferência, as concausas podem ser relativas ou absolutamente independentes. São relativamente independentes ou interdependentes as que indiretamente contribuem para o agravamento do dano. O ofensor por elas responde, como ocorre quando o socorro da vítima atropelada demora a chegar.

Observa SÉRGIO CAVALIERI, o agente suporta os riscos em virtude de ter colocado a vítima na situação danosa. Por exemplo, quando causa lesão leve, mas as consequências são graves, em decorrência da constituição anômala da vítima, a exemplo de um acidente do trabalho, em que o quadro é agravado pelo fato da vítima ser diabética.

Na pluralidade de causas interdependentes, verifica-se a solidariedade prevista no art.942, parágrafo único do Código Civil.

São absolutamente independentes as que não guardam relação com a ofensa, não gerando responsabilidade, a exemplo das doenças degenerativas, que não tenham relação com o trabalho desenvolvido, e assim este não contribua para o respectivo desenvolvimento ou agravamento.

Se o trabalhador tem doença pré-existente suscetível de gerar perda ou redução da capacidade para o trabalho e ela vem a se manifestar ou se manifestar mais cedo em razão das condições de trabalho, estará caracterizada a concausa relativamente independente, concorrente ou concomitante. Mas imaginemos que a ambulância que transporta o trabalhador para o hospital se envolve em acidente de trânsito e em decorrência do fato ele vem a falecer. Ou morre em razão de erro médico. Como o fato superveniente não está ligado ao trabalho ou ao acidente do trabalho e contribuiu diretamente para a morte do trabalhador, estará configurada a concausa superveniente absolutamente independente e a empresa responderá apenas pelo acidente do trabalho e não pelos efeitos do acidente de trânsito ou do erro médico (vide art. 21, §2º da Lei nº 8.213/1991).

Quanto à natureza, as concausas podem ser reais e virtuais ou aparentes.

A concorrência real de causas ocorre quando dois ou mais eventos efetivamente contribuem para a produção do dano. Como exemplo, a empresa que não socorre ou demora a socorrer o empregado acidentado e ele vem a falecer por esse motivo.

A concorrência virtual de causas ocorre quando concorrem uma causa real e outra apenas aparente, que poderia, mas não é a causadora do dano. Exemplo: veículo com pneus e freios desgastados dirigidos por trabalhador que ao ultrapassar outro veículo vem a colidir de frente e sem tempo de frear, com um ônibus e falece em razão do acidente.

As concausas podem ser concorrentes ou cumulativas, alternativas e aditivas ou complementares.

Concausas concorrentes ou cumulativas são as condições que isoladamente são insuficientes para causar o dano, mas que somadas geram a causa necessária para a sua eclosão. Das causas cumulativas recíprocas, também denominadas de culpa concorrente ou, mais precisamente, de fato concorrente, falaremos no item seguinte (1.3.2.3).

As concausas alternativas são caracterizadas pela impossibilidade de definição de qual dos eventos foi o causador do resultado, podendo ter sido um ou outro.

As concausas aditivas são caracterizadas por causas independentes, tendo cada uma delas potencial para causas o resultado, no entanto causado por apenas uma delas. Neste caso cada ofensor responde pela sua participação no evento.

1.3.2.3. Fato concorrente ou "culpa recíproca"

Causas cumulativas recíprocas, também denominadas de culpa concorrente, ocorre quando, as condutas somadas do ofensor e da vítima levam ao resultado.

Como exemplo, a responsabilidade da empresa construtora pela morte de empregado que retira o capacete exatamente no momento em que outro trabalhador, por falha, deixa cair do 10º andar um tijolo comum, atingindo o primeiro no térreo, não obstante a empresa fosse zelosa no sentido de conscientizar e fiscalizar o uso do equipamento de proteção.

Cuidando-se, no caso, a empresa responde por dupla motivo: pela falha do seu empregado e pela atividade ser de risco, mesmo que proveniente o resultado de ato de terceiro.

Presumindo-se que se estivesse de capacete o resultado morte ou mesmo alguma outra lesão não ocorreria, a soma das situações leva ao fato concorrente ou "culpa" concorrente.

Se, no entanto, ficar comprovado que a morte poderia ser causada unicamente pela queda do tijolo, a responsabilidade seria exclusiva do empregador.

Outro exemplo, o acidente ocorrido com o trabalhador que estava em excesso de velocidade em automóvel funcional sem adequada manutenção, mediante comprovação de que os dois fatores, em conjunto, levaram ao resultado.

A denominação culpa recíproca não é precisa, porque é restrita à responsabilidade subjetiva, fundada no comportamento culposo. Concorrência recíproca de causas ou fatos concorrentes é a terminologia mais adequada.

Para a caracterização da reciprocidade, as causas devem produzir conjuntamente o resultado, sob pena de uma das causas ser considerada eficiente o bastante para, por si só, levar à exclusividade. Ou seja, se a conduta do agente for decisiva para a caracterização do resultado, isto é, se ele ocorreria independentemente da ação culposa da vítima, a responsabilidade concorrente é descartada.

O Código Civil adotou a concorrência de causas recíprocas como critério de quantificação da proporcionalidade da indenização, ao prever a contribuição da vítima na produção do resultado, in *verbis*:

> *"Art.945. Se a vítima tiver concorrido culposamente para o evento danoso, a sua indenização será fixada tendo-se em conta a gravidade de sua culpa em confronto com a do autor do dano."*

Em ocorrendo causas recíprocas, a indenização deve ser fracionada proporcionalmente ao grau de participação do ofensor e da vítima no resultado (arts. 945, CC, 223-E e 484, da CLT).

1.3.2.4. Excludentes do nexo causal

São excludentes do nexo causal os fatores primitivos efetivamente causadores do dano, capazes de eliminar a relação de causalidade entre o dano verificado e um eventual fato do imputado ofensor.

No Direito Civil, em se tratando de responsabilidade subjetiva e inexistindo norma específica em contrário, afastam o nexo causal as excludentes subjetivas (fato exclusivo da vítima e fato exclusivo de terceiro) e as excludentes objetivas (caso fortuito, força maior e fato do príncipe).

Com efeito, como na responsabilidade subjetiva o comportamento culposo ou doloso do agente é imprescindível à caracterização, não existindo relação entre a conduta e o dano verificado, quer por falta de autoria ou de atribuição ao agente (pelo fato ser exclusivamente imputável à própria vítima, a terceiro, a caso fortuito, a força maior ou a fato do príncipe), quer por falta de culpabilidade na conduta, não se estabelece o liame causal ensejador de responsabilidade.

A título de exceção, nos casos de estado de necessidade, legítima defesa ou exercício regular de direito, a pessoa lesada, ou o dono da coisa têm direito a indenização do prejuízo que sofreram se não forem os culpados, resguardado ao autor do dano ação regressiva para haver a importância que tiver ressarcido ao lesado, se o perigo, a ação ou a defesa ocorrerem por culpa de terceiro, para haver a importância que tiver ressarcido ao lesado (arts. 929 e 930, do CC). Já no tocante à responsabilidade objetiva, o viés de análise é outro: importa indagar se há pertinência entre o dano ocorrido e o risco da atividade desenvolvida. Ou seja, se há elementos estranhos ao risco ou à dinâmica da atividade, eliminadores de imputação.

Com efeito, se o pneu dianteiro vem a furar e o motorista perde a direção do transporte coletivo, acidentando passageiros, esse risco, previsível, ainda que inevitável, está inserido na dinâmica da atividade de transporte. Mas se um raio cai na ponte no momento em que o veículo está a atravessá-la e ocorre o acidente, a responsabilidade da transportadora fica afastada, por se tratar de fato absolutamente alheio à dinâmica do negócio.

Em se tratando de responsabilidade objetiva, o fato exclusivo da vítima e as excludentes objetivas que não guardam relação com a dinâmica da atividade, costumam afastar a responsabilidade de quem desenvolve um negócio ou operação de risco.

O fato de terceiro não consta da relação, porque na maioria dos casos de responsabilidade objetiva ele não rompe o nexo causal, a exemplo do transporte de passageiros (art. 735 do CC), do dano por causado por animal (art. 936 do CC) e da responsabilidade dos pais, pelos filhos menores que estiverem sob sua autoridade e em sua companhia; do tutor e do curador, pelos pupilos e curatelados, que se acharem nas mesmas condições; do empregador ou comitente, por seus empregados, serviçais e prepostos, no exercício do trabalho que lhes competir, ou em razão dele; dos donos de hotéis, hospedarias, casas ou estabelecimentos onde se albergue por dinheiro, mesmo para fins de educação, pelos seus hóspedes, moradores e educandos; e dos que gratuitamente houverem participado nos produtos do crime, até a concorrente quantia (art.932, I a V, CC).

Outrossim, por força de lei há casos em que nem mesmo a força maior ou o caso fortuito afastam a responsabilidade, como ocorre em acidente na exploração de energia nuclear.

De igual sorte, até mesmo a culpa exclusiva da vítima não afasta a obrigação da seguradora indenizar o interesse contratado.

1.3.2.4.1. Fato exclusivo da vítima

Há fato exclusivo da vítima quando a ocorrência de dano se deve exclusivamente à sua conduta.

No caso, não há formação de nexo causal, afastando a responsabilidade, porque inexiste identificação de ofensor que pratique ato ilícito à vítima e nem ele é decorrência de atividade de risco sob a sua responsabilidade. Na prática, a vítima é a causadora do dano a si mesma. Assim, se um piloto empregado resolve arremessar a aeronave contra um morro, o empregador não possui qualquer responsabilidade em relação à família do falecido, não importando se a atividade é ou não de risco.

Lógico, se ficar comprovado que o fato decorreu de situação de estresse por carga excessiva de trabalho ou outra situação inerente e previsível em relação ao risco da atividade em que inserida a vítima, a excludente será afastada.

Questão interessante diz respeito à negligência ou imprudência em se tratando de trabalho em atividade de risco. Há vozes sustentando que atos derivados dessas causas, que configurariam culpa exclusiva da vítima na responsabilidade subjetiva, na objetiva seriam previsíveis à dinâmica da atividade, não configurando fato exclusivo da vítima, excludente de responsabilidade.

Com efeito, o descuido, a desatenção e o arrojo eventual são fatos previsíveis em atividades de risco. Quer, por exemplo, em relação ao motorista; a quem trabalha em andaimes; ou em relação a quem trabalha em sistema de energia elétrica de alta tensão.

1.3.2.4.2. Fato exclusivo de terceiro. Elementos externos e internos

Fato exclusivo de terceiro ocorre quando se identifica que o dano causado à vítima decorre da conduta de terceiro.

O fato exclusivo de terceiro rompe o nexo de causalidade entre a conduta do agente e o dano provocado na vítima, posto que o dano ocorre em virtude da conduta de terceiro, identificado como o real causador.

Nas relações de trabalho, fato de terceiro é o dano causado por pessoa estranha à relação jurídica estabelecida entre empregado e empregador.

O fato de terceiro exclui a responsabilidade do empregador, quando de natureza subjetiva, como ocorre quando um assaltante ingressa numa padaria e dá um tiro no empregado. É um fato de terceiro considerado externo à relação entre empregado e empregador, porque o negócio de padaria em tese não é de risco (a conclusão seria totalmente diferente se se tratasse de um banco, em que assaltos são previsíveis, ou seja, inerentes ao negócio).

O fato exclusivo de terceiro não elide a responsabilidade do ofensor direto em atividades de risco, *ex-vi* do art. 735, do CC: *"A responsabilidade contratual do transportador por acidente com o passageiro não é elidida por culpa de terceiro, contra o qual tem ação regressiva."* No mesmo sentido, a Súmula 187 do STF. Também assim a responsabilidade objetiva do empregador pelos atos do empregado; do pai em relação aos atos do filho menor; do tutor em relação aos atos do tutelado; etc, previstos no art. 932 do Código Civil.

Enfim, no Direito do Trabalho, o fato de terceiro comum não exclui a responsabilidade quando de natureza objetiva pelo risco previsto em lei (inflamáveis, explosivos ou energia elétrica; roubos ou outras espécies de violência física nas atividades profissionais de segurança pessoal ou patrimonial; colisões, atropelamentos ou outras espécies de acidentes ou violências nas atividades profissionais dos agentes das autoridades de trânsito; atividades de trabalhador em motocicleta – art.193, CLT) ou por risco relevante acaso oferecido ao trabalhador em outras atividades. Se o trabalhador está prestando serviços de reparo ou conservação na rodovia para uma concessionária de estradas e é atingido por um automóvel, a empresa é responsável, porque a atividade é de risco acentuado, podendo, no entanto, regressivamente acionar o real ofensor. Cuida-se de um risco pertinente e corriqueiro ao negócio, que por isso mesmo ingressa com pertinência interna na relação entre empregado e empregador.

De igual sorte, se o vigilante, no labor de vigília de pessoa ou patrimonial para uma empresa recebe um tiro num assalto, ela responde, embora se trate de ação de terceiro, porque a atividade é de risco, que integra a dinâmica normal do negócio empresarial. Quem a desenvolve expõe o trabalhador a esse risco e por ele deve responder. Da mesma forma se em decorrência de assalto a banco, atividade igualmente de risco, o caixa adquire síndrome do pânico.

Todavia, na hipótese prevista no art. 486, da CLT, estaremos diante de um fato de terceiro qualificado, em que a responsabilidade objetiva do governo ou do Estado afasta a responsabilidade do dono do negócio: no caso de paralisação temporária ou definitiva do trabalho, motivada por ato de autoridade municipal, estadual ou federal, ou pela promulgação de lei ou resolução que impossibilite a continuação da atividade, prevalecerá o pagamento da indenização, que ficará a cargo do governo responsável (fato do príncipe, na verdade um fato de terceiro especial ou qualificado pela titularidade).

1.3.2.4.3. Caso fortuito. Elementos externos e internos

Caso fortuito é o evento ou fenômeno extraordinário, imprevisível ou não, mas inevitável da natureza, que produz efeitos jurídicos aquisitivos, modificativos ou extintivos. Em matéria de responsabilidade civil, esse efeito pode consistir em dano casual provocado por raio, terremoto, tsunami, inundação e outros motivos acidentais. É um fato jurídico *stricto sensu*, de caráter extraordinário, também denominado fortuito natural. Imprevisível ou não, o fato é que não pode ser controlado, exceto, no máximo, quanto aos efeitos.

Extraordinário é o fenômeno que foge do comum, enquanto inevitável é o evento que não pode ser controlado quanto à respectiva verificação.

Como o dever de reparar o dano costuma alcançar apenas o responsável pela produção do fato lesivo e no caso fortuito inexiste possibilidade de responsabilizar alguém, porque a natureza é inimputável, em princípio o nexo causal tem a sua formação rompida.

No entanto, o caso fortuito ou fortuito natural tanto pode ser externo ou estranho à relação jurídica na qual interfere, como interno ou inerente à dinâmica da relação jurídica sobre a qual incide.

Leciona SERGIO CAVALIERI FILHO, *"Entende-se por fortuito interno o fato imprevisível e, por isso, inevitável, que se liga à organização da empresa, que se relaciona com os riscos da atividade"*. Prosseguindo, fornece como exemplos o estouro de um pneu do ônibus, o incêndio do veículo, o mal súbito do motorista, o defeito de concepção de produto destinado ao consumo, fatos ligados à organização do negócio.

Já o fortuito externo, ensina, *"é também fato imprevisível e inevitável, mas estranho à organização do negócio"*, fornecendo como exemplos tempestades e enchentes.

Conclui que a presunção de responsabilidade do transportador e do fabricante ou fornecedor é tão forte, que somente o fortuito externo, correspondente a fato estranho à empresa e sem qualquer ligação com a organização do negócio, é capaz de exonerar do dever de indenizar.[25]

Se um motorista da empresa está dirigindo em condições normais de segurança, um raio atinge o automóvel no meio da rodovia e ele bate em outro carro, falecendo, o empregador não é responsável pelo acidente. É hipótese de caso fortuito externo, que interrompe o nexo causal, por não se vislumbrar uma conduta causadora do dano ou um responsável que a titularize. Em outras palavras, o raio é, nas circunstâncias da atividade, estranho ao risco e assim elimina a imputação do fato ao empresário.

Enfim, embora se trate de atividade de risco, com responsabilidade objetiva, o fato jurídico é absolutamente extraordinário em relação à atividade, não integrando assim a relação jurídica entre empregado e empregador.

No Recurso Especial nº 2114079 – RS (2023/0313380-5), Redator do voto prevalecente Ministro Moura Ribeiro e Relatora vencida a Ministra Nancy Andrighi, o STJ, com base na teoria do fortuito externo, isentou de responsabilidade um hotel em que, por briga envolvendo dois hóspedes, um deles atirou e matou o outro. A *ratio decidendi* foi a de que a atividade desenvolvida não criou o risco, figurando o balneário apenas como palco da discussão, com resultado totalmente alheio ao negócio de hospedagem (Data do Julgamento 24/4/2024, Data da publicação no DJe/STJ 30/4/2024).

Contudo, quando se tratar de fortuito interno, a solução será outra. Se o trabalhador a céu aberto é atingido por um raio em região de ocorrência de raios sem que a empresa conte com coberturas de proteção nas épocas de incidência do fortuito, o empregador responde pelo dano. Ou

25 Programa de Responsabilidade Civil, 8ª edição, Atlas, São Paulo, pp. 176 e 302.

seja, em se tratando de fatos previsíveis, corriqueiros à atividade, podem ser controlados, contornados e gerenciados. E por isso mesmo ingressa internamente na relação entre empregado e empregador, por não ser a ela estranho que nas circunstâncias um raio possa atingir o trabalhador.

A responsabilidade também não cede em caso de assalto à banco em relação ao qual espera-se que a instituição dê aos clientes e empregados toda a segurança necessária à atividade de risco (fortuito interno), mas a instituição bancária não responde pela morte de cliente que vem a falecer em virtude de atropelamento, quando utilizava um caixa 24 horas situado na rua (fortuito externo).

Constando da apólice de seguro a cláusula de indenizar ocorrência derivada de fortuito ou de força maior, as duas situações não servirão de excludente. De igual sorte, pela lei previdenciária (Lei nº 8.213/1991), o acidente de trabalho derivado de fortuito, quer humano ou natural.

Outrossim, na extinção do contrato de trabalho por motivo de força maior (expressão, no caso, genericamente utilizada pela CLT e que abrange o caso fortuito) e que implique em extinção do estabelecimento ou da empresa, cabe indenização patronal ao empregado que ali trabalhe, embora por metade (art.502, CLT).

1.3.2.4.4. Força maior. Elementos externos e internos

Força maior é o fato humano extraordinário, imprevisto, inevitável e transcendente à vontade das partes, que interfere numa relação jurídica, alterando-a ou extinguindo-a, a exemplo da invasão de território, da guerra ou revolução, pânico coletivo. Cuida-se, portanto, de um fortuito humano. Tal como ocorre no fortuito natural, em princípio inexiste possibilidade de imputação de responsável, o que faz romper o nexo causal.

Contudo, também a força maior pode ser externa e interna. Vejamos:

Se em razão de pânico coletivo ocorrido no estabelecimento do empregador e por ele não causado, um trabalhador é pisoteado e falece, a empresa não é responsável, por se tratar de força maior. Ou seja, de força maior de origem externa à relação jurídica desenvolvida entre empregado e empregador e sobre a qual as partes não têm ingerência.

Todavia, os casos que decorram da imprevidência do empregador não excluem da empresa a imputação pelo dano (art. 501, §1º, CLT). Se agindo com cautela e prevenção a empresa poderia contornar ou evitar a ocorrência do fato ou dos efeitos por ele produzidos, não se trata de força maior externa e sim interna, que passa a compor a relação jurídica entre empregado e empregador, porque os seus efeitos poderiam ser evitados ou controlados.

Utilizando o mesmo exemplo acima, se em razão de pânico coletivo ocorrido no estabelecimento do empregador, um trabalhador é pisoteado e falece, a empresa será responsável se o dano for decorrente do fato do estabelecimento não ter áreas de escape em caso de incêndio ou tumulto. Trata-se de força maior interna, cuja imprevidência do empregador ingressa na relação jurídica então mantida com o falecido.

1.3.2.4.5. Fortuitos natural e humano: pressupostos de caracterização e efeitos

Os pressupostos de caracterização do caso fortuito são a involuntariedade, a extraordinariedade e a inevitabilidade, podendo ou não ser previsíveis.

Os pressupostos de caracterização da força maior são a involuntariedade, a extraordinariedade, a imprevisibilidade e a inevitabilidade ou impossibilidade objetiva de evitar o acontecimento.

Evento involuntário é o casual, assim entendido aquele para o qual as partes não concorrem para a sua verificação.

Evento extraordinário é que se distancia do acontecimento comum ou habitual.

Evento imprevisível é o acontecimento inesperado, que não pode ser antevisto.

Evento inevitável é aquele que não pode ser evitado ou controlado, quer quanto ao acontecimento em si, quer quanto aos seus efeitos.

Os efeitos jurídicos desses acontecimentos, que podem influir na integridade de bens e pessoas, frustrar compromissos assumidos e gerar prejuízos financeiros, são solucionados por meio da teoria do fortuito, geralmente mediante a resolução *ex tunc* da obrigação ou do contrato, sem perdas e danos, ou simplesmente por meio do afastamento da responsabilidade civil.

O parágrafo único do art. 393, do Código Civil define caso fortuito ou de força maior como o fato necessário, cujos efeitos não era possível evitar ou impedir.

Nas relações civis, exceto nos casos previstos em lei; ou quando o devedor expressamente por eles se responsabilizou; ou quando se tratar de fortuito natural ou humano interno ou integrante normal de uma atividade, não responde pelos prejuízos decorrentes de caso fortuito ou de força maior (art. 393, *caput*).

Nas relações de trabalho, salvo casos pontuais, o legislador abrange no conceito de força maior os eventos da natureza.

Outrossim, ressalvadas as situações em que o fortuito natural ou humano imponha a extinção da empresa, ou de um dos estabelecimentos em que trabalhe o empregado, determina a manutenção do contrato, mediante a possibilidade de recuperação do tempo perdido com paralisação da atividade empresarial, mediante horas extras compensatórias (art. 61, §3º) ou a revisão temporária da jornada e do salário (art. 503, da CLT).

Nos casos de extinção necessária da empresa, ou de um dos estabelecimentos em que trabalhe o empregado, por motivo de força maior, diante da assunção do risco da contratação (art. 2º, *caput*, da CLT), cabe ao empregador indenizar o trabalhador em caso de despedida, embora por metade (art. 502, da CLT), dividindo, assim, as partes o prejuízo decorrente de fato em que não foram culpadas.

1.3.2.4.6. *Factum principis* externo e interno

O *nomen iuris* fato do príncipe remonta ao período monárquico e absolutista da história, em que o príncipe, que concentrava em si os poderes de Estado decretava medidas que precisavam ser observadas pelo súdito. O príncipe de hoje é o governo ou o Estado.

Fato do príncipe é espécie de fato de terceiro[26] qualificado pela origem, posto que titularizado pelo governo ou pelo Estado. Cuida-se de

---

26 Seguindo a doutrina tradicional, em edições anteriores qualificamos o fato do príncipe como de força maior qualificada. Melhor refletindo a respeito, chegamos à conclusão de

ato administrativo federal, estadual ou municipal, ou mesmo de lei ou resolução, capaz de inviabilizar, para atendimento a interesse público, de forma permanente ou temporária, a utilização ou funcionamento de uma atividade, estabelecimento ou propriedade. Com isso, altera ou extingue relações jurídicas privadas já constituídas, alcançando interesses subjetivos.

Trata-se de espécie de fato de terceiro, porque o governo (ou o Estado) tem a responsabilidade de indenizar o dano causado a um (ou seja, o sacrifício imposto ao proprietário do prédio ou titular de uma atividade), pelo benefício social que a sua intervenção visa proporcionar à comunidade.

Como ato de Estado, podemos citar o caso dos bingos, que com a revogação dos arts. 59 a 81 da Lei nº 9.615/1988 pela Lei nº 9.981/2000 se tornaram atividade ilícita, fazendo com que os investidores desse negócio precisassem, entre outras providências, como romper contratos de locação de estabelecimento e contratos de fornecimento, despedir e indenizar os trabalhadores.

Como ato de governo, podemos citar a desapropriação de um estabelecimento para a construção de um viaduto ou praça pública, ou mesmo uma obra pública temporária prolongada, por exemplo, para a construção ou ampliação de metrô, que paralisa as atividades comerciais num certo local.

Não há que se confundir ato administrativo ou lei de costumes com determinação de fechamento temporário de atividades para, por exemplo, que sejam evitadas contaminações. Em casos tais, o fato que enseja o ato é o caso fortuito ou de força maior.

O fato do príncipe pode ser externo e interno.

O fato do príncipe externo, sobre o qual os sujeitos de uma relação jurídica não têm ingerência, transfere à autoridade pública a responsabilidade da indenização, a exemplo da desapropriação.

---

tratar-se de fato de terceiro qualificado pela origem, não apenas porque o fato gerador é identificável quanto à autoria, como também porque gera para o real responsável pelo ato, o terceiro, que é a autoridade federal, estadual ou municipal, o dever de indenizar.

Já o fato do príncipe interno conserva a responsabilidade nas mãos do sujeito passivo da relação jurídica por ele afetada, por ter sido ele o causador mediato do ato de intervenção. Como exemplos, a interdição ou fechamento de estabelecimento ou prédio que ponham em risco os seus usuários. Nas relações de trabalho, o art. 486, da CLT define o *factum principis* e a responsabilidade: *"No caso de paralisação temporária ou definitiva do trabalho, motivada por ato de autoridade municipal, estadual ou federal, ou pela promulgação de lei ou resolução que impossibilite a continuação da atividade, prevalecerá o pagamento da indenização, que ficará a cargo do governo responsável."*

1.3.3. Dano

Dano é o prejuízo, sofrimento ou impedimento suscetível de indenização, causado pelo ofensor ou por pessoa, animal, atividade ou coisa sob sua responsabilidade ou guarda, aos bens patrimoniais e extrapatrimoniais de titularidade do ofendido.

Para o professor António Pinto Monteiro, "Indemnizar é, assim, tornar alguém indemne, isto é, sem dano. O dano constitui, simultaneamente, o pressuposto e o limite da indenização."[27]

Diversamente da sanção penal, destinada a reparar lesões aos interesses da sociedade atingidos por comportamentos antijurídicos tipificados como crimes e contravenções, a composição civil do dano cumpre o papel de reparação ou compensação das lesões patrimoniais e extrapatrimoniais injustas, causadas por conduta de terceiro a interesses individuais, homogêneos ou não, coletivos e difusos.

Segundo MARIA HELENA DINIZ, além da diminuição ou destruição de um bem jurídico moral ou patrimonial são requisitos da indenização do dano: a efetividade ou certeza do dano (que não poderá ser hipotético ou conjetural), a causalidade (relação entre a falta e o prejuízo causado), a subsistência do dano no momento da reclamação

27 MONTEIRO, Antonio Pinto. Responsabilidade Civil – 50 anos em Portugal – 15 anos no Brasil. Coord. Mafalda Miranda Barbosa e Francisco Muniz. Editora JusPodium, Salvador, BA, 2017, p.19.

do lesado (se já reparado o prejuízo é insubsistente), a legitimidade e a ausência de causas excludentes de responsabilidade.[28]

1.3.3.1. Ausência de dano como excludente de responsabilidade. O mero risco à saúde e segurança como caracterizador de dano

Não haverá responsabilidade civil, ou seja, o que indenizar ou compensar, em não ocorrendo dano, ou seja, lesão indenizável a qualquer tipo de interesse, ainda que não qualificado como direito subjetivo, propriamente dito.

Se um motorista abalroa o automóvel de outrem, mas não causa nenhum prejuízo, não haverá dano a indenizar.

Se o empregador despede o empregado sem justa causa, o prejuízo patrimonial a ser composto é tarifado em lei, mas se o faz sem ofender qualquer direito personalíssimo do empregado, não restará caracterizado qualquer prejuízo moral, o que não ocorrerá, se o fizer por justa causa, sob a injusta pecha dele ter subtraído valores da empresa.

Todavia, se um banco submete um bancário a transportar numerário de uma agência a outra, o risco à sua segurança caracteriza, por si só o dano, independentemente do sinistro, pela ofensa à responsabilidade preventiva ou precaucional prevista no art. 7º, XXII, da CF.

1.3.3.2. Espécies de dano

O dano pode ser patrimonial, quando se refere a bem jurídico de avaliação econômica imediata e extrapatrimonial, quando se refere a bem jurídico imaterial, de natureza moral ou existencial.

O dano estético é uma categoria à parte, por se tratar de um dano material causado à funcionalidade ou aparência no corpo humano, mas que tem natureza extrapatrimonial, geradora de indenizabilidade autônoma, sem prejuízo do dano patrimonial que importe nos gastos médicos, de remédios e de diminuição ou supressão da capacidade laborativa e dos danos morais e existenciais decorrentes das limitações, complexos e impedimentos.

28 Curso de Direito Civil Brasileiro, 7º.vol, Responsabilidade Civil, Saraiva, São Paulo, 1999, págs. 60-61.

O dano patrimonial pode ser direto e indireto. É direto o que causa prejuízo em bem patrimonial da vítima (pichar um muro, arranhar um carro com prego) e indireto o que, embora ofenda de forma imediata bem extrapatrimonial, a exemplo da honra, de forma mediata ou reflexa termina atingindo o patrimônio do ofendido, importando, no exemplo dado, em perda de clientela.

Reversamente, pode ocorrer o contrário: o dano extrapatrimonial à saúde ou à integridade física do trabalhador, que resulta em despesas patrimoniais de tratamento.

Quando o dano não se atém à pessoa ou ao patrimônio do ofendido, alcançando ou refletindo na esfera jurídica de terceiro, é denominado dano reflexo ou em ricochete (*dommage par ricochet*), caso do dever de prestar alimentos a quem dependia da pessoa que faleceu por culpa, dolo ou atividade de risco do ofensor (art. 948, II, CC), que dá aos sucessores direito de ação em interesse próprio.

O dano também pode ser individual e coletivo. Individual é o causado a pessoas determinadas, concreta e particularmente consideradas e ainda que reunidas *a fortiori* pela homogeneidade de seus interesses.

Dano coletivo é aquele que atinge uma coletividade de fato de pessoas dispersas, na qualidade de integrantes de uma comunidade, atingindo direitos difusos ou direitos coletivos de grupo, categoria ou classe de pessoas pré-associadas em torno de um determinado fim, atingindo direitos coletivos.

Dano contratual é o que decorre do inadimplemento de uma obrigação ou cláusula contratual descumprida, gerando a responsabilidade de indenizar. Pressupõe, portanto, uma relação jurídica pré-existente entre as partes.

Dano extracontratual é o *tort law*, assim entendido o que provém da infringência de um dever legal ou culpa aquiliana, e não de ofensa a uma obrigação ou cláusula contratual. Sua previsão genérica está nos arts. 186 e 187 do Código Civil.

1.4. Dano patrimonial e sua reparação. Perda de uma chance

Dano patrimonial é o dano decorrente de prejuízo financeiro causado a bem jurídico que compõe o patrimônio de uma pessoa.

Patrimônio é o conjunto de relações jurídicas de natureza econômica, de titularidade de uma pessoa, pelo que a expressão "patrimônio moral" é licença poética.

Apurada e definida a responsabilidade civil, torna-se necessária a fixação da indenização devida ao ofendido (*aestimatio damni*), o que é feito por meio da liquidação do dano, procedimento necessário para estabelecer o valor da indenização destinada a recompor o patrimônio do ofendido.

Nos termos do art. 944, *caput*, CC, que consagra o princípio da *restitutio in integrum*, a indenização mede-se pela extensão do dano. A reparação deve dar-se de forma integral, consistindo em indenização pecuniária que envolve o dano emergente, de natureza positiva (o que efetivamente se perde) e o lucro cessante, de natureza negativa (o que direta e imediatamente previsível se deixa de ganhar) em razão do evento danoso (artigos 402 e 403, CC).

O disposto no parágrafo único do referido dispositivo legal não tem aplicação em se tratando de dano patrimonial. A redução equitativa da indenização de acordo com a gravidade da culpa (cláusula de exceção), somente pode ter aplicação em se cuidando de dano extrapatrimonial. Seria um contrassenso, por contrariar o princípio da reparação integral, "dar desconto" para prejuízos ou despesas comprovadas, decorrentes da ofensa.

Dano emergente é o prejuízo imediato, atual, correspondente à perda patrimonial efetiva, envolvendo assim todas as despesas comprovadas, necessárias à recomposição do prejuízo.

Lucro cessante é o prejuízo de efeito futuro direto e imediato previsível, incidente sobre aquilo que patrimonialmente se deixa de ganhar, auferir, lucrar, a exemplo da féria do taxista durante o tempo necessário ao conserto do veículo danificado pelo ofensor, ou dos salários do trabalhador até o total restabelecimento da vítima de acidente imputável ao empregador, ou mesmo da pensão substitutiva da perda laborativa definitiva, parcial ou total, decorrente do referido acidente.

O dano hipotético ou eventual (por exemplo, ficar impossibilitado de jogar na loteria em razão de um acidente de trabalho, que poderia ter levado à premiação) é, em princípio, descartável.

Em princípio, porque a perda de uma oportunidade futura (perda de uma chance) admite comprovação. Imagine-se o caso da pessoa que há anos joga na loteria os mesmos números e vem a sofrer um atropelamento exatamente quando se dirigia à casa lotérica para efetuar o seu jogo habitual. E aqueles números vêm a ser sorteados. Ou quando concretamente se promete um emprego a um candidato, que recusa outro emprego em condições iguais ou melhores por se sentir comprometido e ocorre a frustração da promessa, ficando sem os dois empregos. Nessas hipóteses, o dano é ressarcível.

São aplicáveis aos danos acidentários nas relações de trabalho, incluindo os decorrentes de acidentes típicos, doenças profissionais e concausas, o disposto nos arts. 948 a 950 do Código Civil.

Se a obrigação for indeterminada, e não houver na lei ou no contrato disposição fixando a indenização devida pelo inadimplente, apurar-se-á o valor das perdas e danos na forma que a lei processual determinar (art. 946, CC).

A liquidação pode dar-se de forma legal, convencional e judicial, conforme estabelecida pela própria lei os critérios para a apuração do valor da indenização (a exemplo do disposto no art. 954, Cód. Civil), por consenso das partes ou judicialmente, esta apurável por cálculos, arbitramento ou artigos.

Nas obrigações contratuais, a existência de cláusula penal compensatória ou moratória exclui a necessidade de comprovação do dano (art. 927, do Cód. Civil), sendo a primeira uma alternativa em favor do credor (art. 410, CC), conferindo a outra o arbítrio de cobrança juntamente com o valor da obrigação principal (art. 411, CC).

A culpa concorrente da vítima contribui para a redução do valor indenizatório, enquanto a culpa comum ou comunhão de culpas exclui a indenização, via compensação (art. 945, do CC).

Nos casos em que a liquidação consiste no pagamento de prestações periódicas, admite-se a revisão quando destinada ao restabelecimento do equilíbrio causador de onerosidade excessiva para uma das partes.

Se o devedor não puder cumprir a prestação na espécie ajustada, substituir-se-á pelo seu valor, em moeda corrente (art. 947). Como exemplo no Direito do Trabalho, a indenização de aviso prévio não concedido (art. 487, §1º, da CLT), ou do período estabilitário pelo tempo de afastamento na reintegração, ou substitutivo na reintegração aconselhável ou já finda.

Nos termos do art. 948, I e II, do Código Civil, sem excluir outras reparações, a indenização, em caso de morte decorrente do evento danoso, consiste no pagamento das despesas com o tratamento da vítima, seu funeral e o luto da família, bem como na prestação de alimentos aos dependentes do falecido.

No caso de lesão ou outra ofensa à saúde, a indenização consistirá nas despesas do tratamento e dos lucros cessantes até ao fim da convalescença, além de algum outro prejuízo que o ofendido comprovado (art. 949).

E, conforme art. 950, *caput* e parágrafo, do CC, se da ofensa resultar defeito que diminua a capacidade laborativa do ofendido ou o inabilite para o exercício de ofício ou profissão, a indenização, além das despesas do tratamento e lucros cessantes até ao fim da convalescença, incluirá pensão correspondente à importância do trabalho para o qual se inabilitou, ou da depreciação que ele sofreu.

Havendo usurpação ou esbulho do alheio, além da restituição da coisa, a indenização consistirá em pagar o valor das suas deteriorações e o devido a título de lucros cessantes; faltando a coisa, dever-se-á reembolsar o seu equivalente ao prejudicado (art. 952). Assim, responderá o trabalhador que não desocupa o imóvel funcional por indenização consistente em valor correspondente a aluguel de mercado pelo período de ocupação indevida.

Em se tratando de dano patrimonial decorrente de injúria, difamação ou calúnia, a indenização consistirá na reparação do dano que delas resulte para o ofendido (*caput* do art. 953). Se não se verificar dano material ou não se puder prová-lo, o juiz fixará indenização equitativa, na conformidade das circunstâncias do caso (par.único do art. 953).

São garantias de indenização a hipoteca legal sobre os bens do ofensor e o seguro obrigatório da responsabilidade civil, sendo exemplos o seguro contra acidentes de trabalho (ou de vida e acidentes pessoais) e o seguro obrigatório de veículo.

1.5. Dano extrapatrimonial

Bem é toda coisa, valor ou prestação suscetível de apropriação jurídica.

As coisas corpóreas são as que têm existência material e as incorpóreas são as perceptíveis pela consciência coletiva como realidade pela utilidade propiciada ao ser humano, caso do dinheiro, dos títulos de crédito e dos direitos em geral. Ou seja, as coisas incorpóreas têm existência intelectual.

Além das coisas, são bens os valores fundamentais ao ser humano, que dizem respeito à liberdade, igualdade, solidariedade e justiça social, e as prestações de dar, restituir, fazer e não fazer de conteúdo econômico ou não. Bens extrapatrimoniais trabalhistas são os valores fundamentais identificáveis nas relações de trabalho, que integram os direitos da personalidade dos contratantes e os direitos metaindividuais difusos e coletivos de comunidades, grupos, classes e categorias de trabalhadores. Entre eles estão os bens morais e os existenciais que compõem os direitos da personalidade.

As ofensas aos bens extrapatrimoniais residem em atentados à pessoa do ofendido e não a bens que compõem o seu patrimônio.

Os danos estéticos têm natureza híbrida, porque são corpóreos (defeitos físicos corporais e de locomoção aparentes), mas são extrapatrimoniais.

A ofensa aos bens morais e estéticos causam dor sentimental e aos existenciais causam impedimentos de vida plena pessoal e de relações familiares e sociais, que geram o dever de indenizar o dano.

Além de outros, são bens jurídicos extrapatrimoniais da pessoa física: vida, saúde, integridade física, subsistência, segurança, intimidade, vida privada, honra, imagem, sexualidade, nacionalidade, etnia, trabalho, existência, tratamento humano e respeito, liberdades de locomoção e circulação, de crença, de expressão, política e filosófica.

Nas relações de trabalho o artigo 223-C, da CLT não se refere a todos eles, pelo que o rol lá inserido não é exaustivo. O legislador limita-se, exemplificativamente, ao aponte da honra, imagem, intimidade, liberdade de ação, autoestima, sexualidade, saúde, lazer e integridade física como bens juridicamente tutelados, inerentes à pessoa física.

Além de outros, são bens jurídicos extrapatrimoniais da pessoa jurídica, a imagem, a marca, o nome, o segredo empresarial e o sigilo da correspondência.

Nas relações de trabalho estão exemplificativamente previstos no art. 223-D, CLT.

Ofende esses bens extrapatrimoniais as condutas ilícitas, causadoras de dano.

De igual sorte, ofende os bens jurídicos extrapatrimoniais da sociedade, de comunidades ou de grupos sociais, as violações a atributos metaindividuais difusos ou coletivos. Como exemplos, danos a uma comunidade em decorrência da poluição do ar ou da água por uma indústria e os danos decorrentes de trabalho forçado ou escravo, de utilização de trabalho infantil, de descumprimento generalizado das obrigações trabalhistas, de falta de preparação do ambiente de trabalho para riscos à saúde e segurança dos trabalhadores.

Os danos a valores extrapatrimoniais da sociedade, de comunidades ou de grupos sociais podem ser morais e sociais.

Dano moral é a ofensa caracterizada por atos provocadores de abalos sentimentais insuportáveis causados a atributos valorativos, físicos e psicológicos ou espirituais da pessoa. No plano coletivo, danos morais são as ofensas a valores da própria sociedade, suscetíveis de causar repulsa e indignação às comunidades ou grupos sociais por elas afetados, a exemplo da conduta empresária discriminatória racista contra os seus trabalhadores; do desmatamento predatório; da poluição do ar ou da água por uma indústria; da prática empresarial de trabalho análogo ao de escravo; da prática generalizada de uma empresa de não reconhecer vínculo empregatício.

Danos sociais são as condutas antissociais ilícitas e altamente reprováveis, que transcendem interesses particulares, colocando em risco a segurança da sociedade, a qualidade de vida da comunidade ou a dignidade da pessoa humana, como soltar balão, despejar em rio de água potável lixo tóxico ou promover trabalho análogo ao de escravo.

Portanto, os danos sociais dizem respeito às ações coletivas de titularidade dos legitimados do art. 5º da Lei nº 7.437/1985, cabendo ao magistrado, se for o caso, observada a postulação, mensurar o valor a ser arbitrado a título de *punitive damages*, ou seja, fixar a quantia que julgar necessária a dissuadir o ofensor a não reiterar na prática da conduta gravosa.

Em nosso ordenamento, embora destine a fundo específico o valor, a Lei nº 7.347/1985 deixa muito claro que o dano extrapatrimonial coletivo atribui funções múltiplas à indenização: compensatória e inibitória ou punitivo-dissuasória do dano causado. No que, a nosso ver, inclui a função punitiva nos casos que assim a reclamam.

Outrossim, a CLT, no §3º do art. 223-G, permite ao magistrado, em se tratando de dano individual, fixar indenização dobrada em caso de reiteração de conduta, aqui também deixando clara a possibilidade de condenação punitiva mesmo em ação individual e ainda que não se trate de dano social.

Dano existencial é o causado por conduta que leva à perda, pela vítima, da possibilidade de realização do projeto de vida pessoal e da vida de relações familiares e sociais. Decorre da conduta do ofensor, de privar o ofendido de suas aspirações de realização pessoal e profissional e/ou de convivência regular com a família e o meio social.

Exemplificativamente, essa privação pode dar-se em razão da imposição de volume excessivo de trabalho ou de carga horária extrema, impeditivas da vida de relações (regular convívio social e familiar); de acidente do trabalho, capaz de frustrar, pelas lesões, um projeto de vida futura do trabalhador. Enquanto o dano moral é caracterizado por um sentimento, o dano existencial é caracterizado por um impedimento.

Dano estético é o causado pela alteração deformadora do aspecto físico ou funcional aparente do indivíduo, por ação ou omissão de outrem. Resulta em direito autônomo aos danos morais, existenciais e patrimoniais.

<table>
<tr><td rowspan="4">Danos extrapatrimoniais</td><td>Danos morais</td><td>abalos sentimentais por ofensas:
▪ a atributos valorativos, físicos e psíquicos ou espirituais da personalidade da pessoa natural
▪ a atributos valorativos sociais ou de mercado da personalidade e a atributos de privacidade empresarial da pessoa jurídica
▪ a valores fundamentais de comunidades, grupos, classes ou categorias</td></tr>
<tr><td>Danos estéticos</td><td>à aparência ou mobilidade física do ofendido</td></tr>
<tr><td>Danos existenciais</td><td>impedimentos de vida pessoal, familiar e de relações sociais</td></tr>
<tr><td>Danos sociais</td><td>à segurança da sociedade, à qualidade de vida da comunidade ou à dignidade da pessoa humana</td></tr>
</table>

II

AS DIVERSAS ESPÉCIES DE RESPONSABILIDADE

2.1. Classificação

A responsabilidade civil pode ser classificada:

a) quanto ao fundamento, em *responsabilidade subjetiva, objetiva e preventiva;*

b) quanto ao ônus da prova, em *responsabilidade com presunção de culpa* e *sem presunção de culpa*;

c) quanto ao agente causador, em *responsabilidade direta ou por ato próprio e indireta, por ato ou fato de outrem e reflexa*;

d) quanto à conduta, em *responsabilidade por ação e por omissão*;

e) quanto à natureza da relação jurídica, em *responsabilidade extracontratual, pré-contratual, contratual e pós-contratual*;

f) quanto à natureza do dano causado, em *responsabilidade por dano patrimonial e extrapatrimonial;*

g) quanto ao alcance, em *responsabilidade individual, solidária e subsidiária;*

h) quanto à abrangência de pessoas, em *responsabilidade por dano individual e responsabilidade por dano coletivo;*

i) quanto à natureza da pessoa jurídica, em *responsabilidade das pessoas jurídicas de direito privado e da administração pública direta e indireta; e*

j) quanto à espécie, a responsabilidade pode ser civil, criminal, trabalhista, profissional, empresarial, dos empreiteiros e construtores, do fornecedor etc.

Quanto à espécie, a responsabilidade pode ser civil, criminal, trabalhista, profissional, empresarial, dos empreiteiros e construtores, do fornecedor etc.

2.1.1. Responsabilidade subjetiva

Partindo do pressuposto de que a essência da responsabilidade reside na indagação do modo como o comportamento pode contribuir para a verificação do prejuízo experimentado pela vítima, foi a doutrina da responsabilidade subjetiva construída com base no erro de conduta, ou seja, na culpa, no comportamento culposo ou doloso do agente. DOMAT e POTHIER estabeleceram que todo indivíduo garante seus atos e se um deles comete falta causadora de dano à esfera jurídica de outrem, fica obrigado a repará-lo[1].

Para esses juristas franceses, que influenciaram o legislador brasileiro de 1916, o fundamento do dever de indenizar o dano consistia na culpa.

O Código Civil de 2002 alterou essa diretriz, ao estabelecer, no art. 927, que: *"Aquele que, por ato ilícito (arts. 186 e 187), causar dano a outrem, fica obrigado a repará-lo. Parágrafo único. Haverá obrigação de reparar o dano, independentemente de culpa, nos casos especificados em lei, ou quando a atividade normalmente desenvolvida pelo autor do dano implicar, por sua natureza, risco para os direitos de outrem."*

Assim, tem-se que a culpa deixa de ser o único fundamento da responsabilidade.

O conceito de ato ilícito, mencionado no *caput* do art.927 encontra-se estampado no art. 186 do Código Civil, nos seguintes termos: *"Aquele que, por ação ou omissão voluntária, negligência ou imprudência, violar direito e causar dano a outrem, ainda que exclusivamente moral, comete ato ilícito."* Daí que não importa se o comportamento do ofensor

1 LIMA, Alvino. *Da Culpa ao Risco*. São Paulo: RT, 1938. p. 41.

é intencional ou se decorre de desatenção, displicência, falta de cuidado ou de prudência: responde pelo resultado danoso que vier a causar por ação ou omissão que forem consideradas antijurídicas.

Esclarece o art. 187, do mesmo diploma legal, que o abuso de direito também é considerado ato ilícito: *"Também comete ato ilícito o titular de um direito que, ao exercê-lo, excede manifestamente os limites impostos pelo seu fim econômico ou social, pela boa-fé ou pelos bons costumes."*

Ato ilícito é o ato voluntário e culpável, comissivo ou omissivo, contrário ao Direito e causador de dano à esfera jurídica de outrem. A culpa *lato sensu* é o elemento subjetivo ínsito ao comportamento capaz de levar ao resultado danoso, podendo ser intencional quanto à obtenção desse resultado (quando então recebe o nome de *dolo)*, ou ocorrer por negligência, imprudência ou imperícia (hipótese em que recebe a denominação de *culpa stricto sensu)*.

Negligência é falta de cuidado, de atenção; imprudência é falta de prudência, de cautela; e, imperícia, não incluída no dispositivo legal, mas reconhecida pela jurisprudência, é falta de habilidade para a prática do ato.

Causar um acidente de trânsito por desatenção derivada do fato de estar verificando mensagens no celular enquanto está dirigindo, deriva de comportamento negligente. Assim também não fazer manutenção em equipamentos de proteção ao trabalhador ou não fiscalizar o respectivo uso.

Causar um acidente pelo avanço de um sinal de trânsito deriva de comportamento imprudente.

Age com imperícia o trabalhador que resolve, sem a necessária orientação ou conhecimento quanto ao uso de certo equipamento de trabalho, operá-lo, vindo a ter o dedo decepado. Age dolosamente o empregado que, propositadamente, deixa de acondicionar a mercadoria perecível em frigorífico; age culposamente, com negligência, o empregado que se esquece de acondicionar a mercadoria; age culposamente, com imprudência, o empregado que, dirigindo com excesso de velocidade, vem a abalroar outro veículo; age com imperícia o trabalhador que resolve, por conta própria, operar uma máquina para a qual não está habilitado, vindo a ter o dedo decepado; age de forma abusiva em relação ao direito que detinha de suspender o empregado por conduta irregular, o empregador que o faz além do limite legal de 30 (trinta) dias previsto no art.474, da CLT, ou além do limite razoável em proporção à irregularidade cometida.

Logo, responsabilidade subjetiva é o dever de reparar o dano causado por conduta culposa, dolosa ou abusiva do agente (art. 927, *caput*, do Código Civil). Incluem-se os atos praticados com abuso de direito (art. 187 do Código Civil), a exemplo dos arts. 50, CC e 474, da CLT e os cometidos em fraude à lei (art. 9º, CLT).

Fraude à lei é a utilização do modelo legal para a obtenção de finalidade vedada pelo Direito. Quando o empregador movimenta o empregado se uma para outra empresa de um grupo econômico de fato, com o intuito de evitar a soma dos períodos de trabalho para efeito das parcelas trabalhistas, trata-se de fraude à lei. Assim também quando registra na CTPS um salário aquém do percebido.

Ensina CARLOS ALBERTO BITTAR[2], o sistema subjetivo tem por princípios: a) a responsabilidade individual (cada um responde por seus atos, prevalecendo o princípio da solidariedade em havendo mais de um agente); b) a responsabilidade patrimonial (os efeitos dos atos incidem sobre o patrimônio do agente); c) a responsabilidade total (o patrimônio do agente fica vinculado à integral reparação dos direitos do lesado); d) a responsabilidade pela prática de ato ilícito, resultante da noção de desvio de conduta, ou de violação de dever; e) a responsabilidade fundada na culpa, ou seja, da necessidade de participação volitiva do agente no resultado lesivo.

São, portanto, requisitos da responsabilidade subjetiva: a) fato lesivo caracterizado por conduta culposa (negligência, imprudência ou imperícia), dolosa (intencional) ou abusiva do ofensor, da vítima ou de ambos; b) dano causado ao patrimônio e/ou à pessoa da vítima; c) relação de causalidade entre o fato lesivo e o dano verificado.

Sobre o fato lesivo, o dano produzido e a relação de causalidade entre ambos remetemos o leitor ao capítulo I, itens 1.3 e seguintes.

---

2 Curso de Direito Civil, vol. I, Forense Universitária, 1ª ed., 1994, págs. 582/583.

2.1.2. Responsabilidade objetiva

O revogado Código Civil brasileiro, de 1916, seguindo o sistema francês napoleônico de 1804, tratou de forma independente da criminal a responsabilidade civil e, como antes salientado, adotou a teoria da culpa como seu fundamento.

Todavia, a tecnização dos tempos modernos, que aumentou sobremaneira os perigos à vida e à saúde humanas[3], terminou fazendo inúmeras concessões doutrinárias, jurisprudenciais e legais ao sistema objetivo, excluindo a configuração da culpa como um dos pressupostos caracterizadores do dano em inúmeras situações pontualmente previstas em lei. A quantidade de situações em que exigir a comprovação de culpa afigurou-se injusta, passou a ser tal que caracterizar genericamente a responsabilidade nas atividades de risco acentuado tornou-se imperativo. Desastres aéreos, acidentes nucleares, emanações poluentes de indústrias, danos causados por produtos postos em circulação para consumo e acidentes do trabalho em atividades de risco, são apenas alguns exemplos da impertinência da necessidade de apreciação de conduta culposa para a caracterização da responsabilidade. Para além dessa perspectiva, o risco de ocorrência de *overbooking* em viagens aéreas; de uso indevido de cartões de crédito por despesas não realizadas pelo consumidor; e de atentados à vida, integridade física ou saúde de cliente por assalto a banco, entre outras inúmeras hipóteses, também passaram a justificar a responsabilidade pelo fato, em detrimento da responsabilidade pela conduta culposa.

Não bastasse, há situações que não são de risco, mas que justificam a exclusão da culpa como pressuposto da responsabilização, a exemplo da hipótese prevista no art. 246 do CC, bem como da indenização, por metade, devida pela despedida do empregado nos casos de extinção do estabelecimento ou da atividade por motivo de força maior (art. 502, CLT).

O atual Código Civil, de 2002, atento às novas diretrizes trazidas pela Constituição de 88, prevê, expressamente, no parágrafo único do art.

3 DINIZ, Maria Helena. *Curso de Direito Civil Brasileiro*. 7. vol. 13. ed. São Paulo: Saraiva, 1999. p. 11.

927, o dever de reparar o dano independentemente de culpa: a) nos casos pontualmente especificados em lei, sejam ou não de risco (a exemplo do transporte de passageiros, em que somente por motivo de força maior a responsabilidade do transportador é excluída – vide arts. 734 e 735, CC; da persistência da obrigação de dar coisa incerta e responsabilidade pelo descumprimento, na perda ou deterioração antes da escolha, ainda que por força maior ou caso fortuito – art. 246, CC; os casos previstos no art.932, I a V, CC; na seara trabalhista, a hipótese prevista no art. 502, CLT, referida acima, no parágrafo anterior); b) quando a atividade genericamente considerada e normalmente desenvolvida implicar, pela sua natureza, risco acentuado para os direitos de outrem.

Assim, além da responsabilidade fundada na culpa (de natureza subjetiva, decorrente de ato ilícito, no qual está incluído o abuso de direito – arts.186 e 187 c/c 927, *caput*, CC), o legislador expressamente prevê, além dos casos expressamente especificados em lei, a responsabilidade objetiva caracterizada pelo exercício de atividade ou operações de risco.

Responsabilidade objetiva (ou "sem culpa") é, portanto, o dever de reparar o dano independentemente de culpabilidade do agente, estando assim fundada não no ato subjetivo (do agente), mas sim, por força de lei ou pelo exercício de atividade de risco, no fato objetivo do dano.

Nada impede, contudo, que independentemente da responsabilidade objetiva quanto ao dano causado pelo fato da atividade ou por força de hipótese específica prevista em norma legal, o ofensor também aja com culpa, quando, por exemplo, não fornece ao trabalhador instruções ou equipamentos destinados a evitar o dano em atividade de risco.

Nada obsta, também, que não obstante o risco da atividade na caracterização do evento danoso, a própria vítima contribua significativamente para o resultado, ou para os seus efeitos, o que deve ser proporcionalmente levado em consideração na fixação da indenização (concorrência de causas: o fato da atividade e a culpa concorrente da vítima).

São, portanto, requisitos da responsabilidade objetiva: a) o desenvolvimento habitual de atividade de risco ou verificação de situação específica expressamente prevista em norma legal, seja ou não de risco; b) dano causado ao patrimônio e/ou à pessoa da vítima; c) relação de causalidade entre o risco decorrente fato da atividade ou da hipótese tipificada em lei e o dano.

É erro pensar que a responsabilidade objetiva só incide nas atividades de risco. Por isso mesmo o parágrafo único do art. 927, do CC inclui, além desse tipo de atividade, as hipóteses previstas em lei, que não necessariamente são de risco. Exemplo típico encontramos na primeira parte do art. 14, do CDC, *in verbis*:

> *"O fornecedor de serviços responde, independentemente da existência de culpa, pela reparação dos danos causados aos consumidores por defeitos relativos à prestação dos serviços..."*

Já na segundo parte do dispositivo, aí sim o legislador alude ao risco:

> *"...bem como por informações insuficientes ou inadequadas sobre sua fruição e riscos."*

Outro exemplo contundente encontramos no art. 246, do CC: a obrigação de dar coisa incerta persiste, e assim a responsabilidade pelo descumprimento, na perda ou deterioração antes da escolha, ainda que por força maior ou caso fortuito.

Mais um: a empresa contratante responde objetivamente pelos créditos trabalhistas inadimplidos pela empresa prestadora ou terceirizada (Lei nº 6.019/1974).

Também nessa categoria pode ser inserida a indenização por metade, devida pela despedida do empregado nos casos de extinção do estabelecimento ou da atividade por motivo de força maior (art. 502, CC).

E mais outros: Art. 932. São também responsáveis pela reparação civil: I - os pais, pelos filhos menores que estiverem sob sua autoridade e em sua companhia; II - o tutor e o curador, pelos pupilos e curatelados, que se acharem nas mesmas condições; III - o empregador ou comitente, por seus empregados, serviçais e prepostos, no exercício do trabalho que lhes competir, ou em razão dele; IV - os donos de hotéis, hospedarias, casas ou estabelecimentos onde se albergue por dinheiro, mesmo para fins de educação, pelos seus hóspedes, moradores e educandos; V - os que gratuitamente houverem participado nos produtos do crime, até a concorrente quantia.

No tocante à atividade de risco, para que seja dispensada a culpa como um dos elementos caracterizadores do dano, é preciso que o seu desenvolvimento se dê de forma *habitual*.

Risco habitual é o risco intrínseco ou inerente à atividade. Se a atividade desenvolvida normalmente não oferece risco, será preciso provar a produção do risco circunstancial ou, se for o caso, da ilicitude do comportamento caracterizador do dano.

Verificado que o risco precisa ser habitual, ou seja, ***inerente*** à atividade normalmente desenvolvida, resta definir o que seja risco.

Atividade de risco, para os efeitos legais, é a que oferece perigo ou risco provável de dano à esfera jurídica de outrem. Essa probabilidade de dano precisa ser decorrente de habitual e/ou acentuada exposição a risco na dinâmica ou funcionamento de certas atividades, o que termina por dispensar a necessidade de conduta ilícita para a sua configuração, bastando o nexo causal entre o exercício da atividade e a verificação do dano dele decorrente.

Existe sempre a possibilidade de que alguém escorregue e se machuque. Mas é provável que quem habitualmente exerce movimentos repetitivos venha a contrair LER, da mesma forma que é provável que o motorista de um coletivo venha a se envolver em um acidente de trânsito, não obstante todos os cuidados dispensados à operação. Essa diferença entre a possibilidade e a probabilidade é que determina o afastamento da culpa para a caracterização da responsabilidade.

A CLT textualmente prevê. no art. 193: "São consideradas atividades ou operações perigosas, na forma da regulamentação aprovada pelo Ministério do Trabalho e Emprego, aquelas que, por sua natureza ou métodos de trabalho, impliquem risco acentuado em virtude de exposição permanente do trabalhador a: I – inflamáveis, explosivos ou energia elétrica; II – roubos ou outras espécies de violência física nas atividades profissionais de segurança pessoal ou patrimonial; III – colisões, atropelamentos ou outras espécies de acidentes ou violências nas atividades profissionais dos agentes das autoridades de trânsito"; e, conforme § 4º, "São também consideradas perigosas as atividades de trabalhador em motocicleta." Logo, são hipóteses de responsabilidade civil objetiva pelo risco reconhecido em lei. Quanto aos inflamáveis, estabelece o novel §5°, incluído pela Lei nº 14.766/2023, que exclui como perigosas as atividades ou operações que envolvam exposição às quantidades de inflamáveis contidas em tanques de combustíveis originais de fábrica e suplementares para consumo próprio de veículos de carga e de transporte coletivo de passageiros, de máquinas e de equipamentos, certificados pelo órgão competente, e nos equipamentos de refrigeração de carga.

O risco decorrente do exercício de atividade potencialmente provocadora de dano comporta modalidades: a) quando decorre do fato do proveito obtido pelo exercício de determinadas atividades perigosas, é fundada no risco-proveito ou do empreendimento (acidentes de consumo; acidentes nos transportes); b) quando, independentemente do aspecto econômico, que envolve proveito e lucro, a responsabilidade decorre do fato da própria atividade, cujo desenvolvimento em si mesmo cria o perigo que expõe outrem a riscos, é fundada no risco-criado (acidente automobilístico); c) quando é decorrência da atividade ou profissão da vítima, é fundada no risco-profissional (acidentes do trabalho); d) quando decorre da criação de risco anormal, proveniente de atividades extremamente perigosas é fundada no risco excepcional (acidentes decorrentes da exploração de energia nuclear e de energia elétrica de alta tensão); e e) quando decorre do mero fato da verificação do dano, com dispensa até mesmo do nexo de causalidade, é fundada no risco integral (acidentes nas atividades de exploração de energia nuclear; acidentes ambientais decorrentes de vazamento de óleo em virtude de furo no casco de petroleiro, causado por um raio).

A teoria do risco-proveito ou do empreendimento sustenta que aquele que obtém o proveito de uma atividade perigosa, ainda que lícita, deve arcar com os ônus (*ubi emolumentum ibi ônus*), ou seja, indenizar as vítimas de acidentes causados em virtude de seu exercício.[4] Essa teoria pode perfeitamente embasar a responsabilidade dos empresários individuais e das empresas quanto aos danos causados pelos produtos postos em circulação (art. 931, CC); a responsabilidade pela reparação dos danos por empresas que oferecem estacionamento a veículos dos empregados; a responsabilidade de hipermercados e shopping centers

4. Idem. p. 144.

pelos danos causados aos bens ou à integridade física do consumidor em decorrência assalto à mão armada, a responsabilidade de empresas aéreas por *overbooking*; a responsabilidade pelo uso indevido de cartões de crédito por despesas não realizadas pelo consumidor. Outro exemplo ainda é o do transportador, que responde pelos danos causados às pessoas transportadas e suas bagagens, salvo motivo de força maior, sendo nula qualquer cláusula excludente de responsabilidade e não podendo ser elidida, em relação ao passageiro, sequer por fato de terceiro (arts. 734 e 735, CC).

A teoria do risco criado é mais abrangente do que a teoria do risco-proveito. Ela desconsidera o benefício econômico que envolva proveito e lucro profissional ou empresarial, para fixar a responsabilidade no fato da própria atividade ou ato humano, que em si mesmo possa criar o perigo que expõe outrem a riscos, independentemente de culpa ou dolo.

A teoria do risco criado fundamenta situações como acidentes automobilísticos e acidentes decorrentes de coisas caídas de prédio.

A teoria do risco profissional explica a indenização securitária previdenciária que é concedida ao trabalhador em caso de acidentes de trabalho, independentemente da culpa do empregador.[5] O risco inerente à utilização da mão de obra em proveito da empresa gera como consequência o dever de indenizar os acidentes decorrentes da atividade ou profissão do lesado.

A teoria do risco excepcional decorre do exercício de atividades que expõem pessoas e até mesmo os membros da coletividade a riscos anormais, porque extremamente perigosas (exploração de energia nuclear, que independe de culpa, nos termos do art. 21, XXIII, *c*, da CRFB e de redes de eletricidade de alta tensão).[6]

A teoria do risco integral defende que para haver dever de indenizar, basta a verificação do dano decorrente do exercício de certas atividades, tornando desnecessária até mesmo a existência de nexo de causalidade, subsistindo a reparação mesmo nas hipóteses de culpa exclusiva da vítima,

---

5 PEREIRA, Caio Mário da Silva. Responsabilidade Civil. Rio de Janeiro: Forense, 1998, pág. 270.

6 CAVALIERI FILHO, Sérgio. Op., cit., pág. 145.

fato de terceiro, caso fortuito, força maior.[7] Imagine-se, por exemplo, um vazamento de óleo em virtude de furo no casco de petroleiro, causado por um raio.

A teoria do risco integral leva à responsabilidade *objetiva pura*, porque descarta a relação de causalidade, bastando para caracterizá-la o dano, sendo que o seguro é a melhor forma de contornar o problema.

O transporte de passageiros não é de risco integral, porque o motivo de força maior excepciona a responsabilidade (art. 734, CC).

A teoria do risco integral, que descarta a culpa exclusiva da vítima, o fato de terceiro, o caso fortuito e a força maior para efeito de responsabilização, não se confunde com a teoria da restituição integral, fundada na reparação total, ou seja, na apuração da *estimatio damni* em extensão e intensidade do dano para efeito de reparação ou compensação.

CARLOS ALBERTO BITTAR[8] elenca os princípios defendidos pelo sistema objetivo: a) a socialização dos riscos, através da ideia de coletivização da responsabilidade; b) a limitação legal ou contratual da responsabilidade em determinados níveis; c) o princípio da responsabilidade pelo fato do exercício de atividade econômica perigosa; d) o princípio da responsabilidade fundada no risco, em substituição às ideias de ato ilícito e culpa.

Conclui o autor que a adoção do sistema objetivo libera o lesado da prova da subjetividade, impõe a responsabilidade apenas direta, contratual ou extracontratual e limita as causas excludentes, não admitindo, por exemplo, o caso fortuito.

Em síntese, enquanto a responsabilidade subjetiva tem por fundamento a culpa, a objetiva tem por fundamento o risco ou a lei, pelo que não a prova da culpa, mas sim a de que o dano decorreu do exercício de atividade de risco ou da caracterização da situação descrita em lei é o motivo ensejador da responsabilidade.

7 Cf. in CAVALIEIRI FILHO, Sérgio. Op., cit., pág. 146.

8 Ob. cit., pág. 583.

2.1.3. Responsabilidade preventiva ou precaucional

A ideia de reparar ou compensar o dano, uma vez ocorrido, faz parte do passado na sociedade contemporânea, de risco, em que eles são latentes e cotidianos.

Escritórios de advocacia podem causar danos a clientes por perda de prazo e a responsabilização pode impactar terrivelmente as finanças; acidentes em jogos ou em viagens com atletas profissionais, podem abortar a possibilidade de ganhos futuros do profissional, com reflexos no patrimônio das organizações esportivas; acidente do trabalho, do qual seja responsável o empresário, podem resultar em morte do trabalhador ou redução ou supressão de sua capacidade laborativa, e em indenizações que se refletem em passivo empresarial.

De fatos como esse, surge a necessidade de prevenção contra riscos, a ensejar o estudo da responsabilidade preventiva ou precaucional.

A Constituição fornece um exemplo contundente de responsabilidade preventiva ou precaucional: é direito dos trabalhadores a redução dos riscos inerentes ao trabalho, por meio de normas de saúde, higiene e segurança (art. 7º, XXII). O descumprimento caracteriza, por si só, o dano, independentemente da verificação de sinistro.

Outro exemplo encontramos no art. 84, VI da Lei nº 14.597, de 14 de junho de 2023 (nova Lei Geral do Esporte): "São deveres da organização esportiva direcionada à prática esportiva profissional, em especial: ... VI – contratar seguro de vida e de acidentes pessoais, com o objetivo de cobrir os riscos aos quais os atletas e os treinadores estão sujeitos, inclusive a organização esportiva que o convoque para a seleção."

Tais dispositivos colocam em xeque a concepção de que somente a partir do efetivo resultado estará configurada a responsabilidade. A simples exposição ao risco, independentemente do resultado ou a falta de ações preventivas, quando exigidas por lei, configuram, por si só, o dano e assim a reponsabilidade.

Partindo desse pressuposto e com base no art. 7º, XXII da CF, se um banco submete um bancário a transportar numerário, o risco à segurança caracteriza o dano moral, pela ofensa à responsabilidade preventiva, como reiteradamente decidido pela jurisprudência.

De igual sorte, se um empregador submete trabalhador a laborar em andaime, no vigésimo andar de um prédio, sem cinto de segurança e outros equipamentos preventivos, mesmo que não ocorra infortúnio, expõe o trabalhador a risco moralmente indenizável. Assim também quando o empregador submete o empregado a trabalhar continuadamente com amianto. Pode não contrair câncer, mas a exposição ao risco atenta contra no plano moral contra a saúde do trabalhador.

A infringência do disposto no art. 7º, XXII, da CF, pode importar no fechamento, provisório ou definitivo, do estabelecimento, por falta de preparo das condições ambientais. Não pelo dano, mas pelo risco de dano.

A violação do disposto no art. 84, VI da Lei nº 14.597, de 14 de junho de 2023 (nova Lei Geral do Esporte), com base no art. 7º, XXII e XXVIII da CF, pode importar em indenização por dano moral, pelo risco a que a organização esportiva, ao não fazer o seguro, submete o atleta. Caso venha a se verificar acidente do trabalho, incidirão, conforme o caso, os arts.948, 949 e 950 do Código Civil, sem prejuízo da composição de ofensa extrapatrimonial.

Responsabilidade civil preventiva ou precaucional é a relação jurídica consistente na atribuição do dever garantido por lei ou decorrente do contrato, de compensar o risco de dano, quando, sem prevenção, o ofensor submete pessoa ou bem do respectivo patrimônio a situação de perigo.

Note-se que até mesmo em caso de força maior, a imprevidência do empregador a descaracteriza, fazendo incidir a sua responsabilidade (parágrafo único do art. 501 da CLT).

2.1.4. Responsabilidade quanto ao ônus da prova: com presunção de culpa e sem presunção de culpa. O ônus da prova na Covid-19

Como dito antes, ao contrário da responsabilidade subjetiva, que encontra fundamento na culpa, a responsabilidade objetiva tem por fundamento o risco acentuado e/ou habitual de atividade potencialmente causadora de dano, ou hipótese expressamente prevista em lei, bastando assim para configurá-la, em caso de ocorrência de dano, invocar a previsão legal expressa dessa hipótese ou então que decorreu do exercício de atividade de risco.

Assim, quando se trata de presunção de culpa, a avaliação culposa, dolosa ou abusiva permanece como fundamento da responsabilidade, mas com inversão da atribuição do encargo probatório, nas hipóteses: a) em que a vítima teria extrema dificuldade em demonstrar não ter agido com culpa; b) ou nas em que a parte contrária está em melhores condições de realizar a prova (obrigação de exibição, pelo empregador, que detém os controles de frequência); c) ou ainda quando as circunstâncias fazem presumir determinado resultado (acidente do trabalho consistente em LER, aparentemente caracterizado por anos de movimentos repetitivos no trabalho).

Com efeito, essa presunção, em se tratando de responsabilidade objetiva, é desimportante, porque a caracterização da responsabilidade não é estabelecida com base na culpa e sim na verificação objetiva do fato danoso. Por essa razão o ônus da prova, nas atividades de risco, é sempre do respectivo titular. A ele cabe a comprovar a presença de excludentes que possam afastar ou minimizar a responsabilidade, a exemplo da culpa exclusiva da vítima.

Enfim, uma coisa é conservar a culpa como elemento nuclear caracterizador da responsabilidade subjetiva do autor do dano e apenas inverter o ônus da prova e outra é, simplesmente, deixar de lado esse elemento, e objetivamente se concentrar apenas no fato ocorrido, cabendo ao imputado originariamente provar (e não por inversão da prova) que ele não foi o autor do dano e sim a própria vítima ou que ele decorreu de caso fortuito humano ou natural externo e assim estranho à dinâmica da relação jurídica. Nos casos fundados no elemento culpa, quando a situação normal é a ausência de culpa, tem o autor da causa (a vítima), o ônus de provar a falta do réu, mas se a situação normal faz crer a existência de culpa do agente, fica ele onerado com a prova de que não agiu com culpa.

Assim é que quem abalroa a traseira de um veículo tem o ônus de provar que a culpa foi do veículo da frente; ou que o acidente não ocorreu pelo fato dos pneus estarem "carecas".

A respeito, lembra AGUIAR DIAS que no tempo em que ainda se considerava extracontratual a responsabilidade pelos desastres nos meios de transporte, a jurisprudência, julgando que os descarrilamentos das locomotivas eram fatos que faziam presumir a culpa, já que o estado-padrão era o do trem correr regularmente sobre os trilhos, estabeleceu a presunção de culpa do responsável pela estrada, tirando dos ombros da vítima o árduo fardo de provar a culpa da vítima, bastando assim ao interessado provar o evento e a sua vitimação.[9]

Acrescenta ARNOLDO WALD que a presunção de culpa pode dar-se *iuris tantum*, admitindo assim prova em contrário pelo imputado causador, ou *iuris et de iure*, quando então não se permite ao causador a comprovação de sua inexistência[10], por exemplo, não cabe aos pais e ao patrão a prova de que educaram bem o filho ou instruíram corretamente o empregado, conforme os padrões normais exigidos: respondem, por culpa *in vigilando* e *in eligendo*, pelos danos que os subordinados causarem a terceiros.

Na hipótese de contaminação pelo vírus da COVID-19, em período anterior à vacinação, vários casos ocorreram envolvendo trabalhadores que apresentaram sintomas da doença no ambiente de trabalho. Uma vez comprovado que a atividade empresarial estava liberada ao funcionamento e que o empregador tomou as medidas preventivas necessárias contra os riscos à saúde no ambiente de trabalho, fica o empresário isento de responsabilidade, desde que tenha tomado as providências de encaminhamento do trabalhador enfermo ao órgão previdenciário ou a atendimento equivalente.

Todavia, em se tratando do pessoal da saúde, como médicos, enfermeiros, socorristas, fisioterapeutas, coletores de amostras e laboratoristas de análise de doenças, porque se tratava de trabalho em atividades de risco acentuado de contaminação, a responsabilidade deve ser aferida de forma objetiva, cabendo ao empregador, além da prova de que tomou as medidas preventivas necessárias contra os riscos à saúde no ambiente de trabalho, a contraprova da aquisição da doença em outro local ou por culpa exclusiva da vítima.

---

9 Ob. cit., págs. 66 e ss.

10 Curso de Direito Civil Brasileiro, vol. II, 10ª ed. rev., atualizada e ampliada com a colaboração de Semi Glanz, Ed. RT, São Paulo, 1992, pág. 482.

Quanto aos demais trabalhadores que laboraram sem exposição direta ao vírus, a responsabilidade é subjetiva, com ou sem presunção de culpa, a depender da hipótese.

Com efeito, se o empregador comprova que cuidou da esterilização dos equipamentos de trabalho; instrução e fiscalização do uso de máscaras, do distanciamento social e da lavagem periódica de mãos ou uso de álcool em gel; da checagem da temperatura dos trabalhadores no ingresso no estabelecimento; e da realização de exames periódicos de detecção da doença, a presunção é de que o trabalhador adquiriu a doença fora do trabalho, talvez no transporte público ou no convívio familiar ou social, a ele cabendo a prova em contrário.

Todavia, em se tratando de empregador negligente quanto aos cuidados acima destacados, a presunção é de aquisição da doença no ambiente de trabalho, cabendo ao empregador a comprovação de que assim não ocorreu.

Prova de culpa e prova do prejuízo também são situações distintas: nos exemplos acima, se a vítima se desonera a respeito da prova da culpa, não se desonera no tocante ao prejuízo, cuja prova deve fazer.

Relativamente ao prejuízo ou dano, nada impede um novo estabelecimento de presunções: nos juros moratórios, o atraso no cumprimento da obrigação isenta o autor da demonstração do prejuízo experimentado; da mesma forma, na cláusula penal.

A presunção de culpa pode ser absoluta (*juris et de jure*) e relativa (*juris tantum*), nesta sendo admissível a contraprova e naquela, não.

E quanto ao empregado que por razões ideológicas ou de crença tenha, especialmente durante a pandemia, se recusado a se vacinar contra o vírus da Covid-19? Podia ser barrado no ingresso no estabelecimento e despedido por justa causa, na persistência em fazer valer a sua convicção?

Assim como podia o trabalhador, por convicções pessoais, exercer o direito fundamental de não querer se vacinar, também podia e devia o empregador, em atenção ao bem estar dos demais empregados, preservação de um ambiente livre de riscos à saúde, respondendo inclusive moral e patrimonialmente pelos danos direta e indiretamente causados, vetar o seu ingresso no estabelecimento.

Seria preciso, no entanto, oportunizar a esse trabalhador a possibilidade de repensar e avaliar o risco do seu comportamento, pelo que por meio de adaptação razoável, caberia ao empregador dar-lhe prazo razoável para que comprovasse que se vacinou, sob pena de despedida por justa causa, que isentaria o empregador do pagamento de verbas rescisórias ou dano moral pelo fato.

Assim procedendo, estaria ao mesmo tempo respeitando o direito individual do trabalhador, mas também agindo em prol do direito à saúde dos demais.

2.1.5. Responsabilidade quanto ao agente causador: direta ou por ato próprio e indireta ou por ato ou fato de outrem ou da coisa e reflexa

2.1.5.1. Responsabilidade direta ou por ato próprio

Responsabilidade direta ou por fato próprio é a que decorre de dano causado diretamente por ato ou omissão praticada pelo *próprio* ofensor. É responsável pela indenização patrimonial o empregador que despede o empregado sem justa causa e se o faz de forma humilhante, responde também pelos danos extrapatrimoniais causados.

2.1.5.2. Responsabilidade por ato ou fato de outrem ou da coisa e reflexa

Responsabilidade indireta, imprópria ou por fato de outrem é a responsabilização, imputada a um, por ato ou omissão cometido por outra pessoa, como ocorre com a do empregador em relação aos atos lesivos do empregado perante terceiros; a do pai, tutor ou curador pelos atos dos filhos, tutelados ou curatelados (art. 932, do Código Civil); do terceiro que se torna, por força de lei ou do contrato, garante da dívida originária (responsabilidade subsidiária – art. 455, CLT e art. 5º-A, §5º e 10, §7º, da Lei nº 6.019/1974).

De igual sorte, responde o proprietário de animal pelos danos por ele causados, assim como o responsável por certa coisa ou atividade, pelos danos decorrentes. Responde o dono do prédio pelos danos que resultarem de sua ruína, quando proveniente de falta de reparos e também pelas coisas dele caídas.

A responsabilidade indireta não se confunde com o dano indireto, que resulta de uma cadeia de prejuízos. A vítima experimenta diretamente um dano principal (por exemplo, ofensa à honra) e termina suportando um dano indireto, derivado do primeiro (por exemplo, diminuição da clientela).

Responsabilidade reflexa diz respeito ao desdobramento da ação ofensiva, com repercussão na esfera jurídica de terceiro. É o dano causado a determinada pessoa, que termina, em ricochete, por também causar dano a terceiro.

O dano por ricochete é autônomo, por se cuidar de dano próprio de terceiro, com objeto distinto do dano primário. Por essa razão os legitimados agem em nome próprio e não como representantes da vítima.

Como exemplo, o art. 948, do CC, *in verbis*:

> *"No caso de homicídio, a indenização consiste, sem excluir outras reparações:*
>
> *I - ....*
>
> *II - na prestação de alimentos às pessoas a quem o morto os devia, levando-se em conta a duração provável da vida da vítima."*

O dano reflexo pode se referir a dano patrimonial (sustento) ou extrapatrimonial (dor sentimental).

O parágrafo único do artigo 12 do CC dispõe sobre o rol de legitimados a e reclamar, por direito próprio, perdas e danos, sem prejuízo de outras sanções previstas em lei:

> *"Em se tratando de morto, terá legitimação para requerer a medida prevista neste artigo o cônjuge sobrevivente, ou qualquer parente em linha reta, ou colateral até o quarto grau".*

Tais dispositivos são aplicáveis aos acidentes do trabalho.

2.1.6. Responsabilidade solidária e subsidiária

A responsabilidade do empregador, devedor das obrigações em relação ao empregado, é própria. Também a dos demais componentes do grupo econômico, em virtude da solidariedade passiva, que torna todos devedores em relação à totalidade da dívida.

Ocorre que terceiros, que não são os próprios devedores, podem vir a ser alcançados pela dívida. É caso, como visto, de responsabilidade indireta ou imprópria, porque sucessiva ou subsidiária. Assim, respondem, por exemplo, o tomador de serviços terceirizados pelos atos do tomador direto (art. 5º-A, § 5º, da Lei nº 6.019/74; a empresa tomadora de serviços em relação à intermediária de mão de obra temporária (art. 10, §7º, da Lei nº 6.019/1974); do empreiteiro principal em relação aos empregados do subempreiteiro (art. 455, da CLT); do sócio pelas dívidas da sociedade (art. 1024, do CC e art. 795, *caput* e §1º, do CPC).

Na qualidade de garante da dívida, o responsável subsidiário tem ação regressiva contra o real devedor.

2.1.7. Responsabilidade por ação e responsabilidade por omissão

A conduta lesiva pode ser *in faciendo* ou *in comittendo* (causada por ação do agente) e *in omittendo* (causada por omissão do agente).

É exemplo de responsabilidade *in faciendo* a do empregador que ofende a honra ou imagem do trabalhador.

A omissão gera responsabilidade civil em caso de exigibilidade de conduta comissiva, ou seja, o dever de praticar o ato omitido, desde que presente razoável expectativa de que a sua prática impediria o resultado verificado. Como exemplo, o instrutor distraído que deixa de acudir o aluno que está se afogando na piscina durante das aulas de natação[11].

É caso de responsabilidade por omissão, a do empregador que deixa de praticar as ações necessárias à diminuição ou eliminação dos riscos no ambiente de trabalho e o infortúnio vem a ocorrer com determinado trabalhador por esse motivo.

2.1.8. Responsabilidade contratual e extracontratual

Ao contrário da responsabilidade extracontratual, derivada do dever geral de indenizar (decorrente da lei, sem relação pré-existente entre as partes), na responsabilidade contratual o dano – e a indenização correspondente – advém de descumprimento de cláusula contratual.

11 DINIZ, Maria Helena Curso de Direito Civil, vol. 7, Saraiva, 2003, p. 45.

Enfim, enquanto a responsabilidade extracontratual advém do dever geral de indenizar – art. 186 c/c 927, *caput* e parágrafo único do Código Civil, quer em decorrência do ilícito, quer for força de lei ou do exercício de certas atividades, a *contratual* deriva da inexecução culposa, total ou parcial, da obrigação ou contrato[12]. Basta assim a demonstração do descumprimento da prestação, como ocorre na indenização devida pelo advogado ao cliente em decorrência da perda de um prazo judicial, com perda consequente da causa. O mesmo ocorre na indenização devida pelo empreiteiro pelo atraso na obra. Já a responsabilidade por indenização devida em virtude do atropelamento de um pedestre é extracontratual.

A responsabilidade contratual tem como requisitos: a) vínculo contratual entre credor e devedor; b) uma prestação contratual descumprida, decorrente desse vínculo; c) dano; d) culpa; e) nexo causal entre a inexecução da obrigação ou do contrato e o dano.

A responsabilidade contratual tem por fundamento a culpa, pelo que o descumprimento resultante de fato imputável ao devedor é denominado de inexecução voluntária, sendo involuntária a decorrente de força maior ou caso fortuito, que costumam excluir o dever de indenizar o dano contratual.

A responsabilidade pode ser pré-contratual, ou seja, a que antecede o contrato, figurando no terreno das negociações preliminares, que pode gerar responsabilidade quando frustra a expectativa concreta da contratação e até gerar responsabilidade acrescida pela perda de uma chance.

A responsabilidade pós-contratual diz respeito a atos derivados do contrato findo, que responsabilizam o ofensor, a exemplo das informações inverídicas e prejudiciais à imagem ou honra do trabalhador, fornecidas a terceiros, onde o trabalhador está buscando nova colocação.

2.1.9. Responsabilidade civil e criminal

Nos termos dos arts. 935, do novo Código Civil e 64 do Código de Processo Penal, a responsabilidade civil independe da criminal.

12 Nos contratos, é comum a utilização de cláusula penal como garantia do cumprimento.

Esta independência, entretanto, não se reveste de caráter absoluto, porquanto uma única conduta ilícita pode gerar repercussões em diversas esferas do Direito. Por exemplo, em caso de homicídio doloso o responsável ficará sujeito a pena de reclusão (art. 121, do CP) e ainda pagará o prejuízo causado à família da vítima, abrangendo as despesas com funeral e alimentos à pessoa a quem o morto as devia (art. 948, I e II do CC.). Da mesma forma, o empregado, flagrado furtando bem de propriedade do empregador, responderá na esfera penal e na trabalhista, nesta, por justa causa para a resolução culposa do contrato, com os efeitos pertinentes.

Situações como a acima apresentada, que a doutrina denomina de unidade de falta e variedade de consequências, autoriza, em consonância ao princípio da unidade da jurisdição, e por exceção, a vinculação da decisão a ser proferida no âmbito da jurisdição civil àquela pronunciada em sede criminal. O limite desta interferência encontra-se delineado na segunda parte do art. 935 do Código Civil: se o fato do crime (materialidade) e o seu autor (autoria) já se encontrarem previamente decididos na esfera criminal, tais questões não mais poderão ser rediscutidas no cível. Trata-se do denominado efeito preclusivo da sentença penal condenatória, vinculado aos elementos objetivos do ato ilícito, e que tem por sede o reconhecimento da maior gravidade do ilícito penal em relação ao civil, bem como a inconveniência de decisões conflitivas.

A autoridade de coisa julgada da sentença penal condenatória, no âmbito da jurisdição civil, encontra-se expressa nos arts. 63 do Código de Processo Penal e 515, VI, do CPC, que lhe conferem força de título executivo judicial, para fins de reparação civil. Assim, fará coisa julgada no cível a sentença criminal que reconheça, como infração penal, o ato praticado pelo agente, ou defina, contra certa pessoa, a autoria do crime.

De igual sorte, a sentença penal absolutória, que rejeite, por força do conjunto probatório, a existência do fato ou a sua autoria, é dotada de eficácia de coisa julgada na jurisdição civil.

Idêntico efeito consagra o art. 65 do Código de Processo Penal, em relação à sentença penal absolutória fundada em excludente de ilicitude, como estado de necessidade, legítima defesa, exercício regular de direito e estrito cumprimento de dever legal. A previsão legal justifica-se porque, sendo único o fato gerador das responsabilidades, a incidência de causas que excluem a ilicitude do fato no âmbito penal – ilícito de maior gravidade – há, por força da unidade do sistema jurídico, de repercutir no cível – ilícito de menor gravidade. A integração de tais efeitos encontra-se refletida no art. 188 do Código Civil, ao prever, igualmente, que os atos praticados em legítima defesa, exercício regular de direito ou para remover perigo iminente (estado de necessidade) não se revestem de ilicitude, embora nesta última hipótese deem ensejo a indenização (arts. 929 e 930 do CC).

A sentença penal absolutória fundada em insuficiência de prova, quanto à materialidade do fato e à autoria do crime não gera, contudo, efeito preclusivo no cível (art. 66 do CPP). É certo, entretanto, que tais hipóteses gerarão presunção relativa a favor do réu, a ser desconstituída por prova consistente, a cargo do autor da ação de indenização.

Com relação à culpabilidade do agente (elemento subjetivo da ilicitude), a sentença criminal absolutória, qualquer que seja seu fundamento, não vincula a atuação do juízo cível, porquanto será possível sua responsabilização objetiva por força da norma de direito material. Seria o caso do empregador responder por dano causado a terceiro, em razão de conduta praticada pelo empregado, ainda que sua culpabilidade tenha sido afastada pelo juízo criminal (arts. 932, III e 933, do CC).

Cabível, contudo, a rediscussão, na esfera cível, da materialidade do fato e da sua autoria, quando a sentença penal absolutória, emanada de decisão do júri, for carente de motivação.

De igual modo, não terá eficácia de coisa julgada no cível, a sentença penal absolutória decorrente de situação específica ao Direito Penal: inimputabilidade do agente (menor de 18 anos, demência), extinção da punibilidade (prescrição, morte do ofensor, reabilitação do condenado e retratação do agente, anistia ou perdão judicial), arquivamento do inquérito policial, a sentença de pronúncia, impronúncia ou despronúncia.

O art. 67 do Código de Processo Penal prevê algumas das hipóteses mencionadas acima e a questão vincula-se, como exposto ao início, à independência entre a responsabilização criminal e a civil, consagrada como regra. A irresponsabilidade penal não leva, necessariamente, à irresponsabilidade civil. Como efeito, embora considerada a inimputabilidade criminal da criança ou do demente por matar alguém, seus responsáveis responderão, civilmente, por culpa *in vigilando*.

A independência das jurisdições civil e penal autorizam, por conseguinte, o ajuizamento de ação indenizatória sem a existência de ação penal, ou quando esta ainda se encontre em andamento. Nesta última hipótese, faculta-se ao juízo cível a suspensão do processo (art. 64 do CPP e 315, *caput*, do CPC), medida, contudo, de caráter restritivo e somente autorizada quando houver dúvida sobre a existência do fato delituoso. A regra tem por finalidade preservar a unidade da jurisdição, evitando-se decisões contraditórias. O sobrestamento do feito não poderá ser superior a um ano em relação a ação penal proposta (art. 315, § 2º do CPC), sendo que se a ação penal não for proposta no prazo de 3 (três) meses, contado da intimação do ato de suspensão, cessará o efeito desse, incumbindo ao juiz cível examinar incidentemente a questão prévia (§1º).

Superado o prazo de um ano acima mencionado, o juiz cível decidirá a questão prejudicial, não se lhe podendo conferir os efeitos de coisa julgada (art. 315, §2º, in fine, do C.P.C.). Nesta hipótese, proferida sentença penal superveniente, transitada em julgado, conflitiva com a proferida na instância civil, poderá a parte interessada valer-se de ação rescisória, se ainda em curso o prazo decadencial de dois anos e se preenchidos os requisitos para as hipóteses previstas no art. 966, VI e VII do CPC.

2.1.10. Responsabilidade quanto aos efeitos: por danos patrimonial e extrapatrimonial

Responsabilidade por dano patrimonial é a que recai em bem jurídico constante do patrimônio da vítima, ou seja, referente a bem de natureza econômica. Abrange o dano emergente, de natureza positiva (o que efetivamente se perde) e o lucro cessante, de natureza negativa (o que direta e imediatamente se deixa de ganhar) em razão do evento danoso (artigos. 402 e 403, CC).

Responsabilidade por dano extrapatrimonial é a correspondente ao dever de composição dos danos moral, existencial e estético impostos à pessoa humana (dano individual) ou a valores extrapatrimoniais de certa comunidade (dano coletivo).

Responsabilidade por dano estético corresponde à responsabilidade pelas sequelas corporais aparentes, comprometedoras da harmonia física da vítima, como cicatrizes, mutilações e aleijamentos.

Nada impede a cumulação de danos patrimonial e extrapatrimonial (art. 223-F, da CLT) e, quanto aos extrapatrimoniais, do moral e estético (além do existencial), como ocorre na recomposição patrimonial decorrente da agressão à honra, que não impede a fixação de valor compensatório do abalo sentimental e do afeiamento da vítima. É o dever de compor "a lesão suportada por certa pessoa, tanto em seu patrimônio (dano material), como em sua personalidade (dano moral)".[13]

2.1.11. Responsabilidade quanto à abrangência de pessoas: responsabilidade por dano individual e responsabilidade por dano coletivo

A responsabilidade pode ser individual, quando o dano fica restrito a pessoas determinadas e é coletiva quando o dano é causado a direitos de comunidades ou grupos de pessoas.

Responsabilidade por dano individual consiste na atribuição de dever de reparar ou compor o dano causado a pessoas determinadas, ou seja, concreta e particularmente consideradas e ainda, quando reunidas *a fortiori* pela homogeneidade de seus interesses.

Responsabilidade por dano coletivo é a que decorre de ofensa a direitos patrimoniais ou extrapatrimoniais difusos de uma coletividade de fato de pessoas dispersas, na qualidade de componentes de uma comunidade, ou a direitos coletivos patrimoniais ou extrapatrimoniais de grupo, categoria ou classe de pessoas pré-associadas em torno de um determinado fim.

Quando as ofensas são dirigidas a valores da própria sociedade, suscetíveis de causar repulsa e indignação às comunidades, grupos, classes ou categorias por elas afetados, caracterizam dano extrapatrimonial coletivo, a exemplo da conduta empresária discriminatória racista contra os seus

---

13 Carlos Alberto Bittar, Reparação Civil por Danos Morais, 3ª. ed., 2ª. tiragem, ed. RT, São Paulo, 1999.

trabalhadores; do desmatamento predatório; da poluição do ar ou da água por uma indústria; da prática empresarial de trabalho análogo ao de escravo; da prática generalizada de uma empresa de não reconhecer vínculo empregatício.

Quando se trata de condutas ilícitas ou antissociais com alto potencial de reprovação, e que podem colocar em risco a segurança da sociedade, a qualidade de vida de uma comunidade ou a dignidade da pessoa humana, o dano daí decorrente recebe a denominação de social, pelo que na indenização do dano extrapatrimonial coletivo buscado pelos legitimados do art. 5º da Lei nº 7.437/1985, o aspecto punitivo dissuasório precisa ser especificamente considerado (*punitive damages*)[14]. Em sede trabalhista, o Ministério Público do Trabalho conta com o inquérito civil para investigação dos direitos individuais homogêneos e coletivos ofendidos e sua composição convencional por Termo de Ajustamento de Conduta, bem como pode ajuizar Ação Civil Pública para as ações de responsabilidade por danos morais e patrimoniais causados a qualquer interesse difuso ou coletivo (Lei 7.347/1985, art. 1º, IV).

A ação civil poderá ter por objeto a condenação em dinheiro ou o cumprimento de obrigação de fazer ou não fazer (art. 3º), sem prejuízo da fixação de astreintes para compelir ao cumprimento e da condenação em danos morais.

Conforme art. 21 da Lei nº 7.347/1985, aplicam-se à defesa dos direitos e interesses difusos, coletivos e individuais, no que for cabível, os dispositivos do Título III da lei que instituiu o Código de Defesa do Consumidor (Lei nº 8.078/1990).

---

14 Em se tratando de dano coletivo, além da normal função compensatória em relação ao grupo, categoria ou classe social atingida, sobressai a utilidade da função pedagógica, para além de punir, buscar dissuadir o ofensor contra novas investidas ou investidas sociais do gênero (*punitive damages*). As três faces da indenização são reversíveis a fundo social criado para implementar políticas sociais em benefício da sociedade. Quando o dano coletivo é, além de tudo, um dano social, cabe ao magistrado levar em consideração, na mensuração da indenização, a fixação de valor compensatório ao grupo, categoria ou classe social atingida, mas especialmente punitivo da conduta e dissuasório da reiteração, ressaltando assim a função *punitiva dissuasória* da indenização.

A defesa coletiva será exercida quando se tratar de interesses ou direitos difusos, assim entendidos os transindividuais, de natureza indivisível, de que sejam titulares pessoas indeterminadas e ligadas por circunstâncias de fato; os interesses ou direitos coletivos, assim entendidos os transindividuais, de natureza indivisível de que seja titular grupo, categoria ou classe de pessoas ligadas entre si ou com a parte contrária por uma relação jurídica base; os interesses ou direitos individuais homogêneos, assim entendidos os decorrentes de origem comum (art. 81, parágrafo único, I a III, da Lei nº 8.078/1990).

Já os sindicatos podem atuar por meio de ações coletivas na defesa dos direitos e interesses coletivos ou individuais da categoria, inclusive em questões judiciais ou administrativas (art. 8º, III, CF).

2.1.12. Responsabilidade quanto à natureza da pessoa jurídica: responsabilidade das pessoas jurídicas de direito privado e público

2.1.12.1. Responsabilidade civil das pessoas jurídicas de direito privado

Relativamente ao código civil revogado, de 1916, como o art. 1523 daquele diploma, que no projeto CLÓVIS BEVILÁQUA estabelecia o princípio da presunção iuris tantum de culpa do patrão, com a modificação que lhe foi imposta pelo Senado, passou a exigir a prova de culpa concorrente do patrão ou preponente e a conflitar com o disposto no art. 1521, III, que consagra a responsabilidade indireta, a jurisprudência inicial, atenta à letra fria da lei, exigia, além da prova da culpa do preposto, a de culpa *in vigilando* ou *in eligendo* do patrão.

Alertada por VIRGÍLIO DE SÁ PEREIRA, de que deveria ser presumida a culpa do patrão sempre que provada a do empregado ou preposto, sob pena de o patrão ou preponente não reparar o dano por não ter culpa e o preposto por não ter dinheiro, a jurisprudência terminou se firmando no sentido da presunção iuris tantum da culpa in vigilando ou *in eligendo*, quando comprovada a culpa de preposto, entendimento esse que restou consagrado na Súmula 341, do Supremo Tribunal Federal. Para a admissão da responsabilidade, o legislador exigia a prova da má escolha (culpa *in eligendo* ou *in vigilando*), invertida por evolução jurisprudencial.

Pelo atual Código Civil, de 2002, a responsabilidade das pessoas jurídicas de direito privado é direta: os representantes, órgãos que são dessas entidades, agem como seus delegados, não sendo eles os responsáveis diretos. Os atos respectivos são os atos da própria pessoa jurídica. O que não ocorre em relação a empregados e prepostos, hipótese em que respondem, indiretamente, por atos do empregado ou preposto, bastando que o dano, por culpa, seja causado no exercício ou por ocasião do trabalho prestado, com subordinação, para outrem e por conta do tomador (art. 932, III, do novo Cód. Civil).

A responsabilidade dos sócios das pessoas jurídicas, é subsidiária (art. 1024, do CC e art. 795, *caput* e §1º, do CPC).

Há casos, no entanto, em que se impõe a desconsideração (afastamento) pontual e episódica da personalidade autônoma do ente jurídico, nas hipóteses previstas em lei, para alcançar os bens dos sócios (desconsideração tradicional) ou os bens da própria pessoa jurídica, porque os dos sócios foram ali alocados para efeito de blindagem (desconsideração inversa), adotando-se a Teoria Maior da Desconsideração (art. 50, CC), ou a Teoria Menor da Desconsideração (§5º do art. 28 da Lei nº 8.078/90 e art. 4º da Lei nº 9.605/98).

Nas relações de consumo, a pessoa jurídica responde objetivamente, independentemente de culpa dos empregados.

A partir da Constituição de 88, houve clara opção pela responsabilização objetiva do Estado e das entidades privadas prestadoras de serviços públicos pelos danos causados. Elas respondem independentemente de culpa, embora caiba o direito de regresso nos casos de dolo ou culpa dos agentes (art. 37, § 6º, CF).

O Código Civil de 2002 regulamenta o dispositivo constitucional, ao impor, sem vinculação à necessidade de verificação de culpa, a necessidade de indenizar os atos praticados pelos agentes estatais, cabendo ação regressiva em havendo dolo ou culpa (art. 43). É objetiva, porque derivada da simples relação de causa e efeitos entre o comportamento e o evento, a responsabilidade do Estado pelos danos causados por seus funcionários que, atuando no serviço público, causem danos a outrem, ressalvada a ação regressiva, de natureza subjetiva, contra o servidor.

2.1.12.2. Responsabilidade da administração pública direta e indireta

Ao tempo de vigência do Código de 16 e com base no art. 15, que condicionava a indenizabilidade à verificação de conduta contrária ao direito ou falta a dever prescrito em lei, CELSO ANTONIO BANDEIRA DE MELLO observava que ao lado da responsabilidade objetiva do Estado também existia a subjetiva, por falha do serviço, apenas com presunção de culpa, ficando a vítima desobrigada de comprová-la, o que, no entanto, não elidia, segundo o jurista, o caráter subjetivo dessa responsabilidade, tanto assim que se o Estado comprovasse comportamento diligente, com perícia e prudência, estaria desobrigado de indenizar[15].

A teoria do risco administrativo rege a responsabilidade civil das pessoas jurídicas de direito público. As entidades públicas respondem pelos atos de qualquer natureza, ainda que lícitos, causadores de danos à esfera jurídica de outrem (responsabilidade pelo risco administrativo).

Enfim, tem-se que agora não há mais dúvidas de que o Estado somente se exime de reparar o dano se inexistir o nexo de causalidade entre o comportamento comissivo e o prejuízo, ou seja, se ele não produziu a lesão, se inexistiu a situação de risco imputada ou foi ela sem relevo decisivo para a caracterização do dano.

A responsabilidade do Estado tem contornos próprios.

Em sede trabalhista, pode, por exemplo, decorrer de *factum principis*, regulado no artigo 486 da CLT, em que o governo (ou o Estado) se torna responsável por indenização decorrente de paralisação temporária ou cessação definitiva do trabalho, motivada por ato de autoridade municipal, estadual ou federal, ou pela promulgação de lei ou resolução administrativa que impossibilite a continuação da atividade.

O fato do príncipe é espécie qualificada de fato de terceiro, em que o governo ou o Estado tem a responsabilidade de indenizar o dano causado a um (ou seja, o sacrifício imposto ao proprietário do prédio

---

15 Curso de Direito Administrativo, 4ª ed., Malheiros Editores, São Paulo, pp. 430/458.

ou titular de uma atividade), para poder beneficiar uma comunidade com a sua intervenção.[16]

Ainda em sede trabalhista, a contratação irregular de trabalhador mediante empresa interposta, não gera vínculo de emprego com os órgãos da administração pública direta ou indireta, embora possa responder, subsidiariamente, pelos créditos do trabalhador (Súmula 331, II, do TST).

Relativamente aos serviços prestados para a administração direta e indireta por meio de contratação via licitação (Lei nº 14.133, de 1º de abril de 2021), o STF tem jurisprudência firme e vinculante de que as entidades contratantes só respondem subsidiariamente pelo inadimplemento das obrigações trabalhistas dos trabalhadores contratados pelas prestadoras de serviços se comprovada a falta de fiscalização (culpa *in vigilando*), pelo que não basta o mero inadimplemento das obrigações pela empresa contratada para caracterizar a responsabilidade subsidiária.

16 O fato do príncipe não pode ser qualificado como de força maior, a uma porque é identificável a autoria e a duas porque esse autor do dano é responsável pela indenização.

III

RESPONSABILIDADE TRABALHISTA

3.1. Introdução

A relação de trabalho é suscetível de gerar danos tipicamente trabalhistas, com contornos específicos e soluções próprias.

Atenta a essa peculiaridade, a Emenda Constitucional nº 45/2004, publicada em 31 de dezembro de 2004, incluiu no art. 114 da Constituição o inciso VI, atribuindo competência à Justiça do Trabalho para o julgamento das ações de indenização por danos morais e patrimoniais derivados das relações de trabalho, incluindo os derivados dos acidentes do trabalho.

Logo, a responsabilidade trabalhista, embora servindo-se, por força do art. 8º, §1º, da CLT, da teoria geral da responsabilidade civil como parâmetro para a investigação do fato lesivo, do nexo causal, do dano e de sua caracterização, enseja não apenas sistematização específica quanto às hipóteses de configuração e composição dos danos patrimoniais e extrapatrimoniais decorrentes da relação de trabalho, como também soluções próprias e assim autônomas.

Basta dizer que a CLT tem método próprio de liquidação do dano extrapatrimonial (vide art. 223-G) e que a força maior não isenta o empresário da responsabilidade de manutenção do contrato se não houver extinção da empresa ou do estabelecimento, muito menos da indenização, embora por metade, pelo rompimento do contrato nessa situação[1] (art. 502, da CLT).

Não obstante, o recurso ou trabalho de integração, com base na Teoria do Diálogo das Fontes, das regras gerais de responsabilidade civil do direito comum, ressalvadas, evidentemente, as peculiaridades da relação de trabalho, levou a ser cunhada a peculiar expressão responsabilidade civil trabalhista ou responsabilidade civil nas relações de trabalho. Considerando que a relação de emprego é contratual, a responsabilidade trabalhista é, de regra, de natureza contratual, embora abrangendo os períodos pré e pós contratuais.

Pode ocorrer, no entanto, a responsabilização subsidiária de terceiro que não mantém ou manteve contrato de trabalho com o trabalhador, a exemplo do tomador de serviços no trabalho temporário e na terceirização (Lei nº 6.019/1974), bem como do empreiteiro principal em relação às obrigações trabalhistas inadimplidas pelo subempreiteiro a quem os trabalhadores estão vinculados (art. 455, da CLT).

Outrossim, o empregador pode vir a ser responsabilizado por dever à família do empregado falecido por sua culpa, dolo ou risco da atividade indenização por danos extrapatrimoniais e por danos patrimoniais distintos do contrato de trabalho, a exemplo dos alimentos a dependentes.

Outro exemplo de responsabilidade extracontratual encontramos no art. 486, da CLT: *"No caso de paralisação temporária ou definitiva do trabalho, motivada por ato de autoridade municipal, estadual ou federal, ou pela promulgação de lei ou resolução que impossibilite a continuação da atividade, prevalecerá o pagamento da indenização, que ficará a cargo do governo responsável."*

Considerando, no entanto, a regra de que a responsabilidade trabalhista é contratual, cabe-nos primeiro verificar as obrigações das partes no contrato de trabalho, porque das ofensas a bens extrapatrimoniais resulta a responsabilidade pelos danos extrapatrimoniais e pela mora, cumprimento

1 As partes dividem o prejuízo porque nenhum das duas tem culpa. E ao contrário do que ocorreria no direito comum, o empregador precisa indenizar, embora por metade, em razão do risco previsto no art. 2º, *caput*, da CLT.

imperfeito e inadimplemento das obrigações econômicas, a responsabilidade patrimonial, ainda que a cargo de terceiro, por subsidiariedade.

3.2. Obrigações dos contratantes

Os contratos de trabalho ensejam obrigações a cargo das partes, quer os de natureza civil na prestação pessoal (de mandato, empreitada, agenciamento, corretagem, comissão, prestação de serviços etc.), quer os de natureza tipicamente trabalhista (de emprego, trabalho temporário da Lei nº 6.019/74, trabalho avulso), nas duas hipóteses, por força dos incisos I, VI e IX do art. 114, VI, da CF, reparáveis na Justiça do Trabalho quanto aos danos patrimoniais e morais decorrentes do respectivo descumprimento.

Com efeito, o Código Civil estabelece os direitos e deveres inerentes ao contrato de comissão, dispondo que o comissário que não age com cuidado e diligência, causando prejuízo ao comitente, fica obrigado a reparar o dano causado, inclusive o decorrente de lucro inferior ao que razoavelmente se poderia esperar do negócio (art. 696, do Código Civil).

De igual sorte, também dispõe sobre os direitos e deveres das partes no mandato, estabelecendo, por fim, que o mandatário é obrigado a indenizar ao mandante qualquer prejuízo causado por sua culpa na execução do mandato (art. 667, do CC).

A lei civil ou a trabalhista igualmente definem os direitos e deveres das partes em relação aos demais contratos de atividade, com prestação pessoal de serviço, subordinada (art. 3º, CLT) ou autônoma (art. 442-B, CLT), bem como o dever de indenizar os danos causados pelo descumprimento das obrigações que relacionam.

Relativamente ao contrato de emprego, os direitos e deveres inerentes decorrem das características do pacto, ou seja, é um contrato de atividade, bilateral, comutativo, consensual, personalíssimo, de trato sucessivo, oneroso e dotado de alteridade.

Validamente formado, o contrato de emprego gera efeitos próprios, principais e acessórios, além de efeitos conexos.

Os principais correspondem ao conjunto das obrigações nas quais é centrado o ajuste: o do empregado, de executar o serviço que o contrato individual de trabalho tem por objeto (prestação de fazer) e a do empregador, de remunerar a prestação do trabalho obreiro (prestação de dar).

Cabe a observação de que as questões derivadas da relação de trabalho não se resumem aos relacionados à sua execução. Danos pré e pós contratuais podem incidir, como já assinalado, todos afetos à apreciação da Justiça do Trabalho.

Nos termos do art. 421, do Código Civil, *"A liberdade contratual será exercida nos limites da função social do contrato."*

O contrato individual de trabalho é regulado em legislação especial exatamente porque a liberdade contratual individual encontra óbices no princípio protetivo do trabalhador: a assunção dos riscos do negócio é do empregador; são fraudatórios à lei os atos que visam contornar ou obstaculizar as disposições protetivas; são nulas as alterações não consentidas e as prejudiciais ao trabalhador; na dúvida, a interpretação deve favorecer o empregado etc.

Não bastasse, há ajustes que não são admissíveis nem no plano coletivo (art. 611-B da CLT) e ajustes que celebrados no plano coletivo, se sobrepõem às normas legais (art. 611-A, da CLT).

Contudo, a lei trabalhista, considerando os aspectos econômico do mercado e organizacional das empresas, flexibiliza as normas imperativas, apontando os casos em que o empregador pode alterar o contrato com base no *jus variandi*, bem como aqueles derivados de imprevisão, em que a onerosidade excessiva permite a revisão contratual, e aqueles provenientes do fortuito natural ou humano.

Tudo considerado, chega-se à conclusão de que é inaplicável às relações individuais de trabalho o disposto no art. 421-A, do Código Civil, que dispõe que *"Os contratos civis e empresariais presumem-se paritários e simétricos até a presença de elementos concretos que justifiquem o afastamento dessa presunção, ressalvados os regimes jurídicos previstos em leis especiais..."*

Assim, sob a ótica dos princípios que informam o Direito do Trabalho e das características do contrato individual de trabalho, com atenção à sua função social interna e externa, é que as obrigações das partes devem ser apreciadas.

3.2.1. Obrigações do empregado

O empregado é o prestador de serviços no desenvolvimento de atividade organizada por outrem, o empregador, por conta e em proveito do qual trabalha e a quem está juridicamente subordinado.

Por consequência, inúmeras são as obrigações acessórias ou complementares, incluindo a condução da prestação de fazer segundo os deveres gerais de conduta contratual caracterizadores da probidade ou honestidade e boa-fé objetiva (lealdade, transparência, colaboração) e os característicos do contrato de trabalho: o serviço ajustado deve ser realizado pessoalmente; com atenção às diretrizes gerais e ordens específicas; com fidelidade, diligência e eficiência; com respeito à pessoa do empregador, superiores imediatos, colegas de serviço e clientela patronal.

As aptidões pessoais que ensejam a contratação empregatícia e os requisitos de caracterização da relação de emprego, entre elas o estado de subordinação na prestação do serviço, não admitem que o empregado possa se fazer substituir por outrem e nem a transmissão *mortis causa* da obrigação de prestar o serviço.

Por outro lado, as tarefas deverão ser exigidas conforme a qualificação profissional do empregado, não podendo dele ser cobrada prestação em desacordo com as suas aptidões ou em domicílio diferente do local da execução de serviços, exceto nas hipóteses previstas em lei.

A eficiência esperada do empregado é a normal em relação aos demais trabalhadores em geral ou ao tipo de serviço efetuado, não sendo razoável a exigência de desempenho superior à sua capacidade, muito menos pode o empregado apresentar, injustificadamente, desempenho inferior ao possível ou de costume.

Deve o empregado manejar os instrumentos de trabalho e desempenhar o serviço com a devida atenção, interesse e cautela, respondendo por negligência ou imprudência em caso contrário.

Como o empregador responde pelo risco da atividade que organiza, do qual o empregado, em regra, dela não participa, admite-se que o primeiro a dirija conforme os seus interesses, cabendo assim ao empregado respeitar a ordem interna do estabelecimento, cumprir as ordens específicas e as diretrizes gerais do empregador e prepostos.

Como todo contratante, exige-se das partes conduta moral de procedimento na formação e no desenvolvimento do contrato, norteada pela honestidade (probidade) e boa fé (lealdade, cuidado, correção, confiança, colaboração ou cooperação, transparência).

A pessoalidade que caracteriza o contrato de emprego demonstra que a sua formação é estabelecida com base na confiança na pessoa do empregado e no serviço para o qual está qualificado. Daí dele esperar-se certa conduta, certa produção e certo modo de execução, pelo que leva à frustração da *men* e da *res sperata*, podendo revelar falhas de caráter ou de produtividade. Quanto ao caráter lhe é vedado concorrer deslealmente, aceitar presentes ou favores de terceiros para prestar serviços em horário de trabalho que não se relacionem com os objetivos empresariais, ou revelar segredos empresariais.

Quanto à produtividade, como corolário da boa-fé objetiva, tem o empregado o dever de colaborar com o empregador para a boa execução das cláusulas e condições do contrato. Deve levar ao conhecimento do empregador os problemas relativos ao serviço; prestar auxílio aos trabalhos inadiáveis em caso de necessidade; comunicar e justificar as faltas ao serviço; denunciar os atos delituosos ou contrários à moral e aos bons costumes; evitar cuidar de interesses pessoais em horário de serviço ou em detrimento dele; informar doenças e problemas de saúde, bem como as alterações de convicção e crença que possam se refletir no contrato, mormente se engajado em organização de tendência, em que essas informações são essenciais, quando contrárias aos objetivos empresariais.

3.2.2. Obrigações do empregador e poder empregatício

Como verificado, o empregador tem a obrigação principal de remunerar a prestação do trabalho obreiro, caracterizada assim por uma prestação de dar.

Inúmeras são as obrigações acessórias, de dar, fazer (assinar a CTPS, realizar os depósitos do FGTS, inscrever o trabalhador no PIS) ou não fazer (abster-se de ofender a honra do trabalhador, de violar a sua intimidade, de despedir arbitrariamente trabalhador estável), sem falar nos efeitos conexos das obrigações indiretamente decorrentes do contrato, como a cessação do contrato de locação de imóvel em decorrência de ter findado o contrato de emprego e o dever de dar informações corretas sobre a pessoa ou trabalho do empregado em relação a terceiros.

Ocorre que o empregador detém o poder empregatício, no qual se incluem os poderes *de organização, regulamentar, de controle ou fiscalização* e *disciplinar.*

Poder de organização é o de definir os fins visados pela atividade escolhida, determinar a estrutura jurídica a ser adotada, instituir os cargos, distribuir as tarefas e traçar as diretrizes, métodos e metas destinadas ao alcance dos fins escolhidos.

O poder regulamentar consiste na fixação de normas técnicas e disciplinares das condições gerais de trabalho. Manifesta-se por meio de usos, costumes, regulamento de empresa, circulares, instruções, ordens de serviço.

Poder de controle ou fiscalização significa o direito de fiscalização patronal quanto à execução das tarefas conforme as diretrizes, métodos, metas e fins estabelecidos no contrato de trabalho.

Poder disciplinar é o direito patronal de impor sanções disciplinares destinadas à recondução do empregado ao cumprimento das obrigações contratuais segundo as diretrizes, métodos, metas e fins estabelecidos no contrato[2].

Essa quantidade e conteúdo de poderes, atrelado às características do contrato de trabalho, onde despontam a subordinação objetiva e a dependência econômica pela impossibilidade de acesso ou controle dos meio produtivos, que são do empregador, coloca o trabalhador numa posição de fragilidade tal, que revela a sua hipossuficiência, razão pela qual a Constituição e as leis trabalhistas procuram compensar essa condição com normas de proteção para evitar abusos que tanto podem atingir os direitos da personalidade do empregado, como causar-lhe prejuízo financeiro.

---

2 NASCIMENTO, Amauri Mascaro. Iniciação ao Direito do Trabalho, 14ª.ed., LTR, São Paulo, 1989, págs. 146/149.

Assim, o poder empregatício diretivo tem limites externos (os direitos fundamentais do trabalhador, em respeito à sua dignidade e valor social do trabalho, as normas infraconstitucionais de proteção, a moral, os bons costumes e as normas e decisões administrativas), internos (o contrato de trabalho, o regulamento de empresa e as deliberações dos órgãos de co-gestão), sujeito a controle fiscalizatório por parte Ministério do Trabalho e Emprego, e de legalidade, a cargo do Ministério Público do Trabalho e do Poder Judiciário.

Contra os abusos do poder diretivo, ou seja, contra a sua utilização antissocial, cabem o direito de resistência (recusa ao cumprimento de ordens ilegais, prejudiciais ou contrárias aos bons costumes) ou o recurso à via judicial, visando a nulificação do ato ou reparação (sustação de dispensa de estável ou transferência não consentida e desnecessária de empregado) e até mesmo a resolução contratual culposa (por exemplo, em caso de suspensão por período superior a 30 dias).

No exercício do poder empregatício, o empregador tem, em relação ao empregado, os deveres de proteção, de informação e de lealdade.

São deveres de proteção física, moral e intelectual, o respeito aos direitos da personalidade do empregado (honra, imagem, intimidade, vida privada, integridade física, saúde, segurança, não discriminação, liberdades física e intelectual etc.). Por exemplo, não pode o empregador exigir do obreiro afazeres fora dos limites da sua função, capacidade e qualificação profissional; tratá-lo com rigor excessivo; ou submetê-lo a ambiente de trabalho que ponha em risco a sua saúde ou segurança.

Estão entre os deveres de lealdade: fornecer os meios e instrumentos para a execução do serviço ajustado; cumprir as normas legais e coletivas de melhoria das condições de trabalho, inclusive; remunerar integralmente o serviço, no tempo, modo, forma e lugar do pagamento; não alterar, sem o consentimento do trabalhador, as cláusulas contratuais essenciais; proporcionar trabalho ao empregado, notadamente em se tratando de contratos de experiência, de aprendizagem e naqueles em que a falta de serviço diminui a notoriedade, a remuneração (trabalho por comissão) ou tem por fim criar situação incômoda[3].

3 PLÁ RODRIGUES, Américo. Curso de Direito do Trabalho, LTR, 1982, pág. 152.

São deveres de informação: as instruções quanto à forma de realização do serviço; a conscientização quanto ao uso dos equipamentos de proteção ao trabalho; o aviso prévio proporcional ao tempo de serviço; os avisos de interesses do serviço.

3.3. Efeitos do descumprimento das obrigações trabalhistas: responsabilidade e respectiva natureza

O descumprimento dos deveres contidos no contrato individual de trabalho gera a reação jurídica correspondente à hipótese, inclusive a de reparação dos danos extrapatrimoniais e patrimoniais acaso caracterizados.

De fato, o desrespeito às prestações cometidas a empregado e empregador configura a culpa contratual e, diante da falta, de sua intensidade, repetição e circunstâncias, pode ensejar efeitos distintos: a aplicação de sanções disciplinares (advertência e suspensão disciplinar), quando a falta é praticada pelo empregado; a anulação do ato faltoso, quando praticado pelo empregador e o obreiro não tiver interesse na solução do pacto; a resolução culpável do contrato, quer mediante despedimento por justa causa por iniciativa do empregador, quer mediante "rescisão indireta" por iniciativa do empregado.

A despedida por justa causa afasta o dever de indenizar o rompimento do contrato, posto que causado *por culpa* do empregado. Pelo que nesta situação não deve o empregador ao empregado eventual indenização por tempo de serviço ou indenização compensatória de 40% incidente sobre o FGTS.

O rompimento do contrato em virtude de pedido de demissão também não leva o empregador a indenizar o empregado, porque este dá causa ao próprio desemprego. O que não exclui o dever de pagar as parcelas antecipadamente vencidas, como gratificação natalina e férias, inteiras e proporcionais.

Já a despedida, sem justa causa, importa, para o empregador, no dever de indenizar o empregado, de forma a reparar o presumido dano patrimonial causado pelo fato da despedida por iniciativa patronal injustificada, tarifada em lei. Daí que entre outras parcelas, deve o empregador ao empregado eventual indenização compensatória de 40%, incidente sobre o FGTS, indenização de aviso prévio acaso não concedido, sem falar no dever de pagar parcelas decorrentes do vencimento antecipado pela dispensa, como gratificação natalina e férias inteiras e proporcionais.

A "rescisão indireta" ou resolução culpável dá ao empregado direito à integral reparação pelo fato do desemprego, em última análise causado por culpa do empregador.

Quando empregado e empregador são reciprocamente culpados do rompimento do contrato, a indenização é devida por metade, eis que ambos agem com culpa eficiente, causadora do evento.

Nem todo dano causado pelas partes componentes da relação de emprego é de natureza patrimonial. Não tem esse caráter o assédio sexual, muito menos a ofensa ao caráter do empregado. A responsabilização, nesses casos, dar-se-á pelo dano moral ou existencial cometido.

Enfim, o descumprimento das obrigações contratuais das partes leva à responsabilidade pelo equivalente, mais perdas e danos decorrentes da mora, do cumprimento imperfeito ou do inadimplemento, que o tradicional, quer o antecipado.

3.4. Danos pré e pós-contratuais, decorrentes da relação de trabalho

Os problemas derivados da relação de trabalho não se resumem aos relacionados à sua execução.

Assim, pré-contratualmente responderá o tomador de serviços pelos efeitos das medidas destinadas a afetar o acesso da mulher ao mercado de trabalho, por exemplo, quando exige exame de esterilidade como condição do emprego (art. 373-A, II, da CLT), ou quando recusa ou escolhe o trabalhador em função de sua crença religiosa, opção sexual ou outro motivo discriminatório.

Pós-contratualmente também responderá o empregador, quando, finda a relação de emprego, passa a dar informações que desvirtuam a imagem do ex-empregado, atitude capaz, inclusive, de dificultar-lhe o acesso ao mercado de trabalho.

3.5. Responsabilidade trabalhista de terceiros

Geralmente a responsabilidade trabalhista é própria, mas é possível que terceiro, de forma solidária ou subsidiária, responda pela obrigação, ou pelo dano decorrente de seu descumprimento, a exemplo do tomador na terceirização, que responde pelo descumprimento das obrigações trabalhistas inadimplidas pela empresa contratada em relação aos respectivos empregados que indiretamente trabalham ou trabalharam para a contratante (Lei nº 6.019/1974); do empreiteiro principal que responde pelas obrigações trabalhistas inadimplidas pela subempreiteira contratada (art. 455, da CLT).

Também pode ocorrer a responsabilidade exclusiva de terceiro nas relações de trabalho, a exemplo da do Estado, em decorrência de *factum principis* (art. 486, CLT).

3.6. Conceito e classificação da responsabilidade trabalhista

Responsabilidade trabalhista é, pois, a atribuição derivada da lei ou do contrato, do dever de compensar o dano extrapatrimonial ou reparar o dano patrimonial decorrentes do contrato de trabalho.

Adotamos, portanto, para a responsabilidade trabalhista, a mesma classificação adotada para a responsabilidade civil:

a) quanto ao fundamento, a responsabilidade pode ser subjetiva, objetiva, mista e preventiva ou precaucional;

b) quanto ao ônus da prova, pode ser dividida em responsabilidade com presunção de culpa e sem presunção de culpa;

c) quanto ao agente causador, a responsabilidade pode ser direta ou por ato próprio e indireta, por ato ou fato de outrem e reflexa;

d) quanto à conduta, a responsabilidade pode ser por ação e por omissão;

e) quanto à natureza da relação jurídica, a responsabilidade pode ser extracontratual, pré-contratual, contratual e pós-contratual;

f) quanto à natureza do dano causado, a responsabilidade pode ser por dano patrimonial e por dano extrapatrimonial;

g) quanto ao alcance, a responsabilidade por ser individual, solidária e subsidiária;

h) quanto à abrangência de pessoas, a responsabilidade pode ser por dano individual e por dano coletivo; e

i) quanto à natureza da pessoa jurídica, pode ser das pessoas jurídicas de direito privado e da administração pública direta e indireta.

No capítulo II, ao qual remetemos o leitor, essa classificação foi pormenorizadamente estudada, pelo que aqui nos ateremos às peculiaridades que dão dinâmica e soluções próprias aos tipos de responsabilidade.

Geralmente, a responsabilidade trabalhista é própria, incluindo a dos demais componentes do grupo econômico, em virtude da solidariedade passiva, que torna todos codevedores em relação à totalidade da dívida.

Ocorre que terceiro que não era o devedor originário pode vir a responder, subsidiariamente, pela obrigação, ou pelo dano decorrente de seu descumprimento.

Nessa qualidade, respondem, por exemplo, o tomador de serviços terceirizados pelos atos do tomador direto; o empreiteiro principal em relação aos empregados do subempreiteiro; a empresa tomadora de serviços em relação à intermediária de mão de obra temporária; e o sócio pelas dívidas da sociedade em que a responsabilização não é ilimitada.

O descumprimento das obrigações trabalhistas, o risco inerente à exploração da atividade econômica (art. 2º, *caput*, da CLT) e a proteção do crédito do trabalhador geram a responsabilidade do empregador ou de terceiro garantidor e, consequentemente, o dever de compor o dano causado, quer o moral, quer o patrimonial.

Os problemas derivados da relação de trabalho não se resumem aos relacionados à sua execução.

Com efeito, a responsabilidade trabalhista pode derivar do contrato, como a de indenização substitutiva do aviso prévio não concedido; de fato pré-contratual ou antecedente ao contrato, como a indenização por danos morais decorrentes de discriminação na seleção de candidato a emprego; de fato pós-contratual, como a indenização por danos morais decorrente de informações inverídicas e depreciadoras das qualidades de ex-empregado; e de fato extracontratual ou aquiliano, como a obrigação do sindicato de indenizar o empregador pelos prejuízos causados em decorrência de greve abusiva em atividade essencial e a obrigação governamental de indenizar os trabalhadores em caso de extinção do estabelecimento patronal em decorrência de *factum principis* (art. 486, CLT).

O direito trabalhista abrange casos de responsabilidade subjetiva, de responsabilidade objetiva, de responsabilidade mista e de responsabilidade preventiva. O ressarcimento devido pelo empregado, decorrente de conduta dolosa, pelos prejuízos causados ao empregador e se assim acertado, quando proveniente de culpa (art. 462, §1º, CLT), é de natureza subjetiva, porque fundado na culpabilidade do ato obreiro.

Ainda com base na culpa, a responsabilidade pode dar-se em virtude de comportamento malicioso nas obrigações subordinadas a condição.

Dispõe o art. 129, do Código Civil que: a) se a condição não se verificar por malícia da parte a quem desfavorecer, tem-se-á como verificada, e, b) se a condição se verificar por malícia da parte a quem aproveita o respectivo implemento, tem-se-á por não verificada.

Como exemplo da primeira hipótese, tem-se a despedida obstativa da aquisição de estabilidade por empregado em vias de provavelmente adquiri-la em razão de eleições sindicais, ou ainda a do empresário que coloca em nome do gerente não comissionado uma venda realizada por um vendedor.

Como exemplo da segunda hipótese, tem-se a rescisão prevista em contrato, quando a condição resolutiva decorre de culpa, por exemplo, não obtenção de financiamento, pelo interessado adquirente, para pagamento do preço ajustado, quando não é fornecida a documentação necessária para o desiderato.

Em tais casos, incide o dever de indenizar o prejuízo experimentado, com fundamento na fraude à lei (art. 9º, da CLT).

A responsabilidade objetiva, que independe da indagação de culpa, pode decorrer da lei, do risco da atividade ou até de circunstância de risco na realização do serviço.

Para efeito de pagamento de adicional de periculosidade, o art. 193, da CLT, considera como atividades ou operações perigosas aquelas que, por sua natureza ou métodos de trabalho, impliquem risco acentuado em virtude de exposição permanente do trabalhador a inflamáveis, explosivos ou energia elétrica; roubos ou outras espécies de violência física nas atividades profissionais de segurança pessoal ou patrimonial; as atividades de trabalhador em motocicleta (observe-se, no entanto, que o novel §5°, incluído pela Lei nº 14.766/2023, que exclui como perigosas as atividades ou operações que envolvam exposição às quantidades de inflamáveis contidas em tanques de combustíveis originais de fábrica e suplementares para consumo próprio de veículos de carga e de transporte coletivo de passageiros, de máquinas e de equipamentos, certificados pelo órgão competente, e nos equipamentos de refrigeração de carga).

São assim, por excelência, hipóteses de responsabilidade objetiva.

Outros são também apontados na lei: indenização em virtude de força maior (fortuito natural) que determine a extinção da empresa, ou de um dos estabelecimentos em que trabalhe o empregado (art. 502, da CLT); alteração que vem a se revelar prejudicial, ainda que lícita, das condições de trabalho (§ 1º do art. 2º da Lei 3207/57 e art. 468, da CLT); responsabilização do empregador por ato culposo ou doloso praticado por preposto em razão do contrato de trabalho (art. 932, III, CC c/c 8º, §1º, CLT); resolução do contrato em virtude da morte do empregador pessoa física (art. 483 §2º, da CLT); resolução do contrato de emprego prejudicial à gravidez (art. 394, da CLT); responsabilização do empreiteiro principal pelo inadimplemento do subempreiteiro (art. 455, da CLT); responsabilização do tomador final de serviços ou requisitante de mão de obra nos casos de contrato temporário ou terceirização (Lei 6.019/74); responsabilização do sócio pelas dívidas trabalhistas da sociedade (art. 1024, do CC e art. 795, *caput* e §1º, do CPC); responsabilização dos demais componentes do grupo econômico pelo pagamento das reparações devidas por qualquer um deles (art. 2º, §2º, CLT).

Outrossim, com base no art. 735, do Código Civil, subsidiariamente aplicável à CLT por força do art. 8º, parágrafo único, a responsabilidade contratual do transportador por acidente com o passageiro não é elidida sequer por fato de terceiro. Pelo que os trabalhadores que estiverem na condução do empregador e que não foram culpados de acidente de trânsito provocado por terceiro devem receber igual tratamento, sob pena de quebra da isonomia.

Finalmente, nos termos do art. 927, parágrafo único, do Código Civil, o empregador também responde com fundamento na responsabilidade objetiva nas demais hipóteses em que a atividade do empregador for de risco, caso, por exemplo, do serviço bancário.

O dispositivo supra, da lei civil, nada mais faz, no tocante às relações de trabalho, do que regulamentar o inciso XXII do art. 7º, da CF: cabe ao empregador atuar para reduzir os riscos inerentes ao trabalho, por meio de normas de saúde, higiene e segurança, reconhecendo assim que as relações de trabalho podem desenvolver-se em atividades empresariais de risco ou em circunstâncias suscetíveis de colocar o trabalhador em risco mesmo em atividades empresariais normais.

A responsabilidade mista atua nos casos de responsabilidade objetiva em que, não obstante, há o acréscimo da culpa do empregador, que seria desnecessária à caracterização da responsabilidade, mas que influi pela sua verificação no valor da indenização por danos extrapatrimoniais. Como exemplo, quando para a caracterização do acidente do trabalho em atividade de risco, contribui o fornecimento de equipamento de proteção individual danificado.

A responsabilidade preventiva ou precaucional diz respeito à exposição do trabalhador a risco, sem as medidas necessárias de prevenção contra infortúnio, situação em que mesmo sem a sua ocorrência, o dano é caracterizado pelo só fato da submissão do trabalhador ao perigo, a exemplo do empregador que coloca o trabalhador para limpar vidraças num andaime, no vigésimo andar de um prédio, sem cinto de segurança e demais equipamentos de proteção, ou quando determina, sem acompanhamento de vigilância especializada, um bancário para transportar numerário de uma agência a outra. Se vier a ocorrer assalto, vitimando o trabalhador, esse fato contribuirá apenas para a majoração da indenização que já seria devida pela exposição ao risco.

Há fato exclusivo da vítima quando a ocorrência do dano se deve exclusivamente à sua conduta.

No caso, não há formação de nexo causal, porque inexiste identificação de ofensor que pratique ato ilícito à vítima e nem ele é decorrência direta ou indireta da atividade empresarial, devendo-se tão somente ao comportamento da vítima.

Assim, se um piloto empregado resolve arremessar a aeronave contra um morro, o empregador não possui qualquer responsabilidade em relação à família do falecido, não importando se a atividade é ou não de risco.

O fato de terceiro exclui a responsabilidade do empregador, quando de natureza subjetiva, como ocorre quando um assaltante ingressa numa padaria e dá um tiro no empregado. É um fato de terceiro considerado externo ou imprevisível à dinâmica do negócio.

No entanto, em se tratando de atividade de risco, em que o assalto ocorre num banco em que trabalha o empregado, ou numa linha de ônibus que tem um trajeto que passa por localidade perigosa, a possibilidade de ocorrência do fato danoso de terceiro é previsível, inserindo-se na dinâmica do negócio e caracterizando a responsabilidade objetiva.

No caso de paralisação temporária ou definitiva do trabalho, motivada por ato de autoridade municipal, estadual ou federal, ou pela promulgação de lei ou resolução que impossibilite a continuação da atividade, prevalecerá o pagamento da indenização, que ficará a cargo do governo responsável. Trata-se de *factum principis*, que exclui a responsabilidade do empregador, atribuindo-a a terceiro.

No Direito do Trabalho, o fato de terceiro não exclui a responsabilidade, quando de natureza objetiva. Se o trabalhador está prestando serviços de reparo ou conservação na rodovia para uma concessionária de estradas e é atingido por um automóvel, a empresa é responsável, porque a atividade é de risco acentuado, sendo essa possibilidade previsível na dinâmica do negócio. Cuida-se de um risco inerente e corriqueiro ao negócio, que por isso mesmo ingressa com pertinência interna na relação entre empregado e empregador. Mas poderá o empregador regressivamente acionar o real ofensor. De igual sorte, se o vigilante, no labor de vigília de pessoa ou patrimonial para uma empresa recebe um tiro num assalto, ela responde, embora se trate de ação de terceiro, porque a atividade é de risco. Quem a desenvolve expõe o trabalhador a esse risco e por ele deve responder. Da mesma forma se em decorrência de assalto a banco, atividade igualmente de risco, o caixa adquire síndrome do pânico.

Se um motorista da empresa está dirigindo em condições normais de segurança, um raio atinge o automóvel no meio da rodovia e ele bate em outro carro, falecendo, o empregador não é responsável pelo acidente. É hipótese de caso fortuito externo, que interrompe o nexo causal, por não se vislumbrar uma conduta causadora do dano ou um responsável que titularize a responsabilidade. Em outras palavras, o raio é, nas circunstâncias da atividade, estranho ao risco e assim elimina a imputação do fato ao empresário.

Solução distinta ocorreria se o acidente fosse causado pelo furo de pneu, porque essa possibilidade, independentemente de correta manutenção, está inserida na previsibilidade normal da atividade desenvolvida.

Contudo, em se tratando de fortuito interno, a solução será outra. Se o trabalhador a céu aberto é atingido por um raio em região de ocorrência de raios sem que a empresa conte com coberturas de proteção nas épocas de incidência do fortuito, o empregador responde pelo dano. Ou seja, em se tratando de fatos previsíveis, corriqueiros à atividade, podem ser controlados, contornados e gerenciados. E por isso mesmo ingressa internamente na relação entre empregado e empregador, por não ser a ela estranho que nas circunstâncias um raio possa atingir o trabalhador.

A responsabilidade também não cede em caso de assalto à banco em relação ao qual espera-se que a instituição dê aos clientes e empregados toda a segurança necessária à atividade de risco (fortuito interno), mas a instituição bancária não responde pela morte de cliente que vem a falecer em virtude de atropelamento, quando utilizava um caixa 24 horas (fortuito externo).

Se em razão de pânico coletivo ocorrido no estabelecimento do empregador e por ele não causado, um trabalhador é pisoteado e falece, a empresa não é responsável, por se tratar de força maior. No caso, força maior de origem externa, que de regra não ingressa na relação interna entre empregado e empregador.

Todavia, os casos de força maior que decorram da imprevidência do empregador não excluem da empresa a imputação pelo dano (art. 501, §1º, CLT). Se agindo com cautela e prevenção a empresa poderia contornar a ocorrência do fato, não se trata de força maior externa e sim interna, que passa a compor a relação jurídica entre empregado e empregador.

Utilizando o mesmo exemplo acima, se como resultado de pânico coletivo ocorrido no estabelecimento do empregador, um trabalhador é pisoteado e falece, a empresa será responsável se o dano for decorrente do fato do estabelecimento não ter áreas de escape em caso de incêndio ou tumulto. Trata-se de força interna, cuja imprevidência do empregador ingressa na relação jurídica então mantida com o falecido.

Passemos então, nos dois capítulos seguintes, ao exame dos direitos da personalidade, dos danos extrapatrimoniais pelas ofensas respectivas e parametrização da indenização por danos extrapatrimoniais decorrentes da relação de trabalho.

IV

DIREITOS DA PERSONALIDADE

4.1. Distinção entre direitos fundamentais e direitos da personalidade

Vimos que o dano pode incidir sobre a pessoa ou sobre o patrimônio. Interessa-nos, nesta obra, o dano causado à pessoa, ainda que como desdobramento do dano causado ao seu patrimônio.

Nas relações de trabalho, dano extrapatrimonial é o causado à pessoa do trabalhador ou à pessoa, física ou jurídica, do empregador.

Logo, impõe-se o estudo dos direitos da personalidade de ambos, necessário à identificação dos interesses extrapatrimoniais que podem ser reciprocamente atingidos nessas relações.

Evidentemente, o poder empregatício decorrente da livre iniciativa que é detido pelo empregador, é propício ao cometimento de abusos, não sendo outra a razão pela qual a Constituição e normas internacionais estabelecem em prol do trabalhador um rol de direitos fundamentais, e a legislação infraconstitucional impõe limites e direitos mínimos cogentes a esse relacionamento.

Isso não significa dar carta branca ao trabalhador. Ele também pode cometer ilegalidades e abusos ensejadores de danos extrapatrimoniais, pelo que o ordenamento jurídico também se encarrega de identificar e proteger os direitos da personalidade do empregador.

Entres outros, fundamentam o Estado Democrático de Direito da República Federativa do Brasil os princípios da dignidade da pessoa humana (art. 1º, III), dos valores sociais do trabalho e da livre iniciativa (art. 1º, IV, CF).

O princípio da livre iniciativa está enunciado no art. 1º, IV, da CF. Nos termos do parágrafo único do art. 170, é garantido o livre exercício de qualquer atividade econômica, independentemente de autorização de órgãos públicos.

A Constituição introduz modelo econômico baseado na liberdade de iniciativa, devendo, no desenvolvimento de atividade econômica, observar a soberania nacional, a propriedade privada e sua função social, a livre concorrência (repudiando a concorrência desleal e o abuso de poder econômico), o direito do consumidor, a redução das desigualdades sociais e regionais e a busca do pleno emprego (incisos I a IV).

A livre iniciativa, livre atividade produtiva ou, como bem se expressa a respeito a Constituição portuguesa, a liberdade de iniciativa econômica privada (art. 61º), compreende a liberdade de empresa, assim entendida a de criar, organizar e definir o objeto de atividade econômica direcionada ao acesso ao mercado, ou seja, à livre exploração de atividade destinada à produção ou circulação de bens ou serviços no mercado.

A livre iniciativa ou livre atividade produtiva de bens e serviços, é regida pela liberdade econômica de atuação no mercado, que tem por fim criar um ambiente favorável de negócios, gerador de oportunidades, ocupações e tributos em prol da comunidade.

O exercício da livre iniciativa, cujo princípio é enunciado no art. 1º, IV, da CF, não é, contudo, ilimitado. Daí porque o art. 170, *caput*, dispõe que *"A ordem econômica, fundada na valorização do trabalho humano e na livre iniciativa, tem por fim assegurar a todos existência digna, conforme os ditames da justiça social..."*

Com efeito, a ordem econômica é fundada na livre iniciativa, característica do sistema capitalista, mas também no valor social do trabalho humano, como forma de assegurar a todos uma existência digna, baseada na justiça social, que impõe a redução das desigualdades sociais e regionais, o pleno emprego, o tratamento favorecido para as empresas de pequeno porte constituídas sob as leis brasileiras e que tenham sua sede e administração no País, o respeito ao meio ambiente, a defesa do consumidor, o respeito à propriedade privada, a função social da propriedade em respeito aos direitos coletivos e difusos, a soberania nacional, a livre concorrência, a vedação à concorrência desleal.

A livre iniciativa pode ser exercida de forma individual ou por meio de sociedades, para a consecução de atividades e objetivos que transcendem as limitações de atuação pessoal.

A dignidade da pessoa humana consiste no respeito aos atributos necessários a garantir à pessoa humana um tratamento livre, igualitário e fraterno ou solidário, que lhe permita, na atuação individual e em comunhão com os demais componentes da sociedade, desenvolver a sua autonomia espiritual como ser integral, concretizar os ideais e ter as mesmas oportunidades para acesso aos bens da vida.

A dignidade deve, portanto, considerar o sujeito: a) em seu aspecto moral, mediante o respeito às suas convicções, crenças, intimidade, honra, vida privada e imagem; b) em sua integridade psicofísica, mediante o respeito à sua vida, integridade física, saúde e segurança; c) no respeito à sua liberdade física e intelectual, de forma a permitir o direito de ir e vir, de locomoção, de trabalho, de expressão e de autodeterminação de escolhas individuais; e, d) em sua consideração como parte do grupo social que integra, a exigir o respeito a um tratamento justo e solidário, que lhe garanta uma atuação voltada para a concretização das aspirações e acesso aos bens da vida, ou seja, para o seu desenvolvimento espiritual e progresso material, em condições de igualdade substancial.[1]

Juntamente com a livre iniciativa, o trabalho é um dos pilares de construção de uma sociedade. Daí que a "ordem social tem como base o primado do trabalho, e como objetivo o bem-estar e a justiça sociais." (art. 193, da CF), sendo um dos instrumentos eleitos pela Constituição Federal, para garantir o desenvolvimento nacional (art. 3º, II).

Do trabalho subordinado provém o salário, com garantia de percepção de um mínimo (art. 7º, IV) destinado a garantir a subsistência do trabalhador e de sua família. E por isto a relação de emprego é protegida contra a despedida arbitrária ou sem justa causa (art. 7º, I) e o direito

1 MORAES, Maria Celina Bodin de. O Princípio da Dignidade Humana. *In: Princípios do Direito Civil Contemporâneo*. Rio de Janeiro: Renovar, 2006. p. 12-51.

ao trabalho é direito social garantido pelo art. 6º, da CF e concretizado mediante o comando da busca do pleno emprego (art. 170, VIII).

O trabalho não é, contudo, apenas o veículo de atendimento das necessidades de existência do ser humano, mas também uma forma dele alcançar a realização. Por meio do trabalho ele se mantém e desenvolve as potencialidades, agindo e participando da sociedade, ou seja, na busca de uma vida plena e aberta a oportunidades, pelo que é preciso assegurar que o trabalho se desenvolva em condições dignas (art. 1º, III), destinadas a permitir a construção de uma sociedade livre, justa e solidária (art. 3º, I), que objetiva erradicar a pobreza e a marginalização, além de reduzir as desigualdades sociais e regionais (art. 3º, III), o que agrega ao trabalho, além da inserção do trabalhador no sistema econômico e de distribuição de renda, inúmeros outros valores sociais, constitucionalmente previstos.

Nos termos da Constituição de 88, é livre o exercício de qualquer trabalho, ofício ou profissão (art. 5º, XIII). Mas essa liberdade, para o alcance da realização do trabalhador, precisa ser acrescida da igualdade de direitos e de oportunidades (art. 5º, caput) e exercida sem que sofra preconceitos e outras formas de discriminação (art. 3º, IV e 7º, XXX, XXXI e XXXII) e com as garantias de exercício da liberdade intelectual (art. 5º, VI, IX e XII) e de expressão coletiva (arts. 5º, XVI e XVII, 8º e 9º), que caracterizam o ser humano como ser integral e não como mercadoria ou artigo de comércio, agregando assim ao trabalho outros valores sociais.

Em resumo, o valor social do trabalho está em que, além de propiciar a subsistência da pessoa humana e a sua progressão material e espiritual como instrumento de realização existencial, é um mecanismo de transformação social.

Logo, para a realização do princípio da dignidade da pessoa e do valor social do trabalho, direitos fundamentais devem assegurar a sua concretização, mediante inclusive garantias.

São direitos fundamentais, segundo ROMITA, *"aqueles que, em dado momento histórico, fundados no reconhecimento da dignidade da pessoas humana, asseguram a cada homem as garantias de liberdade, igualdade, solidariedade, cidadania e justiça"*.[2]

---

2 ROMITA, Arion Sayão. *Direitos Fundamentais nas Relações de trabalho*. São Paulo: LTr, 2005. p. 36.

Os direitos sociais elencados de forma exemplificativa no art. 6º, da CF, sendo que os artigos 7º, 8º, 9º, 10 e 11, da CF, além de outros que visem à melhoria de sua condição social (art. 7º, *caput*, da CF), são direitos fundamentais especificamente dirigidos aos trabalhadores.

Ocorre que no contrato de trabalho um dos sujeitos é um centro de poder, inclusive econômico, com atribuições para organizar a atividade, regulamentar ou produzir regras de funcionamento interno, controlar a prestação de serviços e aplicar sanções pelo descumprimento das ordens gerais e específicas de trabalho. O que justifica a repercussão, nas relações de trabalho, de outros direitos fundamentais, originariamente oponíveis contra o Estado como centro de poder, destinados a garantir a existência do trabalhador como ser integral. São eles:

- direito à vida, saúde, integridade física, segurança e subsistência (art. 5º, *caput* e 6º, CF);
- direito à liberdade de trabalho, ofício ou profissão (art. 5º, XIII);
- direito ao trabalho respeitoso (vedação à tortura e ao tratamento desumano ou degradante (art. 5º, inciso III);
- direito à liberdade de locomoção e circulação (art. 5º, XV);
- direito à liberdade de pensamento (à liberdade de consciência e de crença – art. 5º, inciso VI – e da expressão de ideias, sentimentos, tendências e opiniões, inclusive ideológicas, filosóficas e políticas – inciso IV);
- direito à liberdade de informação (direito de comunicação interna e externa – art. 5º, XIV);
- direito à liberdade de expressão da atividade intelectual, artística, científica e de comunicação (art. 5º, IX);
- direito à honra e à imagem (art. 5º, inciso X);
- direito à intimidade e vida privada (art. 5º, inciso X);
- direito à liberdade sexual ou à sexualidade (art.1º, IV);
- direito ao sigilo da correspondência e das comunicações telegráficas, de dados e das comunicações telefônicas (art. 5º, inciso XII);

- direito à igualdade de tratamento, com proibição de discriminação (art. 5º, incisos I e IV e preâmbulo da CF);
- direito à liberdade de expressão coletiva (direitos de greve, reunião e associação profissional (art. 5º, incisos XVI, XVII e XX e art. 9º).

Há direitos fundamentais que não estão expressos na Constituição, mas que ela própria prevê o reconhecimento não apenas pela adoção em tratados internacionais em que a República Federativa do Brasil seja parte (art. 5º, §2º, da CF), como também por normas infraconstitucionais ou pela jurisprudência (vide art. 7º, *caput, in fine*). Assim a extensão da estabilidade no emprego à mãe adotante; cotas para deficientes físicos e menores aprendizes; estabilidade por um ano do acidentado que regressa do benefício previdenciário.

Nas relações privadas, tais direitos, denominados fundamentais pela Constituição, recebem a denominação de direitos da personalidade, porque são bens interiores à pessoa e indispensáveis à sua existência.

Assim como o exercício de direitos fundamentais pode sofrer limitações em confronto com outros direitos fundamentais, os direitos da personalidade, preservadas as linhas mestre de sua fundamentalidade constitucional, sofrem a conformação necessária às peculiaridades das relações privadas. Daí que limites de exercício podem ser impostos não apenas para evitar abuso de direito em relação a outrem e à comunidade, como também para ajuste em relação ao exercício contraposto de direitos alheios.

4.2. Direitos da personalidade

Direitos da personalidade são os direitos subjetivos destinados a garantir a integridade física, intelectual e moral do indivíduo, em prol de uma existência livre, igualitária, valorizada, justa e fraterna ou solidária na ordem política, econômica e social, e tendo por fundamento a dignidade da pessoa humana.

Para CARLOS ALBERTO BITTAR, *"consideram-se como da personalidade os direitos reconhecidos à pessoa humana tomada em si mesma e em suas projeções na sociedade, previstos no ordenamento jurídico, exatamente para a defesa de valores inatos ao homem, como a vida, a rigidez física, a intimidade, a honra, a intelectualidade e outros tantos."*[3] Acrescenta o autor, *"Alguns desses direitos, quando enfocados sob o aspecto do relacionamento com o Estado e reconhecidos pelo ordenamento jurídico positivo, recebem o nome de liberdades públicas. São, pois, os mesmos direitos, mas examinados em planos distintos"*[4], pelo que recebem, segundo o enfoque, diversas denominações: individuais (KÖHLER), da personalidade (GIERKE), pessoais (WATCHTER), direitos de estado (MUHLENBRUCH), direitos privados da personalidade (LIMONGI FRANÇA)[5] e ainda, inatos, subjetivos essenciais ou personalíssimos.

Com efeito, se os direitos fundamentais constituem garantias do cidadão contra o Estado, (direitos de defesa ou *Abwwhrrechte*), também devem ser garantidos pelo Estado nas relações do homem com terceiros (*Schutzpflicht des Staats*)[6]. A doutrina alemã da *Drittwirkung*[7] sustenta exatamente a repercussão ou eficácia dos direitos fundamentais na ordem privada, observadas as peculiaridades que podem justificar um tratamento diferenciado.

Neste sentido, direitos fundamentais e direitos da personalidade têm o mesmo significado, mudando apenas o âmbito de incidência ou o objetivo: se os direitos fundamentais norteiam as ações e limitam a ingerência do Estado nas relações com os cidadãos para a preservação da dignidade da pessoa humana em seus aspectos físico, moral, existencial e espiritual, mediante as garantias de liberdade, igualdade, solidariedade, cidadania, com justiça social, os direitos da personalidade destinam-se a limitar os abusos dos particulares aos direitos inatos à sua condição de

---

3 *Curso de Direito Civil.* vol. I. Rio de Janeiro: Forense Universitária, p. 201.

4 Ob. cit., p. 202.

5 GOMES, Orlando. *Introdução ao Direito Civil.* 9. ed. Rio de Janeiro: Forense, 1987. p. 130; ALVES, Alexandre Ferreira de Assumpção. *A Pessoa Jurídica e os Direitos da Personalidade.* Renovar, 1998. p. 59.

6 MENDES, Gilmar Ferreira, Os direitos individuais e suas limitações: breves reflexões, in MENDES, Gilmar et alii. Hermenêutica constitucional e direitos fundamentais, Brasilia Jurídica, 2002, Brasilia, p. 208.

7 CANOTILHO, José Joaquim Gomes. O Provedor de Justiça e o efeito horizontal dos direitos, liberdades e garantias, in http://www.provedor-jus.pt/publicações/sessao/gcanotilho.htm. Consulta feita em 20.02.03.

pessoa, garantindo, na ordem privada, a eficácia horizontal dos direitos fundamentais estabelecidos na Lei Fundamental.

Assim, se ao Estado cabe garantir a vida e a integridade física dos cidadãos, também deve assegurar, nas relações entre particulares, o exercício de direitos como o de doação para efeito de transplante, desde que tal ação importe na possibilidade de salvar outra vida.

Os direitos da personalidade, nas relações comuns, regulados nos artigos 11 a 21 do Código Civil, podem ser classificados em direitos à integridade física, direitos à integridade psíquica, intelectual ou espiritual, direitos à integridade existencial e direitos à integridade moral ou valorativa, cada um deles destinado a resguardar os bens ou direitos que compõem a personalidade.

4.3. Natureza jurídica e classificação

Ao contrário dos bens exteriores, corpóreos e incorpóreos de que o homem necessita para a satisfação de suas necessidades, bens interiores ou encontráveis dentro da própria pessoa lhe são inatos e aderem à personalidade.

Há quem negue a natureza de direito subjetivo aos direitos da personalidade, sustentando que o sujeito ativo (o indivíduo) e o objeto (direito ao nome, à integridade física, à liberdade etc.) se confundem, ou seja, que a pessoa não pode ser, simultaneamente, sujeito e objeto de direitos (SAVIGNY, WINDSCHEID); há a Teoria Monista ou Unitária, que concebe os direitos da personalidade como direitos sem objeto, cuidando-se assim da tutela da própria pessoa (LARENZ); finalmente, a Teoria Eclética, que sustenta que o direito de personalidade tem por objeto atributos ou qualidades físicas, morais e intelectuais da personalidade, destacáveis do sujeito e assim objeto de tutela legal específica[8].

ADRIANO DE CUPIS classifica os direitos da personalidade em:

I. direito à vida e à integridade física;

II. direito sobre as partes destacadas do corpo e direito sobre o cadáver;

8 LARENZ, Karl. *Tratado de Derecho Civil Alemán – parte general.* Trad. de Miguel Izquierdo. Madrid: Editoriales de Derecho Reunidas, p. 160-162.

III. direito à liberdade;

IV. direito ao resguardo (direito à honra, ao resguardo e ao segredo);

V. direito à identidade pessoal (direito ao nome, ao título e ao sinal pessoal);

VI. direito moral de autor[9].

Segundo R. LIMONGI FRANÇA, direitos da personalidade são aqueles que recaem em certos atributos físicos, intelectuais ou morais do homem[10], com a finalidade de resguardar a dignidade e integridade da pessoa humana.

Observando que os direitos da personalidade não são estanques e podendo assim participar de mais de uma categoria, o prof. LIMONGI FRANÇA os especifica e agrupa da seguinte forma:

- direitos à integridade física: direito à vida e aos alimentos, direito sobre o próprio corpo vivo, direito sobre o próprio corpo morto, direito sobre o corpo alheio vivo, direito sobre o corpo alheio morto, direito sobre partes separadas do corpo vivo, direito sobre partes separadas do corpo, morto;
- direitos à integridade intelectual: direito à liberdade de pensamento, direito pessoal de autor científico, direito pessoal de autor artístico, ao direito pessoal de inventor;
- direitos à integridade moral: direito à liberdade civil, política e religiosa, direito à honra, direito à honorificência, direito ao recato, direito ao segredo pessoal, doméstico e profissional, direito à imagem, direito ao segredo profissional)[11].

MARIA HELENA DINIZ acrescenta aos direitos à integridade física, o direito à liberdade física ou de locomoção, ao aspecto físico da estética humana e aos alimentos; aos direitos à integridade moral o

---

9 *Os Direitos da Personalidade.* Lisboa: Livraria e Editora Morais 1961. p. 38 e ss.

10 *Instituições de Direito Civil.* 3. ed. São Paulo: Saraiva, 1994. p. 1037.

11 Ob. cit, p. 1.037-1.038.

direito à intimidade, ao respeito, à identidade pessoal, familiar, social e sexual, à segurança moral e ao aspecto moral da estética[12].

CARLOS ALBERTO BITTAR propõe a distribuição dos direitos da personalidade em físicos (referentes à integridade corporal – os componentes materiais da estruturação humana, compreendendo a vida, o corpo, os órgãos, os membros, a imagem ou efígie, a locomoção), psíquicos (relativos à integridade psíquica – os elementos intrínsecos da personalidades, como as liberdades de pensamento, expressão, de culto, a intimidade, o sigilo) e os morais (pertinentes aos atributos valorativos – virtudes da pessoa na sociedade, como o nome, a honra, as lembranças de família, as criações intelectuais, incluindo a correspondência). Conclui que esses direitos se relacionam, de um lado, à pessoa em si, como ente individual e, de outro, à sua posição frente a outros seres na sociedade, como ente social[13].

Observa BITTAR, *"... os direitos da personalidade devem ser compreendidos como: a) os próprios da pessoa em si (ou originários), existentes por natureza, como ente humano, com o nascimento; b) e os referentes às suas projeções para o mundo exterior (a pessoa como ente moral e social, ou seja, em seu relacionamento com a sociedade)."*[14]

Quanto à referida classificação, observa o jurista que primeiro considera-se a pessoa como ser individual, onde se destacam os elementos extrínsecos (os seus dotes físicos) e os elementos intrínsecos da personalidade (os atributos da inteligência e do sentimento). São os direitos físicos e psíquicos; depois, como ser social, integrado à sociedade, os atributos de valoração da pessoa em sua conceituação pela coletividade. São os direitos morais ou dotes de moral, de cultura, de honradez, de dignidade.

Tudo ponderado pensamos que os direitos da personalidade podem ser classificados em direitos à integridade física, direitos à integridade psíquica ou intelectual e existencial e direitos à integridade moral, cada um deles destinado a resguardar os valores inerentes à integridade física, existencial e moral da pessoa.

---

12 Ob. cit., p. 67.

13 Ob. cit., p. 212, 242 e 244.

14 Ob. cit., p. 207.

Objeto de direito, têm a natureza de direitos subjetivos absolutos – porque exercitáveis *erga omnes* – consistentes em bens jurídicos incorpóreos, titularizados pelos mesmos sujeitos que os detém como conteúdo da personalidade.

Como o sujeito ativo (o indivíduo) não se confunde com o objeto (direito ao nome, à integridade física, à liberdade etc.), chega-se à conclusão de que os direitos de personalidade, que recaem sobre bens interiores, encontráveis dentro da própria pessoa, têm por objeto atributos ou qualidades físicas, morais e intelectuais da personalidade, destacáveis do sujeito e assim suscetíveis de tutela legal específica[15].

Nas relações de trabalho, considerado o disposto nos arts. 3º, IV, 5º, 6º, 7º, 8º, 9º e 170, da CF, podemos citar os seguintes direitos da personalidade:

- direitos ao nome, vida, integridade física (incluído o integridade estética) e subsistência;
- direito de ação;
- direito ao trabalho livre e quantitativamente limitado;
- direitos à desconexão e ao lazer;
- direito ao tratamento humano e respeitoso;
- direito ao meio ambiente saudável e seguro de trabalho;
- direitos à livre manifestação do pensamento, à liberdade de consciência e de crença, à liberdade de expressão e de informação;
- direito à liberdade ideológica, política e filosófica;
- direitos à intimidade e vida privada;
- direito à sexualidade;
- direito ao sigilo da correspondência e das comunicações telegráficas, de dados, notadamente os sensíveis e das comunicações telefônicas;
- direitos à liberdade física de locomoção e circulação;

15 LARENZ, Karl. *Tratado de Derecho Civil Alemán – parte general.* Trad. de Miguel Izquierdo. Madrid: Editoriales de Derecho Reunidas, p. 160-162.

- direitos à honra e imagem;
- direitos à igualdade, à indiscriminação e à chance;
- direito à vida pessoal, familiar e de relações sociais (direito existencial); e
- direitos de solidariedade (direitos de greve, reunião, associação profissional e sindical).

Os direitos da personalidade, nas relações de trabalho, podem ser classificados:

- *em direitos à integridade física* (direitos à vida e à integridade física, ao meio ambiente seguro e saudável, à liberdade física de locomoção e circulação, à subsistência e ao trabalho livre e quantitativamente limitado, à desconexão, ao lazer, à chance e aos direitos de solidariedade – greve, reunião e associação);
- *direitos à integridade psíquica ou intelectual e existencial* (direitos de ação e à liberdade de pensamento, consciência, crença, expressão; à intimidade e vida privada, à vida pessoal, familiar e de relações, de ação; à igualdade, à indiscriminação e à chance; à liberdade ideológica, política e filosófica; ao tratamento humano e respeitoso; ao sigilo da correspondência e das comunicações telegráficas, de dados, notadamente os pessoais sensíveis e das comunicações telefônicas);
- *direitos à integridade moral* (à honra ou reputação, à imagem, ao decoro, à sexualidade, à identidade e criações intelectuais – direito pessoal de autor científico, artístico e de inventor).

4.4. Características

Os direitos da personalidade são fundamentais, interiores, absolutos, extrapatrimoniais, necessários, vitalícios, intransmissíveis (extinguem-se com a morte do titular), indisponíveis, irrenunciáveis e ilimitados.

Os direitos da personalidade são fundamentais, porque asseguram à pessoa as garantias de liberdade, igualdade, solidariedade, cidadania e justiça como condição do alcance da dignidade e valor social.

Incidindo sobre atributos ou valores localizados no interior da pessoa – e não em bens situados fora dele –, os direitos da personalidade são os direitos subjetivos absolutos – porque exercitáveis *erga omnes* –, que recaem em certos atributos físicos, intelectuais ou morais da pessoa[16], com o objetivo de resguardar sua dignidade e integridade. Ao contrário dos bens exteriores, corpóreos e incorpóreos de que a pessoa necessita para a satisfação de suas necessidades, bens interiores ou encontráveis dentro de si lhe são inatos e aderem à sua personalidade.

Os direitos da personalidade são vitalícios porque, enquanto viver, o seu titular não os perde, sendo-lhe indispensáveis.

Os direitos da personalidade são não pecuniários porque não são suscetíveis de avaliação econômica, sendo o ingresso de valores equivalentes, no patrimônio, um efeito casual.

Os direitos da personalidade são intransmissíveis até mesmo por ato *causa mortis*, com o indivíduo nascendo e desaparecendo com a sua morte; são indisponíveis, assim inalienáveis, irrenunciáveis e impenhoráveis (não admitindo execução coercitiva), porque o titular não possui poder jurídico sobre o direito, por lhe ser inato e essencial à existência, permanecendo assim em sua órbita de direitos independentemente de sua vontade.

Evidentemente, poderá dar-se permissão para uso por terceiro do nome civil, sem que o titular perca o direito ao nome; da mesma forma, a cessão gratuita ou onerosa do uso, por determinado tempo, dos direitos sobre a obra não atinge o direito de autor.

Observa MARIA HELENA DINIZ, os direitos da personalidade podem tornar-se disponíveis quanto à sua projeção econômica ou para exploração humanitária, como ocorre com a exploração remunerada de imagem de pessoa famosa ou na cessão gratuita de órgãos ou tecidos[17].

---

16 LIMONGI FRANÇA R. *Instituições de Direito Civil.* 3. ed. São Paulo: Saraiva, 1994. p. 1.037.

17 DINIZ, Maria Helena. Ob. cit., p. 120-121.

4.5. Notícia histórica e tratamento dispensado à matéria pelo legislador civil

Os direitos da personalidade são categoria que os ordenamentos antigos desconheceram, cuidando-se assim de elaboração dogmática do presente século.

Na Idade Média, o Cristianismo deu suporte moral aos direitos individuais, mas dentro de uma concepção universal do Direito. Somente com o surgimento do movimento artístico e cultural renascentista dos séculos XV e XVI foi que restou afirmada a necessidade da independência das pessoas, com identificação de bens no próprio homem, além dos bens exteriores e a intangibilidade dos direitos humanos.

A partir daí, a preocupação cada vez maior com os direitos naturais ou inatos culminou na Revolução Francesa de 1789, cuja doutrina consagrou a ideia dos direitos naturais, inalienáveis e sagrados do homem (conforme preâmbulo da Declaração dos Direitos do Homem e do Cidadão e que destacou os direitos à igualdade, liberdade, segurança, propriedade e resistência à opressão).

Ocorre que o fortalecimento do indivíduo perante o Estado opressor foi a preocupação da Revolução Francesa. A proteção então conferida aos direitos do homem, porque fundamentada nas declarações de cunho político surgidas a partir do século XVIII, teve natureza de direito público. Somente com a doutrina moderna – surgida a partir dos séculos XIX e XX – restou dissipada a confusão entre os direitos da personalidade (aspecto civil) e os direitos do homem (aspecto público).[18]

Os códigos civis que sucederam àquelas declarações, no caso, a exemplo do revolucionário Código Napoleão de 1804, individualista, não chegaram a prescrever uma disciplina específica para os direitos da personalidade. A primeira lei a cuidar em especial de um direito privado da personalidade foi a romena, de 18 de março de 1895, e somente a partir do novo Código Civil italiano as legislações subsequentes

---

18 AMARANTE, Aparecida I. *Responsabilidade Civil por Dano à Honra*, 3. ed. rev. e atual. Belo Horizonte: Del Rey, 1996. p. 32-34.

passaram a dar melhor tratamento aos direitos da personalidade, de qualquer sorte, insatisfatório.[19]

O Código Beviláqua não apresenta disciplina específica a respeito da matéria. De forma genérica menciona que a todo direito corresponde uma ação que o assegure e que para o exercício dela é bastante a demonstração do interesse econômico ou moral (arts. 75 e 76).

No anteprojeto de Código Civil, de 1963, Orlando Gomes incluiu a matéria relativa aos direitos da personalidade, embora sem disposição expressa relacionada à pessoa jurídica.

O Projeto de Código Civil 634-B, de 1975, manteve a orientação antes referida, mas incluiu artigo expresso relacionado à proteção dos direitos da personalidade da pessoa jurídica.

O atual Código Civil, de 2002, resultante do referido projeto e inspirado no Código Civil italiano, de 1942, regula a matéria nos arts. 11 a 21.

O Código Civil dá proteção expressa aos direitos da personalidade, possibilitando ao ofendido exigir que cesse a ameaça, ou a lesão, e reclamar perdas e danos, sem prejuízo de outras sanções (art. 12), sendo que a regulação dos danos morais (arts. 20, 186, 948, 949, 950, 951, 953 e 954) é consequência direta da proteção aos direitos da personalidade.

Aplica-se às pessoas jurídicas a proteção dos direitos da personalidade (art. 52). A pessoa jurídica, cuja personalidade própria a legitima à prática de certas atividades, não tem direito à vida e à integridade física, embora possa ter direito à titularidade da patente (Lei n. 9.279/96, arts. 88 e 91), à imagem, ao segredo e ao nome.

Com exceção da cessão em vida para efeito de transplante nos casos admitidos em lei especial ou para o atendimento de exigência médica (caso das cirurgias para mudança de sexo), é defeso ato de disposição do próprio corpo, quando importar em diminuição permanente da integridade física, ou contrariar os bons costumes (art. 13).

19 LIMONGI FRANÇA, RUBENS. *Manual de Direito Civil*. São Paulo: RT, 1966. vol. I, p. 325.

A disposição gratuita do próprio corpo, parcial ou total para depois da morte, é válida quando efetuada com objetivo científico ou altruístico (art. 14).

A lei veda o uso do nome alheio, sem autorização, em propaganda comercial (art. 18) ou em emprego em publicações ou representações que exponham a pessoa ao desprezo público (art. 17).

Exceto se autorizadas, ou se necessárias à administração da justiça ou à manutenção da ordem pública, a nova lei também veda a divulgação de escritos, a transmissão da palavra, ou a publicação, a exposição ou a utilização da imagem de uma pessoa (uma atriz famosa pode fazer um nu artístico para uma revista masculina, mas é invasão da intimidade o vizinho fotografá-la nua). E concede indenização às agressões que atingirem a honra, boa fama, respeitabilidade, ou ainda se forem destinadas a fins comerciais (art. 20).

4.6. A tutela dos direitos da personalidade nas relações de trabalho

Ao contrário do Código do Trabalho português (arts. 14 a 22), a CLT não regulava os direitos da personalidade nas relações de trabalho, pelo que a jurisprudência aplicava diretamente os direitos fundamentais previstos na Constituição Federal ou, subsidiariamente, os direitos da personalidade previstos no Código Civil, para concretizá-los.

A partir da reforma trabalhista (Lei nº 13.467/2017), o legislador corrigiu a omissão, regulando, nos artigos 223-C e 223-D, respectivamente, os direitos da personalidade das pessoas física e jurídica.

Entre outros, são direitos da personalidade da pessoa física a honra, a imagem, a intimidade, a igualdade de tratamento e oportunidades, a liberdade de ação, a autoestima, a sexualidade, a saúde, a segurança, o lazer e a integridade física e espiritual.

Quanto à pessoa jurídica, são bens que integram a sua personalidade, entre outros, a imagem, a marca, o nome, o segredo empresarial e o sigilo da correspondência.

Como o empregado tem direito à vida, saúde e integridade física como direitos da personalidade, o empregador precisa prevenir o ambiente de trabalho contra os riscos inerentes ao trabalho, por meio de normas de saúde, higiene e segurança (art. 7º, XXII, da CF), sem prejuízo da responsabilidade do empregador pelos danos patrimoniais e morais decorrentes da morte ou da redução temporária ou definitiva da capacidade para o trabalho, e dos danos estéticos causados à aparência física do trabalhador (art. 7º, XXVII c/c 5º, V, da CF c/c art. 927, *caput* e parágrafo único do CC).

Por outro lado, é defeso ao empregador ou por seus superiores hierárquicos exigir do empregado serviços superiores às suas forças; tratar o empregado com rigor excessivo; expor o trabalhador a perigo manifesto de mal considerável; ofender física ou moralmente o trabalhador ou permitir que outrem assim aja no ambiente de trabalho (art. 482, CLT).

O empregado tem ainda direito à vida privada (art. 5º, X, CF), ao sigilo de correspondência (art. 5º, XII), às liberdades de consciência, crença (art. 5º, VI, CF) e expressão (art. 5º, IV e IX), ao tratamento humano e respeitoso no ambiente de trabalho, à orientação sexual e a uma existência que lhe permita desfrutar da vida pessoal, familiar e de relações sociais, pelo que o empregador não pode desnudar os pensamentos do trabalhador; interferir nas suas convicções políticas, ideológicas, filosóficas e religiosas; na manifestação do pensamento, incluindo os desejos, anseios e ideais; na correspondência particular; no comportamento do trabalhador no seu relacionamento privado; ofender a sua respeitabilidade ou consideração social; trata-lo de forma desumana ou desrespeitosa; ou causar-lhe impedimentos de desfrute da vida.

De igual sorte, a imagem, a marca e o nome dão credibilidade ao empregador no mercado e junto aos clientes e consumidores, de tal sorte que tem representação inclusive econômica, o que impede o trabalhador de atentar contra esses direitos da personalidade empresarial. E muito menos pode revelar segredos empresariais capazes de causar prejuízos ao empregador perante a concorrência, ou desnudar ou revelar conteúdo de correspondência sigilosa.

O salário é a contraprestação pelo trabalho, cuja contratação e desenvolvimento devem dar-se em regime de plena liberdade (art. 7º, XIII, CF), razão pela qual o trabalho forçado é desumano e, portanto, indigno (art. 7º, III, CF).

Quando se diz que a prestação do trabalho deve dar-se em ambiente saudável, essa afirmação diz respeito não apenas ao meio ambiente capaz de evitar doenças, mas também ao meio ambiente respeitoso, sendo degradante também aquele em que o empregador constantemente desmerece a pessoa ou o trabalho do empregado, assediando-o moral ou sexualmente.

Se todos são iguais perante a lei, sem distinção de qualquer natureza (art. 5º, I), é injustificável e atenta contra a igualdade e a não discriminação o tratamento desigual no ambiente de trabalho, mormente quando fundado em preconceito ou estigma. Para serviço igual, salário igual deve ser garantido (arts. 5º e 461 da CLT). Daí dispor o art. 461, § 6º, da CLT, que *"Na hipótese de discriminação por motivo de sexo, raça, etnia, origem ou idade, o pagamento das diferenças salariais devidas ao empregado discriminado não afasta seu direito de ação de indenização por danos morais, consideradas as especificidades do caso concreto."*

A empregada não pode sofrer revistas íntimas ou restrições injustificadas de acesso ao emprego (art. 373-A, CLT). Essa proteção, especificamente dirigida à trabalhadora, não significa que trabalhadores do sexo masculino possam sofrer revistas abusivas ou restrições de acesso ao mercado de trabalho.

Se o empregado alardeia que seus empregadores são ladrões, que a empresa sonega os impostos e explora os seus empregados, não há dúvida de que fere direito personalíssimo do empregador.

As ofensas aos direitos da personalidade geram danos morais, com as compensações correspondentes (retratação pública, indenização), sem prejuízo do rompimento culpável do contrato e de indenização pecuniária do prejuízo material reflexo.

V

DANO EXTRAPATRIMONIAL: ASPECTOS GERAIS

5.1. Dano extrapatrimonial: conceito e caracterização

Embora boa parte da doutrina trate bem e coisa como sinônimos, não apenas para a realidade da vida em sociedade, como também para efeito doutrinário, um é continente e a outra é conteúdo. As coisas são bens, mas nem todo bem jurídico é uma coisa. Não há como chamar a honra ou a intimidade de coisa, embora sejam bens jurídicos.

Bens são as coisas, prestações e valores fundamentais suscetíveis de apropriação jurídica, ou seja, que podem ser objeto de uma relação jurídica.

Coisas são os bens jurídicos exteriores à pessoa, com existência física revelada pelos sentidos quando corpóreas (automóveis, joias, animais, prédios, gás, energia elétrica) e com existência intelectual com força normativa quando incorpóreas (dinheiro e os direitos em geral).

Prestações são os comportamentos de dar, restituir, fazer ou não fazer com ou sem valor econômico: entregar numerário correspondente a uma aquisição; devolver o automóvel funcional no rompimento do contrato de trabalho; executar um serviço contratado; não construir acima de determinado gabarito; devolver o filho à mãe que detém a guarda, após visitação do pai dela separado.

Valores são os bens jurídicos interiores que integram os direitos da personalidade ou da sociedade: integridade física, honra, intimidade, preservação da natureza.

Os bens, não importa se corpóreos ou incorpóreos, podem ou não ter natureza econômica. Os direitos autorais são incorpóreos, mas têm representação econômica e compõem o patrimônio do titular.

Bens extrapatrimoniais são os valores fundamentais que integram os direitos da personalidade, dos quais a pessoa necessita para existir e viver uma vida digna. Entre eles estão os bens ditos morais, os existenciais e os estéticos.

A pessoa necessita da efetividade dos direitos indispensáveis à existência segura e saudável e a uma convivência social fundada na igualdade, liberdade e solidariedade. Ou seja, para uma existência qualitativa.

Se um dos fundamentos do Estado Democrático de Direito é a dignidade da pessoa humana (art. 1º, III, da CRFB) e ela consiste no respeito aos atributos necessários a garantir-lhe um tratamento livre, igualitário e fraterno, que lhe permita, na atuação individual e em comunhão com os demais componentes da sociedade, desenvolver a sua autonomia espiritual como ser integral, concretizar os ideais e ter acesso aos bens da vida, mecanismos devem ser buscados, no plano infraconstitucional, para a compensação dos padecimentos sentimentais e existenciais causados aos seus direitos extrapatrimoniais, derivados dos direitos da personalidade.

Afinal, se a ordem jurídica tem preocupação com a reparação dos prejuízos patrimoniais, deve igualmente procurar compensar os danos sentimentais, como revolta, frustrações, mágoas, indignações, complexos decorrentes de humilhações, constrangimentos, injustiças, desrespeito, desonra, vexame, redução ou supressão da capacidade laborativa, bem como os danos existenciais provenientes dos impedimentos ou privações de vida pessoal e de relações. Enfim, com as ofensas aos atributos físicos, valorativos e psíquicos ou intelectuais da pessoa humana.

Por outro lado, também no plano coletivo é possível a verificação de dano extrapatrimonial, quando a lesão é dirigida aos valores sociais de uma comunidade ou grupo social.

Com efeito, ofende os bens jurídicos extrapatrimoniais difusos ou coletivos da sociedade como um todo e das comunidades que as compõe as violações a atributos metaindividuais que correspondem aos valores sociais que a caracterizam ou dão qualidade de vida aos seus componentes. Como exemplos, os danos causados a uma comunidade em decorrência da poluição do ar ou da água por uma indústria e os decorrentes de trabalho forçado ou análogo ao de escravo, de utilização de trabalho infantil, de descumprimento generalizado das obrigações trabalhistas e de falta de preparação do ambiente de trabalho para riscos à saúde e segurança dos trabalhadores.

Os danos estéticos têm natureza híbrida, porque são corpóreos (defeitos físicos na aparência ou locomoção) mas são extrapatrimoniais.

As ofensas aos bens morais e estéticos causam dor sentimental e aos existenciais causam impedimentos de vida plena pessoal e de relações familiares e sociais. Ambas geram o dever de indenizar o dano extrapatrimonial causado.

Além de outros, são bens jurídicos extrapatrimoniais da pessoa física: vida, saúde, integridade física, subsistência, segurança, intimidade, vida privada, honra, imagem, sexualidade, nacionalidade, etnia, trabalho, existência, tratamento humano, igualitário e respeitoso, liberdades de locomoção e circulação, de crença, de expressão, política e filosófica.

Nas relações de trabalho o artigo 223-C, da CLT não se refere a todos eles, entendendo-se, portanto, até por força da Constituição e dos direitos naturais que o rol lá inserido não é exaustivo. O legislador limita-se, evidentemente de forma exemplificativa, apenas ao aponte da honra, imagem, intimidade, liberdade de ação, autoestima, sexualidade, saúde, lazer e integridade física como bens juridicamente tutelados, inerentes à pessoa física, o que enseja interpretação lógica, sistemática e extensiva.

A imagem, a marca, o nome, o segredo empresarial e o sigilo da correspondência são alguns dos bens extrapatrimoniais que compõem a personalidade das pessoas jurídicas. Nas relações de trabalho estão previstos no art. 223-D, da CLT.

Ofende os bens extrapatrimoniais, morais ou existenciais (e os estéticos, se for o caso), as condutas ilícitas, causadoras de dano.

Danos morais são espécie de danos extrapatrimoniais. *São, especificamente, os danos sentimentais* causados pelas ofensas aos atributos físicos, valorativos e psíquicos, intelectuais ou espirituais da pessoa. Decorrem de ofensas caracterizadas por comportamentos provocadores de abalos sentimentais insuportáveis ao homem médio pela violação daqueles atributos, a exemplo da revolta, frustrações, mágoas, indignações e complexos derivados de humilhações, constrangimentos, injustiças, desrespeito, desonra, vexame, redução ou supressão da capacidade laborativa que a vítima vem a experimentar em virtude do comportamento lesivo do ofensor.

Observa MARIA HELENA DINIZ que para distinguir dano moral (leia-se dano extrapatrimonial) de dano patrimonial, o critério utilizado não poderá ater-se à natureza do direito, mas sim ao interesse que pressupõe esse direito ou ao caráter de sua repercussão sobre o lesado, eis que do prejuízo causado a bem jurídico econômico pode resultar perda de ordem moral e da ofensa a bem jurídico extrapatrimonial pode advir dano moral, podendo até ocorrer a concomitância de lesões de ordem moral e patrimonial, por exemplo, se a injúria feita a alguém importar em queda de sua fonte de renda, além do dano causado ao amor-próprio, de ordem moral, surgirá dano patrimonial indireto.[1]

Embora geralmente ligado ao aspecto emocional, nem todo sofrimento decorre de ofensa moral ressarcível, eis que os "aborrecimentos normais, próprios da vida em coletividade", são juridicamente indiferentes. A respeito, CARLOS ROBERTO GONÇALVES observa que se um casal de namorados rompe o relacionamento e um deles entra em depressão, a angústia experimentada não é ressarcível, o que não ocorre se perante os convidados em cerimônia de casamento, um dos noivos resolve dizer "não", deixando o outro em situação humilhante[2]. Da mesma forma, a frustração do empregado decorrente de uma despedida sem justa causa.

Outrossim, se determinada pessoa presencia o atropelamento fatal de outra, o violento abalo emocional que venha a acometê-la não é ressarcível, por se cuidar de pessoa estranha à vítima ou de pessoa que em relação a ela não tem especial afeição como um parente próximo, cônjuge ou conivente.[3]

---

1 Ob. cit., p. 81.

2 *Responsabilidade Civil.* 6. ed. São Paulo: Saraiva, 1995. p. 58 e ss.

3 CASTRO, Guilherme Couto de. *A Responsabilidade Civil Objetiva no Direito Brasileiro.* 2. ed. Rio de Janeiro: Forense, 1997.

Dano existencial, como espécie de dano extrapatrimonial, é o prejuízo imaterial causado pelos impedimentos ou frustrações da possibilidade de realização do projeto de vida e da vida de relações do trabalhador. Decorre da conduta do ofensor, de privar o ofendido de suas aspirações de realização pessoal e profissional.

Exemplificativamente, essa privação pode dar-se em razão da imposição de volume excessivo de trabalho ou de carga horária extrema, impeditivas da vida de relações (regular convívio social e familiar); de acidente do trabalho, capaz de frustrar, pelas lesões, o projeto de vida futura do trabalhador.

Enquanto o dano moral é caracterizado por um sentimento, o dano existencial é caracterizado por um impedimento (privação de alcance).

Dano estético, também como espécie de dano extrapatrimonial, é o causado pela alteração deformadora do aspecto físico ou funcional aparente do indivíduo, por ação ou omissão de outrem. Resulta em direito autônomo aos danos morais, existenciais e patrimoniais. Como dito antes, é material (defeito físico aparente), embora extrapatrimonial.

Um acidente do trabalho pode, cumulativamente, provocar um dano estético (aleijamento, com incapacidade total para o trabalho), um dano moral (revolta, complexos, humilhações) e um dano existencial (abortar projetos de vida profissional). Ou seja, pode atingir direitos distintos da personalidade e ensejar composição específica para os danos, sob cada projeção. E ainda ensejar reparação de dano patrimonial (despesas com hospital, remédios, prótese, cuidador e supressão de salário).

5.2. Dano moral

5.2.1. Notícia histórica e fundamento

Embora o direito romano não tenha conhecido os direitos da personalidade, chegou a reconhecer, por meio da *actio injuriarum*, a reparação de situações hoje definidas como de dano moral.

Como demonstrado por JHERING, a *actio injuriarum* abstrata está relacionada àquilo que a pessoa é (por exemplo, na ocorrência de lesões ao corpo, à liberdade e à honra da pessoa), enquanto aquilo que a pessoa tem diz respeito à *actio injuriarum* concreta (por exemplo, na ocorrência de lesões à propriedade, posse e detenção da coisa)[4].

Observa o prof. WILSON MELO DA SILVA que a reparabilidade do dano moral não era de todo desconhecida pelo direito romano[5].

Assim é que dentre as quatro categorias existentes de delitos privados, três eram reguladas pela lei Aquilia (*furtum, rapina e damnum injuria datum*) e a outra (injúria) o era pela *actio injuriarum aestimatoria* (injúrias verbais, faladas ou escritas) ou pela *Lex Cornelia* (injúrias traduzidas por meio de ações), sendo que nas duas últimas hipóteses de reparação do dano moral, o ofendido podia utilizar-se de dois caminhos: a ação civil, objetivando reparação em dinheiro, e a ação criminal, pretendendo a imputação de pena ao ofensor.

Note-se que nos delitos privados o conceito de injúria chegou a alcançar entre os romanos tal amplitude – extravasando assim os estreitos limites da Lei das XII Tábuas, onde se referia apenas aos danos de natureza corporal –, que em período mais avançado daquela legislação tornou-se objeto de proteção jurídica, com inegável preocupação com a dignidade humana, passando a compreender as agressões à liberdade, integridade e honra do ofendido.[6]

Segundo os negativistas (SAVIGNY, GABBA[7]), contraria a moral a atribuição de valor pecuniário à dor, à honra e outros direitos personalíssimos, para os quais inexiste preço, havendo, por outro lado, impossibilidade prática de sistematizar, mensurar e provar os reflexos negativos provocados, em concreto, nas pessoas atingidas em tais valores, pelo que o juiz fixaria, de forma arbitrária, eventual valor indenizatório.

Para os negativistas, tendo a prestação contida na obrigação conteúdo econômico e não sendo o componente puramente moral estimável em

---

4 JHERING, Rudolf von. *Actio injuriarum des lésions injurieuses en droit romain (et en droit français)*. Trad. Meulenaere. Paris: Chevalier, 1888. p. 1 e 24.

5 *O dano moral e sua reparação* (tese). Belo Horizonte: Faculdade de Direito da UFMG, 1949. p. 13-16.

6 SILVA, Wilson Melo da, obra cit., *idem*.

7 GABBA. *Questione di Diritto Civile*. II. Torino: Fratelli Rocca, 1898. p. 225 e ss.; SAVIGNY. *Traité de Droit Romain*, I, p. 330.

dinheiro, não se pode cogitar de reparação pela simples inexistência de obrigação jurídica.

Objetou-se no sentido de que a patrimonialidade da prestação não se confunde com o interesse do credor, que pode ser econômico ou moral, não constituindo a reparação de danos morais uma fixação de preço para a dor e sim uma compensação do lesado.

Dentre os positivistas, alguns impõem limitações para a reparação do dano moral e outros não fazem restrições[8].

Para as teorias limitativas ou ecléticas, essa compensação ocorre somente quando o dano repercute no patrimônio do lesado ou quando o legislador expressamente e somente nas hipóteses previstas, fixa uma indenização. Dentre os autores nacionais, assim chegaram a sustentar ORLANDO GOMES e AGOSTINHO ALVIM[9].

Para as teorias afirmativas, a fixação de compensação ocorre independentemente de repercussão no patrimônio do lesado, eis que ao menos propiciam a ele "lenitivos, confortos, prazeres, e outras sensações, ou sentimentos aliviadores, que, através da moeda, se podem obter, como os experimentados em viagens, terapias, leitura, e outras tantas".[10]

Observam os autores nacionais que em nosso país a jurisprudência inicial inclinou-se pela tese da irreparabilidade do dano moral, evoluindo, a partir da exigência de danos patrimoniais reflexos ou patrimonialidade indireta, para o acolhimento das teorias limitativas[11], o que perdurou por muitos anos, terminando, a partir de período próximo à atual Constituição,

---

8 COVIELLO. L'art. 185 del Codice Penale e la Risarcibilità del Danni Morali in Materia Civile. *Rivista Diritto Civile*, 1932, p. 313; CARNELUTTI, Franscesco. *Il Danno e Il Reato*. Padova: Cedam, 1926. p. 39; SAVATIER. *Traité de La Responsabilité Civile*. II. Paris, 1951, n. 525.

9 GOMES, Orlando. *Obrigações*. Rio de Janeiro: Forense, 1986. p. 334; ALVIM, Agostinho. *Da Inexecução das Obrigações e suas Consequências*. Rio de Janeiro: Jurídica e Universitária, 1965. p. 220 e 221.

10 BITTAR, Carlos Alberto. *Reparação Civil por Danos Morais*. 2. ed. São Paulo: RT, p. 79.

11 CAHALI, Yussef Said. *Dano Moral*, RT, 1998. p. 48-49, lista inúmeros acórdãos nesse sentido: STF, 1ª Turma, 13.8.59, RT 316/563; 2ª Turma, 27.9.1983, JSTF 62/304 e RT 583/277; 2ª Turma, 26.6.1984, JSTF 72/102, 1ª Turma, 10.5.1985, RTJ 124/299; 2ª Turma, 25.2.1986, RTJ 117/454, 2ª Turma, 27.2.1987, RTJ 121/1262, 1ª Turma, 15.3.1988, RTJ 125/1313, 2ª Turma, 7.3.1989, RTJ 130/784.

por abraçar a tese da plena reparação do dano moral, independentemente de diminuição patrimonial.

Os posicionamentos negativistas e limitativos revelavam-se injustificáveis, ainda mais em época em que a socialização dos riscos e declínio do individualismo, fundamentos da responsabilidade objetiva, cada vez mais encontra adeptos, destinando-se o seguro de vida exatamente a compensar, pela via econômica, a morte ou acidente sofrido[12].

Afinal, se devem ser objeto de respeito os direitos que repercutem no patrimônio, com mais razão devem ser respeitados – e reparados, quando violados – os direitos relativos aos valores pessoais do sujeito do direito, precisamente aqueles que repercutem em seus sentimentos.

Por outro lado, a ausência de patrimonialidade dos valores morais não impede que a frustração, a indignação, a revolta, a dor e a mágoa causadas pelos atos lesivos aos sentimentos íntimos possam ter reparação pela via econômica. A responsabilidade por danos morais tem por fim reparar ou compensar as lesões extrapatrimoniais causadas a direitos personalíssimos, não estando os danos causados a atributos valorativos da personalidade necessariamente ligada a prejuízo de ordem patrimonial (dano patrimonial).

A diminuição da capacidade de trabalho decorrente de um abalo moral causado por outrem e a necessidade de gozo de férias em viagem custeada pelo ofensor[13] para o restabelecimento físico e psicológico do ofendido, é exemplo de como a reparação em pecúnia pode se revelar eficiente para custear despesas decorrentes, em última análise, de um comportamento danoso causado à esfera jurídica do moralmente ofendido por fato lesivo.

A respeito, observa MARIA HELENA DINIZ que a reparação do dano moral em dinheiro serve para compensar a dor com a alegria da obtenção de meio material capaz de facilitar a aquisição de prazeres destinados a atenuar o seu sofrimento.[14]

A Carta Política de 1988 veio a consagrar, de forma expressa (art. 5º, V e X), o direito à reparação de ofensa a interesses morais, sem fazer

---

12 WALD, Arnoldo. *Obrigações e Contratos*. vol. II, São Paulo: RT, 1992. p. 118.

13 WALD, Arnoldo, ob. cit., p. 118.

14 Ob. cit., p. 92.

qualquer exigência a eventual necessidade de repercussão econômica para a respectiva indenizabilidade, contentando-se, pois, com o simples fato da violação (dano moral puro). Note-se que o rol constitucionalmente fornecido quanto às lesões à honra, à imagem, à vida privada e à intimidade, é meramente exemplificativo[15].

O revogado Código Civil brasileiro, de 1916, estabelecia o legítimo interesse moral como condição para o exercício do direito de ação (art. 76), mas somente em casos específicos determinava a forma de reparação de danos a direitos personalíssimos (para os crimes de violência sexual, danos por injúria e por ofensas contra a liberdade pessoal).

O Código de Processo Civil, de 1973, estabelecia disposição genérica a respeito do interesse (art. 3º), não o restringindo ao patrimonial, permitindo, com base na atual redação da Lei da Ação Civil Pública, conforme modificação imposta no *caput* e inciso IV do art. 1º pelo art. 88 da Lei n. 8.884/94, que os danos morais pudessem ser postulados inclusive pelo Ministério Público em ação de responsabilidade civil reparadora de interesses difusos e coletivos ofendidos.

No CPC de 2015, o art. 292, V, estabelece como valor da causa, na ação indenizatória, inclusive a fundada em dano moral, o valor pretendido.

No plano do direito material, posteriormente à atual Constituição, convém citar ainda, quanto à questão dos danos morais, o Código de Proteção e Defesa do Consumidor (Lei n. 8.078/91, art. 6º, VI e II).

Quanto à jurisprudência, a Súmula n. 37 do Superior Tribunal de Justiça, de 1992, consolidou o entendimento de que *"São cumuláveis as indenizações por dano material e dano moral oriundos do mesmo fato"*, espancando assim as divergências jurisprudenciais que remanesciam.

Regulamentando a Constituição de 1988, o atual Código Civil, de 2002 estabelece, no art. 186, que o dano causado a outrem, ainda que exclusivamente moral, é caracterizado como ato ilícito e se o ofendido não puder provar prejuízo material, caberá ao juiz fixar, equitativamente, o valor da indenização, em conformidade com as circunstâncias do caso

---

15 PEREIRA, Caio Mário da Silva. *In Responsabilidade Civil.* 4. ed. Rio de Janeiro: Forense, 1993. p. 58.

(parágrafo único do art. 953), eis que a Constituição de 88 não exige repercussão econômica para a indenizabilidade do dano moral.

Outrossim, prevê hipóteses de indenização por dano moral nos arts. 948 a 954, sem falar no parágrafo único do art. 944, que baliza a liquidação dos danos morais. Na área trabalhista, o STF (CJ 6.959-6, Relator designado Min. Sepúlveda Pertence, julgamento em 23.5.1990, DJU 22.2.1991 p. 1.259, Revista LTr 59-10/1370) e o TST (RR-583.555/99.5, em que foi relator o eminente Ministro Vantuil Abdala, Ac. 2a T., 28.6.00, Revista LTr 65-05/590) já admitia a competência, a tipificação de dano moral e a indenizabilidade do dano moral puro nas relações de trabalho.

A Emenda Constitucional nº 45/2004 atribuiu por meio da inclusão do art. 114, V, na Constituição, competência à Justiça do Trabalho para decidir sobre danos morais decorrentes das relações de trabalho, tendo o STF decidido, no ano seguinte, que essa competência se estende aos danos provenientes de acidentes do trabalho.

Finalmente a reforma trabalhista, por meio da inclusão na CLT dos arts. 223-A a 223-G, disciplinou a caracterização e a composição dos danos extrapatrimoniais nas relações de trabalho, onde estão incluídos os danos morais.

5.3. Classificação do dano moral

LIMONGI FRANÇA classifica o dano moral segundo o gravame produzido na vítima, em ofensas à integridade física, ofensas à integridade intelectual e ofensas à integridade moral.

O jurista elenca como ofensas à integridade física o desrespeito ao direito à vida e aos alimentos, ao direito sobre o próprio corpo vivo, ao direito sobre o próprio corpo morto, ao direito sobre o corpo alheio vivo, ao direito sobre o corpo alheio morto, ao direito sobre partes separadas do corpo vivo, ao direito sobre partes separadas do corpo morto); como ofensas à integridade intelectual o desrespeito à liberdade intelectual, à liberdade de pensamento, ao direito pessoal do autor científico, ao direito pessoal do autor artístico, ao direito pessoal do inventor e como ofensas à integridade moral, o desrespeito à liberdade civil, política e religiosa, o desrespeito à honra, o desrespeito à honorificência, o desrespeito ao recato, desrespeito ao segredo pessoal doméstico e profissional, o desrespeito à imagem, o desrespeito ao segredo pessoal)[16].

Para BITTAR, três espécies de danos são identificáveis: a) pessoais, assim os referentes a elementos que integram a composição orgânica da pessoa (as lesões ao corpo, ou a partes do corpo) e a estrutura de sua personalidade, assim entendidos os seus componentes intrínsecos ou psiquismo (as lesões à liberdade, imagem, intimidade); b) morais, os referentes a atributos valorativos, ou virtudes da pessoa como ente social, ou seja, os elementos que a individualizam como ser integrado à sociedade (as lesões à honra, à reputação, as manifestações do intelecto); c) patrimoniais, os prejuízos de cunho econômico, causados por violações a bens materiais corpóreos e a direitos incorpóreos componentes do acervo da pessoa[17].

A respeito, MIGUEL REALE até admite a possibilidade da doutrina e jurisprudência se firmarem em torno da configuração do dano pessoal como *tertium genus* entre o dano patrimonial e o dano moral e advertindo que nessa acepção a expressão "dano pessoal" não abrange os danos causados à pessoa em suas aptidões físicas ou psíquicas, mas apenas no pertinente à sua inteireza ou dignidade pessoal, prefere optar pela distinção do dano moral em subjetivo (relacionado ao mal sofrido pela pessoa em sua intimidade psíquica – consideração pessoal) e objetivo (quando atinge a dimensão moral da pessoa no meio social em que vive, envolvendo o prejuízo causado à sua imagem – consideração social)[18].

Diante do embate a respeito da existência ou não de um *tertium genus* e até mesmo do significado do chamado dano pessoal, preferimos classificar os danos morais em:

Quanto à natureza do abalo causado, pode se referir:

a) a ofensas aos atributos valorativos da personalidade – **integridade moral ou valorações sociais** (abalos sentimentais à honra ou reputação, imagem, decoro (decência e pudor), sexualidade, tratamento respeitoso, identidade e criações intelectuais – direito pessoal de autor científico, artístico e de inventor);

---

16 *Manual de Direito Civil.* vol. I. 3. ed. São Paulo: RT, 1957. p. 411 e ss.

17 Ob. cit. (*Curso*), p. 569.

18 Ob. cit. (*Temas*), p. 22-23.

b) a ofensas aos atributos físicos da personalidade – **integridade física** (abalos sentimentais por atentados à vida, saúde, subsistência, conformação física e liberdade física de locomoção e circulação, ao trabalho livre e quantitativamente limitado, à desconexão, lazer, chance e aos direitos de solidariedade – reunião, greve e associação);

c) a ofensas aos atributos psíquicos, intelectuais ou espirituais e existenciais da personalidade – **integridade psíquica, intelectual ou espiritual** (abalos sentimentais por atentados ao direito de ação; à liberdade de pensamento, de consciência, crença, expressão; à intimidade e vida privada; à igualdade indiscriminação; ao tratamento humano e respeitoso; à vida pessoal, familiar e de relações; ao sigilo dos dados pessoais, notadamente os sensíveis; ao sigilo da correspondência e das comunicações telegráficas, de dados e das comunicações telefônicas;

d) a ofensas aos atributos socioculturais da comunidade ou grupos sociais – **integridade sociocultural coletiva** (danos morais coletivos ao meio ambiente saudável, à igualdade de tratamento, à segurança e outros bens de repercussão coletiva ou difusa).

Quanto à extensão dos efeitos, o dano moral pode ser classificado em *puro e reflexo*. Para BITTAR, puro é o que se exaure nas lesões a aspectos da personalidade, sem repercutir no patrimônio ou em outros elementos materiais do acervo jurídico do lesado, ao passo que o reflexo se caracteriza pelos efeitos ao patrimônio ou aos demais elementos materiais do acervo jurídico do lesado, como extensão de atentados morais, por exemplo, perda da consideração social, de certa clientela ou de negócios em geral, em razão do uso indevido de imagem alheia.

Ainda *quanto à extensão dos efeitos*, podem ser *subjetivos e objetivos*. São subjetivos os danos morais, quando ficam circunscritos à esfera íntima do lesado, à sua intimidade psíquica; são objetivos, quando se projetam nas relações do lesado, quer dizer, no círculo de seu relacionamento familiar ou social.[19]

19 Ob. cit., p. 35.

Portanto, danos morais objetivos não se confundem com responsabilidade objetiva quanto aos danos verificados.

5.4. Pessoa jurídica tem direito a dano moral?

As personalidades das pessoas física (natural) e jurídica são distintas. A pessoa jurídica não tem sentimentos, mas adquire personalidade a partir do reconhecimento de sua existência, relacionada ao objeto de sua participação na sociedade.

Como pessoa que é, dotada de personalidade, pode sofrer ofensas ao seu bom nome, marca e credibilidade, conforme art. 52, do Código Civil, bem como ao segredo empresarial e sigilo das comunicações (art. 223-D, da CLT).

Disso decorre que a pessoa jurídica pode sim sofrer dano moral a ser composto.

5.5. Transmissibilidade do dano moral

Os direitos personalíssimos não são transmissíveis (em vida ou em decorrência da morte). Não é possível transmitir a honra, a intimidade ou a sexualidade. Mas é possível, com conservação do direito que integra a personalidade durante a existência do titular, transmitir derivações do direito, como interesses econômicos decorrentes da autoria e da imagem.

Também, é possível transmitir aos sucessores do falecido direitos à compensação por quaisquer ofensas morais sofridas pelo falecido em vida ou pela morte, bem como os componentes do grupo familiar previsto no art. 12 do CC podem postular, por direito próprio, indenizações por dano em ricochete, como a compensação pelo dano sentimental causado à família do falecido que sofreu acidente do trabalho por culpa do empregador.

5.6. Prova do dano moral

Por um lado, a prova se revela absolutamente desnecessária: provado o fato, caracterizado está, objetivamente, o dano, independentemente de comprovação do abalo, que é presumido *iure et de iure*, como no caso da ofensa à honra (*in re ipsa*).

Em outras palavras, o dano sentimental é presumido iure et de iure. Basta a prova da ofensa ao direito da personalidade.

A prova cabível diz respeito a outros aspectos, que são atinentes à fixação da indenização: maior ou menor grau de culpa; maior ou menor repercussão da ofensa, se cabível o questionamento; diminuição da clientela no dano patrimonial indireto; maior ou menor capacidade econômica do ofensor para pagamento da indenização etc. São elementos que podem servir para a comprovação da extensão do dano na avaliação da indenização compensatória a ser fixada.

Como observa SERGIO CAVALIERI FILHO, exigir que uma mãe prove o sofrimento ou o grau de sofrimento pela perda de um filho seria absolutamente desarrazoado[20].

5.7. Do dano patrimonial indireto

A transgressão a direito personalíssimo pode gerar dano de natureza moral, sem prejuízo dos reflexos patrimoniais indiretos da conduta ilícita. Por exemplo, não se confundem a indenização pelo sofrimento causado pela injustiça e descrédito sociais decorrentes da agressão à imagem de alguém, com os prejuízos provenientes da diminuição ou perda de clientela, derivada do abalo à imagem.

Enquanto os danos patrimoniais significam os prejuízos causados no patrimônio, os danos morais são lesões "que atingem a moralidade e a afetividade da pessoa, causando-lhe constrangimentos, vexames, dores, enfim, sentimentos e sensações negativas"[21].

Nada impede que, de forma reflexa, os danos morais decorram de atentados a elementos patrimoniais ou que, de forma reversa, os atentados à personalidade gerem, além do dano moral, prejuízos de ordem patrimonial, sendo nas duas hipóteses cumulativamente reparáveis ou compensáveis.

No particular, dispõe o art. 223-F, da CLT: *"A reparação por danos extrapatrimoniais pode ser pedida cumulativamente com a indenização por danos materiais decorrentes do mesmo ato lesivo."*

---

20 Ob. cit., p. 108.

21 BITTAR, Carlos Alberto. *Reparação Civil por Danos Morais*. 3. ed. 2. tir. São Paulo: RT, 1999. p. 277.

VI

DANO MORAL TRABALHISTA

6.1. Caracterização e competência para a reparação do dano moral tipicamente trabalhista

Como decorrência do fato do rompimento do contrato – com ou sem culpa – a lei infraconstitucional trabalhista tarifa as indenizações acaso devidas (item 7.2, *supra*).

Ao longo da Consolidação das Leis do Trabalho e até mesmo por meio de leis especiais (por exemplo, a Lei 9.029/1995) o legislador estabelece efeitos ou indenizações pontuais por infrações contratuais.

A CLT não apresenta uma regulação geral sobre responsabilidade civil, pelo que, na omissão, as regras gerais, observados os princípios trabalhistas e as peculiaridades das relações de trabalho, devem ser extraídas da regulação civil, por aplicação subsidiária, não obstante o disposto no art. 223-A, da CLT. Há omissões na regulação trabalhista dos danos patrimoniais (acidentes do trabalho, danos estéticos, danos em ricochete, excludentes do nexo causal, concausas e princípios gerais como *restitutuio in integrum*, proporcionalidade e razoabilidade, que forçosamente remetem à legislação comum.

A CLT silenciava a respeito da composição do dano extrapatrimonial derivado do desrespeito aos direitos personalíssimos do trabalhador, ainda que à dignidade e à intimidade do empregado se referisse, expressamente, em duas oportunidades (483, e 373-A, VI, da C.L.T.), pelo que, anteriormente à Emenda Constitucional n. 45/2004, que alterou a Constituição Federal para dar competência à Especializada para julgar as lides sobre danos patrimoniais e morais decorrentes da relação de trabalho (art.114, VI), era possível separar em três grupos os posicionamentos relacionados ao tema da configuração de dano moral de natureza especificamente trabalhista:

a) os que admitiam a reparação do dano extrapatrimonial nas relações de trabalho e a competência da Justiça do Trabalho para a apreciação dos conflitos a ele relacionados;
b) os que entendiam ser de natureza civil eventual dano extrapatrimonial entre empregado e empregador e a absoluta incompetência da Justiça do Trabalho para a solução dos conflitos relacionados ao tema; e,
c) os que admitiam que, na forma da lei (ordinária, a ser eventualmente editada), os conflitos envolvendo dano extrapatrimonial como decorrência da relação de trabalho possam ser decididos pela Especializada.

Para melhor compreensão da discussão, tenha-se em mente que na época a expressão "dano moral" servia para designar todas as espécies de dano extrapatrimonial (que, na verdade, é apenas espécie dessa modalidade de dano).

ARNALDO SÜSSEKIND, PINHO PEDREIRA, JORGE PINHEIRO CASTELO, VALDIR FLORINDO e JOÃO DE LIMA TEIXEIRA FILHO, entre outros, integravam a primeira corrente, sustentando que a relação de trabalho subordinado é, pelas próprias características, fonte latente de desrespeito aos direitos da personalidade por parte dos contratantes e que as reparações expressamente previstas, de natureza patrimonial, têm por fim compensar a perda do emprego e não a compensação da dor íntima causada à imagem, honra, intimidade ou vida privada. Segundo esses doutrinadores, quando o dano moral decorre diretamente da relação de trabalho, ganha contornos trabalhistas e assim deve ser pelo Direito do Trabalho regulado (art. 8º, da CLT) e pela Especializada apreciado e reparado (art. 769, do CPC e 114, *caput*, da CONSOLIDAÇÃO DAS LEIS DO TRABALHO)[1].

---

1 SÜSSEKIND, Arnaldo. Tutela da Personalidade Jurídica do Trabalhador. *Revista LTr* n. 59, maio/95, p. 595; PINHO PEDREIRA. A Reparação do Dano Moral no Direito do

JÚLIO BERNARDO DO CARMO, MAURICIO FERREIRA DO RÊGO e FRANCISCO ANTONIO DE OLIVEIRA integravam uma das duas correntes restantes. O primeiro sustentava que, por inexistir lei ordinária que expressamente regulasse a compensação do dano moral como uma das outras controvérsias decorrentes da relação de trabalho, a que se refere o art. 114, *caput*, da Constituição da República, a Justiça do Trabalho seria incompetente para a apreciação da matéria, que seria de natureza civil[2].

Para MAURICIO FERREIRA DO RÊGO a competência designada no art. 114 da CRFB, com a anterior redação, não foi firmada em razão da pessoa, pelo que apenas as matérias de cunho substancialmente trabalhistas estariam sujeitas à análise pela Especializada, admitindo que, na forma da lei, a apreciação de outras controvérsias decorrentes da relação de trabalho, pudesse ser prevista, caso da indenização por dano moral, mas que tal fugiria à fixação constitucional material da competência trabalhista. Do mesmo raciocínio, comungava FRANCISCO ANTONIO DE OLIVEIRA, ao sustentar que se fosse dado ao art. 114, *caput*, da Constituição da República, amplitude para decidir casos relacionados a dano moral ocorrente entre empregado e empregador, então também os casos de infortunística passariam à respectiva esfera[3].

À época, era nosso entendimento que quando o art. 114, da Constituição da República, com a anterior redação, atribuiu à Justiça do Trabalho a apreciação dos dissídios decorrentes da relação de trabalho, também estava conferindo à Especializada, em razão da matéria, o poder de fixar a reparação devida pelo dano moral diretamente decorrente do

---

Trabalho. *Revista LTr* n. 55, 1991, p. 558; FLORINDO, Valdir. A Justiça do Trabalho e o Dano Moral Decorrente da Relação de Emprego. *Revista LTr*, vol. 59, n. 3, março 95, p. 348-349; CASTELLO, Jorge Pinheiro. Do Dano Moral Trabalhista. *Revista LTr*, vol. 59 n. 04, abril/95, p. 489.

2 O Dano Moral e sua Reparação no Âmbito do Direito Civil e do Trabalho. *Revista LTr*, 60-63/318.

3 SÜSSEKIND, Arnaldo. Tutela da Personalidade Jurídica do Trabalhador. *Revista LTr* n. 59, maio/95, p. 595; PINHO PEDREIRA. A Reparação do Dano Moral no Direito do Trabalho. *Revista LTr* n. 55, 1991, p. 558; FLORINDO, Valdir. A Justiça do Trabalho e o Dano Moral Decorrente da Relação de Emprego. *Revista LTr*, vol. 59, n. 3, março 95, p. 348-349; CASTELLO, Jorge Pinheiro. Do Dano Moral Trabalhista. *Revista LTr*, vol. 59 n. 04, abril/95, p. 489.

contrato de trabalho, incluindo os acidentes de trabalho. E que não se cuidava, na hipótese, de responsabilidade civil, que apenas se presta ao estudo dogmático geral em matéria de dano, mas sim de responsabilidade trabalhista como tutela específica decorrente da violação dos direitos da personalidade perante os princípios e normas de Direito do trabalho, com utilização das normas de direito civil apenas como fonte subsidiária dessa tutela trabalhista[4].

Aliás, neste sentido já vinha decidindo o STF (CJ 6.959-6, Relator designado Min. Sepúlveda Pertence, julgamento em 23.5.1990, DJU 22.2.1991 p. 1.259, *Revista LTr* 59-10/1370) e o TST (RR-583.555/99.5, em que foi relator o eminente Ministro Vantuil Abdala, Ac. 2ª T., 28.6.00, *Revista LTr* 65-05/590).

Observávamos também que em ocorrendo dano moral como decorrência direta do desenvolvimento do contrato de trabalho, o conflito e o enfoque desse conflito eram trabalhistas e, igualmente, a responsabilização decorrente e não que poderia existir jurisdição diferente que, com justiça e conhecimento especializado da dinâmica e características da relação de trabalho, sujeitos envolvidos e condições da prestação de serviços, pudesse melhor decidir sobre a eventual ocorrência de dano moral e a justa reparação.

Aproveitando agora os mesmos exemplos e questionamentos apresentados naquela oportunidade, novamente perguntamos: — se o empregador resolve diminuir o seu empregado aos olhos dos colegas de trabalho, colocando para servir cafezinho ou fazer faxina o chefe do setor de contabilidade, presume-se que a partir dessa conduta, além de humilhar o trabalhador, busca dele obter um pedido de demissão. E o fato desse empregado ter direito ao rompimento do pacto por culpa patronal (legalmente denominada de "rescisão indireta"), com as indenizações previstas para o fato da inexecução das cláusulas contratuais, abrange o dano moral sofrido pelo obreiro?

Por outro lado, se o ex-empregador termina por denegrir a imagem de seu ex-empregado, divulgando informações deméritas a respeito daquele que despediu sem justa causa, não teria o obreiro direito à reparação pelos

4 *Remetemos o leitor à nossa obra Danos Morais no Direito do Trabalho*. 1. ed. e 2. ed. 2002. Renovar, 1999.

danos morais causados, danos que, independentemente da dor íntima, reflexamente causam prejuízo material porque termina impedindo o trabalhador de obter nova ocupação?

Se o empregado, por motivos íntimos, resolve denegrir a imagem da empresa, do estabelecimento ou a moral do empregador perante terceiros, não teria este o direito de haver reparação junto ao obreiro, pelo dano perpetrado?

Relativamente à honra ou imagem, somente em duas oportunidades, sem se referir, expressamente, à composição do dano moral, dispunha então o legislador que o ato lesivo da honra ou da boa fama praticado contra o empregador ou em serviço contra qualquer pessoa constituem "justa causa para rescisão do contrato de trabalho pelo empregador" (art. 482, *j* e *k*, CLT).

Quando o empregador – apesar do elemento fiduciário, que caracteriza o contrato de emprego, impõe abusiva revista a seus empregados, ele não estaria se atribuindo um poder de polícia que exorbita do poder de comando, ferindo a confiança recíproca inerente ao contrato, afetando os obreiros em sua dignidade e dando lugar ao direito de reparação do dano cometido?

Se a empregada é instada, de forma velada ou expressa, a fazer favor sexual ao empregador em troca da conservação do emprego ou de melhores condições de trabalho, tem a obreira direito a uma compensação pela dor íntima experimentada? E o mesmo não ocorrerá, independentemente do rompimento com culpa patronal, se o empregador, ao arrepio do art. 373-A, VI, da CLT, resolver proceder a revista íntima da empregada, mormente abusiva, ou tomar atitudes de discriminação em relação à obreira que engravida em meio ao contrato?

Mais ainda, se por culpa patronal, vem o empregado a se acidentar, ficando, por exemplo, paraplégico ou cego, não estará o empregador obrigado a indenizar o sofrimento causado ao obreiro, a discriminação social que este passará a experimentar, o sentimento de impotência para a realização de atividades mínimas?

Se o empregador resolver discriminar o empregado pelo simples fato dele ser negro, homossexual, do sexo feminino ou pessoa idosa, não obstante tão ou mais capazes do que um paradigma branco, heterossexual, do sexo masculino ou jovem, não estaria atentando contra a autoestima e o direito de igualdade?

Assim, em ocorrendo dano moral como decorrência direta do desenvolvimento do contrato de trabalho, o conflito e o enfoque respectivo são trabalhistas, assim também a responsabilização decorrente. A Justiça do Trabalho, detentora nata do conhecimento especializado da dinâmica e características das relações de trabalho, sujeitos envolvidos e condições de sua realização, é a que melhor pode decidir sobre a eventual ocorrência de dano moral e a justa reparação.

Tem-se, portanto, que o dano moral é de natureza civil quando não decorre da relação de trabalho; é de cunho trabalhista quando é causado por um dos contratantes, como derivação direta desse vínculo.

Tomando-se como exemplo uma relação de emprego, se determinado empregador transfere um empregado, sem ser por necessidade do serviço, age de forma a possibilitar a anulação do ato (art. 469, *caput*, 1ª parte e 468, *caput*, 2ª parte, da CLT), cuidando-se assim de questão tipicamente trabalhista, decorrente da relação de emprego. Como a atitude patronal fere as obrigações do contrato e é capaz de impossibilitar a respectiva continuidade, pode o trabalhador optar pelo rompimento culpável do contrato sem permanecer no serviço (art. 483, d e § 3º, da CLT), questão igualmente trabalhista, a ser discutida entre ex-empregado e ex-empregador, eis que derivada do contrato que existiu entre as partes.

Outrossim, a reparação cabível ficará limitada ao campo patrimonial.

Se o empregador, contudo, humilha o vendedor diante de outros empregados, dizendo que ele está sendo transferido para local longínquo e onde as vendas são escassas, "para que morra de fome para aprender", já então se lança contra a dignidade do obreiro, provocando-lhe dor, merecedora assim de reparação no campo moral e fazendo nascer um conflito também de natureza trabalhista.

Se, numa roda de jogo, o empregador chama o empregado que o acompanha no carteado de ladrão, o dano ocorrente é de natureza civil. Mas se a acompanhante, empregada de pessoa enferma, é chamada de ladra em decorrência do carteado promovido pela primeira para distrair a segunda, torna-se evidente tratar-se de questão atinente à relação de emprego.

De igual sorte, se certo empregador despede o seu empregado, sem declinar o motivo e mais tarde passa a dar informações que denigrem a imagem do obreiro perante os futuros interessados em dar-lhe emprego, não há dúvida de que a questão é de natureza trabalhista. Por exemplo, quando o ex-empregador passa a dar informações de tratar-se o ex-empregado de péssimo motorista, imperito para a função, não obstante tenha restado apurado que o ex-empregado, despedido por justa causa por ter se envolvido em um acidente com veículo da empresa durante a jornada de trabalho, não teve qualquer parcela de culpa no evento.

Com efeito, se um chofer de táxi tem o seu veículo danificado pela imprudência de outrem, basta verificar o prejuízo causado ao veículo para determinar-se a recomposição do dano emergente e a média da diária, esta destinada a compor o lucro cessante correspondente aos dias parados.

Assim como o atingido foi um chofer de táxi, poderia ser um médico, um estudante, um dentista, um advogado, enfim, qualquer pessoa, independentemente de sua condição profissional ou do modo de prestação de sua atividade, mas o que importa é que qualquer um, em tal situação, seria merecedor de igual tratamento, com direito à recomposição do prejuízo causado ao veículo e indenização, já aqui, das despesas de locomoção pela privação do veículo de sua propriedade, durante o tempo necessário para o reparo e do eventual lucro cessante.

Se o empregado alardeia que seus empregadores são ladrões, que a empresa sonega os impostos e explora os seus empregados, também não há dúvida de que o eventual dano deverá ser apreciado pela Justiça do Trabalho. A lógica é que somente sob a óptica do Direito Laboral, capaz de avaliar as condições pessoais do trabalhador (grau de instrução e de compreensão do alcance da atitude), tratamento que lhe é dispensado pelo empregador e aos demais empregados, o grau de respeitabilidade da empresa e outras considerações inerentes à experiência e preparo específico do Juiz do Trabalho, será capaz de bem avaliar e bem compor o dano.

Quando se remete à Justiça do Trabalho a competência para apreciar certos conflitos, é para que sejam levadas em consideração todas as questões inerentes à qualificação pessoal do trabalhador, às exigências feitas pelo empregador quando da admissão, às expectativas de progressão, à transposição, muitas vezes por imposição patronal e sem os devidos cuidados, de uma função para outra, a questão do fornecimento adequado e suficiente dos instrumentos de trabalho para o respectivo desempenho, a diligência exigível do trabalhador médio, os problemas atinentes aos usos e costumes empresariais, as práticas empresariais, as normas destinadas à regulação legal dos conflitos individuais e coletivos, a escolha da norma reguladora de direitos igualmente importantes, quando confrontados, como a propriedade e a intimidade, o poder de comando e a subordinação, a caracterização ou não da recusa da prestação do trabalho diante de certas situações.

Quer para reparação dos prejuízos materiais causados, quer para mensurar e compensar a dor íntima imposta ao trabalhador ou ao empregador, somente a Justiça do Trabalho, atenta ao contexto de um ambiente de trabalho, que deve considerar a regulação pertinente, as peculiaridades e expectativas da vida profissional empregatícia, as práticas empresariais e as necessidades econômicas, tem condições de avaliar com precisão e decidir com propriedade as situações típicas de uma relação de trabalho.

Em caso concreto decidido pela 7ª Vara do Trabalho do Rio de Janeiro, Processo n. 2.439/92, sentença essa confirmada pelo TRT em grau de recurso, restou apurado que determinado médico foi despedido por justa causa, com fundamento em mau procedimento, por ter se recusado a operar uma senhora idosa.

Ocorre que também restou comprovado que a recusa se deveu ao fato de que a referida senhora encontrava-se desde as 8:00 em jejum, preparada para uma operação de colocação de pinos posterior à redução de uma fratura, mas no aguardo do conserto da autoclave esterilizadora do material cirúrgico, que estava danificada, até que à tarde foi encontrada a solução de esterilizar o material em outro local, entendendo o cirurgião-chefe, por volta das 17:00, que não mais realizaria a cirurgia, porque a paciente já se encontrava bastante sacrificada, assim também esse médico e seus auxiliares, inclusive pela tensão e esgotamento da espera, além do que o pós-operatório seria, à noite, muito arriscado, posto que a clínica não dispunha de pessoal para o devido acompanhamento da terapia intensiva naquele horário, retirando-se então após comunicação, suspendendo a dieta da paciente e liberando os auxiliares.

Mais tarde, em casa, recebeu telefonema do diretor, comunicando o retorno do material cirúrgico e convocando-o para a operação, ao que se recusou, pelas razões acima declaradas.

Foi despedido por justa causa e a referida Junta (hoje Vara Trabalhista) entendeu não ter ela ocorrido, vindo esse posicionamento, mais tarde, a ser reformado no Tribunal.

Evidentemente, tal profissional ficou com a sua reputação bastante arranhada: para as enfermeiras e o restante do pessoal que não fazia parte da equipe médica, ficou a pecha de que o cirurgião teria se recusado a operar uma senhora idosa, que foi o alardeado inclusive como motivo da despedida.

Não há dúvida de que existiu dano moral, a atingir a reputação do empregado; também não existe dúvida de que a dor íntima sofrida pelo esculápio com tamanha injustiça não foi compensada com a indenização decorrente do rompimento do contrato, já que esse empregado não postulou a reparação dos danos morais sofridos.

São inúmeros os casos de sofrimento íntimo decorrentes de sequela física ou psíquica decorrentes de acidente de trabalho causado por culpa do empregador, sendo que, independentemente da indenização de seguro acidentário, a ser postulada na Justiça Comum, deve ser buscada na Justiça do Trabalho a reparação decorrente do complexo e da exclusão social advindos da perda, deformação ou paralisia de membro, quando decorrentes da relação de emprego e de igual sorte os danos patrimoniais decorrentes de eventuais lucros cessantes.

A Emenda Constitucional n. 45/2004, publicada em 31 de dezembro de 2004, foi além na atribuição da competência à Justiça do Trabalho para a resolução dos danos morais, incluindo os decorrentes de acidentes do trabalho: ao estender às relações de trabalho em geral, o reformador constitucional transferiu à justiça laboral também os conflitos do trabalho decorrente das relações autônomas, temporárias, avulsas e eventuais, desde que realizado pelo próprio trabalhador e, na forma da lei, outras questões decorrentes de relações que envolvam trabalho e que a legislação infraconstitucional possa vir a atribuir à Especializada (art. 114, da CFRB, com a nova redação dada pela EC n. 45/2004).

Tendo a Justiça do Trabalho competência material para julgar as controvérsias decorrentes da relação de trabalho, é da Justiça Comum a competência para apreciar a responsabilidade decorrente do relacionamento civil entre ofendido e ofensor é da Justiça do Trabalho a competência para apreciar a responsabilidade trabalhista que tem origem em fatos derivados da relação de trabalho, *cabendo-lhe assim determinar e fixar a reparação decorrente de dano moral trabalhista* e ao direito material regulá-lo.

Essa regulação atualmente consta dos arts. 223-A a 223-G, da CLT, voltada, especificamente, para as relações de trabalho.

6.2. Conceito

Nem todo dano extrapatrimonial trabalhista pode ser denominado dano moral. Além dele podem ser apontados os danos existenciais, os danos estéticos e os danos sociais.

São danos morais trabalhistas as ofensas individuais aos atributos físicos, valorativos e psíquicos ou intelectuais decorrentes da relação de trabalho, *suscetíveis de gerar padecimentos sentimentais*, bem como as ofensas coletivas causadas aos valores socioculturais da sociedade ou grupos sociais.

Na verdade, a expressão dano moral seria apropriada e aplicável apenas aos danos valorativos da personalidade, como os perpetrados à honra, à imagem, ao decoro.

Contudo, essa denominação tornou-se regra para todos os danos sentimentais, não importando a natureza do direito da personalidade ofendido. Note-se que a Constituição Federal, o Código Civil e o Código de Processo Civil usam a expressão dano moral como gênero, para designar os danos extrapatrimoniais.

Nas ofensas a comunidades ou grupos sociais, parte-se da ideia de que a agressão a valores socioculturais de comunidades ou grupos sociais provoca sentimentos coletivos como indignação, revolta, repulsa, humilhação.

6.3. Classificação do dano moral trabalhista

<table>
<tr><td rowspan="2">Danos morais à pessoa física por ofensas:</td><td>a atributos valorativos da personalidade (à integridade moral ou valorações sociais)</td><td>abalos sentimentais à honra ou reputação, à imagem, ao decoro (decência e pudor), à sexualidade, ao tratamento respeitoso, à identidade e às criações intelectuais</td></tr>
<tr><td>a atributos físicos da personalidade da pessoa física (à integridade física)</td><td>abalos sentimentais por atentados à vida, saúde, integridade física, subsistência, liberdade física de locomoção e circulação, ao trabalho livre e quantitativamente limitado, à desconexão, ao lazer, à chance e aos direitos de solidariedade – greve, reunião e associação profissional</td></tr>
</table>

Danos morais à pessoa física por ofensas:	a atributos psíquicos intelectuais ou espirituais da personalidade (integridade psíquica, intelectual ou espiritual)	abalos sentimentais por violações à intimidade, sigilo, recato ou vida privada; à vida pessoal, familiar e de relações; ao tratamento humano e respeitoso; à igualdade e à indiscriminação; ao direito de ação; às liberdades de pensamento, convicção, crença e expressão e de sexualidade; ao sigilo da correspondência e das comunicações telegráficas, de dados, notadamente os pessoais sensíveis e das comunicações telefônicas
Danos morais à pessoa jurídica por ofensas:	a atributos valorativos sociais ou de mercado da personalidade da pessoa jurídica	por violações ao nome, imagem, marca
	a atributos de privacidade empresarial	por violações ao segredo empresarial, sigilo da correspondência e das comunicações de dados e telefônicas
Dano moral coletivo por ofensas:	a valores fundamentais de comunidades, grupos, classes ou categorias (à integridade extrapatrimonial coletiva)	por violações ao meio ambiente saudável e seguro, à igualdade de tratamento e outros bens de repercussão coletiva, ainda que derivados de interesses individuais homogêneos

6.4. Da natureza e prova da responsabilidade por dano moral

A responsabilidade por dano moral trabalhista é, fundamentalmente, de natureza subjetiva, posto que fundada na culpa.

Todavia, provado a ofensa, caracterizado estará, objetivamente, o dano, independentemente de comprovação do abalo, que é presumido *iure et de iure*, como no caso da ofensa à vida ou à honra (*in re ipsa*).

Como observa SERGIO CAVALIERI FILHO, exigir que uma mãe prove o sofrimento ou o grau de sofrimento pela perda de um filho seria absolutamente desarrazoado[5].

Quanto à prova da ofensa em si, essa sim necessária e bastante, o estabelecimento de presunções faz-se necessário.

5 Ob. cit., p. 108.

Assim é que se o trabalhador comprova que informações incorretas foram prestadas a seu respeito e que não obteve novo emprego junto à pessoa a quem foram dirigidas, presume-se que a não obtenção tenha como causa as informações prestadas, cabendo assim ao ex-empregador o ônus da prova de que outro foi o motivo que ensejou a falta de colocação do ex-empregado.

De igual sorte, se determinada doença profissional costuma ocorrer em razão do exercício de certa atividade, é do empregador o ônus de comprovar que inexistência de nexo causal.

Contudo, ao contrário do dano patrimonial, que admite correspondência com a ofensa e sua fungibilidade pecuniária, fatores como a subjetividade da lesão, a diferença de padrão ético e sentimental entre as pessoas, a dificuldade de mensuração da dor, a impossibilidade de restabelecimento do status quo ante dificultam a sua aferição.

Logo, embora a prova do abalo seja desnecessária, é indispensável quanto a outros aspectos, que são atinentes à fixação da indenização: maior ou menor grau de culpa, maior ou menor repercussão, diminuição da clientela no dano patrimonial reflexo, maior ou menor capacidade econômica do ofensor etc.

Mesmo diante de fatos não imputáveis ao empregador, no nosso entender determinadas sequelas ou traumas psíquicos podem ensejar a reparação por responsabilidade objetiva nos casos em que o empregador promove atividade de risco ou o empregado labora em circunstâncias de risco. Como exemplos o sofrimento e humilhação experimentados pelo bancário por ter servido de refém em assalto a banco do empregador; o abalo decorrente da contaminação em usina nuclear; a síndrome do pânico adquirida após anos de exercício na função de vigilante de carro-forte; a perda de membro em virtude de carga elétrica em trabalho desenvolvido com energia elétrica; a sequela física decorrente de trabalho com explosivos.

A composição em dinheiro tem por fim confortar a vítima, amenizar os efeitos da dor ou, no dizer de MARIA HELENA DINIZ, neutralizar os sentimentos negativos de dor, tristeza e angústia por lenitivo pecuniário que permita o alcance de prazeres destinados a minimizar a dor íntima do ofendido.[6]

6 Ob.cit., pág.91.

Embora não estejam descartadas medidas in natura, como a imposição de retratação de ofensas à honra ou à imagem por meio de jornais ou outros meios de comunicação, de grande circulação, o artigo 223-G, da CLT, determina a composição em pecúnia.

VII

DANOS MORAIS POR OFENSAS A ATRIBUTOS VALORATIVOS DA PERSONALIDADE

7.1. Dano moral por ofensas à honra

Honra é o conjunto de qualidades que caracterizam a reputação de uma pessoa na sociedade. Reúne a consciência do conceito ou julgamento que o indivíduo faz de si próprio (caráter subjetivo ou honra subjetiva) e o conceito ou julgamento que dele é feito no meio social, ou seja, a respeitabilidade ou credibilidade que caracterizam a sua reputação ou fama (aspecto objetivo ou honra objetiva)[1].

O direito à honra é constitucionalmente protegido (art. 5º, IX, da CF). Sempre que uma das partes do contrato causa dano ao conceito que a outra faz de si próprio ou à reputação de que desfruta no meio social, atinge a sua honra.

As agressões à honra são tipificadas como crime no Código Penal e consistem na calúnia, difamação e injúria.

Calúnia é a *falsa* imputação *de fato tipificado* como crime (art. 138, do Cód. Penal), enquanto difamação é a imputação de *fato determinado* e *não criminoso*, mas dolosamente utilizado de forma a ofender a reputação

---

1 HUNGRIA, Nélson. Comentários ao Código Penal, vol. VI, n. 134, págs. 79/83.

(art. 139, do Cód. Penal). Injúria, por sua vez, é a imputação inespecífica de fato ofensivo da dignidade ou do decoro (art. 140, do Cód. Penal), sendo, portanto, desimportante, no último caso, a comunicação a terceiro, bastando a percepção pelo ofendido, posto que a lei protege aqui a honra subjetiva.

Se o empregado é falsamente acusado de ter cometido fatos criminosos específicos, como furto, apropriação indébita, feminicídio, estará configurada a calúnia.

Se ao empregado são imputados fatos inconvenientes e depreciativos de sua reputação, como ser taxado de desleal, adúltero, jogador compulsivo, será caso de injúria, não importado se os fatos são verdadeiros ou falsos. Basta a utilização deles para ofender a reputação alheia.

Se o empregado é despedido sob a falsa pecha de ser alcoólatra, maconheiro, displicente, irresponsável, infiel, trapalhão, molenga, galinha, piranha e outros fatos depreciativos da dignidade ou decoro, estará caracterizada a difamação.

De igual sorte, se o trabalhador assaca contra a honra do empregador pessoa física ou seu preposto por qualquer um dos meios de ofensa (calúnia, injúria ou difamação), estará caracterizada a ofensa ensejadora da reparação moral, independentemente de ensejar justa causa (art. 482, *j*, CLT).

Assim, qualquer alegação infundada, (calúnia ou difamação) ou ainda que fundada (injúria), que utilizada para atingir a reputação ou fama, enseja a reparação por danos morais (art. 223-C, da CLT), sem prejuízo do rompimento culposo do contrato de trabalho pelo ofendido e da reparação patrimonial.

Com efeito, de acordo com a CLT a ofensa à honra caracteriza grave descumprimento de obrigação contratual e enseja o rompimento do contrato (art. 482, *j* e 483, e, da CLT), com os efeitos patrimoniais decorrentes (para o empregado, o direito de haver as parcelas previstas em virtude do rompimento contratual e para o empregador, o direito de não indenizar o empregado).

Note-se que não importa a repercussão do ato no meio social, mormente em se tratando de injúria, em que basta a ofensa à honra subjetiva. Quando a divulgação é apenas interna, ofende a consciência do conceito que o indivíduo faz de si próprio, provocando do mesmo jeito dano moral. Eventual repercussão, atingindo a respeitabilidade ou credibilidade que caracterizam a sua reputação perante o meio social apenas agravam a ofensa.

Até mesmo uma abusiva advertência poderá gerar dano moral por ofensa à honra. Por exemplo, quando o empregador, diante de todos, empregados ou clientes, mormente sem justo motivo, de forma humilhante e aos gritos, chama publicamente o obreiro de incompetente, acusando-o injustamente de um ato que não cometeu e ainda finaliza com o alerta de que na próxima irá "colocá-lo no olho da rua". O que não impede, sem ofensa à honra, a prática de constrangimentos morais, que será objeto de estudo em item específico.

Para Alice Monteiro de Barros a inserção do nome do empregado em listas sujas, visando a discriminá-lo na aquisição de futuros empregos caracterizaria dano à honra[2]. Em princípio, pensamos que não. Salvo a atribuição de atos caracterizadores de calúnia, injúria ou difamação, a hipótese será exclusivamente de dano à imagem-atributo, ou seja, ao conjunto de qualidades caracterizadoras do perfil do trabalhador perante o meio social, embora também enseje a caracterização de dano moral e sua composição, mas por fundamento diverso.

Sem prejuízo da indenização por danos patrimoniais (art. 223-F, CLT), a reparação por danos morais pode consistir em valor pecuniário (dano moral puro), em publicações ou cartas de retratação (equivalente prático compensatório) ou nas duas providências, cumulativamente.

A atitude do empregador de dar informações incorretas aos solicitantes de referências do empregado, pode ensejar dano à honra ou dano à imagem. Atenta contra a honra a inverídica atribuição de atos desabonadores da conduta pessoal ou funcional do ex-empregado, caracterizadores de calúnia, difamação ou injúria; atenta contra a imagem-atributo a divulgação de um perfil destinado a atentar contra a consideração que se faz do trabalhador no meio social, quando essa divulgação não envolva a *falsa* imputação *de fato tipificado* como crime, a imputação de

2 Curso de Direito do Trabalho, 3ª edição, LTR, p. 625.

fato determinado e *não criminoso*, mas dolosamente utilizado de forma a ofender a reputação ou a imputação inespecífica *de fato ofensivo da dignidade ou do decoro*.

Nos termos do art. 953, *caput* e par.único do Código Civil, a indenização por injúria, difamação ou calúnia consistirá na reparação do dano que delas resulte ao ofendido, podendo o juiz fixar indenização desvinculada de prejuízo material. Mas essa indenização, por força do art. 223-G, da CLT, deverá ser fixada conforme caracterização e parametrização previstas nos §§1º e 2º.

7.1.1. Dano moral nas reversões de justa causa por ofensas à honra

Questão interessante diz respeito à reversão, em juízo, da justa causa.

Quando a justa causa decorre de abandono de emprego, desídia, indisciplina e insubordinação, a jurisprudência tem compreendido que a reversão em juízo não enseja indenização por danos morais.

Todavia, tem sido decidido que acusações de improbidade (furto, apropriação indébita) as ensejam.

Em nossa compreensão, qualquer motivo injusto e potencialmente depreciativo da honra ou da imagem-atributo geram mais do que a sensação de injustiça. Fere os sentimentos e põe em risco a consideração social. Imputação de fatos como embriaguez habitual ou em serviço, incontinência de conduta ou mau procedimento, violação de segredo da empresa e ato lesivo da honra e boa fama maculam a imagem e a honra do trabalhador, sendo potencialmente capazes de inibir o interesse alheio pela contratação de alguém com esse perfil. E ainda que assim não fosse, atinge a consideração que o trabalhador faz de si mesmo e o conjunto de qualidades que entende características de seu perfil, não interessando se houve ou não repercussão do fato imputado.

Assim, a comprovação judicial de que não praticou o ato imputado ou a reversão judicial dessas modalidades de justa causa autoriza a composição dos danos morais. Caso contrário, as ofensas aos direitos da personalidade do trabalhador não restariam reparadas.

Por vezes ocorre da empresa, de forma sigilosa, fazer apuração do fato mediante procedimento administrativo. Para a sua validade, o empregado precisa ser ouvido a respeito do fato e toma ciência da suspeita. E se vem a ser dispensado, o silogismo é evidente e se a justa causa imputada vem a ser revertida, isto não apaga, por si só, o sofrimento causado ao trabalhador pela falsa imputação.

Outras vezes a empresa denuncia o fato à autoridade policial, que abre inquérito para investigar o fato. Mas se o trabalhador é pela empresa apontado como suspeito, vindo a depois verificar-se que ele não praticou o ato imputado, fica igualmente caracterizado o dano moral, mormente quando o trabalhador, nesse meio tempo, vem a ser despedido pela empresa por justa causa. A imputação do fato é, por si só, além de geradora de sofrimento, independentemente dos dissabores, de desgaste e até de eventuais despesas decorrentes da necessidade do trabalhador se defender.

7.1.2. Indenização patrimonial reflexa ou como desdobramento por ofensas à honra

Nos termos do Código Civil, subsidiariamente aplicável, a indenização por injúria, difamação ou calúnia consistirá na reparação do dano que delas resulte ao ofendido, podendo o juiz fixar indenização desvinculada de prejuízo material (art. 853, *caput* e par.único).

Todavia, de acordo com a CLT, a ofensa à honra caracteriza grave descumprimento de obrigação contratual e enseja o rompimento do contrato (arts. 482, *j* e 483, *e*, da CLT), com os efeitos patrimoniais ordinários decorrentes (para o empregado, direito de haver as parcelas previstas em virtude do rompimento contratual e para o empregador, o direito de não indenizar o empregado). Mas, nos termos da CLT (art. 223, *f*), sem prejuízo de danos patrimoniais comprovados além dos decorrentes do rompimento contratual.

Assim, independentemente do dano moral puro, destinado a compensar a ofensa extrapatrimonial praticada, as partes poderão vir a responder pelos danos patrimoniais causados.

7.2. Dano moral por ofensas à imagem

Imagem é a representação de uma pessoa ou o perfil que a caracteriza perante o meio social. Compreende, portanto, a representação física da pessoa ou de partes separadas do corpo (art. 5º, XXVIII, da CRFB), bem como o conjunto de qualidades que a caracterizam junto ao meio social (art. 5º, V e X, da CRFB).

Pode assim a imagem ser compreendida como imagem-retrato e como imagem-atributo.

7.2.1. Imagem-retrato

Imagem-retrato é a reprodução ou representação física de uma pessoa, como um todo ou em partes separadas do corpo ou mediante caracterização pela voz ou qualquer outro meio de identificação. Essa representação pode dar-se por meio de fotografias, pinturas, charges, sites, figuras e transmissão televisiva, virtual, radiofônica, cinematográfica ou teatral.

Relativamente à representação não autorizada, regulamentando o art. 5º, XXVIII da CF, supramencionado, dispõe o art. 20, do Código Civil, que a pessoa tem o direito de não ter, sem a sua autorização, divulgado o seu retrato, ou vê-lo comercializado ou associado a alguma propaganda, sem o seu consenso (imagem-retrato). Somente ela pode decidir quanto ao uso de sua imagem, inclusive para efeito de publicação ou comercialização. Pela ofensa, responde o ofensor por enriquecimento sem causa ou enriquecimento ilícito, conforme o caso, sem prejuízo da eventual composição de danos morais.

No desporto, cessão de imagem é o direito cedido pelo atleta, por contrato, à entidade desportiva ou terceiro, para exploração de seu nome, número na equipe ou representação física em figurinhas, bottons, camisas, ou mesmo do seu retrato ou perfil em propagandas, para fins de associação de sua imagem a empresas.

Por força do art. 85, §1º e 98, §2º da Lei nº 14.597, de 14 de junho de 2023, o direito de imagem não possui natureza salarial e constará de contrato avulso de natureza exclusivamente civil.

Conforme art.164, *caput* da Lei nº 14.597, de 14 de junho de 2023, o direito ao uso da imagem pode ser pelo atleta cedido ou explorado por terceiros, inclusive por pessoa jurídica da qual seja sócio, mediante ajuste contratual de natureza civil e com fixação de direitos, deveres e condições inconfundíveis com o contrato especial de trabalho esportivo.

Portanto, os valores recebidos pelo atleta a título de cessão de imagem não integram o salário e nem a remuneração, por tratar-se de parcela de natureza civil. Logo, a sua natureza é indenizatória.

Estatui o art. 164, §1º Lei nº 14.597/2023, que "Não há impedimento a que o atleta empregado, concomitantemente à existência de contrato especial de trabalho esportivo, ceda seu direito de imagem à organização esportiva empregadora, mas a remuneração pela cessão de direito de imagem não substitui a remuneração devida quando configurada a relação de emprego entre o atleta e a organização esportiva contratante", sendo que, nos termos do § 2º "A remuneração devida a título de imagem ao atleta pela organização esportiva não poderá ser superior a 50% (cinquenta por cento) de sua remuneração."

O § 4º do art. 164 da Lei nº 14.597/2023 ressalva, no entanto, que "Deve ser efetivo o uso comercial da exploração do direito de imagem do atleta, de modo a se combater a simulação e a fraude."

Ocorrendo a fraude em caso de simulação de contrato civil de imagem para mascarar a contraprestação pelo trabalho típico de atleta, o valor correspondente terá natureza salarial.

A cessão de imagem não se confunde com a inclusão no uniforme de logomarcas da própria empresa ou de empresas parceiras e de outros itens de identificação relacionados à atividade desempenhada (art. 456-A, CLT).

Neste caso, salvo nas hipóteses de fraude, não está a entidade de prática desportiva obrigada a remunerar percentualmente o atleta pela inserção de logomarcas em suas camisas, decorrentes de patrocínio.

Assim, não gera dano extrapatrimonial a falta de autorização do atleta para a inclusão de logomarcas da empresa ou de empresas patrocinadoras em seu uniforme.

A respeito, a Lei nº 14.597/2023 estatui no § 5º do art. 164 que "Fica permitida a exploração da imagem dos atletas e dos membros das comissões técnicas, de forma coletiva, assim considerada, no mínimo, 3 (três) atletas ou membros das respectivas comissões técnicas agrupados, em atividade profissional, em campo ou fora dele, captada no contexto das atividades esportivas e utilizada para fins promocionais, institucionais e de fomento ao esporte, pelas organizações que administram e regulam o esporte e pelas organizações que se dediquem à prática esportiva, respeitado o disposto neste artigo no que se refere ao direito de imagem de cada atleta e membro da comissão técnica, quando individualmente considerados.

Ainda como manifestação da imagem, nos termos do art. 5º, XXVIII, a, da Constituição Federal, é assegurada a proteção às participações individuais em obras coletivas e à reprodução da imagem e voz humanas, inclusive nas atividades desportivas.

O art. 160 da Lei nº 14.597/2023 regulamenta esse direito, denominado de arena.

A denominação direito de arena, ali utilizada, decorre do fato de ser proveniente de espetáculo realizado em espaço fechado.

Direito de arena é, no esporte, o "direito de exploração e comercialização de difusão de imagens, abrangendo a prerrogativa privativa de negociar, de autorizar ou de proibir a captação, a fixação, a emissão, a transmissão, a retransmissão e a reprodução de imagens, por qualquer meio ou processo, de evento esportivo de que participem." (art. 160, supra).

Os atletas participantes do espetáculo (inclusive no banco de reservas) têm direito, salvo convenção coletiva em contrário, ao percentual de 5% quanto ao valor auferido pela organização empregadora esportiva, cujo pagamento será realizado por intermédio dos sindicatos das respectivas categorias, que serão responsáveis pelo recebimento e pela logística de repasse aos participantes do evento, no prazo de até 72 (setenta e duas) horas, contado do recebimento das verbas pelo sindicato (art. 160, §2º da Lei nº 14.597/2023 c/c 42 da Lei nº 9.615/98.

Por não se tratar esse valor de direito social previsto na Constituição, poderá o percentual, por meio da autonomia privada coletiva, ser negociado em bases distintas da prevista em lei (art. 611-A, CLT).

Na redação anterior da Lei Pelé, que não foi totalmente revogada pela nova Lei Geral do Esporte (14.597/2023), o § 1º do art. 42 estabelecia que *"Salvo convenção em contrário, vinte por cento do preço total da autorização, como mínimo, será distribuído, em partes iguais, aos atletas profissionais participantes do espetáculo ou evento."*

Como a lei não fazia referência expressa a convenção coletiva, o Clube dos Treze, em acordo feito em processo judicial na Justiça Comum anteriormente à redução de 20 para 5%, estabeleceu com o sindicato dos atletas a redução da parcela ao percentual de 5%.

A jurisprudência trabalhista rechaçou o ajuste, entendendo que o sindicato não tinha autorização mediante assembleia específica para fazer o ajuste redutivo, muito menos poderia reduzir o percentual, posto que a lei o estabelecia expressamente como patamar mínimo.

Pelos termos da nova redação e com base no art. 611-A, da CLT, não há mais referência a percentual mínimo, podendo a negociação coletiva reduzi-lo, mas somente por convenção coletiva, ou seja, atingindo, por prazo determinado, toda a categoria de atletas. Evidentemente, trata-se de direito disponível, de que trata o Tema 1.046 da Tabela de Repercussão Geral do STF.

Em se tratando de artistas (Lei 6.533, de 24 de maio de 1978, arts. 1º e 27) gozam da proteção jurídica diferenciada do direito de reprodução, como também contra a exposição deturpada ou não autorizada de suas imagens, como pessoas públicas que são, podendo se insurgir contra a respectiva reprodução.

Verificado que imagem é o retrato ou conjunto de atributos caracterizadores de uma pessoa e exteriorizadores de sua personalidade; que a pessoa tem o direito de não ter, sem a sua autorização, divulgado ou comercializado o seu retrato, ou deturpados os seus atributos, percebe-se que o presumido abalo emocional incidirá, conforme a hipótese, ou como consequência da deturpação da imagem ou como efeito da falta da autorização.

No caso da falta de autorização para a divulgação, comercialização ou associação da imagem-retrato a alguma propaganda, o valor atingido *é a liberdade*. A simples falta de autorização, por não ser dada à pessoa a liberdade de escolher se quer ou não ter o seu retrato divulgado, comercializado ou associado a alguma coisa, é que caracteriza a ofensa. Basta, por exemplo, a divulgação não autorizada da imagem-retrato de um professor, como propaganda de uma instituição de ensino.

Contudo, nos termos do art. 456-A, CLT, é lícita a inclusão no uniforme de logomarcas da própria empresa ou de empresas parceiras e de outros itens de identificação relacionados à atividade desempenhada. Neste caso, não gera dano patrimonial ou extrapatrimonial.

7.2.2. Imagem-atributo

Imagem-atributo corresponde ao conjunto de qualidades caracterizadoras do perfil da pessoa perante o meio social ou como ela é nele reconhecida: habilidade, beleza, sensualidade, competência, lealdade, coragem. Abrange o perfil romanceado em biografia literária, televisiva, cinematográfica, virtual ou teatral, bem como o nome utilizado em propaganda comercial.

Como bem integrante da personalidade, o direito à imagem é protegido, cabendo ao titular autorizar o seu uso para fins comerciais ou propaganda e também dele aproveitar-se.

Note-se que a imagem não é atributo exclusivo da personalidade da pessoa física, dela sendo titular também a pessoa jurídica.

A Constituição da República assegura no art. 5º, XXVIII, a proteção à reprodução da imagem; faz referência ao dano material, moral ou à imagem no art. 5º, V; no art. 5º, X, assegura o direito à indenização por dano material ou moral decorrente à sua violação.

A ofensa à imagem é caracterizada: a) pela divulgação ou reprodução não autorizada do retrato de uma pessoa para associação a fato ou atividade de interesse alheio; b) por ato destinado a deturpar as qualidades da pessoa perante o meio social. Neste sentido, difere da honra, centrada na calúnia, injúria ou difamação da reputação ou credibilidade alheia; e, c) pelos danos causados à estética ou funcionalidade aparentes do corpo humano.

Quanto ao primeiro aspecto, atinente à imagem-retrato, tratamos do assunto no item anterior (7.2.1).

Sobre os danos causados à estética ou funcionalidade aparentes do corpo humano, remetemos o leitor ao item seguinte (7.2.3). No que concerne à deturpação das qualidades da pessoa perante o meio social, também responde o ofensor por perdas e danos patrimoniais e morais.

Nos termos do art. 17, do Código Civil, o nome da pessoa não pode ser empregado por outrem em publicações ou representações que a exponham ao desprezo público, ainda quando não haja intenção difamatória.

Finalmente, responde por danos estéticos quem o causa à aparência física ou à mobilidade aparente do corpo humano alheio, independentemente das despesas médicas, hospitalares e de tratamento.

Estabelecem os arts. 223-C e 223-D, da CLT, que a imagem é, nas relações de trabalho, bem juridicamente tutelado, inerente às pessoas física e jurídica, para efeito de composição de dano extrapatrimonial. O que não impede a cumulação com o dano patrimonial decorrente, causado pela deturpação da imagem ou pelo enriquecimento sem causa proveniente de ganhos econômicos com a imagem alheia divulgada sem autorização (art. 223-F, da CLT).

Já na hipótese de ofensa à imagem-atributo, o valor atingido é o conjunto de caracteres que formam a projeção moral da pessoa perante o meio social, pelo que se certo empregador despede o seu empregado, sem declinar o motivo e mais tarde passa a dar informações que denigrem a consideração do obreiro perante os futuros interessados em dar-lhe emprego, estará atentando contra a imagem-atributo do empregado.

De igual sorte, se um empregado, em meio ao desenvolvimento de sua relação de trabalho com o empregador, é por ele despedido por ter se envolvido em um acidente com veículo da empresa durante a jornada de trabalho, onde restou apurada a ausência de culpa obreira e o ex-empregador passa a dar informações de tratar-se o ex-empregado de péssimo motorista, imperito para a função, impedindo assim, por vias transversas, que o trabalhador exerça o seu direito de obter ocupação subordinada, cabe à Justiça do Trabalho a função de reparar o dano moral causado ao obreiro, pela ofensa à sua imagem.

Ainda como exemplo, atenta contra a imagem-atributo, o boato, espalhado pelo empregado, de que o empregador, por exemplo, um banco, que necessita ter credibilidade, está em situação financeira difícil. A ofensa atenta contra o bom nome ou forma como a empresa é vista no seio social.

JOÃO DE LIMA TEIXEIRA FILHO e PAULO EDUARDO V. OLIVEIRA observam que a transgressão do direito à imagem pode ocorrer antes da celebração do contrato de trabalho, por meio da consulta a listas sujas formadas contra ativistas sindicais e trabalhadores que recorrem à Justiça do Trabalho[3]. De igual sorte, o fornecimento, após o rompimento do contrato, de informações inverídicas e desabonadoras da imagem-atributo do empregado.

O art. 5º, XXVIII, a, da CR, protege a imagem como direito autoral, desde que ligada à criação intelectual da obra fotográfica, cinematográfica ou publicitária. Inclusive nas relações de trabalho, o criador da fotografia tem protegido o direito autoral sobre a obra que reproduz uma imagem representativa de pessoa ou fato.

A indenização pela ofensa moral deverá ser fixada conforme caracterização e parametrização previstas nos §§1º e 2º do art. 223-G, da CLT.

7.2.3. Dano estético

O dano estético afeta a imagem-retrato, porque compromete a aparência física ou motora da pessoa perante si mesma e perante a sociedade. A ofensa à integridade física ou corporal termina afetando o modo com que a pessoa passa a ser vista no meio social, embora não como atributo, mas em virtude das deformidades aparentes, que muitas vezes ensejam até apelidos condizentes com os defeitos.

Para TERESA ANCONA LOPEZ dano estético significa "qualquer modificação duradoura ou permanente na aparência externa de uma pessoa, modificação esta que lhe acarreta um *enfeamento* e lhe causa humilhações e desgostos, dando origem portanto a uma dor moral."[4]

Acrescenta a autora, "o defeito deve ser notado não só no corpo parado mas também através dos movimentos deste, pois há deformidades que somente aparecem nas atividades dinâmicas do ofendido"[5].

Assim, o acidente deformador do rosto de uma modelo empregada descaracteriza o retrato ou efígie com a qual se apresentava perante a

---

3 TEIXEIRA FILHO, João de Lima, Instituições de Direito do Trabalho, vol. 1º, 20ª ed, LTr, 2002, p. 640; OLIVEIRA, Paulo Eduardo V. O Dano Pessoal no Direito do Trabalho, São Paulo, LTr, 2002, p. 172-173.

4 O Dano Estético, RT, São Paulo, p. 38.

5 Ob. cit., idem, p. 43.

sociedade e fere a sua autoestima, respondendo o empregador, se causador do dano, pelas sequelas morais ou complexo provocados pelo dano estético, quer as relacionadas ao aspecto físico, quer as relacionadas ao aspecto psicológico. De igual sorte, as queimaduras e aleijões decorrentes de acidentes de trabalho.

A composição do dano estético, em si, não está prevista nos arts. 223-A a G, da CLT, mas apenas o dano moral dele decorrente, pelo que a apuração deverá seguir os critérios do Código Civil e da jurisprudência trabalhista.

7.2.4. Indenização patrimonial reflexa ou como desdobramento por danos à imagem

O empregador que retira do trabalhador o poder de auferir, ele próprio ou em participação com o empregador, as vantagens da exibição da marca alheia, deve responder pelo uso não autorizado ou não compensatório da utilização da imagem do obreiro e assim, pelo dano patrimonial causado (indenização patrimonial pela utilização de imagem), refletida no lucro cessante, retirado do trabalhador por ato do empregador.

Contudo, nos termos do art. 456-A, CLT, é lícita a inclusão no uniforme de logomarcas da própria empresa ou de empresas parceiras, como itens de identificação relacionados à atividade desempenhada.

No direito desportivo, a organização esportiva tem o direito de negociar, autorizar e proibir a fixação, transmissão ou retransmissão da imagem do espetáculo ou eventos desportivos, garantida a percentagem de 5% do preço total da autorização, com partilha do valor correspondente, em partes iguais, aos participantes do espetáculo (direito de arena), entre eles e especialmente, os atletas profissionais (art. 160, *caput* e §2º da Lei nº 14.597/2023 c/c art. 42 da Lei nº 9.615/1998).

Ainda em relação aos referidos atletas, além do direito de arena, ligado à imagem profissional do desportista em eventos desportivos pela agremiação deles contratante, para exibição com as cores e símbolos da associação desportiva, é o de exploração de sua imagem pessoal para efeito de publicidade, por meio de contrato civil paralelo ao de emprego. O atleta tem o direito de contratar com terceiros e até mesmo com o empregador (este com limitação a 50% da remuneração do contrato trabalhista) o recebimento de parcelas de propaganda (nome ou retrato em bonés, tênis, roupas) ou de uso da imagem (por exemplo, em figurinhas), ou mesmo o de impedir que ele ocorra.

Nos termos da lei (art. 164. § 3º da Lei nº 14;597/2023), a divulgação da imagem do atleta no sítio eletrônico da organização e nos demais canais oficiais de comunicação, tais como redes sociais, revistas e vídeos institucionais; II - realização de campanhas de divulgação da organização esportiva e de sua equipe competitiva; e III - participação nos eventos de lançamento da equipe e comemoração dos resultados.

Quanto aos trabalhadores que não são figuras notórias, não há que se falar em imagem pessoal. A eventual ofensa estará ligada apenas à imagem profissional.

Com efeito, o empregador que utiliza a imagem profissional do empregado anônimo como veículo de propaganda *indoor* ou *outdoor* de marcas de terceiros, auferindo, ele próprio, sem o consentimento ou atribuição de participação financeira ao trabalhador, verba de patrocínio ou outro tipo de vantagem sobre o preço dos produtos ou mercadorias, deve responder pelo dano patrimonial causado.

Muitas vezes a figura do trabalhador desconhecido é que gera a credibilidade na consciência popular para a propaganda subliminar feita por meio da exibição da marca de terceiros em bonés, camisetas e uniformes de trabalho utilizados pelo trabalhador como instrumento de propaganda para o fomento do consumo.

Em se tratando de uso deturpado da imagem de um ex-empregado, pelo fornecimento de informações irreais e desabonadoras da sua conduta, além da indenização pelo dano moral, é devida indenização por dano patrimonial correspondente a eventuais lucros cessantes, ou seja, ao que o empregado deixa de auferir, por exemplo, salários de emprego ao qual candidatou-se com reais chances de admissão e deixou de ser selecionado em virtude das informações incorretas prestadas.

Quanto ao referido acidente deformador do rosto de uma modelo empregada, gerador de dano à imagem que lhe permitia auferir rendimentos, além da responsabilidade pelos danos morais causados, responde o empregador pelos danos patrimoniais consistentes em despesas de hospital e medicamentos e em lucros cessantes correspondentes aos trabalhos futuros que estimativamente deixe de auferir.

7.3. Dano moral por ofensas ao decoro (decência e pudor) ou tratamento respeitoso

Decoro é o comportamento decente, sob o ponto de vista moral e ético, pelo que a ofensa a esse bem jurídico tem conteúdo valorativo.

O comportamento que quebra as regras de conduta moral e ética de convivência, desrespeitoso ou desprovido de recato ou compostura, incontinenti e até indecente ou depravado, é um comportamento despudorado.

Tanto o tratamento grosseiro, que envolve xingamentos, desmerecimentos, ofensas e falta de consideração pelo próximo, revelando desrespeito ou falta de compostura, como a incontinência de conduta, revelada pelo comportamento sexualmente indecente, caracterizado por atos obscenos, condutas libertinas, pornografia e assédio sexual e a prática de atos eticamente reprováveis, estão dentro da definição de falta de decoro.

Ofende, pois, o decoro, o tratamento desrespeitoso, incontinenti ou antiético.

Por parte do empregado, concorrência desleal, atos destinados à manipulação de jogos pelo atleta ou treinador e ligações para o disk sexo durante o trabalho e por parte do empregador atos de constrangimento moral ou sexual, são exemplos de ofensa ao decoro.

Os atos isolados ou eventuais de ofensa ao decoro que deve nortear as relações de trabalho são censuráveis e podem até ensejar admoestações, rompimento da relação e indenização por danos morais. Mas não se confundem com o assédio, moral ou sexual, que ensejam conduta constrangedora continuada ou reiterada.

Quanto ao assédio no trabalho, que será estudado nos itens a seguir, "O governo brasileiro deu início ao processo de ratificação da Convenção 190 da OIT, que busca Eliminar Violência e Assédio no Mundo do Trabalho." Ela foi aprovada em 2019 (https://www.gov.br/secom/pt-br/assuntos/obrasilvoltou/cuidado/ratificacao-da-convencao-190-da-oit-que-reconhece-violencia-e-assedio-no-trabalho-como-violacoes-1).

7.3.1. Assédio moral

No âmbito empresarial, como decorrência natural do relacionamento, habitualmente surgem conflitos resultantes da tensão entre interesses. Os problemas verificados podem solucionar-se por meio do diálogo ou dar início a processo em que o agressor passa a atemorizar ou humilhação a vítima, para subjugá-la. Para tanto, ele se utiliza de atos, gestos, palavras e atitudes ofensivas da dignidade do trabalhador reveladores de abuso emocional, de modo a propiciar uma avaliação negativa do ofendido em relação a si mesmo e a eliminação gradativa de sua capacidade de crítica e resistência.

O assédio moral, que pode se verificar tanto no ambiente físico, como no ambiente virtual (teleassédio ou *cyberbullying*) se caracteriza pela ofensa à autoestima do trabalhador, mediante atos reiterados de violência psicológica, de exposição a situações constrangedoras e humilhantes.

Relatório da OIT, apresentado na Conferência Internacional de Traumas no Trabalho, sediada em Joanesburgo, nos dias 8 e 9 de novembro de 2000, demonstra que 53% dos empregados na Grã-Bretanha relataram já ter sofrido assédio no local de trabalho e 78% declararam já ter testemunhado tal situação. Na França, 30% dos empregados declararam sofrer assédio moral no trabalho e 37% disseram ter testemunhado tal prática. O mesmo relatório informa que o fenômeno abrange homens (31%) e mulheres (29%), tanto os exercentes de cargos de gerência (35%), como operários (32%). Isso em empresas privadas (30%) ou públicas (29%).[6]

No Brasil, reportagem de 2005 da Folha de São Paulo fez referência a pesquisa apresentada pela psicóloga Margarida Maria Silveira Barreto, em que 10 mil pessoas (23,8%) declararam já ter sofrido algum tipo de violência psicológica e humilhação no trabalho, vitimando 63% das mulheres e 37% dos homens. Fator significativo e preocupante da pesquisa, é que cerca de 70% dos homens assediados pensaram em cometer

6 FONSECA, Rodrigo Dias. *Assédio Moral:* breves notas, *in* <http://jus2.uol.com.br/doutrina/texto.asp?id=9512>. Consulta feita em: 8 out. 2008.

suicídio, 90% das mulheres sofreram de pensamentos fixos e perda de memória, 70% dos homens e 50% das mulheres tiveram depressão.[7]

Entre 2015 e 2019 o Ministério Público do Trabalho registrou cerca de 35 mil denúncias de assédio moral. E em 2020 cerca de 7.588 mil denúncias.[8]

> "07/07/23 - A Justiça Trabalhista recebe, em média, 6,4 mil ações relacionadas a assédio moral no trabalho por mês. O cálculo considera o volume de processos iniciados em 2022, quando foram ajuizadas 77,5 mil ações trabalhistas com essa temática em todo o país."[9]

O governo brasileiro deu início em 2023 ao processo de ratificação da Convenção 190 da OIT. Essa Convenção foi aprovada pela OIT em 2019. Busca Eliminar Violência e Assédio no Mundo do Trabalho.[10]

O interesse pelo tema inclui diversas áreas do conhecimento, por distintas razões. No terreno psicanalítico, por exemplo, a investigação do assédio moral está centrada no comportamento humano e nos danos psicológicos decorrentes. Já na área jurídica, o estudo do problema tem por preocupação a regulação da prevenção e efeitos do assédio, ou seja, a responsabilidade e a reparação dos danos decorrentes.

Uma das pioneiras no levantamento da questão, estudo comportamental e danos psicológicos, foi a psicanalista francesa Marie-France Hirigoyen, para quem o assédio moral "*define-se como toda conduta abusiva (gesto, palavra, comportamento, atitude) que se configure num atentado – por sua repetição ou sua sistematização – à dignidade ou à*

7 BEGUOCI, Leandro. Pressão cotidiana ou humilhação continuada? *Folha de S. Paulo*, São Paulo, 26 jul. 2005. Caderno Sinapse.

8 Correio Braziliense, "Denúncias de assédio sexual aumentam 64%, aponta MPT" in https://www.correiobraziliense.com.br/brasil/2020/12/4895170-denuncias-de-assedio-sexual-aumentam-64--aponta-mpt.html. Consulta feita em 17/01/2022.

9 https://www.tst.jus.br/-/justi%C3%A7a-do-trabalho-recebe-mensalmente-cerca-de-seis-mil-a%C3%A7%C3%B5es-por-ass%C3%A9dio-moral%C2%A0. Consulta feita em 04/06/2024.

10 O texto da convenção pode ser obtido em file:///C:/Users/c051037/Downloads/wcms_807561%20(1).pdf

integridade psíquica ou física de uma pessoa, colocando em perigo seu emprego ou degradando o clima de trabalho."[11]

Para a psicóloga Margarida Maria Silveira Barreto, assédio moral pode ser definido como *"a exposição dos trabalhadores e trabalhadoras a situações humilhantes e constrangedoras, repetitivas e prolongadas durante a jornada de trabalho e no exercício de suas funções, sendo mais comuns em relações hierárquicas e assimétricas, em que predominam condutas negativas, relações desumanas e aéticas de longa duração, de um ou mais chefes dirigida a um ou mais subordinado(s), desestabilizando a relação da vítima com o ambiente de trabalho e a organização, forçando-o a desistir do emprego".*[12]

Essas reflexões contribuíram para a construção da conceituação jurídica do assédio moral, evidenciando a importância da abordagem interdisciplinar do fenômeno social.

Na legislação estrangeira, a Suécia regula o *mobbing* em sua Lei Básica de Prevenção de Riscos.

A França tipifica o *harcèlement moral ou psychologique* por meio da Lei n. 202-73, de 17 de janeiro de 2002, nos seguintes termos:

> *Art. L. 122-49. Nenhum assalariado pode sofrer atos repetidos de perseguição moral que tenha por objeto ou por efeito uma degradação das condições de trabalho, suscetível de prejudicar os seus direitos e a sua dignidade, de alterar a sua saúde física ou mental ou comprometer o seu futuro profissional.*
>
> *Nenhum assalariado pode ser sancionado ou sofrer qualquer ação discriminatória, direta ou indireta, especialmente em matéria de remuneração, aperfeiçoamento profissional, reclassificação, transferência, qualificação, classificação, promoção profissional, mutação ou renovação de contrato por ter sofrido, ou ter recusado sofrer as condutas definidas no parágrafo precedente ou por ter testemunhado tais atuações ou tê-las relatado. Qualquer ruptura do contrato de trabalho decorrente, qualquer cláusula ou qualquer ato contrário são legalmente nulos.*

---

11 *Mal-Estar no Trabalho:* Redefinindo o Assédio Moral. Tradução de Rejane Janowitzer. Rio de Janeiro: Bertand Brasil, 2002. p. 17.

12 BARRETO, Margarida Maria Silveira. *Uma Jornada de Humilhações.* Dissertação – Pontifícia Universidade Católica de São Paulo. São Paulo: Saraiva, 2000.

> *Art. L. 122-50. É suscetível de sanção disciplinar qualquer empregado que tenha procedido às condutas definidas no artigo L. 122-49.*
>
> *Art. L. 122-51. Compete ao chefe de empresa tomar todas as medidas necessárias para prevenir as condutas referidas no artigo L. 122-49.*

O Código do Trabalho de Portugal, de 2009 assim o regula:

> *Art. 29.º*
>
> *Assédio*
>
> *1 – Entende-se por assédio o comportamento indesejado, nomeadamente o baseado em factor de discriminação, praticado aquando do acesso ao emprego ou no próprio emprego, trabalho ou formação profissional, com o objetivo ou o efeito de perturbar ou constranger a pessoa, afectar a sua dignidade, ou de lhe criar um ambiente intimidativo, hostil, degradante, humilhante ou desestabilizador.*
>
> *2 – Constitui assédio sexual o comportamento indesejado de carácter sexual, sob forma verbal, não verbal ou física, com o objectivo ou o efeito referido no número anterior.*
>
> *3 – À prática de assédio aplica-se o disposto no artigo anterior.*
>
> *4 – Constitui contraordenação muito grave a violação do disposto neste artigo.*

Na Espanha, inexiste definição legal específica do *acoso moral.* O art. 4.2. e do Estatuto de los Trabajadores atenta para a necessidade de respeito à dignidade e demais direitos fundamentais dos trabalhadores, compreendendo "*la protección frente al acoso por razón de origen racial o étnico, religión o convicciones, discapacidad, edad u orientación sexual, y frente al acoso sexual y al acoso por razón de sexo.*" E a Lei n. 7/2007, de 12 de abril, que aprovou o Estatuto Básico del Empleado Público, reconhece a todos os empregados públicos o direito "*al respeto a su intimidad, orientación sexual, propia imagen y dignidad en el trabajo, especialmente frente al acoso sexual y por razón de sexo, moral y laboral*".

Finalmente, o art. 4.2.d do Estatuto reconhece o direito à integridade física e à adequada política de seguridade e saúde no trabalho, concretizada em dois dispositivos da Lei de Prevenção de Riscos do Trabalho daquele país: o art. 4.2, ao definir o risco laboral como "la posibilidad de que un trabajador sufra un determinado daño derivado del trabajo" e o art. 4.3, ao definir como "daño derivado del trabajo" como las "enfermedades, patolgías o lesiones sufridas con motivo u ocasión del trabajo".

A CLT não tem dispositivo específico regulatório da identificação e prevenção do assédio moral, não obstante a referência genérica à autoestima, prevista no art. 223-C, da CLT, como um dos bens extrapatrimoniais do trabalhador.

Nos casos concretos, podem ser utilizados dispositivos como:

> Art. 483, da CLT: *"O empregado poderá considerar rescindido o contrato e pleitear a devida indenização quando:*
>
> *a) forem exigidos serviços superiores às suas forças, defesos por lei, contrários aos bons costumes, ou alheios ao contrato;*
>
> *b) for tratado pelo empregador ou por seus superiores hierárquicos com rigor excessivo;*
>
> *g) o empregador reduzir o seu trabalho, sendo este por peça ou tarefa, de forma a afetar sensivelmente a importância dos salários."*
>
> Art. 474, da CLT: *"A suspensão do empregado por mais de 30 dias consecutivos importa na rescisão injusta do contrato de trabalho."*
>
> Art. 373-A, da CLT: *"Ressalvadas as disposições legais destinadas a corrigir as distorções que afetam o acesso da mulher ao mercado de trabalho e certas especificidades estabelecidas nos acordos trabalhistas, é vedado:*
>
> *VI – proceder o empregador ou preposto a revistas íntimas na empregadas ou funcionárias."*

O Anexo II da NR-17 (aprovado pela PORTARIA N° 09, DE 30 DE MARÇO DE 2007, do MINISTÉRIO DO TRABALHO E EMPREGO) cuida do assédio moral no trabalho apenas em relação às atividades de telemarketing ou teleatendimento, *in verbis*:

> *"5.13. É vedada a utilização de métodos que causem assédio moral, medo ou constrangimento, tais como:*
>
> *a) estímulo abusivo à competição entre trabalhadores ou grupos/equipes de trabalho;*
>
> *b) exigência de que os trabalhadores usem, de forma permanente ou temporária, adereços, acessórios, fantasias e vestimentas com o objetivo de punição, promoção e propaganda;*
>
> *c) exposição pública das avaliações de desempenho dos operadores."*

A norma supra pode ser, por analogia (art. 8º, *caput*, da CLT), utilizada em hipóteses verossimilhantes.

A Lei nº 14.612, de 3 de julho de 2023 incluiu no art. 34, XXX da Lei nº 8906/94 o assédio moral, o assédio sexual e a discriminação entre as infrações ético-disciplinares no âmbito da OAB.

No § 2º do referido art.34 considera: I – assédio moral: a conduta praticada no exercício profissional ou em razão dele, por meio da repetição deliberada de gestos, palavras faladas ou escritas ou comportamentos que exponham o estagiário, o advogado ou qualquer outro profissional que esteja prestando seus serviços a situações humilhantes e constrangedoras, capazes de lhes causar ofensa à personalidade, à dignidade e à integridade psíquica ou física, com o objetivo de excluí-los das suas funções ou de desestabilizá-los emocionalmente, deteriorando o ambiente profissional; II – assédio sexual: a conduta de conotação sexual praticada no exercício profissional ou em razão dele, manifestada fisicamente ou por palavras, gestos ou outros meios, proposta ou imposta à pessoa contra sua vontade, causando-lhe constrangimento e violando a sua liberdade sexual; e III – discriminação: a conduta comissiva ou omissiva que dispense tratamento constrangedor ou humilhante a pessoa ou grupo de pessoas, em razão de sua deficiência, pertença a determinada raça, cor ou sexo, procedência nacional ou regional, origem étnica, condição de gestante, lactante ou nutriz, faixa etária, religião ou outro fator.

Tramita no Congresso Nacional Projeto de Lei (de nº 4.742/2001), de autoria do deputado federal Marcos de Jesus - PL/PE, que acresce ao Código Penal o crime de assédio moral com pena máxima de dois anos de detenção, o que não exclui a composição do dano causado ao assediado no campo da responsabilidade civil. O Projeto, aprovado na Câmara dos Deputados sob o nº 4, aguarda apreciação pelo Senado Federal sob o nº 1.521/2019.[13]

O assédio moral no trabalho pode ser juridicamente conceituado como o conjunto de reiteradas atitudes abusivas, degradantes do relacio-

13 https://www.camara.leg.br/proposicoesWeb/fichadetramitacao?idProposicao=28692&fichaAmigavel=nao
https://www25.senado.leg.br/web/atividade/materias/-/materia/135758

namento digno no ambiente de trabalho. Decorre do modo abusivo de relacionamento no trabalho e que termina submetendo o trabalhador a atitudes, exigências ou condições ofensivas do tratamento respeitoso que deve vigorar no ambiente de trabalho.

O abuso do direito no exercício do poder de comando, ofensivo do bom relacionamento, tem a natureza de ilícito trabalhista, porque atentatório ao respeito à pessoa do trabalhador ou ao trabalho executado, destinado à preservação da dignidade da pessoa humana e do valor social do trabalho.

Caracterizam o assédio moral a abusividade, a reiteração da conduta, a natureza psicológica da ofensa ao respeito à pessoa do trabalhador ou ao trabalho executado e a finalidade de humilhar ou subjugar a vítima.

Relativamente aos dois primeiros elementos, não existe conduta típica caracterizadora do assédio moral, bastando a abusividade da conduta. Ela pode decorrer de uma série de atos comissivos ou omissivos, como broncas reiteradas, desqualificações sucessivas, atos de ridicularização, negativa de atribuição de tarefas, submissão reiterada à falta de condições físicas para a prestação do trabalho etc. Ato isolado, embora possa se constituir em conduta ilícita, não caracteriza o assédio. Uma bronca desmedida, uma agressão verbal ou escrita ou uma exposição indevida de fragilidade do trabalhador, são atos isolados que ensejam a caracterização de ilícito trabalhista, sem que configure o assédio moral.

Quanto ao segundo elemento, verifica-se que o assédio se realiza por meio de pressão psicológica incidente sobre a vítima, que se vê compelida a aceitar uma série de atos, gestos, palavras e condutas destinadas a subjugá-la a uma condição humilhante de relacionamento.

No Brasil, por não existir proteção à despedida arbitrária ou sem justa causa em meio ao desenvolvimento do contrato, o problema é ainda mais grave. O assediante largamente se utiliza, implícita ou explicitamente, do receio do desemprego, criando um ambiente de trabalho autoritário, aético, hostil e atemorizante.

Finalmente, o último elemento. O assédio moral tem como finalidade subjugar o trabalhador a um ambiente de trabalho ofensivo do respeito à sua pessoa ou trabalho desenvolvido. A pressão psicológica exercida fica caracterizada por meio de uma série de atos caracterizados pela arbitrariedade, humilhação, atemorização e excesso de exigências, muitas vezes voltados para a desestabilização emocional e profissional do trabalhador ou grupo de trabalhadores, com específica intenção. O bem jurídico atingido é, portanto, o respeito ao trabalhador no relacionamento empresarial, na busca de um ambiente de trabalho saudável.

O assédio moral pode ser classificado:

- Quanto à abrangência, em assédio coletivo ou organizacional *(mobbing)* e assédio individual ou interpessoal *(bullying e stalking)*.
- No *bullying*, são geralmente utilizadas pelo assediador características específicas para atormentar o assediado por meio de chacotas, intimidações e maus tratos a elas relacionadas e no *stalking* o assediador persegue a vítima dentro ou fora do trabalho por mio da invasão da sua intimidade ou vida privada.
- Quanto à finalidade, o assédio coletivo pode ser imotivado e assédio motivado ou estratégico.
- Quanto aos sujeitos a quem é dirigido, em assédio vertical descendente *(bossing)*, assédio vertical ascendente, assédio horizontal e assédio misto (horizontal e vertical).

Assédio moral coletivo ou organizacional é o assédio verificado no ambiente de trabalho contra grupo específico ou contra a comunidade de trabalhadores da empresa como um todo. Como exemplos, tanto as campanhas de produtividade, com penalidades para a não obtenção de metas, como o *mobbing* praticado contra um grupo que professa a fé muçulmana.

Assédio moral individual ou interpessoal é o cometido contra alvo específico, descendente, ascendente ou horizontal.

Assédio moral imotivado é o que não tem uma finalidade específica. A degradação do relacionamento decorre de atos como grosserias constantes e restrições indevidas à liberdade de expressão, de relacionamento e de comunicação externa e que acabam tornando o ambiente de trabalho como um todo ou em relação ao trabalhador, autoritário, hostil e inseguro.

Por sua vez, assédio moral motivado ou estratégico é o cometido visando uma finalidade específica. Costuma verificar-se por meio da utilização de estratégias como: a) vigilância acentuada e constante da prestação de serviços, atos de responsabilização pública por queda de índices de desempenho, de estímulo a desenfreada e desregrada competição e ameaças constantes ao emprego, visando aumento de produtividade; e, b) zombarias, ironias, desqualificação, menosprezo, difusão de críticas ou rumores, desautorização, inferiorização, exposição de fragilidades, rebaixamento, ridicularização ou submissão a situações vexatórias, negativa de atribuição de tarefas, redução do salário ou da quantidade de trabalho quando medido por produção, visando fragilizar a autoestima do trabalhador, com a finalidade de retaliar ou tornar insuportável a permanência do trabalhador no cargo ou forçá-lo a pedir demissão. Como exemplos da hipótese "a" as campanhas com penalidades diversas para a não-obtenção de metas, como fazer publicamente flexões, dançar na boquinha da garrafa, usar vestimentas ridículas durante o expediente ou a submissão à exposição pública de mau desempenho; advertências e suspensões em casos de faltas justificadas, e o monitoramento desmedido do trabalho; como exemplos da hipótese "b", a remoção de empregado de uma unidade para outra, longínqua, com a finalidade de retaliação, para a obtenção de uma conduta submissa ou a perseguição a empregado estável, reabilitado ou autor de reclamação trabalhista, visando forçá-lo à demissão.

Assédio moral vertical descendente caracteriza-se como a ofensa reiterada ao relacionamento saudável, perpetrada por superior hierárquico ou o próprio empregador contra o trabalhador ou grupo de trabalhadores. Como exemplo o assédio contra trabalhador estável que o empregador pretende desestabilizar para forçar pedido de demissão.

Assédio moral vertical ascendente caracteriza-se pela prática de atos vexatórios contra o superior hierárquico. Desobediência ou hostilização a ordens pelos subalternos em relação a superior inexperiente ou inseguro, visando desacreditá-lo para desestabilizá-lo no cargo.

Assédio moral horizontal é o praticado entre colegas de trabalho. Costuma ocorrer quando o empregador tolera o clima aético caracterizado por práticas individualistas, discriminações pela improdução e o fomento de rumores e "rasteiras" entre colegas de mesmo patamar hierárquico Assédio moral misto ocorre quando mais de uma modalidade vertical ou horizontal se apresenta de forma cumulativa, a exemplo do assédio moral recíproco entre subordinado e superior hierárquico.

Note-se que o diretor, gerente, supervisor ou chefe são prepostos da empresa e se submetem os empregados aos constrangimentos como gritos, grosserias acima, difusão de críticas ou rumores, desautorizações, exposição de fragilidades, atos de ridicularização, negativa de atribuição de tarefas, redução do salário ou da quantidade de trabalho quando medido por produção e remoções para lugares longínquos visando tornar insuportável a permanência do trabalhador no cargo ou forçá-lo a pedir demissão, responde pelos atos por ele praticados, embora, regressivamente, possa tomar as atitudes cabíveis, afastando o dirigente e buscando o ressarcimento.

Medidas como o estabelecimento de regras claras, isentas e objetivas de deveres, atribuições, relacionamento, promoções, bem como a adoção de sistema de estímulo ao bom relacionamento e à competição saudável, com repressão imediata a condutas antiéticas podem prevenir o assédio horizontal.

O treinamento dos gestores quanto ao relacionamento saudável com os subalternos e dos demais trabalhadores quanto ao relacionamento com os gestores podem prevenir o assédio vertical.

A adoção de procedimentos formais e informais de encaminhamento de queixas (com oitiva dos envolvidos, acompanhada de garantias de confidencialidade, celeridade e proibição de represálias) e de apuração de conflitos, com medidas preventivas e compositivas, como movimentação de trabalhadores envolvidos (horário, função e posto de trabalho), resolução das diferenças e até de aplicação de penas disciplinares, conforme o caso, têm se mostrado eficazes na composição interna de casos de assédio.

Os comportamentos caracterizadores de assédio moral são moralmente compensáveis, eis que ofendem a autoconsideração, expondo o trabalhador a situações humilhantes e até a risco de adoecimento.

Independentemente de eventuais prejuízos patrimoniais, o abalo moral decorrente do assédio é compensável via indenização, nos termos do art. 223-G, da CLT.

7.3.2. Assédio sexual

Assediar significa agir, de forma reiterada e sistemática, com a finalidade de constranger alguém.

Assédio sexual pode ser definido como o conjunto de atos reiterados, praticados mediante pressão psicológica por superior hierárquico ou valendo-se de uma condição de ascendência ligada ao emprego, para dominar, persuadir ou constranger a vítima à obtenção de favores sexuais. O indivíduo tem o direito de viver a própria sexualidade, com liberdade de escolha de suas preferências, parceiros e oportunidade de se relacionar, pelo que o bem jurídico atingido no assédio sexual é o direito de livre disposição do próprio corpo e escolha dos parceiros. Reportagem publicada no O Globo informa que "Quase metade das brasileiras sofreu algum tipo de assédio sexual em 2022, mostra pesquisa do Datafolha" (https://oglobo.globo.com/brasil/noticia/2023/03/mais-da-metade-das-brasileiras-sofreu-algum-tipo-de-assedio-sexual-em-2022-mostra-pesquisa.ghtml).

A CLT não tem dispositivo específico regulatório sobre a identificação e prevenção do assédio moral, não obstante a referência genérica à sexualidade, prevista no art. 223-C, da CLT, como um dos bens extrapatrimoniais do trabalhador.

O assédio sexual é tipificado como crime pelo Código Penal, que o define, no art. 216-A como *"Constranger alguém com o intuito de obter vantagem ou favorecimento sexual, prevalecendo-se o agente da sua condição de superior hierárquico ou ascendência inerentes ao exercício de emprego, cargo ou função."*

A pena é detenção, de 1 (um) a 2 (dois) anos e aumentada em até um terço se a vítima for menor de 18 (dezoito) anos.

O assédio sexual independe do sexo do ofensor ou da conjugação carnal, podendo assim se verificar entre pessoas do mesmo sexo. Logo, podem ser agente ou ofendido homem ou mulher, independentemente da orientação sexual.

Caracterizam, portanto, o assédio sexual os vários comportamentos reiterados do empregador ou prepostos dele, de constranger a vítima sexualmente no ambiente de trabalho ou como decorrência da relação de emprego, valendo-se de sua condição de ascendência como elemento implícito ou explícito de coação.

O valor ou bem jurídico atingido pelo assédio sexual é a liberdade. O constrangimento imposto tolhe a liberdade de escolha do parceiro e do momento, causando humilhação e ofensa à dignidade. Pode ensejar o rompimento do contrato por culpa patronal com as reparações patrimoniais inerentes, sem prejuízo da composição pelo dano compensatório da dor sentimental.

Para que o assédio sexual se configure, é preciso: a) sujeitos (assediante empregador ou preposto, e assediado empregado ou empregada); b) posição de ascendência do assediante em relação ao assediado; c) conduta coativa, através de chantagem ou intimidação, implícita ou explícita, visando a inequívoca obtenção de favores sexuais.

Não concordamos que ceder à pressão do favor sexual por si só descaracterize a ofensa. A submissão às investidas pode decorrer da impossibilidade de escolha de conduta diversa, sob o temor de ocorrência do mal considerável acenado à pessoa ou ao seu patrimônio (perda do emprego, da promoção etc.). A vontade, no caso, fica viciada pela chantagem irresistível. A situação de ascendência sobre a vítima é que faz com que ela geralmente não se sinta à vontade para reagir, passando assim a tolerar e buscar contornar a situação até onde possível. Indo além, diante da coação, pode até ocorrer de a vítima encontrar-se em situação em que não veja outra saída, a não submeter-se ao favor sexual para não perder o emprego. Ceder à pressão por falta de alternativa não significa aceitar o fato.

Não constituem assédio sexual o galanteio eventual, comentário ou olhar de admiração, respeitosos e exercidos sem qualquer tipo de pressão. Em tais hipóteses, a conduta coativa não estará presente.

A ameaça, meramente circunstancial, por motivos não ligados diretamente ao emprego, por exemplo, quando o empregado chantageia a chefe ou o chefe chantageia a chefiada, pretendendo prática de ato sexual sob pena de contar à mulher ou marido, conforme o caso, que o chantageado está saindo com outro, não é assédio sexual, embora, de igual sorte, possa vir a merecer composição por danos morais, sem prejuízo de outras reparações cabíveis. Também nada impede que o chefiado chantageie o chefe à obtenção de favor sexual, sob pena de divulgação de um segredo pessoal a que teve acesso. De igual sorte essa chantagem, reprovável, não terá a natureza típica de assédio sexual.

Para nós, o chamado assédio sexual ambiental, *"caracterizado por incitações sexuais inoportunas, solicitações sexuais ou outras manifestações da mesma índole, verbais ou físicas, com o efeito de prejudicar a atuação de uma pessoa ou de criar uma situação ofensiva, hostil, de intimidação ou abuso no ambiente em que é intentado"* não é assédio sexual e sim assédio moral. O assédio sexual tem por finalidade obter o favor sexual, o que não ocorre na conduta descrita, em que o sexo é apenas pretexto para criar uma situação de constrangimento moral, destinada a diminuir ou desestabilizar uma pessoa.

O estupro ou abuso sexual, que é praticado com violência física, não é exercido através de pressão psicológica, não caracterizando assédio sexual e sim tipo diverso. Retira da vítima a resistência, mas por meio do emprego da força ou pressão física e dá ensejo a outro tipo de ofensa, igualmente repudiável e também compositiva via dano moral, sem prejuízo da possibilidade obreira de rompimento do contrato.

Vitimar alguém sexualmente mediante o auxílio de remédios, álcool ou drogas caracteriza o crime de estupro de vulnerável, o que pode perfeitamente ocorrer no ambiente de trabalho ou em decorrência dele, praticado pelo empregador ou seu preposto.

A violação sexual mediante fraude ("estelionato sexual") consiste na obtenção de conjunção carnal ou prática de outro ato libidinoso com alguém, mediante fraude ou outro meio, sem violência ou grave ameaça, mas que impeça ou dificulte a livre manifestação de vontade da vítima.

A fraude sexual consiste em enganar uma pessoa, fazendo-se passar por outra ou criando um personagem inexistente, para levá-la a fazer sexo com ela. Nada impede que assim ocorra em relação ao empregador ou seu preposto em relação à vítima.

Enfim, independentemente de eventuais prejuízos patrimoniais causados por uma dessas ofensas e da eventual rescisão indireta do contrato, o abalo moral é igualmente compensável mediante pecúnia.

7.3.3. Assédio eleitoral

Cuida-se de atos reiterados de coação, intimidação ou qualquer tipo de constrangimento destinado a influenciar ou manipular o voto, orientação ou manifestação política de trabalhador no local de trabalho ou outro ambiente em situações a ele relacionadas.

A respeito, remetemos o leitor ao item 9.7, infra, relacionado à liberdade política.

7.4. Dano moral por ofensas à identidade e às criações intelectuais

A CLT não elenca no art. 223-C o nome ou identidade como um dos bens extrapatrimoniais de titularidade da pessoa física, pelo que a omissão remete a questão ao direito comum.

Nos termos do art. 18 do Código Civil não se pode usar o nome alheio em propaganda comercial sem autorização.

Outrossim, salvo se autorizadas, ou se necessárias à administração da justiça ou à manutenção da ordem pública, a divulgação de escritos, a transmissão da palavra, ou a publicação, poderão ser proibidas, a seu requerimento e sem prejuízo da indenização que couber, se lhe atingirem a honra, a boa fama ou a respeitabilidade, ou se se destinarem a fins comerciais (art. 20, CC). Ou seja, o direito à indenização resulta do simples fato da violação sem autorização, independentemente de afetar a honra ou imagem do ofendido.

Quanto à criação intelectual, a lei a protege, sendo direito do escritor, compositor, artista, cientista ou inventor gozar dos benefícios resultantes de suas próprias criações.

Direitos intelectuais são as criações resultantes da produção mental literária, artística e científica. Abrangem os direitos de autor, incluindo os relativos à criação e utilização de programas de computador e os direitos da propriedade industrial.

Estão entre os direitos intelectuais as criações de autoria literária, artística (obras fotográficas, publicitárias, fonográficas, coreográficas, desenhos, pinturas, esculturas, projetos etc.) e científicas, entre elas os derivados da criação de programas de computador.

É direito do autor literário, científico, artístico, inventor ou da marca, de ligar o seu nome às produções de seu espírito e de reproduzi-las ou comercializá-las.

Nos termos do art. 5º, XXVII, CF, *"aos autores pertence o direito exclusivo de utilização, publicação ou reprodução de suas obras, transmissível aos herdeiros pelo tempo que a lei fixar"*.

O art. 5º, XXVIII, a, da CF, protege a imagem como direito autoral desde que ligada à criação intelectual da obra fotográfica, cinematográfica ou publicitária. O criador da fotografia tem protegido o direito autoral sobre a obra que reproduz uma imagem representativa de pessoa ou fato. A Lei nº 9.610, de 19 de fevereiro de 1998, regula os direitos autorais.

No tocante aos inventos e marcas, o art. 5º, XXIX, CF, estatui que *"a lei assegurará aos autores de inventos industriais privilégio temporário para sua utilização, bem como proteção às criações industriais, à propriedade das marcas, aos nomes de empresas e a outros signos distintivos, tendo em vista o interesse social e o desenvolvimento tecnológico e econômico do País"*.

O Código de Propriedade Industrial (Lei n. 5.772/71), recepcionado pela Constituição e a Lei n. 9.279, de 14 de maio de 1996, regulamentam os direitos e obrigações relativos à propriedade industrial, incluindo os inventos, modelos de utilidade e as marcas.

A lei também é expressa quanto à proteção à propriedade intelectual de programas de computador (Lei n. 9.609/1998).

As questões pertinentes à obra literária, artística e científica, incluindo os programas de computador, bem como as referentes a invento ou marca dizem respeito à área trabalhista quando o autor ou inventor as cria no curso do contrato de trabalho, surgindo então três questões: a) a quem pertence a autoria ou propriedade moral, se ao empregado ou empregador; b) a quem pertence o direito de reproduzi-la ou comercializá-la; e, c) qual é o regime de participação remuneratória em relação à obra ou invento criado.

Quanto aos direitos autorais, estabelece a lei que autor é a pessoa física criadora de obra literária, artística ou científica, aplicando-se às pessoas jurídicas, nos casos previstos em lei, a proteção concedida ao autor (art. 11 da Lei n. 9.610/98).

A proteção aos direitos de autor independe de registro, a ele pertencendo os direitos morais (entre eles o de reivindicar a autoria, de ter o seu nome na obra utilizada e de assegurar a integridade da obra, modificá-la ou retirá-la de circulação) e patrimoniais sobre a obra criada (arts. 18, 22 e 24).

Juntamente com os direitos autorais estão os chamados direitos conexos, que são direitos afins ou vizinhos aos direitos autorais, como os direitos dos artistas de interpretação musical ou dramática, que criam a partir de obras já existentes, adquirindo individualidade.[14] Como exemplo, a música Your Song, de Elton John, que interpretada por Billy Paul em outro ritmo, parece até outra música.

A respeito, a Lei n. 9.610/98, no título V, denominado "Dos Direitos Conexos", estatui, no art. 89, que "As normas relativas aos direitos de autor aplicam-se, no que couber, aos direitos dos artistas intérpretes ou executantes, dos produtores fonográficos e das empresas de radiofusão."

Como o rol da lei não é exaustivo, autores como Antonio Chaves incluem nessa categoria vários outros direitos, a exemplo do direito de arena e de outros grandes espetáculos coletivos, do direito de imagem de artistas e pessoas notórias e do direito à embalagem criativa.[15]

Logo, ingressam na categoria de direitos conexos a participação dos atores na venda, para o exterior, de novelas ou DVDs nos quais figuram como artistas.

Como a lei é silente quanto ao regime jurídico aplicável às criações de autor no curso do contrato de trabalho, para que se verifique a proteção da propriedade intelectual ao empregador dos direitos do autor como objeto do contrato de trabalho, faz-se necessária previsão expressa sobre a transferência de propriedade, posto que, nos termos do inciso II do art. 49 da Lei n. 9.610/98, somente será admitida a transmissão total e definitiva dos direitos de autor mediante estipulação contratual escrita, sofrendo, aquele que se utilizar indevidamente da obra, as penalidades cabíveis (danos morais, multa e apreensão da obra).

---

14 CHAVES, Antonio. *Direitos Conexos*. São Paulo: LTr, p. 22.

15 Ob. cit., p. 30.

De qualquer sorte, pertencerão exclusivamente ao empregado a autoria e os direitos de comercialização da obra que não tiver relação com o contrato de trabalho e for criada sem a utilização de recursos, instalações ou equipamentos do empregador, da empresa ou entidade com a qual o empregador mantenha contrato de prestação de serviços.

A respeito, Carolina de Castro Wanderley fornece bom exemplo: "Pense-se num laboratório que contrata um fotógrafo para registrar insetos que vem pesquisando, ao ar livre. Esse fotógrafo é um empregado. Em determinado momento, ele capta a imagem de dois namorados, que lhe autorizam o uso de sua imagem. Nada se relaciona com as imagens dos insetos que o empregador necessita. É direito pleno do empregado o uso da fotografia dos namorados. Por óbvio, a conduta do empregado, que se utiliza do horário de trabalho e talvez até mesmo do equipamento fotográfico da empresa empregadora é questionável sob a óptica trabalhista e existe sua tipificação por vezes até mesmo para lhe acarretar uma demissão por justa causa. De todo modo, a obra continua sendo sua. Pense-se ainda mais além: o empregado nem mesmo era contratado para fotografar. Estava na rua vendendo seguros. Mas utilizou-se de câmera fotográfica própria, em seu telefone celular, para captar uma imagem e produzir uma obra. Não há que se falar de modo algum em direitos do empregador sobre a mesma."[16]

Relativamente à invenção ou modelo de utilidade, a lei é expressa a respeito.

Nos termos do art. 454, da CLT, "*Na vigência do contrato de trabalho, as invenções do empregado, quando decorrentes de sua contribuição pessoal e da instalação ou equipamento fornecidos pelo empregador, serão de propriedade comum, em partes iguais, salvo se o contrato de trabalho tiver por objeto, implícita ou explicitamente, pesquisa científica.*"

Complementa o dispositivo, no parágrafo único, que "*Ao empregador caberá a exploração do invento, ficando obrigado a promovê-la no prazo de um ano da data da concessão da patente, sob pena de reverter em favor do empregado da plena propriedade desse invento.*"

16 *In* <http://direitoculturalcuritiba.blogspot.com/2007/11/direitos-autorais-e-trabalhistas.html>. Consulta realizada em: 21 set. 2010.

Daí decorre que se o invento e o modelo de utilidade forem objeto do contrato, como resultado de pesquisa científica, será de propriedade exclusiva do empregador e a retribuição pelo trabalho limitar-se-á ao salário ajustado, cabendo ao empregador, com exclusividade, o direito de exploração (Lei nº 9.279, de 96, art. 66, *caput* e § 1º c/c art. 454, da CLT).

Com efeito, a invenção e o modelo de utilidade pertencem exclusivamente ao empregador quando decorrerem de contrato de trabalho cuja execução ocorra no Brasil e que tenha por objeto a pesquisa ou a atividade inventiva, ou resulte esta da natureza dos serviços para os quais foi o empregado contratado (Lei n. 9.279/96, art. 88). Quando a invenção decorre do próprio objeto do contrato, ou seja, quando o empregado é contratado exatamente para desenvolver a invenção, os direitos de exploração pertencem ao empregador, estando a sua remuneração contida no salário ajustado, exceto se as partes expressamente ajustarem o contrário (§ 1º do art. 88).

No entanto, o parágrafo único do art. 93 dispõe que será assegurada ao inventor, na forma e condições previstas no estatuto ou regimento interno da entidade empregadora, premiação de parcela no valor das vantagens auferidas com o pedido ou com a patente, a título de incentivo.

Verifique-se, a propósito, que a lei limita o direito ao contrato executado no Brasil, pelo que se for executado no exterior, o titular dos direitos de exploração da patente será o empregado.

Embora pertença ao empregador o invento ou o modelo de utilidade, a autoria não se transfere, sendo assim do empregado inventor (art. 40, § 4º, do Código de Propriedade Industrial, Lei n. 5.772, de 21 de dezembro de 1971: "A circunstância de que o invento ou o aperfeiçoamento resultou de contrato, bem como o nome do inventor, constarão do pedido e da patente").

Não dispondo a Lei de Patentes (Lei n. 9.279/96) em sentido contrário, vigora, a respeito, o antigo texto da Lei n. 5.772/71.

Deve-se, portanto, fazer a distinção entre inventor, que é o criador intelectual da invenção e titular ou proprietário da invenção, em nome de quem a patente é concedida e que detém os direitos de exploração do invento.

Presumem-se desenvolvidos na vigência do contrato a invenção ou o modelo de utilidade, cuja patente seja requerida pelo empregado até um ano após a extinção do vínculo empregatício (§ 2º).

Poderão as partes ajustar a concessão, pelo empregador titular da patente, ao empregado, autor do invento ou aperfeiçoamento, participação nos ganhos econômicos resultantes da exploração da patente (art. 89, *caput* e § 1º).

Estabelece ainda a Lei de Patentes que "A participação referida neste artigo não se incorpora, a qualquer título, ao salário do empregado" (parágrafo único do art. 89, da Lei n. 9.279/96). Não se incorpora, porque não decorre do contrato de trabalho. A parcela não tem natureza jurídica de contraprestação de serviço e sim de ganhos da exploração de direito de propriedade (industrial).

No tocante ao trabalho desenvolvido sem relação com o contrato e não decorrente da utilização de recursos, meios, dados, materiais, instalações ou equipamentos do empregador, pertence exclusivamente ao empregado (art. 90).

Sem relação com o contrato deve ser interpretado como a invenção ou modelo de utilidade cuja criação não constitua o objeto do contrato, pelo que, se um engenheiro, em sua casa e com recursos próprios, inventa um aparato digital destinado a facilitar o serviço executado, a ele pertence a propriedade do invento.

Por outro lado, caso venha a fazê-lo, durante o horário de trabalho, mas com recursos próprios, a consequência poderá ser, unicamente, a aplicação de pena disciplinar por utilização do tempo para o qual é pago em interesse próprio.

No concernente ao trabalho desenvolvido sem relação com o objeto do contrato, mas com contribuição do empregado e auxílio da instrumentalização patronal, a propriedade do invento ou de modelo de utilidade será comum, cabendo ao empregador o direito de exploração, mas assegurada ao empregado justa remuneração (art. 91 e § 2º, da Lei n. 9.279/96). Essa justa remuneração deve corresponder a 50% do valor bruto, deduzidos os custos da produção e comercialização do invento.

Assim, se no horário de trabalho ou fora dele o trabalhador antes citado vier a utilizar o computador, materiais ou instalações do empregador, a propriedade do invento ou de modelo de utilidade será comum, cabendo ao empregador o direito de exploração, mas assegurada ao empregado justa remuneração, que, por analogia ao art. 89, par. único, não se incorporará ao salário.

Imagine-se a hipótese do trabalhador contratado como mecânico de uma oficina vir a inventar, após o expediente, mas utilizando as instalações do empregador, um aparato elétrico destinado a reduzir o consumo de energia e que vem a ser explorado pelo dono da oficina, que resolve comercializá-lo. A autoria do invento será do empregado, mas a propriedade será comum, fazendo jus a uma remuneração correspondente a 50% do valor bruto, deduzidos os custos da produção e comercialização do invento.

Salvo ajuste em contrário, tratando-se de mais de um empregado, a parte que lhes couber será dividida igualmente entre todos (art. 91, § 1º).

A respeito, interessante questão foi decidida foi decidida pelo TST. Um ex-empregado da extinta Rede Ferroviária do Brasil "idealizou e projetou dois aparelhos para auxiliar no trabalho de manutenção de vagões, conseguindo reduzir o tempo das tarefas e, com isso, aumentar a produtividade da empresa" (notícia constante sitio eletrônico do TST, de 11 de fevereiro de 2010). Restou comprovado que o inventor utilizou meios do empregador para o desenvolvimento do invento, destinado à aplicação na atividade-fim do empregador, mas, como as suas atividades não eram típicas de pesquisas científicas e nem foi ele contratado para desenvolver inventos, fazia jus à meação sobre os direitos de exploração.

A exploração do objeto da patente, na falta de acordo, deverá ser iniciada pelo empregador dentro do prazo de 1 (hum) anos, contado da data de sua concessão, sob pena de passar à exclusiva propriedade do empregado a titularidade da patente, ressalvadas as hipóteses de falta de exploração por razões legítimas (art. 90, § 3º).

Cabe esclarecer que se entende por invenção a que atenda aos requisitos de novidade, atividade inventiva e aplicação industrial (art. 8º), sendo modelo de utilidade o objeto de uso prático, ou parte deste, suscetível de aplicação industrial, que apresente nova forma ou disposição, envolvendo ato inventivo, que resulte em melhoria funcional no seu uso ou sem sua fabricação (art. 9º). Marca, por sua vez, são os sinais distintivos visualmente perceptíveis, aplicáveis a produto ou serviço, de modo a dar-lhes uma identidade e diferenciá-los de produtos ou serviços da mesma espécie. A sua propriedade adquire-se pelo registro validamente expedido (art. 129 da Lei n. 9.279/96).

A lei também é expressa quanto à criação de programas de computador. Nos termos da Lei n. 9.609/98, o regime de proteção à propriedade intelectual de programas de computador é o mesmo conferido às obras literárias, não se aplicando, contudo, as disposições relativas aos direitos morais, ressalvados o direito do autor de reivindicar a paternidade do programa e de opor-se a alterações não autorizadas, capazes de implicar em deformação, mutilação ou outra modificação prejudicial à honra ou reputação do autor (art. 2º, *caput* e § 1º).

A tutela dos direitos relativos a programas de computador é assegurada pelo prazo de 50 (cinquenta) anos (§ 2º do art. 2º).

Salvo estipulação em contrário, pertencerão exclusivamente ao empregador os direitos relativos ao programa de computador desenvolvido e elaborado durante a vigência do contrato expressamente destinado à pesquisa e desenvolvimento ou em que a atividade do empregado decorra da própria natureza do vínculo (art. 4º, *caput*).

Pertencerão, com exclusividade, ao empregado, os direitos concernentes a programa de computador gerado sem relação com o contrato de trabalho e se a utilização de recursos, informações tecnológicas, segredos industriais e de negócios, instalações ou equipamentos do empregador, da empresa ou entidade com a qual o empregador mantenha contrato de prestação de serviços ou assemelhados. O mesmo tratamento é conferido aos bolsistas e estagiários (art. 4º, § 2º).

Salvo estipulação em contrário, os direitos sobre as derivações autorizadas pelo titular dos direitos de programa de computador, inclusive sua exploração econômica, pertencerão à pessoa autorizada que as fizer (art. 5º).

As ofensas morais à autoria literária, artística e científica são compostas nos termos do art. 223-G, da CLT, sem prejuízo da rescisão indireta com os consectários e da reparação de eventuais danos patrimoniais.

VIII

DANOS MORAIS POR OFENSAS A ATRIBUTOS FÍSICOS DA PERSONALIDADE

8.1. Danos morais por ofensas à vida, saúde e segurança

Na dimensão juslaborista, direito à vida é o direito à existência; direito à saúde é o direito à redução dos riscos de doenças em razão do exercício do trabalho e da viabilização do acesso às ações destinadas à prevenção e recuperação do adoecimento; e, direito à segurança é o direito à preservação da ordem e da preparação do meio ambiente de trabalho contra os riscos à incolumidade do trabalhador e ao patrimônio da empresa. Tais direitos, fundamentais, são garantidos pela Constituição e pela legislação infraconstitucional.

Meio ambiente do trabalho significa o conjunto de condições existentes no local de trabalho. Essas condições devem compreender um ambiente adequado à prestação de serviços e derivado de um conjunto de ações, meios e providências destinadas à redução dos riscos à saúde e segurança do trabalhador (art. 7º, XXII e art. 200, VIII).

Sob o aspecto da segurança, o meio ambiente deve ser tal que não coloque em risco a vida ou a integridade física do trabalhador. Um ambiente de trabalho em que o obreiro labora sem a devida proteção e respeito às normas de segurança, pode retirar-lhe a existência ou, parcial ou totalmente, temporária ou definitivamente, a capacidade laborativa física ou psíquica.

O acidente do trabalho, decorrente de falta de cinto de segurança para trabalhar em andaimes, como também a exposição do trabalhador não capacitado para a função, da tarefa de portar numerário, com risco de assalto, são exemplos.

Tem-se, portanto, que o empregador responde pelos danos causados à segurança dos trabalhadores quando os expõe a situação de risco não apenas quando o exercício do trabalho é capaz de comprometer ou efetivamente compromete a sua vida ou a integridade física, mas também quando compromete a sua integridade psíquica, a exemplo da síndrome do pânico decorrente de assalto no ambiente de trabalho em entidades bancárias.

Outrossim, da mesma forma que o meio ambiente onde faltam sanitários ou condições mínimas de higiene é nefasto, também o é aquele que expõe o trabalhador a hostilizações, jornadas extenuantes e metas inalcançáveis, assédio, pelo que meio ambiente adequado é o composto de bens móveis, imóveis, técnicas, ações e comportamentos destinados à salvaguarda da saúde, segurança e bem estar dos trabalhadores. Não foi outra a razão pela qual a CIPA passou a denominar-se Comissão Interna de Prevenção de Acidentes e de Assédio.

Sob o ponto de vista da saúde, as condições ambientais devem respeitar o organismo do trabalhador, segundo as normas de medicina e higiene do trabalho. É inadmissível sujeitar o trabalhador a um ambiente insalubre, penoso ou estressante, sem o devido preparo ou a circunstâncias que sujeite o trabalhador a riscos de adoecimento.

Por tais razões, dispõe a Constituição, no art. 7º, XXII, que são direitos dos trabalhadores urbanos e rurais a *"redução dos riscos inerentes ao trabalho, por meio das normas de saúde, higiene e segurança"*. Trata-se de responsabilidade preventiva ou precaucional a que está o empregador obrigado. O dano pela submissão aos riscos à saúde e segurança, pelo mero fato da falta de prevenção do ambiente de trabalho contra a possibilidade de sua verificação.

Higiene do trabalho é a parte da medicina destinada ao exame das condições de trabalho e identificação dos agentes causadores de insalubridade, de forma a possibilitar a adoção de medidas preventivas à conservação da saúde do trabalhador.

Segurança do trabalho é a parte da engenharia destinada ao exame das condições de trabalho e identificação dos riscos, de forma a possibilitar a adoção de medidas preventivas à conservação da integridade física do trabalhador.

As questões referentes ao meio ambiente do trabalho transcendem a questão de saúde dos próprios trabalhadores, eis que o sistema previdenciário é responsável pelo pagamento de benefícios, cabendo assim ao sistema único de saúde "colaborar na proteção do meio ambiente, nele compreendido o de trabalho" (art. 200, VIII, CF).

Regulamentando a Constituição, a Consolidação das Leis do Trabalho trata da segurança e saúde do trabalhador nos arts. 154 e seguintes do Título II, Capítulo V e no Título III (Normas Especiais de Tutela do Trabalho), sem falar nas Portarias do então Ministério do Trabalho, estabelecedoras de Normas Regulamentares (NRs) contra os riscos à saúde e segurança no meio ambiente de trabalho.

O Programa de Controle Médico e de Saúde Ocupacional (PCMSO) e o Programa de Gerenciamento de Riscos (PGR, substitutivo do Programa de Prevenção de Riscos Ambientais (PPRA), previstos, respectivamente, na NR 7 (ultima modificação: Portaria SEPRT 6.734, de 09/03/2020, com, início de vigência em 03 de janeiro de 2022 - Portaria SEPRT 8.873, de 23/07/2021) e NR 9 (ultima modificação: Portaria SEPRT nº 6.735, de 10 de março de 2020, com início de vigência em 03 de janeiro de 2022 - Portaria SEPRT 8.873, de 23/07/2021), visam apurar, preventivamente, riscos à saúde do trabalhador em decorrência do exercício do trabalho.

A NR 9 visa assegurar um ambiente de trabalho em condições ideais de saúde e segurança dos trabalhadores. Considera todas as condições do Programa de Gerenciamento de Riscos (PGR), que consiste num plano de ação contínua com o objetivo de identificar e prevenir riscos ocupacionais por meio de avaliações individuais de cada setor, visando a implantação de medidas destinadas a prevenir, minimizar e monitorar os riscos conforme as normas e protocolos de segurança, de forma a erradicar acidentes físicos, químicos e biológicos.

A NR 7 estabelece diretrizes e requisitos para o desenvolvimento do Programa de Controle Médico de Saúde Ocupacional – PCMSO nas empresas, com o objetivo de proteger e preservar a saúde de seus empregados em relação aos riscos ocupacionais, tomando por base a avaliação de riscos do Programa de Gerenciamento de Risco – PGR da mesma empresa.

O PCMSO visa monitorar por anamnese e exames laboratoriais a saúde dos trabalhadores, para a identificação precoce de qualquer desvio que possa comprometer a saúde dos trabalhadores, especialmente aqueles relacionados ao exercício do trabalho na empresa.

Por outro lado, as empresas privadas, públicas, sociedades de economia mista, órgãos da administração direta e indireta, instituições beneficentes, associações recreativas, cooperativas, bem como outras instituições que admitam trabalhadores como empregados, devem constituir CIPA, por estabelecimento, e mantê-la em regular funcionamento (NR 5, item 5.2).

A Comissão Interna de Prevenção de Acidentes e de Assédio – CIPA, composta de representantes dos empregados e do empregador, tem como objetivo a prevenção de acidentes e doenças decorrentes do trabalho, bem como prevenção e combate ao assédio sexual e às demais formas de violência no âmbito do trabalho, para a promoção de um ambiente laboral sadio, seguro e que favoreça a inserção e a manutenção de mulheres no mercado de trabalho.

Para preservar a atuação dos dirigentes que a compõem, é vedada a dispensa arbitrária ou sem justa causa do empregado eleito para cargo de direção de Comissões Internas de Prevenção de Acidentes desde o registro de sua candidatura até um ano após o final de seu mandato (art. 10, II, *a*, do ADCT).

Cabe às empresas o fornecimento gratuito e obrigatório dos equipamentos de proteção individual da saúde e segurança do trabalhador e a realização periódica de exames médicos (art. 168, da CLT).

O meio ambiente saudável do trabalho é um direito transindividual por ser um direito de todo trabalhador, indistintamente, e reconhecido como uma obrigação social constitucional do Estado, ao mesmo tempo em que se trata de um interesse difuso, ou mesmo coletivo, quando incidente sobre determinado grupo de trabalhadores.

Em sendo assim, o meio ambiente do trabalho enquadra-se nos casos protegidos pela Lei 7.347/1985, que em seu art. 1º, I, estabelece a adequação da ação civil pública na proteção do meio ambiente e em seu inciso IV inclui também o caso de danos causados a qualquer outro interesse difuso ou coletivo, de forma que é plenamente viável falarmos na existência da Ação Civil Pública para resguardar os direitos dos trabalhadores terem um ambiente de trabalho sadio e ecologicamente equilibrado como preceituado no art. 225 da Constituição Federal.

Nos termos do art. 161, da CLT, a autoridade máxima regional em matéria de inspeção do trabalho, à vista do relatório técnico do auditor fiscal do trabalho, que demonstre grave e iminente risco para o trabalhador, poderá interditar estabelecimento, setor de serviço, máquina ou equipamento, ou embargar obras, indicando na decisão, tomada com a brevidade que a ocorrência exige, as providências que deverão ser adotadas para prevenção de acidentes e doenças graves do trabalho.

Logo, o empregador que por inobservância das normas de segurança do trabalho, não fornece aos seus empregados um ambiente de trabalho sadio e seguro e, consequentemente, vem a causar-lhes danos, poderá sofrer ação civil pública para que adapte seu estabelecimento e/ou pague multa, bem como poderá ter seu estabelecimento fechado judicialmente, além de poder responder criminalmente. Estará ainda sujeito a multas administrativas (art. 201, CLT), interdição do estabelecimento ou equipamento (art. 161, CLT). Sem contar que poderá responder por indenização por danos morais e patrimoniais decorrentes de culpa ou de responsabilidade objetiva pelo exercício de atividade de risco ou em decorrência da lei.

Enfim, os danos causados à saúde, vida, integridade física e segurança dos trabalhadores são ressarcíveis quanto aos efeitos patrimoniais e compensáveis não apenas quanto aos abalos morais a ele impostos em decorrência do exercício do trabalho, como também pelos danos existenciais que acarretem impedimentos à vida de relações e ao projeto de vida.

A composição dos decorrentes das ofensas aos direitos extrapatrimoniais aqui mencionados deverá ser fixada conforme caracterização e parametrização previstas nos §§1º e 2º do art. 223-G, da CLT.

8.1.1. Dano tanatológico (dano morte)

Tanatologia é o estudo do processo de morte.

Juridicamente, a morte implica na extinção da personalidade iniciada com o nascimento com vida e determina a abertura da sucessão universal dos bens.

Contudo, nem sempre a morte é natural e a morte provocada produz efeitos jurídicos específicos.

A tanatologia forense é um dos ramos da Medicina Legal. Diz respeito aos aspectos científicos ligados à morte e sua natureza, fornecendo os elementos necessários às suas implicações jurídicas. Isso é realizado por meio da Tanatognose, contida na Tanatologia, que se dedica ao estudo do diagnóstico da realidade da morte, com o objetivo de estabelecer a sua causa jurídica (homicídio, suicídio ou acidental).

Para as relações de trabalho interessa investigar se o sofrimento da morte é, por si só, suscetível de indenização e se é transmissível aos herdeiros e sucessores do falecido. Neste caso, não se confunde com o direito próprio da indenização a que herdeiros e sucessores possam ter com o sofrimento deles pela perda do ente querido.

Logo, especificamente nos casos de homicídio nas relações de trabalho, as questões a serem discutidas são: a) a identificação do ofensor; b) se os sucessores têm direito próprio à reparação pelos danos causados por terceiro ou se herdam a ação reparatória a que teria direito o falecido; e c) na primeira hipótese, que leva aos danos em ricochete, a identificação dos componentes do núcleo familiar, com legitimidade para o exercício de direito autônomo à reparação.

No direito italiano, essa questão é tratada como dano tanatológico (dano da perda da vida ou dano morte).

Lá, o que se discute é se a lesão à integridade pessoal da vítima, quando leva à perda da vida, configurando um dano consistente no sofrimento que acompanha a morte, é passível de ser transmitido aos herdeiros. A jurisprudência italiana considera ele passível de ressarcimento *iure hereditatis*, desde que a vítima tenha permanecido viva por pouco tempo. Caso contrário, com a extinção da personalidade pela morte imediata, não vê possibilidade do falecido adquirir o direito ao dano da perda da vida para poder transmití-los aos seus sucessores. Em outras palavras, os herdeiros podem postular a indenização do dano do falecido pela perda da vida via transmissão *iure hereditatis* desde que ele não tenha morrido de imediato e também indenização do dano da morte sofrido por eles mesmos, desta feita via *iure proprium*.[1]

No direito português, os itens 1 a 3 do artigo 496, do Código civil ensejam a reparação nas esferas patrimonial e extrapatrimonial, ao reconhecerem a separação entre o dano morte, como dano autônomo, e os danos morais próprios dos familiares.

Compõe esse núcleo familiar um número restrito de pessoas em caso de morte da vítima: cônjuge ou companheiro, filhos e na falta deles os ascendentes, vindo por último os irmãos e sobrinhos que os representem. Assim também no direito alemão.

No direito brasileiro, o artigo 948, *caput* e inciso I, do Código Civil, expressamente dispõe sobre o ressarcimento das despesas com o tratamento da vítima, seu funeral e o luto da família. E ao fazer no *caput*, parte final, referência à possibilidade do reconhecimento de outras reparações, além das referidas nos incisos do aludido dispositivo legal, deixa a porta aberta para o reconhecimento do dano morte em caso de homicídio culposo, doloso ou mesmo decorrente do risco da atividade em que inserida a vítima.

Considerando o que estatui o parágrafo único do art. 20, do mesmo diploma legal, que ao dispor sobre os direitos da personalidade, estabelece que *"Em se tratando de morto ou de ausente, são partes legítimas para requerer essa proteção o cônjuge, os ascendentes ou os descendentes"*, não há dúvida de que os componentes do núcleo familiar do falecido têm direito próprio à reparação sentimental tanatológica, restando assim estabelecer apenas quem efetivamente compõe esse núcleo.

Em se tratando de dano patrimonial, legitimados à reparação dos danos emergentes estão os familiares ou quem por eles suportaram, entre outras, as despesas comprovadas com o tratamento da vítima, seu funeral

1 Suprema Corte di Cassazione, Sezioni Unite Civili, 22 luglio 2015, n. 15350, sentenza sul ricorso 12282/2008.

e o luto de família; e em ricochete, a título de lucros cessantes, as pessoas a quem o morto os devia (art. 948, I e II, do CC).

Já no tocante aos danos extrapatrimoniais em ricochete, considerando o disposto no parágrafo único do art. 12 do CC, ao estabelecer que *"Em se tratando de morto, terá legitimação para requerer a medida prevista neste artigo o cônjuge sobrevivente, ou qualquer parente em linha reta, ou colateral até o quarto grau."*, temos aí o norte para a resolução do problema.

A indagação que se faz é se a titularidade da relação familiar é suficiente para justificar a pretensão de ressarcimento ou se é preciso comprovar a intensidade da relação afetiva entre a vítima direta e a indireta. E ainda, se essa intensidade alcança pessoas que não têm relação de parentesco com a vítima.

Diferentemente do que acontece no Direito das Sucessões, em que os parentes mais próximos normalmente excluem os mais remotos na linha sucessória estabelecida em lei, o que serve inclusive para efeito de transmissão de valor indenizatório de dano extrapatrimonial ius hereditatis (art. 1.829, CC), os danos morais pela dor experimentada pelo falecimento de pessoa querida causada por ofensor, não seguem um padrão lógico de incidência ou de gradação. Pais, cônjuge ou companheiro, filhos e netos sofrem simultaneamente dor intensa, nada impedindo que assim também ocorra com o sobrinho e que todos possam, cumulativamente, fazer jus a indenização.

Evidentemente, presume-se que os membros do núcleo familiar mais íntimo experimentem sofrimento de forma mais intensa que em outros parentes mais afastados. De qualquer sorte, diante da concorrência de legitimados previstos nos art. 12, parágrafo único do CC, a prova de inexistência de afinidade ou de dependência cabe ao ofensor.

A jurisprudência brasileira evoluiu para conceder o dano da perda da vida, dano morte ou tanatológico como dano extrapatrimonial direto sofrido pelo falecido, transmissível *iure hereditatis*, não fazendo distinção entre morte imediata ou sobrevida após a ofensa sofrida até a morte.[2]

---

2 A) AgInt no ARE 2065911 / RS – AGRAVO EM RECURSO ESPECIAL 2022 / 0030194-8, Ministro OG FERNANDES, T2 – SEGUNDA TURMA, Data de Julgamento 16/08/2022, Data de Publicação DJe 06/09/2022 – REVJUR vol. 540 p. 77 - "... 1. O espólio pode

Outrossim, a jurisprudência concede, por ricochete, em direito próprio, a compensação do dano sentimental pela morte do ente querido aos que integram o grupo familiar formal referido na lei, ou estão na ordem sucessória, no entanto abrindo caminho aos que não constam desse rol, mas dependiam do falecido, desde que comprovada a existência de relação afetiva com o *de cujus*, *ex-vi* da inteligência do art. 948, II, do CC, *in verbis*:

---

ajuizar ação autônoma buscando a reparação dos danos sofridos pelo falecido, inclusive aqueles que levaram a sua própria morte. Trata-se de direito autônomo do de cujus, cujo direito de ação, de caráter patrimonial, transfere-se aos herdeiros. 2. O dano experimentado pelos familiares de forma reflexa (em ricochete) não se confunde com o dano direto sofrido pelo falecido, podendo ser cumulados..."

B) TST - RRAg – 10165-84.2021.5.03.0027, Relator Ministro José Roberto Freire Pimenta. Data de Julgamento 20/06/2023, 3ª Turma, Data de Publicação DEJT 23/06/2023 – "INDENIZAÇÃO POR DANO-MORTE. CABIMENTO E TRANSMISSIBILIDADE. DANOS EXTRAPATRIMONIAIS SOFRIDOS PELA VÍTIMA DIRETA (PRETIUM MORTIS) ... "No momento da lesão o titular do direito à vida encontrava-se vivo e, por isso mesmo, teve violado o seu direito, com o que nasceu, para o titular, o seu direito à respectiva pretensão de reparação, na esteira do que dispõe o art.189 do Código Civil. Ou seja, a aquisição do direito decorrente do dano-morte é automática e simultânea à ocorrência do fato danoso, independente, inclusive, do estado anímico ou consciência do seu titular no momento do evento fatídico. Portanto, permitir que o agressor que tenha ocasionado o dano máximo para o ser humano – consubstanciado na privação definitiva da sua capacidade de viver, de existir como pessoa – não responsa por seu ato ilícito, diretamente cometido contra a própria vítima, é fazer tábula rasa de todas as normas já mencionadas, tanto quanto dos artigos 186 e 927 do Código Civil..."

C) TST - RR – 10680-22.2021.5.03.0027, 3ª Turma, Relator Ministro Alberto Bastos Balazeiro, DEJT 23/06/2023 – "VALE S.A. ROMPIMENTO DE BARRAGEM EM BRUMANDINHO /MG. ACIDENTE DE TRABALHO COM EVENTO MORTE. TRANSMISSIBILIDADE HEREDITÁRIA DO DIREITO À INDENIZAÇÃO POR DANOS EXTRAPATRIMONIAIS DO EMPREGADO FALECIDO. DANO-MORTE. LEGITIMIDADE DO ESPÓLIO. DISTINGUINSHING. TRANSCENDÊNCIA RECONHECIDA 1. É FIRME A JURISPRUDÊNCIA DESTA Corte Superior no sentido de que os herdeiros e sucessores do empregado falecido em razão de acidente de trabalho detém legitimidade ativa para o ajuizamento de ação pretendendo a reparação pelos danos morais indiretos ou em ricochete (prejuízo de afeição) sofridos pela perda do membro da família. Nesse caso, o espólio seria parte ilegítima, ante a pretensão de direito próprio dos herdeiros, não do de cujus ... A situação que se apresenta, portanto, distingue-se daquela firmada pela Subseção, uma vez que a pretensão do espólio é a reparação pelos danos extrapatrimoniais sofridos pelo empregado vitimado, pela perda da própria vida, não se tratando de pretensão pelos danos indiretos sofridos pelos membros familiares ... Recurso de revista conhecido e provido."

> "No caso de homicídio, a indenização consiste, sem excluir outras reparações:
>
> I - ....
>
> II - na prestação de alimentos às pessoas a quem o morto os devia, levando-se em conta a duração provável da vida da vítima."

Note-se que o dispositivo é direcionado a lucros cessantes, portanto, com efeitos patrimoniais, alcançando inclusive a situação em que o falecido pagava pensão por dano causado a essa pessoa. Mas abre as portas à situação em que o falecido, por laços afetivos, mantinha financeiramente pessoa que não compunha o núcleo familiar.

No PROCESSO Nº TST-ARR-11559-20.2017.5.03.0140, em acórdão unânime da Terceira Turma do TST, em julgamento datado 07/04/2021, publicado no DEJT de 09/04/2021, Relator Ministro Alexandre Agra Belmonte[3], a ementa transcrita no rodapé resume a decisão a respeito dos sucessores legitimados a pleitear, em ricochete, danos morais em nome próprio[4].

---

3 BRASIL, Tribunal Superior do Trabalho, PROCESSO Nº TST-ARR-11559-20.2017.5.03.0140, acórdão unânime da Terceira Turma do TST, em julgamento emdatado 07/04/2021, publicado no DEJT de 09/04/2021, Relator Ministro Alexandre Agra Belmonte.

4 "AÇÃO DE INDENIZAÇÃO POR DANOS MORAIS SOFRIDOS POR SOBRINHOS DE TRABALHADOR SOTERRADO PELOS REJEITOS DE MINÉRIO DE FERRO DA BARRAGEM DE FUNDÃO-MARIANA/MG.

ACÓRDÃO DE RECURSO ORDINÁRIO PUBLICADO APÓS A VIGÊNCIA DA LEI Nº 13.467/2017.

PRESENÇA DE TRANSCENDÊNCIA ECONÔMICA. A causa foi fixada em R$ 1.499.200,00, montante que autoriza o trânsito dos recursos de revista pela via de admissibilidade do artigo 896-A, §1º, I, da CLT.

I – MATÉRIA PRELIMINAR SUSCITADA NO AGRAVO DE INSTRUMENTO EM RECURSO DE REVISTA DA RECLAMADA V.S.

INCOMPETÊNCIA DO PRIMEIRO JUÍZO DE ADMISSIBILIDADE PARA O EXAME DE MÉRITO DO RECURSO DE REVISTA. O primeiro juízo decisório do recurso de revista encontra-se previsto no artigo 896, §1º, da CLT, dispositivo que não restringe a atuação da Presidência do TRT ao exame de seus pressupostos extrínsecos ou intrínsecos de admissibilidade. Dessa forma, não há que se falar em usurpação de competência funcional do TST quando a decisão denegatória é fundamentada no exame do mérito da decisão recorrida. Precedentes de todas as turmas desta Corte. Preliminar rejeitada.

II - AGRAVOS DE INSTRUMENTO EM RECURSOS DE REVISTA DAS RECLAMADAS S.M.S. E B.B.B.L. (MATÉRIAS COMUNS).

RESPONSABILIDADE CIVIL – DANOS MORAIS "INDIRETOS OU EM RICOCHETE" – LEGITIMIDADE ATIVA AD CAUSAM DOS SOBRINHOS DO TRABALHADOR FALECIDO NO ACIDENTE DO TRABALHO TÍPICO. A jurisprudência do Tribunal Superior do Trabalho é a de que os familiares, os herdeiros e os sucessores do empregado vítima de acidente do trabalho são partes legítimas para pleitear em juízo a indenização pelos prejuízos extrapatrimoniais por eles sofridos em virtude do falecimento do ente querido. Trata-se do direito de postular reparação que a doutrina convencionou denominar de "danos morais indiretos ou em ricochete". Ocorre que os presentes autos demandam uma análise pormenorizada da matéria, porque a controvérsia gravita em torno da legitimação dos sobrinhos para perseguir, em nome próprio, a indenização pelos prejuízos extrapatrimoniais decorrentes do infortúnio que ceifou a vida do seu tio. As reclamadas S.M.S. e B.B.B.L. alegam que o simples laço de parentesco não seria suficiente para autorizar o prosseguimento da ação reparatória, sob pena de banalização do dano moral e de alargamento demasiado da reparação. Argumentam que os beneficiários da indenização deveriam ser apenas os membros do núcleo familiar mais próximo, formado pelo cônjuge ou companheiro e pelos pais e filhos. Sendo assim, a hipótese concreta traz à baila o limite que deve ser objetivamente adotado na cadeia de legitimados para a ação indenizatória, mormente porque os autores se encontram posicionados na linha colateral de herdeiros do falecido. Há que se ter em mente que nem todo aquele que sofre pela perda de outrem deve encontrar a proteção do direito para perseguir uma compensação pela via judicial. Isso porque correr-se-ia o risco de que uma infinidade de indivíduos obtivessem a chancela do Poder Judiciário para, por exemplo, pleitear danos morais em razão do falecimento de uma pessoa famosa ou de alguém cuja tragédia tenha causado um sentimento geral de comoção. Portanto, quando o que se pretende em juízo é a compensação moral pela morte de alguém, a oportunidade de demonstrar o prejuízo íntimo deve ocorrer somente após a comprovação da existência de uma relação de natureza objetiva (notadamente familiar, de parentesco, de dependência econômica) entre o sujeito que pretende demandar e o falecido, mesmo porque a legitimidade ativa caminha pari passu com o próprio interesse de agir, sendo ambos pressupostos processuais, posicionados como requisitos de admissibilidade da demanda. Ao contrário do que acontece no direito português, em que o artigo 496º, "2", do CCP é expresso ao conferir legitimação ao cônjuge, aos descendentes, aos ascendentes, aos irmãos e aos sobrinhos, o direito brasileiro não contém uma norma legal específica, que discipline a titularidade do direito à indenização pelos danos morais sofridos pelos parentes do morto, cabendo à doutrina traçar as diretrizes teóricas da matéria, bem como à jurisprudência proceder à integração do ordenamento jurídico. Vale reiterar que já não existem maiores controvérsias a respeito da legitimidade do cônjuge e dos parentes em linha reta para perseguir os danos morais "indiretos ou em ricochete", perseverando uma certa inquietação doutrinária e jurisprudencial sobre a legitimação dos colaterais e o limite a ser adotado na cadeia sucessória destes. Clóvis Beviláqua, citado por Luis Felipe Salomão, assevera que o sentimento de unidade da família e o vínculo de simpatia entre os parentes desaparece apenas após o quarto grau da linha de parentesco colateral (SALOMÃO, Luis Felipe. Direito Privado. Teoria e Prática. 3. ed., Saraiva. p. 423). Esse entendimento encontra-se em sintonia com o pensamento de outros autores, como, por exemplo, Carlos Alberto Bittar e o próprio Salomão, que traçam um paralelo entre os artigos 1.829 e 1.839 CCB –

---

que limitam a linha sucessória colateral ao quarto grau – e os legitimados para perseguir os danos morais indiretos. Ancorar o rol de legitimados para propor ação de reparação moral pela morte de uma pessoa querida nos dispositivos que tratam da ordem e dos limites da vocação hereditária parece bastante razoável, sobretudo porque os valores jurídicos que subjazem o pleito reparatório confundem-se com aqueles que orientam as linhas sucessórias, cujo norte axiológico reside justamente nas relações de afeto presumidamente existentes entre quem se foi e os que ficaram. É importante ressaltar que os debates travados durante a V Jornada de Direito Civil, realizada pelo Conselho da Justiça Federal entre os dias 9 e 11/11/2011, contribuíram decisivamente para a elucidação do tema. A conclusão a que chegaram os doutrinadores e que resultou na edição do Enunciado nº 400 do CJF, foi a de que o artigo 12, parágrafo único, do CCB assegura aos parentes colaterais até o quarto grau não apenas a legitimidade para proteger a imagem do morto (ou preservar o resquício da personalidade daquele que partiu), mas, também, a prerrogativa de ingressar em juízo por direito próprio, a fim de perseguir a compensação pelos danos morais reflexos decorrentes do passamento do ente querido. Conclui-se, portanto, que os artigos 12, 1.829 e 1.839 do CCB garantem aos sobrinhos, posicionados no terceiro grau da linha sucessória colateral do de cujus, o direito de se socorrer do Poder Judiciário para perseguir, em nome próprio, a indenização pelos prejuízos extrapatrimoniais decorrentes do infortúnio que ceifou a vida do seu tio. Precedentes do Superior Tribunal de Justiça. Agravos de instrumento conhecidos e desprovidos.

PRESSUPOSTOS DO DEVER DE INDENIZAR. Discute-se os pressupostos da responsabilidade civil das rés pelos danos morais sofridos pelos sobrinhos em razão do acidente do trabalho que ceifou a vida de seu tio. É incontroverso nos autos que o de cujus foi soterrado pelo rejeito de minério enquanto dirigia caminhão pipa à jusante da barragem de Fundão, em Mariana-MG. As reclamadas S.M.S. e B.B.B.L. alegam que os autores não comprovaram a existência de laços afetivos com o falecido e que o Tribunal Regional não poderia presumir o dano extrapatrimonial pela mera circunstância de os reclamantes residirem no mesmo município de seu tio. Argumentam que o artigo 7º, XXVIII, da CF veda a aplicação da responsabilidade civil objetiva do empregador em caso de acidente do trabalho, que o infortúnio ocorreu em razão de caso fortuito e que todas as normas de segurança foram estritamente observadas. Diferentemente do que acontece no direito das sucessões, em que os parentes mais próximos normalmente excluem os mais remotos, os danos morais decorrentes do falecimento de uma pessoa querida não seguem um padrão lógico de incidência ou de gradação. "Se no direito sucessório os parentes excluem-se gradativamente, o mesmo não ocorre no caso da ação indenizatória" (PEREIRA, Caio Mário da Silva. Responsabilidade Civil. 9. ed., Forense. p. 329). Evidentemente, presume-se que os membros do núcleo familiar íntimo (normalmente integrado pelo cônjuge, pelos filhos e pelos pais) sejam os que sofram as repercussões personalíssimas causadas pelo infortúnio e que este sofrimento se apresente de forma mais intensa que em outros parentes. Não por outro motivo, J. M. Carvalho Santos diz que a ordem natural das afeições familiares obedece a um padrão em que "o amor primeiro desce, depois sobe, e em seguida dilata-se" (CARVALHO SANTOS, J. M. Código Civil Brasileiro Interpretado. Vol. XXII. 13. ed., Freitas Bastos. p. 247). Porém, isto não significa que estes ou mesmo outros indivíduos que sequer tenham relação de parentesco com aquele que se foi não possam padecer das mesmas dores ou até mesmo de aflições mais intensas que as suportadas pelos familiares. A complexidade das relações e dos sentimentos humanos não permite que se chegue a uma conclusão estanque nesse sentido, embora a estreita via da legitimação ad causam restrinja sobremaneira o universo das pessoas com respaldo jurídico para provocar o Poder Judiciário a fim de fazer valer o seu direito à compensação pela ofensa moral em ricochete. Conforme ressaltado alhures, apenas os parentes em linha reta e os que figuram até o quarto grau colateral possuem essa prerrogativa, salvo em situações muito particulares. A partir do momento em que é demonstrado o vínculo objetivo de parentesco, a atenção do juiz deve voltar-se para o problema da prova do dano que a parte alega padecer. A presunção de que a morte possui a capacidade de desencadear sentimentos de profunda tristeza, de angústia e de sofrimento, é natural para os membros do núcleo familiar e para os parentes mais próximos. Porém, essa presunção hominis ou facti dissipa-se à medida em que o vínculo de parentesco se afasta da família em sentido estrito. Assim, os danos morais decorrentes do falecimento de um ente querido podem ser considerados in re ipsa apenas para os parentes posicionados até o terceiro grau nas linhas reta e colateral; a partir daí, o direito à reparação depende de que a parte demonstre uma relação de intimidade, de proximidade, de apadrinhamento ou de dependência econômica frustrada pelo perecimento. Depreende-se do acórdão recorrido que o de cujus desfrutava de uma convivência familiar com os autores, conclusão extraída pelo Tribunal Regional a partir do que ordinariamente acontece em cidades de interior. É de todo pertinente buscar amparo no artigo 375 do CPC para aplicar as regras da experiência comum no caso concreto, notadamente porque os depoimentos transcritos no corpo da decisão demonstram que os demandantes residem ou residiram na mesma localidade em que morava o trabalhador falecido: Morro da Água Quente, distrito do pequeno município de Catas Altas, cuja população total estimada pelo IBGE para o ano de 2020 era de apenas 5.421 habitantes (https://cidades.ibge.gov.br/brasil/mg/catas-altas/panorama). Ultrapassada a controvérsia relativa à existência do dano, vale recordar que o artigo 7º, XXVIII, da CF, que consagra a responsabilidade subjetiva do empregador pelos danos decorrentes de acidentes do trabalho, é incapaz de, por si só, afastar a aplicação da teoria do risco positivada no artigo 927, parágrafo único, do CCB. Destarte, sempre que a atividade econômica implicar, por sua própria natureza, perigo de dano aos trabalhadores em patamar superior a outras atividades normalmente desenvolvidas no mercado, haverá a obrigação de reparação dos prejuízos decorrentes daquela espécie de infortúnio, independentemente da existência de culpa do empresário. Essa é exatamente a hipóteses dos autos, tendo em vista que as atividades de suporte à mineração em barragens são de altíssimo risco. Os rompimentos em Mariana e em Brumadinho são exemplos dolorosos e bem ilustrativos desta compreensão. Ademais, pelo princípio do poluidor-pagador, as pessoas físicas ou jurídicas exploradoras de atividades nocivas ao meio ambiente – onde se insere o meio ambiente de trabalho – devem responder de forma objetiva e solidária pelos custos e prejuízos sociais diretos ou indiretos provenientes da degradação. Essa é a exegese que se extrai dos artigos 3º, IV, e 14, §1º, primeira parte, da Lei nº 6.938/1981, ao assentarem que o poluidor é aquele "responsável, direta ou indiretamente, por atividade causadora de degradação ambiental", sendo este "obrigado, independentemente da existência de culpa, a indenizar ou reparar os danos causados ao meio ambiente e a terceiros, afetados por sua atividade". Acrescente-se que não se constata nos autos qualquer excludente de nexo de causalidade, notadamente

caso fortuito ou força maior, tendo o Tribunal Regional salientado expressamente que o sinistro não decorreu de fato alheio ao controle das rés, mas de sua culpa grave pela falha estrutural da barragem. O Colegiado observou uma sucessão de eventos irregulares que comprometeram a segurança do ambiente de trabalho, bem como a insuficiência de medidas adequadas para a mitigação dos seus efeitos danosos, circunstâncias que atraem, também, a responsabilidade subjetiva prevista nos artigos 186 e 927, caput, do CCB. Desta feita, quer pela natureza da atividade econômica, quer pelo risco do empreendimento explorado, quer pela conduta antijurídica na administração dos riscos inerentes ao ambiente de trabalho, deve ser mantida a responsabilidade das rés pelos danos morais sofridos pelos sobrinhos do trabalhador falecido. Agravos de instrumento conhecidos e desprovidos.
VALOR DA CONDENAÇÃO. O Tribunal Regional manteve a sentença, que arbitrou em R$ 30.000,00 os danos morais sofridos por cada um dos oito sobrinhos do trabalhador falecido. Por outro lado, depreende-se do acórdão recorrido que os irmãos do de cujus – pais dos autores – homologaram acordo nesta Justiça Especializada, por meio do qual a empresa S.M.S. comprometeu-se a pagar a cada um deles a quantia de R$ 75.000,00, a título de reparação pelos danos extrapatrimoniais decorrentes do passamento do ente querido. A monetização dos prejuízos causados à esfera íntima de qualquer indivíduo certamente consubstancia-se em uma das tarefas mais tormentosas impostas ao magistrado. Isso porque, se já é difícil ao próprio ofendido quantificar a exata extensão daquilo que o aflige, que dirá ao juiz, possuidor de experiências de vida e entendimento de mundo evidentemente diversos. É certo que existem alguns critérios objetivos, comumente observados pela doutrina e pela jurisprudência, para a fixação econômica da responsabilidade civil do dano moral. A capacidade financeira dos envolvidos, a extensão da culpa de cada uma das partes e o caráter pedagógico e punitivo da medida auxiliam na formação de um entendimento sobre a questão, mas nenhum desses parâmetros deve atuar de forma isolada ou em desalinho com a efetiva repercussão do evento danoso no território privado e impenetrável que é a personalidade da vítima. Tendo em vista ser extremamente difícil à instância extraordinária construir juízo valorativo a respeito de uma realidade que lhe é distante, notadamente quando a análise envolve a difícil tarefa de quantificar a dor interna do indivíduo, foi pacificado o entendimento de que as quantias arbitradas a título de reparações por danos extrapatrimoniais devem ser modificadas no TST apenas nas hipóteses em que as instâncias ordinárias fixarem valores teratológicos, ou seja, desprovidos de qualquer sentido de razoabilidade e proporcionalidade, para mais ou para menos. No caso dos autos, o Tribunal levou em consideração a vultosa capacidade econômica das rés (capital social de até R$ 75.000.000.000,00 – setenta e cinco bilhões de reais), o caráter punitivo e pedagógico da medida, a gravidade e a grande extensão do prejuízo perpetrado pela conduta ilícita e a impossibilidade de que a reparação propicie o enriquecimento sem causa dos autores. Considerando os parâmetros observados pela Turma a quo, principalmente a notória opulência financeira das reclamadas e os devastadores reflexos do infortúnio na vida dos sobrinhos, integrantes de uma pequena comunidade interiorana, conclui-se que a importância chancelada se encontra em desarmonia com os princípios da ponderação e equilíbrio que devem nortear a atividade jurisdicional, no entanto, mantem-se a decisão regional neste particular, em observância ao princípio da non reformatio in pejus. Acrescente-se, por fim, que os fatos que instruem

o presente processo são anteriores à denominada "reforma trabalhista", razão pela qual não incide a tarifação dos danos morais incluída na CLT pela Lei nº 13.467/2017. Agravos de instrumento conhecidos e desprovidos.

HIPOTECA JUDICIÁRIA. A matéria em epígrafe não foi renovada nas razões dos agravos de instrumento das reclamadas S.M.S. e B.B.B.L., restando preclusa.

III – RECURSOS DE REVISTA DAS RECLAMADAS S.M.S. E W.M.L. E AGRAVOS DE INSTRUMENTO EM RECURSOS DE REVISTA DAS RECLAMADAS V.S. E B.B.B.L. (MATÉRIA COMUM). RESPONSABILIDADE SOLIDÁRIA – GRUPO ECONÔMICO. CORRESPONSABILIDADE. DANOS EXTRAPATRIMONIAIS. Depreende-se do inteiro teor do acórdão recorrido que as empresas V.S., S.M.S., W.M.L. e B.B.B.L. formavam conglomerado que reunia esforços para execução de um objetivo comum. As recorrentes defendem a inexistência de grupo econômico e que não interferiram nas atividades profissionais do de cujus. Independentemente da configuração ou não de grupo econômico, da existência de subordinação ou coordenação de interesses, a obrigação de indenizar as repercussões danosas de acidentes do trabalho não pode ser afastada pela mera vontade das partes, atingindo, de forma solidária, todas as empresas envolvidas no evento, nos termos do artigo 942 do CCB, não havendo sequer que se cogitar de subsidiariedade ou qualquer outro benefício de ordem entre as devedoras. Trata-se de corresponsabilidade por responsabilidade civil, no caso, por danos extrapatrimoniais. Corrobora tal entendimento o art. 223-E da CLT, inserido pela Lei nº 13.467/2017, que embora não seja aplicável aos fatos ocorridos nestes autos, por serem anteriores à vigência da lei, dispõe que "São responsáveis pelo dano extrapatrimonial todos os que tenham colaborado para a ofensa ao bem jurídico tutelado, na proporção da ação ou da omissão", vindo ao encontro da jurisprudência que já admitia a aplicação das normas de direito civil para a responsabilidade civil do empregador. De mais a mais, mesmo que algumas empresas integrantes do conglomerado econômico não tenham atuado diretamente para o rompimento da barragem, todas devem responder pelos danos decorrentes da atividade nociva, pelo simples fato de que se beneficiavam, mesmo que indiretamente, da deterioração ambiental. Aliás, é importante reiterar que, conforme o princípio do poluidor-pagador insculpido nos artigos 3º, IV, e 14, §1º, primeira parte, da Lei nº 6.938/1981, as pessoas físicas ou jurídicas exploradoras de atividades nocivas ao meio ambiente devem responder de forma objetiva e solidária pelos custos e prejuízos sociais diretos ou indiretos provenientes da degradação. Recursos de revista das reclamadas S.M.S. e W.M.L. não conhecidos e agravos de instrumento das reclamadas V.S. e B.B.B.L. conhecidos e desprovidos.

IV – RECURSOS DE REVISTA DAS RECLAMADAS S.M.S. E W.M.L. (MATÉRIAS COMUNS).

RESPONSABILIDADE CIVIL – DANOS MORAIS "INDIRETOS OU EM RICOCHETE" – LEGITIMIDADE ATIVA AD CAUSAM DOS SOBRINHOS DO TRABALHADOR FALECIDO NO ACIDENTE DO TRABALHO TÍPICO / PRESSUPOSTOS DO DEVER DE INDENIZAR / VALOR DA CONDENAÇÃO / HIPOTECA JUDICIÁRIA. A Presidência do TRT, no juízo de admissibilidade de que cuida o artigo 896, §1º, da CLT, não admitiu os recursos de revista das reclamadas S.M.S. e W.M.L. nos tópicos em epígrafe. Considerando que as recorrentes não interpuseram agravos de instrumento, encontram-se

A competência para a postulação do dano em ricochete em relação ao trabalhador é da Justiça do Trabalho, como recentemente reafirmado em voto do STF, nas ADIs nºs 6.050, 6.069 e 6.082, em julgamento concluído em 23.06.23, em que a Corte decidiu que:[5]:

> **"1. as redações conferidas aos arts. 223-A e 223-B da CLT não excluem o direito à reparação por dano moral indireto ou dano em ricochete no âmbito das relações de trabalho, a ser apreciada nos termos da legislação civil.**
>
> **..**
> **.................................."**

Note-se, por fim, que o dano extrapatrimonial em ricochete, ou seja, por direito próprio, não tem a limitação que se observa para a postulação *ius hereditaris*, em que, nos termos do art. 1.829, do CC, a ordem de vocação hereditária exclui uns em favor de outros, mais próximos, ou estabelece concorrência (esta entre cônjuge ou companheiro sobrevivente e descendentes). Por direito próprio, o cônjuge ou companheiro sobrevivente e qualquer parente em linha reta (descendente ou ascendente), ou colateral até o quarto grau (inteligência do arts. 12 e 20, CC), podem (sem prejuízo dos demais) postular indenização pela dor sentimental. Afinal, pai e mãe sofrem tanto quanto o cônjuge ou companheiro e filhos do falecido.

8.1.2. Acidente do trabalho. Contaminação por COVID-19

Por força da Emenda Constitucional nº 45, de 31 de dezembro de 2004, o inciso I do artigo 114 atribuiu competência à Justiça do Trabalho "processar e julgar as ações oriundas da relação de trabalho", remetendo à esfera trabalhista *"as ações de indenização por dano moral ou patrimonial decorrentes da relação de trabalho"* (inciso VI).

---

preclusas tais insurgências. Inteligência do artigo 1º da IN/TST nº 40/2016. Recursos de revista não conhecidos.

CONCLUSÃO: agravos de instrumento conhecidos e desprovidos e recursos de revista não conhecidos."

5 https://portal.stf.jus.br/noticias/verNoticiaDetalhe.asp?incidente=5612680.

Considerando que a Constituição da República assegura aos trabalhadores o direito ao seguro contra acidentes de trabalho, além da indenização, a cargo do empregador, quando incorrer em dolo ou culpa (art. 7º, XXVIII), tem-se que a competência acidentária está agora dividida entre a Justiça Comum e a Trabalhista. A indenização de seguro acidentário, incluindo os pedidos de enquadramento e valor do benefício decorrente, o auxílio-doença, o auxílio-acidentário e a aposentadoria por invalidez, além de outros benefícios legais dirigidos ao órgão previdenciário[6] devem ser postulados na Justiça Comum. E a reparação decorrente do complexo e da exclusão social advindos da perda, deformação ou paralisia de membro, quando decorrentes da relação de emprego, deve ser buscada na Justiça do Trabalho, assim também os danos patrimoniais decorrentes de eventuais lucros cessantes (por exemplo, a diferença entre eventual benefício previdenciário e o numerário que o empregado auferiria ou concretamente poderia auferir se trabalhando estivesse).

Em julgamento do Conflito de Competência nº 7204 (DJU de 03.08.2005), relatado pelo ministro Carlos Aires Brito, por unanimidade de votos o STF declarou a competência da Justiça do Trabalho para processar e julgar as ações nas quais os trabalhadores buscam reparação de danos em razão de acidente de trabalho derivado de culpa ou dolo do empregador.

Assim, em decorrência de acidente de trabalho causado pelo empregador, ele responderá pelo prejuízo financeiro causado ao trabalhador por redução ou extinção da capacidade laborativa e pelos danos morais e estéticos decorrentes das ofensas físicas impostas ao trabalhador, ou sentimentais impostas à sua família em caso de morte, sem prejuízo do dano patrimonial imposto por ricochete a dependentes do falecido.

As regras de infortunística constam da Lei nº 8.213, de 24 de julho de 1991 (arts. 19 a 23), com regulamentação por meio do Decreto nº 3048, de 6 de maio de 1999.

Acidente do trabalho é o que ocorre pelo exercício do trabalho a serviço de empresa durante o horário de trabalho ou *in itinere*, provocando

---

6 Idem, pág. 351.

lesão corporal ou perturbação funcional que cause a morte ou a perda ou redução, permanente ou temporária, da capacidade para o trabalho. Além dos acidentes derivados de atentados à vida ou à integridade física do empregado, também são assim consideradas as doenças profissionais, as doenças do trabalho e as concausas, bem como os atos de agressão e de imprudência provindos de terceiros, companheiro de trabalho ou pessoa privada do uso da razão no ambiente de trabalho (arts.19, *caput*; 20, I e II; e 21, I a IV da Lei nº 8.213/1991).

São acidentes típicos do trabalho as lesões à vida ou à integridade física em decorrência do exercício do trabalho e as doenças ocupacionais diretamente relacionadas ao trabalho.

São doenças ocupacionais as doenças profissionais e as doenças do trabalho.

Doenças profissionais são os adoecimentos diretamente relacionados ao desempenho de certas funções ou atividades. Ou seja, quando as funções ou atividades inerentes a certas profissões torna provável a aquisição de doenças, como a asma ocupacional pela manipulação de algodão, madeira e borracha ou a antracrose pulmonar pelo trabalho em carvoarias e contato direto com a fumaça.

Nos termos da lei, doença profissional é a produzida ou desencadeada pelo exercício do trabalho peculiar a determinada atividade, conforme relação elaborada pelo Ministério do Trabalho e da Previdência Social (art. 20, I, da Lei nº 8.213/1991).

Doenças do trabalho são as que não estão diretamente relacionadas à profissão, com aquisição e ou desencadeamento decorrente das condições especiais em que o trabalho é realizado, a exemplo das doenças psicossociais derivadas de traumas decorrentes de assaltos ao banco em que trabalha ou de estresse relacionado ao trabalho.

Nos termos da lei, doença do trabalho é a adquirida ou desencadeada em função de condições especiais em que o trabalho é realizado e com ele se relacione diretamente, igualmente constante de relação elaborada pelo Ministério do Trabalho e da Previdência Social (art. 20, II, da Lei nº 8.213/1991). A caracterização como doença ocupacional ou do trabalho requer que conste de relação elaborada pelo Ministério do Trabalho.

Por exceção, a doença não incluída na relação, se resultante das condições especiais em que o trabalho é executado e com ele se relaciona diretamente, a Previdência Social deve considerá-la acidente do trabalho. Para isso deve ser feita por perícia a comprovação do exercício do trabalho como causa, nos termos do art.20, § 2º, Lei 8.213/91.

Não são consideradas como doença do trabalho a doença degenerativa; a inerente a grupo etário; a que não produza incapacidade laborativa; e a doença endêmica adquirida por segurado habitante de região em que ela se desenvolva, salvo comprovação de que é resultante de exposição ou contato direto determinado pela natureza do trabalho (art. 20, §1º, da Lei nº 8.213/1991).

Daí decorre que na hipótese de contaminação pelo vírus da COVID-19, pode ocorrer de ter sido adquirida no ambiente de trabalho, respondendo o empregador em caráter geral, subjetivamente, pela negligência na falta de prevenção (aferição de temperatura, obrigatoriedade do uso de máscara, distanciamento social, esterilização do ambiente e equipamentos, exames periódicos, orientações quanto a lavagem de mãos etc.), ou mesmo de forma objetiva, se decorrente do risco da atividade na área da saúde, especificamente em relação a médicos, enfermeiros, atendentes, socorristas, fisioterapeutas etc. Esta foi, aliás, a razão pela qual o STF considerou inconstitucional a norma que afastava por completo a responsabilidade do empregador pela contaminação de empregado por COVID-19.[7]

7 Na hipótese de contaminação pelo vírus da COVID-19, em período anterior à vacinação, vários casos ocorreram de trabalhadores apresentarem sintomas da doença no ambiente de trabalho. Uma vez comprovado que a atividade empresarial estava liberada ao funcionamento e que o empregador tomou as medidas preventivas necessárias contra os riscos à saúde no ambiente de trabalho, fica o empresário isento de responsabilidade desde que tenha tomado as providências de encaminhamento do trabalhador enfermo ao órgão previdenciário ou atendimento equivalente.

Em se tratando do pessoal da saúde, como médicos, enfermeiros, socorristas, fisioterapeutas, coletores de amostras e laboratoristas de análise de doenças, por se tratar de atividade de risco acentuado de contaminação, a responsabilidade é objetiva, cabendo ao empregador, além da prova de que tomou as medidas preventivas necessárias contra os riscos à saúde no ambiente de trabalho, a contraprova da aquisição da doença em outro local ou por culpa exclusiva da vítima.

Como a lei garante aos segurados cobertura nos afastamentos por todos os acidentes e doenças, havendo ou não nexo com o trabalho desenvolvido, devem-se distinguir as indenizações contra o empregador, decorrentes do exercício do trabalho a serviço da empresa (art. 19 da Lei 8213/91) com os benefícios previdenciários, pelo que a caracterização do acidente do trabalho para fins previdenciários não importa, necessariamente, na incidência de responsabilidade civil do empregador.

Concausa é a coexistência ou sobreposição a outra causa, principal, a que, somada, influi na caracterização ou agravamento do dano. Em outras palavras, é a condição ou fato que aderindo à causa inicial amplia ou modifica o resultado. Pelo que as concausas internas são equiparáveis ao acidente de trabalho outras causas que, juntando-se à principal, contribuam diretamente para a morte do segurado, para a redução ou perda da sua capacidade para o trabalho, ou produzindo lesão que exija atenção médica para a sua recuperação (art. 21, I, Lei 8213/91), como a preexistência de diabetes ou outra doença complicadora do quadro geral da vítima, agravada pela função na empresa. Ou quando o trabalhador que tem problemas congênitos de coluna cervical é alocado em trabalho que consiste em carregar peso diariamente.

Todavia, nos termos do art. 21, § 2º, *"Não é considerada agravação ou complicação de acidente do trabalho a lesão que, resultante de acidente de outra origem, se associe ou se superponha às conseqüências do anterior."* Daí resulta que o empregador não responde pela concausa externa, ou seja, provindo de terceiro de forma autônoma em relação ao fato lesivo primevo. Como exemplo o da ambulância que transporta o trabalhador para o hospital, que se envolve em acidente de trânsito e em decorrência do fato ele vem a falecer. Ou morre em razão de erro médico. Cuida-se de fator externo e superveniente, que não está ligado ao trabalho ou ao acidente do trabalho e que de forma isolada contribuiu diretamente para a morte do trabalhador

Tem o empregador a obrigação de comunicar o acidente do trabalho à Previdência Social, por meio da CAT (comunicação de acidente do trabalho) até o 1º dia útil seguinte ao da ocorrência e, em caso de morte, de imediato, à autoridade competente (art. 22, Lei 8213/91).

Relativamente às doenças ocupacionais, cabe ao empregador emitir a CAT, encaminhando o trabalhador à Previdência Social para o estabelecimento de nexo causal, avaliação da incapacidade e definição da conduta previdenciária em relação ao trabalho, em todos os casos em que se verifiquem alterações que revelem qualquer tipo de disfunção de órgão ou sistema biológico, mesmo sem sintomalogia com diagnóstico firmado de doença profissional ou do trabalho nos termos da art. 169, da CLT e da NR-7, da Portaria nº 3.214/78.

Responsabilidade civil por acidente do trabalho corresponde ao dever de indenizar o dano patrimonial, o dano moral ou estético e o dano existencial decorrentes do acidente típico, doença ocupacional ou concausa. Decorre da responsabilidade trabalhista, consistente no dever de reparar o dano extrapatrimonial ou patrimonial causado por uma das partes do contrato de trabalho.

São requisitos de caracterização da responsabilidade civil por acidente do trabalho o fato lesivo, o nexo causal e o dano acidentário.

Fato lesivo acidentário consiste ou na conduta culpável, ou em decorrência de norma legal específica, ou ainda de circunstância de potencial risco, suscetível de ensejar acidente ou doença ocupacional. A responsabilidade pressupõe, portanto, a existência de conduta própria ou de outrem, mas atribuível ao empregador e suscetível de causar dano.

Logo, para pressupor a responsabilidade civil, a conduta do empregador deve ser culposa ou dolosa em relação à vida, integridade física ou saúde do empregado ou então, nos termos do art. 927, par.único, do Código Civil, da configuração objetiva de fato tipificado em lei, ou do exercício de atividade que implique em risco acentuado a um dos referidos direitos personalíssimos.

A culpa concorrente pode reduzir o valor da indenização devida pelo empregador. Ela ocorre quando, paralelamente à conduta do ofensor ou fato da atividade, há também conduta eficiente da vítima àquela somada para a verificação do evento danoso. É exemplo da concorrência de causas o acidente que vitima o empregado que se encontrava em excesso de velocidade em veículo da empresa sem adequada manutenção, em que fique demonstrado que uma causa sem a outra não levaria ao acidente ou ao agravamento do dano.

Nexo causal acidentário é a relação de causa e efeito entre a conduta do agente, provocadora do acidente e o dano causado ao trabalhador, devendo o segundo ser decorrência do primeiro. Em matéria de acidente do trabalho, o nexo causal a ser investigado é o do acidente com o trabalho do empregado na dinâmica da previsibilidade.

São causas excludentes do nexo causal da responsabilidade civil acidentária, ou seja, da reparação do dano, os fatores que afastam do resultado produzido a ação ou omissão alheia ou os fatores excluídos da dinâmica da relação jurídica, impedindo assim a verificação dos efeitos do comportamento do agente ou do nexo causal entre a conduta do agente ou do fato da atividade e o prejuízo verificado: o fato ou culpa exclusiva da vítima, a força maior externa e o caso fortuito externo (excludentes objetivas), acrescido, na responsabilidade subjetiva, do fato de terceiro.

Há casos, típicos da responsabilidade objetiva, em que o fato de terceiro não exclui a responsabilidade do empregador, *in verbis:*

> Art. 735. A responsabilidade contratual do transportador por acidente com o passageiro não é elidida por culpa de terceiro, contra o qual tem ação regressiva (Código Civil, transporte de pessoas). Assim ocorre porque nas atividades de risco o fato de terceiro não afasta a responsabilidade do empresário.

Pela teoria do risco, contida no art. 2º, da CLT e no art. 927, par. único do Código Civil, a mesma solução deve ser adotada nos casos de assalto a banco, em relação ao trabalhador, respondendo o empregador pelas sequelas físicas e psicológicas decorrentes de infortúnios.

Outrossim, mesmo na responsabilidade subjetiva a imprevidência do empregador afasta o motivo de força maior, caracterizando a sua responsabilidade (parágrafo único de art. 501, da CLT).

Dano acidentário é o prejuízo patrimonial ou extrapatrimonial (moral, estético ou existencial), causado ao empregado em decorrência do acidente do trabalho. Por ele responde o empregador, quando decorrente de sua conduta, ou nos casos de responsabilidade objetiva.

Excetuados os casos de ofensa à responsabilidade preventiva ou precaucional, não haverá responsabilidade civil em não ocorrendo dano, ou seja, lesão indenizável a qualquer tipo de interesse, ainda que não qualificado como direito subjetivo, propriamente dito. Se o empregado cai de um andaime ou sofre um acidente rodoviário em virtude da falta de manutenção do equipamento, mas nada sofre, não haverá dano infortunístico a indenizar, ressalvado o dano decorrente da exposição ao risco, sem adequada prevenção.

8.1.2.1. Danos morais, estéticos e existenciais nos acidentes do trabalho

Os acidentes do trabalho causados subjetivamente pelo empregador, ou objetivamente pelo fato da atividade e por cuja indenização deve responder, envolve aspectos patrimoniais e extrapatrimoniais. Os patrimoniais se referem aos danos emergentes e aos lucros cessantes decorrentes do evento danoso, como as despesas de tratamento médico e hospitalar, de funeral, de remoção e pensionamento de dependentes pela morte ou pela extinção ou redução da capacidade laborativa. Já os danos extrapatrimoniais dizem respeito à compensação, lenitiva, correspondente às sequelas sentimentais ou psicológicas e estéticas causadas à vítima em virtude do acidente.

Na fixação da indenização por danos extrapatrimoniais, os critérios não serão os mesmos utilizados para a reparação dos danos patrimoniais, eis que não são indenizáveis por equivalência monetária da perda sofrida pela vítima e sim por compensação dos impedimentos de vida ou dano sentimental provocado pelo ofensor, nos termos do art. 223-G, da CLT.

Com efeito, a extinção da existência da pessoa provoca sofrimento à família, privando-a do convívio e, muitas vezes, do conforto material propiciado, ensejando a reparação de danos patrimoniais e a compensação de danos extrapatrimoniais. Já a lesão à integridade do trabalhador pode provocar incapacidade temporária ou definitiva, afetando a autoestima e provocando aflições ou complexos, ou mesmo o sentimento de impotência e desgosto, deformidade aparente e abortar planos futuros de vida pessoal e familiar, ensejando, além do valor patrimonial correspondente à redução ou extinção da capacidade laborativa, temporária ou permanente, o ressarcimento das despesas hospitalares e de tratamento e a composição dos danos morais, estéticos e existenciais.

Quanto aos danos morais, a indenização devida deve ser uma resposta ao abalo sofrido e aos respectivos efeitos, servindo para inibir o ofensor quanto a novas investidas, dar uma satisfação lenitiva à ofensa da dignidade pessoal do acidentado e ainda aplacar os efeitos pessoais e sociais do acidente, aí incluída a dor íntima correspondente ao abalo sofrido, mas também o complexo social decorrente de eventual incapacitação, observado o disposto no art. 223-G, da CLT.

Observa SEBASTIÃO GERALDO DE OLIVEIRA, os acidentes do trabalho e as doenças ocupacionais que resultam "na morte ou invalidez do empregado repercutem inevitavelmente no equilíbrio psicológico, no bem-estar ou na qualidade de vida da vítima e/ou de sua família", devendo-se assim compensar esses traumas e dificuldades por meio da criação de possibilidades que possam vencer ou minimizar a dor.[8]

Além da dor íntima referente ao abalo psicológico causado à vítima, também os danos estéticos causados à harmonia do corpo da vítima sobrevivente, como aleijamentos e mutilações que o enfeiem, deverão ser compostos, estes na forma da lei civil.

Para TERESA ANCONA LOPEZ dano estético significa "qualquer modificação duradoura ou permanente na aparência externa de uma pessoa, modificação esta que lhe acarreta um *enfeamento* e lhe causa humilhações e desgostos, dando origem portanto a uma dor moral."[9]

Acrescenta a autora, "o defeito deve ser notado não só no corpo parado mas também através dos movimentos deste, pois há deformidades que somente aparecem nas atividades dinâmicas do ofendido"[10].

Na realidade, os danos estéticos têm natureza peculiar. São danos morais cujos reflexos subjetivos e objetivos surgem de forma bastante definida. Por um lado, são danos morais de natureza física, porque atingem a integridade física da pessoa, causando-lhe sofrimento íntimo; por outro, correspondem a um dos aspectos do direito de imagem, porque, importando em comprometimento da aparência, afeta a imagem social, com reflexos externos: o comprometimento da harmonia física ou corporal termina afetando o modo com que a pessoa passa a ser vista no meio social.

---

8 Indenizações por Acidente do Trabalho ou Doença Ocupacional, 2ª edição, LTR, São Paulo, pp.188-189.

9 O Dano Estético, RT, São Paulo, p.38.

10 Ob.cit., idem, p.43.

O dano estético gera comprometimento da aparência da vítima, causando-lhe sofrimento íntimo e afetando-lhe a imagem social. Uma cicatriz aparente, um dedo, mão, perna ou braço decepados, ferem a autoestima da vítima, causa-lhe complexos e/ou reduz a sua capacidade funcional, além de comprometer, com a desarmonia física, a imagem social.

Logo, na fixação da indenização decorrente do dano estético, deve o juiz verificar o prejuízo causado à harmonia física do ofendido, bem como a extensão dos efeitos do dano, sem descarte do custeio, pelo ofensor, de cirurgia plástica destinada a reparar os minimizar os efeitos da agressão à harmonia física da vítima. O acidente deformador do rosto de uma modelo empregada descaracteriza o retrato ou efígie com a qual se apresentava perante a sociedade e fere a sua autoestima, respondendo o empregador, se causador do dano, pelo dano estético propriamente dito, pelas sequelas morais ou complexos decorrentes e pelos prejuízos patrimoniais com despesas médicas, medicamentos, hospital e lucros cessantes decorrentes da diminuição concreta de oportunidades pela redução da capacidade funcional. Ao contrário dos danos patrimoniais, que podem ser fixados sob a forma de pensionamento mensal, os danos morais nos casos de homicídio deverão ser pagos de uma só vez aos beneficiários, porque visam amenizar, de imediato, a dor causada pela perda do ente querido e desestimular novas investidas. Terão direito as pessoas correspondentes ao núcleo familiar, diretamente afetadas.

Nos casos de acidente do trabalho sem óbito, os danos morais e estéticos também deverão ser pagos à vítima de uma só vez, eis que não têm caráter alimentar e visam amenizar o sofrimento, limitações e complexos causados pelo afeiamento ou invalidez permanente, total ou parcial, ou então as sequelas da incapacidade temporária, com ou sem afastamento do trabalho. Neste caso, a própria vítima sobrevivente é a parte legítima para postular a indenização.

Quanto aos danos existenciais, são os que abortam planos de vida pessoal, profissional, familiar e de relações sociais, e igualmente ensejam avaliação extrapatrimonial e, indiretamente, como desdobramento, mensuração patrimonial dos efeitos, se for o caso.

Um acidente do trabalho pode incapacitar um trabalhador para atividades pessoais ou de convívio familiar como jogar bola com o filho ou nadar; e até de frustrar projetos de vida profissional, caso de uma modelo ou atriz de TV que sofre uma queimadura no rosto com sequelas que lhes impedem fotografar ou ter papéis na TV. O dano estético que enseja compensação não se confunde nem como os impedimentos causados pelo dano existencial, nem com os complexos, desgosto e frustrações sentimentais e muito menos com a perda monetária e de chances.

8.2. Dano moral por ofensas à liberdade de trabalho ou profissão

8.2.1. Imposição de condição desumana ou degradante de trabalho. Condição análoga à de escravo

O art. 5º, III, da CF, proíbe o trabalho desumano ou degradante e o inciso XIII estatui a liberdade de exercício de qualquer trabalho, ofício ou profissão.

Quando o empregador exige trabalho para o qual o trabalhador não se ofereceu de forma espontânea ou confina o trabalhador em ambiente sem acesso ao meio social, ao descanso e remuneração regulares, provocando inclusive dívidas por aquisição forçada de bens que inviabilizam a percepção regular do salário, estará caracterizado o trabalho forçado ou análogo ao de escravo.

Outrossim, se o empregador submete o trabalhador a ambiente sem as mínimas condições de higiene ou segurança, ou dele exige trabalho extenuante, estará caracterizado o trabalho degradante. As quatro situações são desumanas.

São casos típicos de trabalho desumano ou degradante a restrição ao uso do banheiro; a colocação de trabalhador reintegrado em ambiente confinado ou sem condições mínimas de conforto para efeito de constrangimento, como represália; e a imposição de monocondução em locomotivas sem banheiro.

Os escravos não tinham personalidade. Eram, na qualidade de semoventes, direito de propriedade e serviam como instrumento de produção, equiparados a bois e cavalos.

Entre as realizações mais significativas da Revolução Francesa de 1789, está a abolição da escravatura (1792), que no Brasil somente ocorreu quase no fim do século seguinte.

A abolição da escravatura levou ao trabalho livre e propiciou o surgimento das leis de proteção ao trabalho, destinadas a dar-lhe qualidade. Enquanto a liberdade de trabalho é direito de primeira dimensão, fruto do Estado Liberal, os direitos sociais, destinados a dar-lhes qualidade, são direitos de segunda dimensão, decorrentes do Estado Social.

O art. 5º, XIII, da CRFB estatui a liberdade de exercício de qualquer trabalho, ofício ou profissão e o inciso XLVLL, alínea *c*, do mesmo diploma, veda a fixação de pena de trabalhos forçados.

Considerando que o indivíduo tem o direito de dirigir as próprias atividades profissionais e de dispor do seu tempo como bem lhe aprouver, consiste a liberdade de trabalho no direito de escolha de trabalho, ofício ou profissão, ou seja, de eleger a atividade ocupacional que mais lhe aprouver, desfrutando do seu rendimento econômico e satisfação espiritual.

Convenções da OIT, aprovadas em Conferências Internacionais regulam as duas matérias: a de nº. 29, trata da abolição do trabalho escravo (ratificada pelo Brasil através do Decreto nº 41.721, de 25 de junho de 1957) e a de nº 105 (ratificada pelo Decreto nº 58.822, de 14 de julho de 1966), sobre a abolição do trabalho forçado e o art. 5º, § 2º, da CRFB tem por incluídos em seu texto os tratados internacionais de que o Brasil seja parte, verifica-se que há, na condição de direito fundamental, implícita e formal proibição de trabalho análogo ao de escravo no Brasil, tanto assim que o Código Penal, com a redação dada pela Lei 10.803, de 11 de dezembro de 2003 ao art. 149, prevê como crime:

> *Reduzir alguém à condição análoga à de escravo, quer submetendo-o a trabalhos forçados ou a jornada exaustiva, quer sujeitando-o a condições degradantes de trabalho, que restringindo, por qualquer meio, sua locomoção em razão de dívida contraída com o empregador ou preposto.*
>
> *§ 1º. Nas mesmas penas incorre quem:*
>
> *I – cerceia o uso de qualquer meio de transporte por parte do trabalhador, com o fim de retê-lo no local de trabalho;*
>
> *II – mantém vigilância ostensiva no local de trabalho ou se apodera de documentos ou objetos pessoais do trabalhador, com o fim de retê-lo no local de trabalho.*

A utilização do termo "condições análogas à de escravo" tem por fim esclarecer que as modernas formas de escravidão se distanciam do escravo enquanto coisa, ou seja, como direito de propriedade.

Trabalho degradante consiste no labor em condições intoleráveis à higidez física e mental, a exemplo do trabalho em ninas, sem o fornecimento de equipamentos de proteção individual.

O trabalho degradante não se confunde com a superexploração do trabalhador, materializada pela submissão a jornadas exaustivas ou ao atingimento de cotas de produção desarrazoadas. A respeito, MAURICIO PESSOA LIMA observa já ter constatado, em sua atuação pelo MP do Trabalho, a contratação de trabalhadores para o corte de cana-de-açúcar mediante pagamento por produção, sem utilização de balança para a aferição da produção individual.[11]

O trabalho forçado, por sua vez, diz respeito à respectiva prestação por castigo ou pena.

MAURICIO PESSOA LIMA aduz que ainda existe trabalho escravo no Brasil, por meio de forma contemporâneas de escravidão. E que, no meio rural o trabalho em condições análogas à de escravo – abrangente das situações específicas acima mencionadas – ocorre "quando o empregador, usando de fraude ou ameaça, mantém os empregados em sua propriedade, e lhes vende produtos, geralmente alimentos, roupas e remédios, por preços elevados, resultando na escravidão pro dívida, sendo os trabalhadores impedidos de deixar a fazenda enquanto não saldarem seu débito, o qual não para de crescer, caracterizando o *truck system*. As jornadas de trabalho são exaustivas, e geralmente os empregados são aliciados através de empreiteiros – chamados popularmente de "gatos" – em locais distantes daquele em que prestam serviços, às vezes em outros Estados do território nacional."[12]

---

11 *O Trabalho em Condições Análogas à de Escravo no Brasil Contemporâneo.* Exposição proferida na Oficina Jurídica "Trabalho Escravo", no II Fórum Social Mundial em 2 de fevereiro de 2002, Porto Alegre-RS. *In* <http://www.oitbrasil.org.br/trabalho_forcado/brasil/documentos/trabalhoescravofsm.pdf>. Consulta feita em: 27 jul. 2010.

12 Ob. cit.

Pode ser caracterizada como jornada exaustiva a prática reiterada de submeter o trabalhador a jornada diária sem descanso intrajornada e a de não conceder o descanso anual (férias), não importando se com ou sem o implemento da paga correspondente.

Independentemente dos prejuízos patrimoniais, os abalos morais decorrentes do exercício do trabalho em tais condições são compensáveis, como também os danos existenciais que acarretem impedimentos à vida de relações e ao projeto de vida.

Alguns arestos servirão para contextualizar:

> "RECURSO DE REVISTA INTERPOSTO PELO MINISTÉRIO PÚBLICO DO TRABALHO. LEI Nº 13.467/2017. AÇÃO CIVIL PÚBLICA. TUTELA INIBITÓRIA PREVENTIVA. OBRIGAÇÃO DE NÃO FAZER. NORMAS DE SAÚDE E SEGURANÇA DO TRABALHO. TRANSCENDÊNCIA ECONÔMICA CONSTATADA. Cuida-se de Ação Civil Pública em que o Ministério Público do Trabalho pretende, dentre outros pedidos, a condenação dos sócios-réus em obrigação de não fazer. Trata-se, assim, de tutela inibitória cujo cerne repousa na vedação imposta a pessoas condenadas por fraude no sistema de cooperativas de, uma vez mais, agirem em desconformidade com o sistema jurídico. (...). Decerto, a doutrina destaca a importância da tutela preventiva, especialmente para a tutela dos direitos da personalidade, com campo fértil de aplicação no processo do trabalho, em especial no que se refere aos direitos difusos. "O art. 461 dá suporte a provimentos destinados a cessar ou impedir o início de condutas de afronta a qualquer direito da personalidade ou, mais amplamente, a qualquer direito fundamental de primeira geração. Aí se inserem a integridade física e psicológica, a liberdade em suas inúmeras facetas (de locomoção, associação, crença, empresa, profissão ...), a igualdade, a honra, a imagem, a intimidade etc. - todos considerados em seus vários desdobramentos. [...]. Pode-se cogitar, ademais, da aplicação subsidiária das regras do art. 461 à tutela concernente aos deveres de fazer e de não fazer inserto sem relações trabalhistas. [...]. Também se encontra no campo material de abrangência do art. 461 o dever geral de abstenção, derivado da vedação de que alguém afronte ou pretenda afrontar a esfera jurídica alheia, sem que possua fundamento jurídico para tanto. Nessa categoria encontram-se os deveres correlatos aos direitos reais e direitos da personalidade." (TALAMINI, Eduardo. Tutela relativa aos deveres de fazer e de não

fazer. São Paulo: Revista dos Tribunais, 2003. p. 128; 129; 151). Em análise da tutela inibitória nas ações coletivas como instrumento eficaz na preservação da dignidade da pessoa humana e na erradicação do trabalho análogo à condição de escravo ou degradante, afirma-se a importância de implementação da referida medida no campo das relações laborais, principalmente naquelas em que há transgressão, ou mesmo ameaça, na preservação da dignidade humana. E deixa-se claro que não há qualquer óbice à concentração de mais de um tipo de tutela jurisdicional em um único processo (RIBEIRO JÚNIOR, José Hortêncio, "Tutela inibitória nas ações coletivas - Instrumento eficaz na preservação da dignidade da pessoa humana e na erradicação do trabalho escravo ou degradante", in Ação Coletiva na visão de Juízes e Procuradores do Trabalho, São Paulo: LTr, 2006, pp. 141-144). Acrescente-se, ainda, a adequação especial de tais medidas, diante da possibilidade de violação posterior ao reconhecimento do direito por meio da decisão judicial. (...) Consoante dispõe o § 5º do artigo 461 do CPC/1973, para a efetivação da tutela específica, poderá o juiz determinar as medidas necessárias, inclusive o uso da multa como meio de coerção capaz de convencer o réu a cumprir a obrigação. Por sua vez, o artigo 497, parágrafo único, do atual Código de Processo Civil, estabelece que, para a concessão da tutela específica destinada a inibir a prática, a reiteração ou a continuação de um ilícito, ou a sua remoção, é irrelevante a demonstração da ocorrência de dano ou da existência de culpa ou dolo. Percebe-se, assim, que apenas o ilícito, e não o dano, é pressuposto da tutela inibitória que ocorre no próprio bojo do processo. Na hipótese de ato ilícito já praticado, ainda que tenha havido correção posterior da circunstância que originou o pedido de tutela inibitória, seu provimento se justifica em razão da necessidade de prevenção de eventual descumprimento da decisão judicial reparatória ou da reiteração da prática de ilícito, com possiblidade de dano. Não se trata de impedir o livre exercício da atividade econômica, menos ainda afastar a presunção de inocência, mas criar sanção específica que evite a reiteração de comportamento contrário ao sistema jurídico. De fato, o provimento que ora se defere é restrito para que os sócios-réus se abstenham de fundar, criar, gerenciar, administrar ou participar de qualquer outra sociedade cooperativa que tenha por objeto o fornecimento e a intermediação de mão de obra e cujas atividades não estejam previstas nos artigos 4º da Lei nº 5.764/71 e 5º da Lei nº 12.690/2012. Recurso de revista conhecido e provido" (RRAg-874-89.2017.5.12.0014, 7ª Turma, Relator Ministro Claudio Mascarenhas Brandão, DEJT 19/04/2024).

"(...) DANO MORAL COLETIVO. **TRABALHO ANÁLOGO AO DE ESCRAVO**. RESPONSABILIDADE CIVIL. CONFIGURAÇÃO. 2.1. A existência de trabalho análogo ao de escravo e o descumprimento das normas de segurança do trabalho representam lesões graves aos direitos mínimos trabalhistas. 2.2. As empresas que se lançam no mercado, assumindo o ônus financeiro de cumprir a legislação trabalhista, perdem competitividade em relação àquelas que reduzem seus custos de produção à custa dos direitos mínimos assegurados aos empregados. 2.3. Diante desse quadro, tem-se que a **deliberada e reiterada desobediência do empregador à legislação trabalhista ofende a população e a Carta Magna, que tem por objetivo fundamental construir sociedade livre, justa e solidária (art. 3°, I, da CF)**. 2.4. Tratando-se de lesão que viola bens jurídicos indiscutivelmente caros a toda a sociedade, **surge o dever de indenizar, sendo cabível a reparação por dano moral coletivo** (arts. 186 e 927 do CC e 3° e 13 da LACP). 2.5. Frise-se que, na linha da teoria do **"danum in re ipsa"**, não se exige que o dano moral seja demonstrado. Ele decorre, inexoravelmente, da gravidade do fato ofensivo que, no caso, restou materializado pela evidência de trabalhadores em condições análogas às de escravo, mediante o descumprimento de normas que visam à proteção do salário e a mantença da saúde física e mental dos trabalhadores no Brasil. 3. DANO MORAL COLETIVO. INDENIZAÇÃO. VALOR. CRITÉRIOS PARA ARBITRAMENTO. A indenização por dano moral guarda conteúdo de interesse público. O valor fixado deve observar a extensão do dano sofrido, o grau de comprometimento dos envolvidos no evento, os perfis financeiros do autor do ilícito e da vítima, além de aspectos secundários pertinentes a cada caso. **Incumbe ao juiz fixá-lo com prudência, bom senso e razoabilidade**. Agravo de instrumento conhecido e desprovido" (AIRR-987-69.2014.5.10.0801, 3ª Turma, Relator Ministro Alberto Luiz Bresciani de Fontan Pereira, DEJT 31/03/2017).

"I - AGRAVO DE INSTRUMENTO. RECURSO DE REVISTA. MINISTÉRIO PÚBLICO DO TRABALHO DA 2ª REGIÃO. LEI Nº 13.467/2017. TRANSCENDÊNCIA. DANOS MORAIS COLETIVOS. ALOJAMENTO EM CONDIÇÕES IRREGULARES. MANUTENÇÃO DE TRABALHADORES EM CONDIÇÕES ANÁLOGAS ÀS DE ESCRAVO. DESOCUPAÇÃO DO ALOJAMENTO NO DECORRER DO FEITO. INDENIZAÇÃO DEVIDA Há transcendência política quando se constata em exame preliminar o desrespeito da instância recorrida à jurisprudência majoritária, predominante ou prevalecente no TST. Aconselhável o processamento do recurso de revista, ante a provável violação do art. 186 do Código Civil. Agravo de instrumento a que se dá provimento. II - RECURSO DE REVISTA. MINISTÉRIO PÚBLICO DO TRABALHO DA 2ª REGIÃO. LEI Nº 13.467/2017. DANOS MORAIS COLETIVOS. ALOJAMENTO EM CONDIÇÕES IRREGULARES. MANUTENÇÃO DE TRABALHADORES EM CONDIÇÕES ANÁLOGAS ÀS DE ESCRAVO. DESOCUPAÇÃO DO ALOJAMENTO NO DECORRER DO FEITO. INDENIZAÇÃO DEVIDA. No caso, o Ministério Público do Trabalho requereu do recorrido o cumprimento das seguintes obrigações e a correspondente indenização por danos morais coletivos: abster-se de manter alojamentos sem janelas ou com janelas em desacordo com o disposto na NR-24 e com paredes construídas de material inadequado; manter o piso dos alojamentos de seus trabalhadores de acordo com o disposto na NR-24; disponibilizar água potável e fresca em quantidade suficiente nos locais de trabalho (NR-31) bem como instalações sanitárias adequadas e separadas por sexo (NR-24) e armários individuais, no mínimo, com as dimensões estipuladas na NR-24; manter alojamento com instalações sanitárias em acordo com os dispositivos da NR-24; bem como dormitório com áreas dimensionadas em acordo com o previsto na NR-24, com camas adequadas; manter rede de iluminação com fiação protegida nos alojamentos. De fato, conforme assentado no acórdão recorrido, a presente ação civil pública tem origem no inquérito civil nº 161.2014.02.001/9, em que se constatou a existência de um alojamento com trabalhadores estrangeiros (nacionalidades egípcia e libanesa), com a finalidade de prestar serviços ao recorrido, desprovidos de todos os direitos trabalhistas e em condições análogas às de escravo. Cumpre registrar, inicialmente, que a caracterização do trabalho análogo ao de escravo não mais está atrelada condicionalmente à restrição da liberdade de locomoção do empregado - conceito revisto em face da chamada "escravidão moderna". Nos termos do art. 149 do Código Penal, evidencia o trabalho em condição análoga à de escravo não só o fato de submetê-lo a trabalhos forçados ou a jornada exaustiva, ou restringindo sua locomoção em razão de dívida contraída com o empregador ou preposto, mas também o fato de sujeitar alguém a condições degradantes de trabalho, o que é justamente o que ocorre no caso dos autos. Julgado. A ofensa a direitos transindividuais, que enseja a indenização por danos morais coletivos é a lesão à ordem jurídica, patrimônio jurídico de toda a coletividade. Assim, não cabe perquirir acerca da lesão subjetiva a cada um dos componentes da coletividade ou mesmo da verificação de um sentimento social de indignação, desapreço ou repulsa, mas da gravidade da violação infligida à ordem jurídica, mormente às normas que têm por finalidade a tutela dos direitos mínimos assegurados aos trabalhadores, em atenção aos princípios constitucionais da dignidade da pessoa humana e do equilíbrio entre os valores sociais do trabalho e da livre iniciativa. No caso, o objeto da demanda diz respeito não apenas a direitos individuais homogêneos dos trabalhadores, mas também a interesses que transcendem a individualidade, atingindo toda a coletividade de trabalhadores - antigos, atuais e futuros, uma vez que foram gravemente violadas normas protetivas relacionadas à saúde e à segurança dos trabalhadores, infringindo o mais elementar direito de qualquer ser humano: o de ver respeitada a sua dignidade. Não é demais lembrar que a exploração de trabalhadores em situação análoga à condição de escravo, ou trabalho forçado ou obrigatório, além de atentar contra o pressuposto do trabalho decente, fere convenções internacionais ratificadas pelo Brasil, tais como as Convenções 029 e 105, da Organização Internacional do Trabalho, além de, no caso concreto, atingir a Convenção 143 (ainda não ratificada), sobre condições abusivas e promoção de igualdade de oportunidades para trabalhadores estrangeiros e migrantes. Registre-se que o fato de o recorrido ter sanado as irregularidades constatadas no decorrer do processo não afasta o cabimento da indenização por danos morais coletivos, uma vez que as irregularidades existiram e sujeitaram uma coletividade de trabalhadores a situação gravíssima de desrespeito à própria dignidade Com efeito, os danos decorrentes da manutenção de empregados condições análogas às de escravo, desprovidos de todos os direitos trabalhistas, atenta também contra direitos transindividuais de natureza coletiva, definidos no art. 81, parágrafo único, do CDC. Recurso de revista a que se dá provimento. AÇÃO CIVIL PÚBLICA. TUTELA INIBITÓRIA. ALOJAMENTO EM QUE ERAM MANTIDOS TRABALHADORES EM CONDIÇÕES ANÁLOGAS ÀS DE ESCRAVO. DESOCUPAÇÃO NO DECORRER DO FEITO. EFEITO FUTURO (TEMA ADMITIDO PELO TRT) Há transcendência quando se constata em exame preliminar o desrespeito da instância recorrida à jurisprudência majoritária, predominante ou prevalecente no TST. A tutela inibitória se destina a impedir a prática, a repetição ou a continuação de um ilícito (Luiz Guilherme Marinoni, Tutela Inibitória, São Paulo, Ed. RT, 2003, 3a. ed.). Possui natureza preventiva de direitos, em especial os de conteúdo não patrimonial, e é voltada para o futuro. Analisar o pedido de tutela inibitória em ação civil pública não é tarefa fácil para o julgador. Quando a inibitória pretende impedir uma conduta reiterada, torna-se mais fácil a configuração do ilícito, mas também é possível e recomendável ajuizá-la diante de indícios, tais como desprezo às reuniões de conciliação, desinteresse no cumprimento voluntário do decreto, resistência em exibir documentos necessários, injustificável recusa na assinatura de termo de ajustamento de conduta, entre outros. Vale registrar que a tutela inibitória é voltada para o futuro, pois visa impedir não apenas a prática, mas a continuação ou a repetição do ilícito. Assim, sanadas as irregularidades, o ambiente do trabalho está seguro hoje, no entanto, não há garantias de que estas, outrora praticadas, não serão repetidas. Julgados. Na hipótese dos autos, a tutela inibitória postulada pelo Ministério Público do Trabalho consiste em determinar que o recorrido se abstenha de manter empregados em alojamentos em condições inadequadas (análogas às de escravo), a qual foi indeferida pelo TRT sob o fundamento de que o referido alojamento foi desocupado. Nesses termos, mostra-se adequada a tutela preventiva postulada pelo Ministério Público do Trabalho, a fim de coibir a reincidência do recorrido na manutenção de empregados em alojamentos com condições inadequadas (análogas às de escravos). No caso específico dos autos, as condutas ilícitas podem vir a se repetir, tendo em vista que, embora o alojamento em questão tenha sido desocupado, não há garantia de que no futuro não volte a ser ocupado, da mesma forma e com outros empregados, ou ainda que seja criado outro alojamento nos mesmos moldes. Aplicável o disposto no art. 497 do CPC, que assim dispõe: "Na ação que tenha por objeto a prestação de fazer ou não fazer, o juiz, se procedente o pedido, concederá a tutela específica ou determinará providências que assegurem a obtenção de tutela pelo resultado prático equivalente. "Recurso de revista a que se dá provimento" (RR-1002238-02.2016.5.02.0432, 6ª Turma, Relatora Ministra Katia Magalhaes Arruda, DEJT 31/03/2023).

8.2.2. Dano moral por ofensas às liberdades de locomoção e circulação nas relações de trabalho. **Habeas Corpus**

A liberdade de locomoção diz respeito ao direito de ir e vir, ficar e permanecer. O art. 5º, XV, da CF a prevê, ao dispor que é livre a locomoção no território nacional em tempo de paz, podendo qualquer pessoa, nos termos da lei, nele entrar, permanecer ou dele sair com seus bens.

São restrições a essa liberdade a prisão em flagrante e a determinada por ordem judicial.

A indenização por ofensa à liberdade pessoal (cárcere privado, prisão por queixa ou denúncia falsa e de má-fé e prisão ilegal) e de trabalho (trabalho forçado, trabalho escravo) consistirá no pagamento das perdas e danos que sobrevierem ao ofendido, e se este não puder provar prejuízo, fixará o juiz indenização que entender justo conforme as circunstâncias do caso (art. 954, *caput* e parágrafo único, do CC).

O empregador que resolve confinar o empregado em ambiente cercado de seguranças, visando obter confissão de algum fato faz justiça com as próprias mãos e deve responder pelos danos morais causados em decorrência do cárcere privado a que submeteu o trabalhador.

A liberdade de circulação consiste no direito de deslocamento de um ponto a outro por meio das vias públicas, sem que a administração, por motivo injustificado, possa impedir o indivíduo de fazê-lo. Admite-se, por exemplo, que a autoridade pública, com base no poder de polícia e por motivos de segurança, possa realizar *blitz* de verificação de documentos de automóveis e revistas quando as circunstâncias justifiquem.

Não é incomum que, diante do desaparecimento de certa mercadoria ou de ato de vandalismo, o empregador resolva impedir a saída dos trabalhadores, fazer revista em armários, gavetas, automóvel funcional, bolsas e outros pertences pessoais dos empregados e até fazer indagações em salas fechadas, guarnecidas por seguranças.

Guardadas as devidas proporções, restringir idas do trabalhador ao banheiro, condicionando-as aos intervalos legais intrajornada também é fator impeditivo da livre locomoção, sem prejuízo da ofensa a outros bens extrapatrimoniais.

Tais restrições à intimidade e às liberdades de locomoção e circulação do trabalhador são incabíveis.

Impedir a saída de trabalhadores, retendo-os na empresa e revistar os seus pertences pessoais, sem autorização judicial, são medidas invasivas da intimidade e da liberdade de locomoção.

Em caso de desaparecimento de mercadoria, não pode o empregador reter o trabalhador para averiguações internas ou, de forma constrangedora, fazer inquirições em salas muitas vezes guarnecidas por seguranças. Cabe a ele, se for o caso, denunciar o fato à autoridade policial, a fim de que ela tome as medidas pertinentes, inclusive as de natureza preventiva, posto que o poder diretivo do empregador encontra limites nos direitos fundamentais do trabalhador, entre eles a liberdade de locomoção.

Em janeiro de 2012 o Sindicato Nacional dos Trabalhadores de Pesquisa e Desenvolvimento Agropecuário denunciou que os trabalhadores do Campo Experimental do Distrito Agropecuário da Suframa, da Embrapa Amazônia Ocidental, localizado em Presidente Figueiredo (AM), estariam enfrentando grave situação de exploração e degradação em seu local de trabalho. Distantes cerca de 50 quilômetros da cidade onde vivem, Manaus, eles eram, alegou-se, obrigados a passar as noites entre segunda e sextas-feiras isolados no campo, privados do convívio social e familiar e sem qualquer estrutura de atendimento médico.[13]

A 7ª Turma do Tribunal Regional do Trabalho do Rio de Janeiro (1ª Região), no processo n. 0001261-03.2010.5.01.0032, julgou parcialmente procedente o pedido de danos morais feitos por uma trabalhadora de empresa de *telemarketing*, que alegou ter sido impedida de sair da empresa após ativação do alarme de incêndio.

Foi apurado que, devido à pane elétrica que provocou cheiro de queimado, o alarme de incêndio foi ativado e a equipe de brigada da empresa, acionada e os gestores da empresa impediram a saída dos trabalhadores do prédio e instruíram a brigada para que não deixasse ninguém sair, interditando com cadeiras as roletas da entrada para que não desse acesso à parte externa.

Para o relator do recurso, o episódio ocorrido caracteriza abuso de poder por parte da direção da empresa, ao promover "inequívoco cárcere privado de seus empregados."

Em julho/20011, os trabalhadores e trabalhadoras da Loja Rabelo denunciaram aos diretores do Sindicato dos Comerciários de Teresina que são constantemente obrigados a ficar dentro das lojas, após o expediente

---

13 http://www.sinpaf.org.br/13/01/trabalhadores-de-campo-sao-mantidos-em-situacao-analoga-a-de-carcere-privado-no-amazonas/ Consulta feita em 06/09/2012.

normal, caracterizando "cárcere privado". A denúncia foi feita durante a assembleia na noite de terça-feira (26), quando a categoria decidia sobre a greve no comércio.

Após a denúncia, os referidos diretores se dirigiram à Loja Rabelo da Rua Álvaro Mendes, no centro, e teriam constado o fato, posto que os trabalhadores foram encontrados às 19h30 horas dentro da loja fazendo limpeza e alegaram que ao tentarem resgatar um funcionário que ainda se encontrava preso local, os sindicalistas encontraram resistência por parte dos gerentes que baixaram a porta automática em cima de um dos membros do sindicato, o que causou o travamento da porta.[14]

Em setembro de 2012 informou o Mundo Sindical que *"dezenas de metalúrgicos que trabalham nos altos fornos 1 e 2 da Usiminas ligaram para central de denúncias do Sindicato dos Trabalhadores Metalúrgicos de Ipatinga – Sindipa, na manhã desta quarta-feira, 17, alegando estarem sendo mantidos em cárcere privado na área da empresa, visto que haviam começado sua respectiva jornada de trabalho às 22:00 horas do dia 16 de março e foram obrigados a permanecer as atividades até o dia seguinte, trabalhando por mais de 12 horas sem interrupção."*

Informou ainda que *"o representante do órgão foi até a área interna da siderúrgica e flagrou as péssimas condições de trabalho, com metalúrgicos desgastados, sem alimentação e muitos realizavam tarefas foras de suas funções, o que é proibido por Lei."* E que o Ministério do Trabalho notificou a Usiminas e a empresa Brasileira de Engenharia e Construções – Ebec.

Fernando de Morais Pauli, Advogado do Departamento Trabalhista – Marcos Martins Advogados Associados, escreveu artigo sobre um fato vivenciado na área consultiva, a respeito da possibilidade de obrigar a permanência dos empregados na sede da empresa durante o horário destinado ao período de intervalo intrajornada sob o argumento do consumo excessivo de álcool por alguns dos funcionários. Concluiu que "se o empregador não possui força legal para manter o empregado confinado na empresa mesmo no horário de trabalho, sob pena de caracterização de crime de cárcere privado (art. 148 do CP), o que se dirá naqueles momentos destinados ao intervalo intrajornada [refeição e/ou descanso (art. 71 CLT)] que sequer são

14 http://www.observatoriosocial.org.br/conex2/?q=node/4625. Consulta feita em 06/09/2012.

considerados como jornada de trabalho" E que, não bastasse, factualmente "estar-se-ia penalizando uma fábrica inteira, ou parte dela, pela conduta irregular e pontual de determinados trabalhadores."[15]

Relacionado ao tema, consta das notícias do TST:

> ***WMS é condenado por colocar vendedora de castigo***
>
> *A Primeira Turma do Tribunal Superior do Trabalho negou provimento a agravo de instrumento da WMS Supermercados do Brasil Ltda. (Rede Walmart) contra condenação para indenizar em R$ 4 mil uma ex-vendedora exposta pela supervisora a situações consideradas vexatórias, como colocá-la "de castigo" na limpeza da loja.*
>
> *A empregada trabalhou para a Rede como vendedora de eletrodomésticos entre julho e dezembro de 2008, quando, segundo contou, decidiu pedir demissão por ser vítima de assédio moral. Os constrangimentos, conforme narrou, ocorreram ao ser transferida para o supermercado Big Zona Sul. Na primeira semana no local, a encarregada, que tinha poder de gerência, passou a lhe dar ordens para fazer serviços diferentes dos de venda, como limpar balcões e conferir o depósito. Além do constrangimento a que se dizia exposta perante os colegas, o desvio de função afetava seu salário, porque não recebia comissões.*
>
> *Depois de pedir aos superiores a mudança de posto de trabalho, sem sucesso, a vendedora denunciou o assédio ao sindicato, que realizou uma visita à loja em que trabalhava e flagrou uma vendedora fazendo limpeza no setor de máquinas. Em reunião entre sindicato e empresa, esta tomou conhecimento da autora da denúncia e, segundo a empregada, "a perseguição e as humilhações aumentaram exponencialmente", com repreensões públicas em reuniões e cobranças por metas não alcançadas.*
>
> *A empresa, na defesa, negou que tenha havido assédio e afirmou que a vendedora tinha remuneração mista, e o fato de ter sido contratada como vendedora não a impedia de ajudar os colegas, "inclusive com a limpeza e organização do setor" em que trabalhava.*
>
> *A sentença da 12ª Vara do Trabalho de Porto Alegre fixou em R$ 4 mil a indenização por dano moral, com base em depoimentos de testemunhas*

15 Breves considerações sobre a possibilidade de obrigar a permanência dos empregados na sede da empresa durante o horário destinado ao período de intervalo intrajornada sob o argumento do consumo excessivo de álcool por alguns dos funcionários, in http://www.marcosmartins.adv.br/artigos/280706.pdf. Consulta feita em 06/09/2012.

que confirmaram a implicância da supervisora com a vendedora, que frequentemente provocava discussões na frente dos clientes e colegas. O valor foi mantido pelo Tribunal Regional do Trabalho da 4ª Região.

Para o TRT, as provas produzidas na audiência foram suficientes para "demonstrar a exposição indevida da vendedora a situação vexatória no ambiente de serviço". Ficou comprovado, por exemplo, que, embora houvesse faxineira no setor, a supervisora "discutia e implicava" com a empregada e chegou a deixá-la "de castigo por dois dias limpando a loja".

O Regional ainda negou seguimento a recurso de revista da empresa contra a condenação. A WMS interpôs então agravo de instrumento na tentativa de ver o caso examinado pelo TST.

Nas razões do agravo, sustentou que não havia prova cabal do dano moral, e afirmou que a vendedora "jamais foi submetida a situação vexatória ou não condizente com a atividade que desempenhava". Segundo a empresa, a própria testemunha indicada pela ex-empregada teria negado a versão, ao dizer que "no setor tem faxineira para limpar o chão" e que "não havia problemas de relacionamento" com a supervisora.

O relator do agravo, ministro Lélio Bentes Corrêa, afastou os argumentos da WMS por entender que o Regional foi claro ao descrever o quadro de assédio com base nas provas reunidas no processo. Ele lembrou que não é possível, em sede extraordinária, a revisão da decisão do TRT, "soberano no exame do conjunto fático-probatório". Segundo o ministro, o Regional entendeu, com base nos elementos de prova, especialmente a testemunhal, que a WMS praticou "atos lesivos a direitos da personalidade da empregada", e qualquer decisão diferente exigiria o reexame das provas, procedimento vedado pela Súmula n. 126 do TST. A decisão foi unânime. (Carmem Feijó/RA) Processo: AIRR-608-77.2010.5.04.0012.

Aqui também independentemente dos prejuízos patrimoniais, os abalos morais decorrentes das ofensas são patrimonialmente compensáveis, independentemente de eventual rescisão indireta e reparação de prejuízos patrimoniais.

Habeas corpus é uma garantia constitucional ao direito fundamental à liberdade de locomoção.

Preceitua o art. 5º, inciso LXVIII, da Constituição Federal que, "conceder-se-á habeas-corpus sempre que alguém sofrer ou se achar ameaçado de sofrer violência ou coação em sua liberdade de locomoção, por ilegalidade ou abuso de poder".

Nos termos do art. 5º, LXIX, da CF, difere do mandado de segurança, remédio constitucional destinado a proteger direito líquido e certo, não amparado por habeas corpus ou habeas data, quando o responsável pela ilegalidade ou abuso de poder for autoridade pública ou agente de pessoa jurídica no exercício de atribuições do Poder Público.

Atualmente, o conceito de direito de locomoção vem sem questionado, para adoção de interpretação além da definição estreita de liberdade física, quando ela decorre de um impedimento reflexo. Como exemplos, a retenção injustificada de passaporte e da CNH como medidas coercitivas para o pagamento de dívida, sem prévio esgotamento de meios de apreensão de numerário, e a negativa de federação de registrar o contrato do atleta profissional, que resultaria no "passaporte" para a locomoção para outra agremiação, possibilitando a por ela disputar o campeonato em caso de rompimento contratual legal automático com a anterior, por falta de pagamento de salário (art. 90, §§1º e 2º da Lei nº 14.597/2023).

8.2.3. Liberdade de trabalho ou profissão e cláusulas de permanência e de não concorrência

A CLT veda ao empregado, a realização de serviço em benefício próprio, concorrente à atividade do empregador, durante a execução do contrato de trabalho (art. 482, *c*, da CLT). Trata-se de ato no mínimo desleal, por exemplo, o trabalhador contratado por empresa para consertar aparelhos de ar condicionado, oferecer a preço mais baixo os mesmos serviços à clientela do empregador.

Todavia, quando se trata de pacto de não concorrência após o encerramento do contrato, a CLT é silente.

A Lei nº 14.597/2023, no art. 99, §5º, dispõe que § 5º "A organização esportiva formadora fará jus a valor indenizatório se ficar impossibilitada de assinar o primeiro contrato especial de trabalho esportivo por oposição do atleta, ou quando ele se vincular, sob qualquer forma, a outra organização esportiva, sem autorização expressa da organização esportiva formadora...", observadas as condições ali estabelecidas.

Como a entidade investe na formação, é justo que o atleta por ela formado venha, em retribuição, a lhe prestar serviços como profissional.

De igual sorte, a empresa que investe, por exemplo, em curso de capacitação do trabalhador no exterior, espera que o trabalhador permaneça na empresa pelo tempo previamente ajustado entre as partes, para devolver em serviço, o custo do investido em conhecimentos que passam a aderir ao trabalhador inclusive para oportunidades futuras (cláusula de permanência). Daí que nas hipótese de transferência para o exterior, se o retorno do trabalhador se verificar antes do prazo ajustado ou ocorrer falta grave que impossibilite a continuidade do contrato, o empregado ficará obrigado ao reembolso das respectivas despesas (art. 8º, par.único, da Lei 7.064/1982).

O que se discute mesmo é se é válido o ajuste financeiro entre a empresa e o trabalhador, para que este, durante certo tempo, em razão de segredos e estratégias empresariais obtidas no emprego, fique impossibilitado de trabalhar para outro empregador na função antes desempenhada ou em função correlata.

Essas cláusulas têm se tornado comuns, a partir do momento em que bancos, financeiras e outras empresas têm arregimentado, mediante pagamento de luvas, trabalhadores estratégicos vinculados a outros empregadores.

Assim como no esporte há até lei protetiva da entidade de prática desportiva, não nos parece ilícita a cláusula de não concorrência, desde que o valor ajustado corresponda ao menos ao dobro do valor que o trabalhador recebia na empresa, com limitação a dois anos. Ou seja, a cláusula deve ser estabelecida mediante vontade livre e revelar-se efetivamente compensatória da restrição de acesso ao mercado de trabalho que envolve oportunidades de progressão, sob pena de incidência de danos morais, independentemente dos prejuízos financeiros causados ao trabalhador.

De igual sorte, a cláusula de permanência na empresa durante certo tempo precisa ser compensatória de investimento efetivo na progressão funcional do trabalhador.

8.2.4. Liberdade de trabalho, trabalho infantil e do menor adolescente. Aprendizagem trabalhista e formação esportiva

A Constituição Federal proíbe qualquer trabalho exercido por menores de 16 anos, exceto na condição de aprendiz, a partir dos 14 anos de idade. Logo, caracteriza trabalho infantil o de criança e adolescente com menos de 16 anos, exceto na condição de aprendiz.

Os programas de aprendizagem têm por fim facilitar a formação técnico-profissional de adolescentes a partir dos 14 anos e devem atender condições específicas, para garantir que não prejudique o cotidiano e a vida escolar do jovem.

Segundo a OIT, uma de cada dez crianças e adolescentes na América Latina está em situação de trabalho infantil, em suas mais diversas formas.

Os obstáculos contra a prática do trabalho infantil são a pobreza, que impõe a necessidade de ajuda à família, mas que abrevia a infância, compromete os estudos e o regular desenvolvimento físico-psíquico.

Quando a criança não consegue realizar as atividades próprias do seu dia a dia, como ir à escola, estudar, brincar e participar de atividades culturais em virtude do excesso de afazeres domésticos ou comerciais, a situação é de trabalho infantil. E muito comum nas crianças de família sem condições financeiras de garantir seu sustento é a situação de moradia em família em melhores condições financeiras, em troca da ajuda nos serviços inerentes ao lar, caracterizando o trabalho infantil doméstico.

A venda de balas em sinais, por crianças, ou a presença de equilibristas mirins de bolinhas de tênis em troca de esmola também caracteriza trabalho infantil e em uma de suas piores formas.

Atuação mirim em TV, peças teatrais e no desporto também é trabalho infantil, que, no entanto, comporta exceções para a prática, mediante certas condições.

Alguns juízes da infância ainda autorizam a prática, com base no argumento de que o adolescente que trabalha pode ajudar a família a ter condições de garantir seu próprio sustento.

A respeito, para a Justiça Estadual, a competência para tratar de questões atinentes ao trabalho infantil é da Justiça Especializada Infanto-Juvenil, que inclusive disporia de maior estrutura para atuar na fiscalização e acompanhamento de jovens no âmbito da atividade profissional. Para a Justiça do Trabalho, após a Emenda Constitucional nº 45/04, a competência para a autorização para o trabalho infantil, inclusive o artístico e desportivo, é dela, com base no disposto no art. 114 da Constituição Federal. Em se tratando de relações de trabalho compete à Justiça do Trabalho processar e julgar as ações que dela se originar. Não se justifica que a autorização possa ser dada por juiz incompetente para analisar os seus efeitos.

A Convenção n. 138, da OIT, que estabelece a idade mínima para o trabalho no Brasil e a Convenção n. 182, de 1999, que trata das Piores Formas de Trabalho Infantil e a Ação Imediata para sua Eliminação, foram ratificadas pelo Brasil e assim se tornaram leis nacionais.

Para a Organização Internacional do Trabalho (OIT), a noção de trabalho decente se apoia em quatro pilares estratégicos: a) respeito às normas internacionais do trabalho, em especial aos princípios e direitos fundamentais do trabalho (liberdade sindical e reconhecimento efetivo do direito de negociação coletiva; eliminação de todas as formas de trabalho forçado; abolição efetiva do trabalho infantil; eliminação de todas as formas de discriminação em matéria de emprego e ocupação); b) promoção do emprego de qualidade; c) extensão da proteção social; d) diálogo social.

Trabalho decente é condição fundamental para a superação da pobreza, redução das desigualdades sociais, garantia da governabilidade democrática e desenvolvimento sustentável. Decente é o trabalho adequadamente remunerado, exercido em condições de liberdade, equidade e segurança, capaz de garantir uma vida digna.

Logo, o trabalho prestado por crianças e adolescentes menores de 16 anos ou de aprendizes aos 14 anos, por abreviar a infância, comprometer os estudos e o regular desenvolvimento físico-psíquico, não atende o conceito de trabalho decente, eis que não lhes garante, diante de tais obstáculos, a plenitude de condições para participar da concorrência de oportunidades na vida adulta.

Consequentemente, compromete a liberdade de autodeterminar as escolhas que lhe possibilitarão concretamente participar, em igualdade de condições, como dito, da concorrência de oportunidades na vida adulta.

Não devem ser confundidas, no entanto, a aprendizagem trabalhista, prevista na CLT, com a formação desportiva, cuja idade mínima, de 14 (quatorze) anos, que tem caracterização e regulamentação distintas da trabalhista, precisa ser revista. Essa idade, para vários esportes como ginástica olímpica, tênis, futebol, é tardia para a formação física, tática e técnica.

A formação esportiva não se confunde com a aprendizagem trabalhista, porque são institutos jurídicos totalmente distintos.

A aprendizagem trabalhista, situada na faixa de idade entre 14 e 24 anos tem previsão no art. 428, §§ 1º e 3º da CLT e é formalizada mediante contrato de trabalho escrito, de natureza especial, por prazo determinado não superior a dois anos. O objetivo é o aprendizado de tarefas à formação técnico-profissional.

Já a "formação esportiva visa ao acesso à prática esportiva por meio de ações planejadas, inclusivas, educativas, culturais e lúdicas para crianças e adolescentes, desde os primeiros anos de idade, direcionada ao desenvolvimento integral", visando a vivência esportiva, a fundamentação esportiva e a aprendizagem da prática esportiva (art. 5º da Lei nº 14.597/2023). A formação esportiva tem por objetivo o acesso à prática esportiva ou especificamente para a aquisição de competências e habilidades de atleta na modalidade escolhida, ao passo que a aprendizagem trabalhista tem por finalidade capacitar o indivíduo, mediante subordinação, para tarefas burocráticas de trabalho e não para desenvolver potencialidades que podem culminar na disputa de competições.

Corrigindo a idade inicial de formação contida na Lei nº 9.615/1998, de 14 (quatorze) anos, contra a qual nos insurgíamos, a nova Lei Geral do Esporte estabelece que "A formação esportiva também compreende a possibilidade de participação de crianças e adolescentes em competições esportivas enquanto parte de seu aprendizado, sendo permitido o estabelecimento de vínculo de natureza meramente esportiva entre o menor de 12 (doze) anos e a organização esportiva." (§1º do art. 5º da LGE).

Esclarece o § 3º que "O menor, de 12 (doze) a 14 (quatorze) anos, está sujeito ao pátrio poder e à decisão exclusiva de seus familiares, condicionada sua participação em competições à expressa autorização dos pais ou responsáveis e sua efetiva presença durante a participação do menor na competição" e que O menor, de 12 (doze) a 14 (quatorze) anos, não poderá ser alojado nas dependências do clube, ficando vedada a sua residência em domicílio estranho ao de seus familiares (§2º).

Conforme art. 99, § 3º, da LGE (Lei Geral do Esporte), o atleta não profissional em formação, maior de 14 (quatorze) e menor de 20 (vinte) anos de idade, poderá receber auxílio financeiro da organização esportiva formadora, sob a forma de bolsa de aprendizagem livremente pactuada mediante contrato formal, sem que seja gerado vínculo empregatício entre as partes.

A organização esportiva formadora de atleta terá o direito de assinar com ele, a partir de 16 (dezesseis) anos de idade, o primeiro contrato especial de trabalho esportivo, cujo prazo não poderá ser superior a 3 (três) anos para a prática do futebol e a 5 (cinco) anos para outros esportes (art. 99, *caput*).

Evidentemente, fraudes podem ocorrer, como utilização de atletas em formação para atividades de trabalho ou em competições profissionais.

Quer se trate de desvirtuamento da aprendizagem trabalhista ou ainda de trabalho na formação desportiva, cabe a compensação do dano de natureza extrapatrimonial causado à criança ou ao adolescente. Diferentemente dos efeitos da fraude em relação ao trabalhador maior pelo descumprimento de obrigações trabalhistas, geralmente apenas patrimonial, a proteção diferenciada conferida ao menor sujeita o infrator a também compensar danos extrapatrimoniais pelo só fato do descumprimento das normas de resguardo. A proteção à infância e ao desenvolvimento físico, moral e psicológico do adolescente justificam tais efeitos.

8.2.5. Danos morais por retenção de carteira de trabalho e anotações desabonadoras

Nos termos do art. 13 da Consolidação das Leis do Trabalho, a CTPS física ou digital é documento obrigatório para o exercício de qualquer emprego, inclusive de natureza rural, ainda que em caráter temporário, posto que por meio dela o trabalhador, como candidato a emprego, demonstra o seu histórico laboral: funções desempenhadas, remunerações, tempo de serviço em cada empresa e as empresas em que trabalhou.

A CTPS tem tamanha importância, que o § 4º do art. 29, da CLT, veda ao empregador efetuar anotações desabonadoras à consulta do empregado, bem como se este pleiteou direitos perante a Justiça do

Trabalho. O descumprimento da norma gera o direito à indenização por danos morais, além de pagamento de multa prevista nos arts. 52 e 53 da CLT.

A retenção injustificada da carteira física de trabalho, quer na admissão, quer na dispensa – e principalmente nesta oportunidade – é tema ligado à liberdade de trabalho e acesso ao emprego. Afinal, é princípio a ser observado na ordem econômica a busca do pleno emprego (art. 170, VIII, CF), pelo que a retenção da CTPS ou anotações desabonadoras obstaculizam o acesso a esse bem jurídico extrapatrimonial.

Na admissão, a retenção impede que o trabalhador comprove sua vinculação ao trabalho mais recente e ao histórico da vida profissional, bem como a comprovação de ganhos para efeito de obtenção de crédito. E na dispensa, dificulta sobremaneira a obtenção de nova ocupação. A uma, porque o novo empregador dela necessita para a assinatura em 48 horas, sob as penas da lei; a duas, porque por meio das informações nela contidas o candidato a emprego tem a sua vida profissional pregressa formalmente verificada. E a experiência é um dos requisitos para a colocação no mercado de trabalho. Pelo que a retenção, além de configurar ato ilícito, traz graves consequências ao trabalhador, ofendendo a liberdade de trabalho e, de forma sucessiva, a dignidade da pessoa humana.

Verifique-se, a propósito, que o art. 1º da Lei n. 5.553/68 dispõe que "A nenhuma pessoa física, bem como a nenhuma pessoa jurídica, de direito público ou de direito privado, é lícito reter qualquer documento de identificação pessoal, ainda que apresentado por fotocópia autenticada ou pública-forma, inclusive comprovante de quitação com o serviço militar, título de eleitor, carteira profissional, certidão de registro de nascimento, certidão de casamento, comprovante de naturalização e carteira de identidade de estrangeiro."

A partir do momento em que o empregador toma posse da CTPS, tem a responsabilidade de sua guarda e preservação, devendo cumprir com exatidão os prazos de anotação e devolução do documento ao trabalhador.

> *"A CTPS é o documento apto para o registro do contrato de emprego e da identificação e qualificação civil, o qual reflete toda a vida profissional do trabalhador, sendo obrigatório para o exercício de qualquer profissão. Nos*

> *termos do art. 29, caput e 53 da CLT, o registro de admissão e demais anotações na CTPS do empregado, no prazo de 48 horas, é obrigação legal imposta ao empregador. A mora na devolução do mencionado documento pelo antigo empregador, que o reteve para anotar a extinção do contrato de trabalho com o trabalhador, excede os limites do razoável e configura ato ilícito, haja vista que a falta de apresentação de CTPS sujeita o trabalhador a uma previsível discriminação no mercado de trabalho, fato capaz de configurar graves consequências de ordem social e econômica, além de ofensa à sua dignidade, o que, por si só, já é suficiente para acarretar dano moral...*" (relator Ministro José Roberto Feire Pimenta, Data do Julgamento: 28.8.2013, 2ª Turma, Data de Publicação: 6.9.2013.
>
> *"A retenção da Carteira de Trabalho e Previdência Social pelo empregador, por cerca de nove meses, ao ponto de o empregado somente a reaver após propor ação judicial de exibição de documento, constitui ato ilícito que caracteriza lesão moral. Trata-se de abuso de direito e de ultraje à dignidade do empregado, privado de documento essencial para a vida profissional, com os inevitáveis dissabores e desgastes daí advindos...".* Relator Ministro João Oreste Dalazen, Data de Julgamento: 26.6.2013, 4ª Turma, Data de Publicação: 2.8.2013.

A retenção da CTPS atenta contra os atributos físicos da personalidade, ao passo que informações desabonadoras no referido documento ofende atributos valorativos da personalidade, dificultando a empregabilidade futura. Nas duas hipóteses, ensejam compensação por danos morais.

Nos termos do art. 29, § 4º, da CLT, "*É vedado ao empregador efetuar anotações desabonadoras à conduta do empregado em sua Carteira de Trabalho e Previdência Social.*"

8.3. Dano moral por ofensa do direito à subsistência (imposição de privações: mora salarial e inadimplemento das parcelas rescisórias). A questão da indenizabilidade do dano extrapatrimonial na dimensão do descumprimento parcial ou total de obrigações pecuniárias

Assim como para ter direito à existência o menor necessita de alimentos, o trabalhador, para subsistir, razão mesma do caráter alimentar do salário (art. 100, §1º, CF), precisa receber a contraprestação devida e em patamar ao menos igual ao mínimo legal, quando não ajustado outro, em valor superior.

O inadimplemento contratual, por si só, não configura dano moral, por exemplo, quando o empregador atrasa ou deixa de fazer os depósitos do FGTS, hipóteses em que, conforme a jurisprudência majoritária, a mora ou o inadimplemento da obrigação ensejam tão somente a recomposição patrimonial. Quando se trata de violações à honra, imagem e outros valores extrapatrimoniais, a jurisprudência é firme em reconhecer e indenizar o dano in re ipsa e até em conceder, cumulativamente, indenização por prejuízos materiais decorrentes. Mas quando se trata da hipótese inversa, de indenizar o dano extrapatrimonial decorrente do descumprimento parcial ou total de obrigações pecuniárias, a jurisprudência é vacilante, condicionando em alguns casos a indenização à comprovação de prejuízo material e em outros concedendo *in re ipsa*, como veremos mais adiante.

Todavia, pode acontecer de o empregador agir de forma a exorbitar o aborrecimento normal decorrente da perda patrimonial, avançando contra a dignidade do trabalhador. Por exemplo, ao deixar de pagar o salário necessário à subsistência do empregado, ou quando, reiteradamente, o atrasa.

De igual sorte, o empregador atenta contra o direito à subsistência do trabalhador quando lhe subtrai, sem motivo ponderável, o direito ao recebimento das parcelas do rompimento contratual, incluindo o FGTS e o direito à percepção do seguro desemprego, impondo-lhe uma situação de penúria e humilhação pessoal e social, no momento em que, frente ao desemprego, mais precisa das parcelas necessárias à sobrevivência. Trata-se de situação em que o abalo sentimental é compensável pela via moral, independentemente dos valores patrimoniais devidos.

De um lado, tem-se um conjunto de parcelas que integram as verbas devidas no caso de dispensa sem justa causa, com a finalidade de onerar o empregador, desencorajando-o da dispensa do empregado, em atenção e homenagem ao princípio da continuidade da relação de emprego.

De outro, tem-se um conjunto de parcelas destinadas *a inibir o empregador a pagar tardiamente as parcelas decorrentes do despedimento*. Neste rol estão inseridas as indenizações previstas nos arts. 467 e 477, da CLT.

E por que essa opção do legislador? — porque as verbas rescisórias funcionam como garantia de um período de subsistência, até que o trabalhador se recoloque no mercado de trabalho, o que faz sobressair a natureza alimentar dessas parcelas. Nesse contexto, se, apesar das ameaças legais, a quitação destas verbas não é feita dentro de um período que se possa considerar razoável, *resta claro o ato atentatório à dignidade do trabalhador*, eis que ele, agora desempregado, é colocado pelo empregador numa situação de penúria: sem salário para atender às suas necessidades normais e sem as parcelas resilitórias, o FGTS ou o seguro desemprego que lhe permitiriam, com dignidade, subsistir até encontrar novo emprego.

Portanto, uma coisa é o atraso no pagamento, compensável por meio dos arts. 467 e 477, da CLT. Outra, bem diferente, é o inadimplemento das parcelas rescisórias, cuja situação de penúria não tem reparação por meio daquelas indenizações. Elas não compensam o sofrimento do trabalhador desempregado, sem meios ao sustento que as parcelas rescisórias visam a proporcionar.

Revela-se totalmente despicienda a prova do dano, bastando a ocorrência do nexo de causalidade (dano *in res ipsa*). Ou alguém duvida que o trabalhador, desempregado e sem a percepção das parcelas resilitórias ingressa na categoria de necessitado? Tanto assim o é, que depende da percepção de seguro desemprego para a sobrevivência.

Recorde-se que a Constituição Federal tem como um de seus princípios a valorização social do trabalho, prestigiando a força de trabalho do empregado, que constitui, por sua vez, o bem relacionado à personalidade humana e que deve ser juridicamente tutelado.

Enfim, o não pagamento das verbas rescisórias em prazo razoável e sem motivo ponderável (a discussão a respeito de uma justa causa controversa ou a denúncia de autoridade governamental à lide em virtude de *factum principis*, para a definição da responsabilidade do pagamento são motivos ponderáveis) impõe ao trabalhador desnecessária e humilhante penúria, comprometedora de sua subsistência, e por consequência, atentatória da subsistência e, consequentemente, da dignidade da pessoa humana, compensável mediante indenização por danos morais, sem prejuízo dos valores patrimoniais devidos.

No entanto, a jurisprudência do TST tem entendido que para a compensação por falta de pagamento de verbas rescisórias, é necessária a demonstração do efetivo prejuízo material (prova da impossibilidade de pagar contas e da subsistência). Essa compreensão remonta ao período limitativo da indenizabilidade do dano extrapatrimonial, em que o ofendido precisava demonstrar o dano patrimonial em desdobramento do dano moral, para obter a compensação a seu direito de personalidade violado. O fato é que em se tratando de mora, cumprimento imperfeito da obrigação e inadimplemento, a jurisprudência é vacilante. Concede indenização pelo não fornecimento de CAT, atraso salarial reiterado e falta de pagamento de salário in re ipsa, mas exige prova concreta dos danos materiais causados pelo inadimplemento da rescisão para a obtenção do dano extrapatrimonial.

8.4. Dano moral por ofensas ao direito à desconexão. Regimes de sobreaviso e prontidão e o uso de pager, telefone celular e outros aparatos eletrônicos de comunicação à distância

Principalmente com o auxílio da rede, as novas tecnologias, entre elas os celulares, tablets e computador têm provocado situações de hiper ou ultraconexão, que consiste na realização de trabalho fora da jornada de trabalho regular. Mensagens, comunicações, solicitações de tarefas e até convocações para reuniões e lives fora do expediente chegam a todo momento ao trabalhador por meio de aplicativos, afetando assim o direito ao descanso e, consequentemente, a saúde do trabalhador.

Apesar da previsão contida no art. 7º, XII, da CF, sobre a necessidade patronal de reduzir ou eliminar os riscos à saúde e da regulação celetista sobre o direito aos intervalos entre jornadas de trabalho, urge uma regulação específica sobre o direito à desconexão, envolvendo a reparação de danos patrimoniais pela utilização do trabalhador fora do seu expediente, e danos morais e até existenciais, dependendo da intensidade, pelo incômodo ou supressão de horas de descanso.

Por outro lado, como em inúmeras atividades há necessidade de estabelecer regimes de sobreaviso, prontidão e tempo de espera, esses regimes têm estreita pertinência com a hiperconexão.

O regime de sobreaviso corresponde ao período de tempo em que o trabalhador permanece à disposição do empregador para o atendimento de necessidades ocasionais do serviço.

A legislação prevê o regime de sobreaviso para algumas categorias profissionais, caso dos ferroviários (art. 244, § 2º, CLT), aeronautas (Lei nº 13.475, de 2017) e petroleiros (Lei nº 5811/1972).

A diferença entre elas é que:

a) para a caracterização do regime de sobreaviso dos ferroviários a lei exige a permanência do trabalhador em sua residência por um período de até vinte e quatro horas, no aguardo do eventual chamado;

b) a permanência do trabalhador em sua residência não é exigida para os petroleiros, mas o local de trabalho costuma ser o mesmo de residência para muitos petroleiros, como os plataformistas;

c) também para os aeronautas a permanência na residência não é exigida, estabelecendo a lei apenas um limite máximo de tempo para que chegue ao local de trabalho (até 90 minutos do recebimento da comunicação), sendo que o regime de sobreaviso não poderá exceder de doze horas, em local de escolha do trabalhador (art. 43 da Lei nº 13.475, de 2017).

A Súmula nº 229, do TST, dispõe que "*por aplicação analógica do art. 244, § 2º, CLT, as horas de sobreaviso dos eletricitários são remuneradas à razão de 1/3 do salário normal.*"

As indagações que podem ser feitas sobre o tema são: 1) se o regime de sobreaviso é aplicável a outras categorias profissionais, além das já mencionadas 2) se o estado de sobreaviso, por tolher a liberdade de locomoção do trabalhador, é inconstitucional e, 3) se o uso de telefone celular ou outro aparato eletrônico tolhe a liberdade de locomoção do trabalhador.

Quanto à primeira indagação, nos termos do art. 8º, *caput*, CLT, uma das formas de suprir as lacunas legislativas é o recurso à analogia, pelo que, na falta de norma expressa regulatória de determinada situação jurídica, a solução prevista para certa hipótese pode ser adotada em outras, verossimilhantes. Logo, a solução adotada para os ferroviários pode ser aproveitada para outros profissionais, caso dos técnicos de informática, que podem ser chamados a atuar nas panes de sistema.

No tocante à segunda pergunta, as obrigações inerentes ao contrato de trabalho podem limitar direitos fundamentais, sem que tal limitação importe em inconstitucionalidade. As necessidades empresariais justificam e validam o regime de sobreaviso.

No que concerne à última indagação, a jurisprudência do TST considerava que a liberdade de ir e vir do trabalhador não ficava prejudicada quando os eventuais chamados ocorriam por meio do uso de aparatos, como telefone celular e *Pager*, que permitem que o trabalhador não permaneça em sua residência.

Ora, a modernização dos meios de comunicação mudou o foco da previsão contida no art. 244, § 2º, CLT. Aparatos eletrônicos como telefone celular realmente permitem o deslocamento do trabalhador, mas isto não significa que a liberdade do trabalhador sujeito a um eventual chamado tenha a mesma amplitude daquele que não possui esse encargo. Não bastasse, o encargo restringe o raio de deslocamento do trabalhador, não permitindo, por exemplo, que viaje para local distante, diante do risco de precisar intervir em certa operação que demande a sua presença. E ainda que pudesse fazê-lo, fica com o incômodo de ser chamado a intervir durante as suas horas de descanso. Daí porque a lei aplicável aos aeronautas, (Lei nº 13.475, de 28 de agosto de 2017, art. 43), portanto, mais atual do que a CLT, de 1943, não exige, para a caracterização das horas de sobreaviso, a permanência do trabalhador em sua residência.

Assim, entendemos que o regime de sobreaviso, por analogia à Lei nº 13.475, de 2017, não exige a permanência do trabalhador em sua residência, bastando que possa ser acionado para atuar, presencialmente ou de forma remota, durante o seu período de descanso. Quanto ao período máximo à disposição para efeito de sobreaviso e remuneração incidente, entendemos aplicável, às categorias que não têm previsão legal, a do art. 244, § 2º, CLT: 1/3 da remuneração normal, com período de tempo máximo de 24 horas de plantão.

Não bastasse, o parágrafo único do art. 6º, da CLT, teve a sua redação modificada pela Lei nº 12.551/2011, dispondo que "*Os meios telemáticos e informatizados de comando, controle e supervisão se equiparam, para fins de subordinação jurídica, aos meios pessoais e diretos de comando, controle e supervisão do trabalho alheio*", onde inseridos, por óbvio, os celulares.

Com base na atual redação do art. 6º, da CLT e nos fatos supra apresentados, a Súmula nº 428, do TST teve a sua redação alterada, para estabelecer que o uso de instrumentos telemáticos ou informatizados fornecidos pela empresa ao empregado, por si só não caracteriza regime de sobreaviso, mas é considerado em sobreaviso o empregado que, à distância e submetido a controle patronal por instrumentos telemáticos ou informatizados, permanecer em regime de plantão ou equivalente, aguardando a qualquer momento o chamado para o serviço durante o período de descanso.

Quanto ao regime de prontidão, os trabalhadores devem ficar à disposição na sede da empresa e a remuneração incidente é de 2/3 do salário normal.

Quer se trate de sobreaviso ou prontidão, ambos têm limitação, como visto. Injustificável é que o trabalhador não tenha direito à desconexão, sendo demandado com consultas sobre o trabalho de forma reiterada, em seus momentos de lazer, nos mais variados horários.

Evidentemente, quando o empregado recebe mensagem do empregador, outra alternativa não lhe resta, senão atender. Daí que a alegação de que atender é uma opção, não condiz com a realidade.

Hipótese interessante, relacionada ao tema, foi judicialmente apreciada. Um ajudante de motorista moveu reclamação trabalhista em face de certa empresa, postulando a remuneração de adicional de prontidão, sustentando que, durante as viagens, dormia na boleia do caminhão em cama desmontável, mas, paralelamente, com a obrigação de zelar pelo veículo e pela carga.

Em 1º grau, obteve decisão desfavorável, reformada pelo TRT/PR, que baseado no fato de que as diárias não cobriam despesas de hotel, entendeu pela caracterização do regime de prontidão.

Apreciando a questão, o TST decidiu que são incompatíveis as funções de vigiar e dormir, assim não considerando como tempo à disposição, para efeito de prontidão, os períodos de pernoite no caminhão (RR-65/2003-069-09-00.8, da 8ª Turma, em que atuou como Relatora a Ministra Maria Cristina Peduzzi). Independentemente dos prejuízos patrimoniais causados pelas ofensas, os abalos morais são compensáveis, como também os danos existenciais que acarretem impedimentos à vida pessoal, familiar, de relações sociais e ao projetos de vida além do trabalho.

8.4.1. Teletrabalho, acidente do trabalho e dano moral

Pela redação conferida ao art. 75-B, pela Lei nº 14.442, de 2 de setembro de 2022, teletrabalho ou trabalho remoto é definido como a prestação de serviços fora das dependências do empregador, mediante a utilização de tecnologias de informação e de comunicação, que, por sua natureza, não se configure como trabalho externo.

Nessas condições, a definição legal abrange o *home office*, o teletrabalho em telecentros que não diga respeito a teleatendimento e o teletrabalho nômade ou móvel. O trabalho de teleatendimento, regulado pelo Anexo II da NR-17, não é considerado teletrabalho (§ 4º do art. 75-B, incluído pela Lei nº 14.442/2022).

Relativamente ao *home office* ou outras formas de prestação remota fora do ambiente patronal, mas que não se configurem como trabalho externo, o regime de teletrabalho não fica descaracterizado pelo fato do comparecimento, ainda que habitual, às dependências do empregador para a realização de atividades específicas que exijam a presença do empregado no estabelecimento (art. 75, § 1º, CLT). O que de fato o caracteriza é a prestação remota de serviços, mediante a utilização de tecnologias de informação e de comunicação.

O regime de teletrabalho exige forma escrita e a alteração entre regime presencial e de teletrabalho depende de acordo entre as partes, (art. 75-C, *caput* e §§ 1º e 2º, CLT, conforme redação dada pela Lei 14.442/2022, de conversão da MP 1.108/2022).

Esse regime foi flexibilizado durante a pandemia (MP 927/2020 e Lei nº 10.046/2021) e a empregada grávida ficou proibida de prestar trabalho presencial, tendo sido o *home office* uma das hipóteses possíveis de prestação de serviços à distância (Lei nº 14.151, publicada em 13 de maio de 2021).

Em se tratando de regime de teletrabalho ou trabalho remoto por produção ou tarefa, não serão aplicadas as normas relativas a horário de trabalho e períodos intra e entre jornadas de descanso (art. 62, III, com nova redação e § 3º do art. 75-B, incluído pela Lei nº 14.442, de 2 de setembro de 2022).

Quer se trate de trabalho remoto por produção ou subordinado a horário, o tempo de uso de equipamentos tecnológicos e de infraestrutura necessária, e de softwares, de ferramentas digitais ou de aplicações de internet utilizados para o teletrabalho, fora da jornada de trabalho normal do empregado não constitui tempo à disposição, regime de prontidão ou de sobreaviso, exceto se houver previsão em acordo individual ou em acordo ou convenção coletiva de trabalho (§ 5º do art. 75-B, incluído pela Lei nº 14.442, de 2 de setembro de 2022). Mas essa presunção cede diante de possível possibilidade de controle horário.

Não por outra razão, não obstante o disposto no art. 62, III, da CLT foi, para a hipótese inversa, de controle direto ou indireto de jornada, mantido o texto do parágrafo único do art. 6º, da CLT, *in verbis*:

> *"Não se distingue entre o trabalho realizado no estabelecimento do empregador, o executado no domicílio do empregado e o realizado a distância, desde que estejam caracterizados os pressupostos da relação de emprego.*
>
> *Parágrafo único. Os meios telemáticos e informatizados de comando, controle e supervisão se equiparam, para fins de subordinação jurídica, aos meios pessoais e diretos de comando, controle e supervisão do trabalho alheio."*

O teletrabalhador não fará jus a vale-transporte e auxílio-alimentação (este, se pactuado), exceto nos dias em que lhe for exigida a presença no estabelecimento do empregador.

Depende de acerto entre as partes a responsabilidade pela aquisição, manutenção ou fornecimento dos equipamentos tecnológicos e da infraestrutura necessária e adequada à prestação do trabalho remoto, bem como ao reembolso de despesas arcadas pelo empregado, serão previstas em contrato escrito (art. 75-D).

O dispositivo legal ficaria melhor redigido e mais justo se salvo ajuste em contrário, a responsabilidade pela aquisição e manutenção dos equipamentos coubesse ao empregador. Afinal, embora o custo da aquisição e manutenção de ferramentas de trabalho seja de responsabilidade do empregador, o empregado pode já possuir os equipamentos necessários e alugá-lo ao empregador.

Aos empregados em regime de teletrabalho aplicam-se as disposições previstas na legislação local e nas convenções e acordos coletivos de trabalho relativas à base territorial do estabelecimento de lotação do empregado (§ 7º do art. 75-B, CLT).

Ao contrato de trabalho do empregado admitido no Brasil que optar pela realização de teletrabalho fora do território nacional, aplica-se a legislação brasileira, excetuadas as disposições constantes na Lei nº 7.064, de 6 de dezembro 1982, salvo disposição em contrário estipulada entre as partes (§ 8º do art. 75-B).

Finalmente, o art. 75-E impõe ao empregador a instrução aos empregados, de maneira expressa e ostensiva, quanto às precauções a tomar a fim de evitar doenças e acidentes de trabalho, cabendo ao empregado assinar termo de responsabilidade comprometendo-se a seguir as instruções fornecidas pelo empregador.

Evidentemente, cabe ao empregador vistoriar o ambiente de trabalho para determinar o uso de equipamento adequado e preventivo de acidentes do trabalho.

O empregador responderá por acidente do trabalho e danos morais acaso decorrentes de sequelas, somente se não fornecer ou indicar ao teletrabalhador o equipamento adequado (vistoriando a adequação no início da prestação à distância, se o equipamento for do trabalhador) ou não o instruir ostensivamente quanto à correta utilização.

O disposto no art. 75-E não isenta o empregador quanto aos exames médicos regulares, capazes de detectar problemas de saúde quanto à utilização dos equipamentos de teletrabalho.

Nada impede, por outro lado, que, valendo-se do fato do trabalho por meio eletrônico, o empregador invada a intimidade ou privacidade do trabalhador ou até o acione por meio remoto à exaustão, retirando-lhe o direito à desconexão. Responderá o empregador por danos morais e até por danos existenciais, dependendo da intensidade e dos efeitos decorrentes na vida pessoa, familiar e de relações sociais, se assim o fizer.

Visando regular essa questão, o novel § 9º do art. 75-B dispõe que "Acordo individual poderá dispor sobre os horários e os meios de comunicação entre empregado e empregador, desde que assegurados os repousos legais."

Nos termos do art. 7º da Lei nº 14.457, de 21 de setembro de 2022, de conversão da Medida Provisória nº 1.116, de 4 de maio de 2022, *"Na alocação de vagas para as atividades que possam ser efetuadas por meio de teletrabalho, trabalho remoto ou trabalho a distância... os empregadores deverão conferir prioridade: I - às empregadas e aos empregados com filho, enteado ou criança sob guarda judicial com até 6 (seis) anos de idade; e II - às empregadas e aos empregados com filho, enteado ou pessoa sob guarda judicial com deficiência, sem limite de idade."*

8.5. Dano moral pela perda de uma chance

O dano hipotético ou eventual (por exemplo, ficar impossibilitado de jogar na loteria em razão de um acidente de trabalho, que poderia ter levado à premiação) é, em princípio, descartável.

Em princípio, porque a perda de uma oportunidade futura (perda de uma chance) admite comprovação e reparação. Imagine-se o caso da pessoa que há anos joga na loteria os mesmos números e vem a sofrer um atropelamento exatamente quando se dirigia à casa lotérica para efetuar o seu jogo habitual. E aqueles números vêm a ser sorteados. Ou quando concretamente se promete um emprego a um candidato, que recusa outro emprego em condições iguais ou melhores por se sentir comprometido e ocorre a frustração da promessa, ficando sem os dois empregos. Nessas hipóteses, o dano é ressarcível.

Para Sérgio Cavalieri Filho, ocorre a perda de uma chance quando, em razão da conduta de outrem, "desaparece a probabilidade de um evento que possibilitaria um benefício futuro para a vítima", a exemplo da chance de concorrer a uma promoção no emprego, de progredir na carreira artística ou de conseguir o provimento de um recurso judicial por falha do advogado.

Nos EDcl no AgRg no Ag 1196957/DF, Rel. Min. Maria Isabel Gallotti, julgado por unanimidade pela 4ª Turma do STJ em 10/04/2012 e publicado no Diário da Justiça Eletrônico em 18/04/2012, caso em que, com efeito modificativo, foi acolhido o recurso em que determinada mulher fez compras em um supermercado e recebeu bilhete para participar de um sorteio, com a seguinte inscrição: "Você concorre a 900 vales-compras de R$ 100,00 e a 30 casas".

A mulher foi sorteada e, ao comparecer para receber o prêmio, obteve apenas os vales-compras, tomando, então, conhecimento de que, segundo o regulamento, as casas seriam sorteadas àqueles que tivessem sido premiados com os vales-compras. Mas o segundo sorteio das trinta casas já tinha ocorrido, sem a sua participação, por falha de comunicação da organização.

O STJ entendeu que a mulher deveria ser indenizada pela perda da chance de participar do 2º sorteio. Não condenou o supermercado a pagar o valor de uma casa sorteada, porque não havia certeza de que seria ganhadora. O que ela perdeu não foi a casa, mas sim a chance, real e séria, de ganhá-la.

Logo, arbitrou uma indenização pela chance perdida e não no valor da casa à qual concorreria em sorteio.

Independentemente do aspecto patrimonial, a perda de uma chance real e provável, resulta em frustração e dor sentimental.

A ementa do acórdão infra, bem retrata situação de perda da chance decorrente de relação de trabalho:

> AGRAVO DE INSTRUMENTO EM RECURSO DE REVISTA. INTERPOSTO NA VIGÊNCIA DA LEI 13.015/2014. INDENIZAÇÃO POR DANO MORAL. PERDA DE UMA CHANCE. EXPECTATIVA DE RECONTRATAÇÃO FRUSTRADA. QUEBRA DOS PRINCÍPIOS DA BOA-FÉ E DA LEALDADE CONTRATUAL. ARTIGO 422 DO CÓDIGO CIVIL. Trata-se de ação de indenização por danos morais decorrentes da expectativa de manutenção de emprego, após a desativação do parque industrial onde o autor laborava, em virtude da promessa de realocação dos empregados em outra usina da reclamada. Na hipótese, o Regional, baseado no conjunto-probatório dos autos, manteve a decisão do Juízo de origem que concluiu pela existência de promessa de realocação dos empregados, após o encerramento de uma das unidades industriais da reclamada, o que criou no autor expectativa positiva de contratação, sendo que o descumprimento de tal obrigação lhe gerou a sensação de frustração, humilhação e constrangimento. Verifica-se que houve uma promessa frustrada de recontratação do reclamante. Por certo, no ato da rescisão do contrato de trabalho, a empresa realizou a promessa de transferência dos empregados para outra usina, o que se faz presumir que o reclamante deixou de procurar novas colocações no mercado de trabalho, pois contava com a recontratação prometida. O dano, nos casos em que a recontratação não seja efetivada, gerando expectativa no empregado de manter-se no emprego em virtude das promessas realizadas pela empregadora, é in re ipsa, ou seja, decorre do próprio

> evento danoso, não havendo falar em demonstração do dano, pois, nesse caso, ele se situa no psicológico do lesado, em que é impossível se extrair uma prova material. Tem-se, assim, que a reclamada não agiu com a devida lealdade e boa-fé em relação ao empregado, que ficou à disposição da empregadora. Nessas condições, configurou-se a conduta ilícita da empresa e, por consequência, o alegado dano moral sofrido a justificar a reparação pretendida pelo reclamante (precedentes). Agravo de instrumento desprovido. (AIRR - 10318-43.2014.5.15.0120, Relator Ministro: José Roberto Freire Pimenta, Data de Julgamento: 13/12/2017, 2ªTurma, Data de Publicação: DEJT 15/12/2017).

Não há, todavia, que se confundir a perda de uma chance com a perda da chance do trabalhador ter um convívio regular com a família e no meio social em decorrência de hiperconexão. Ambos dizem respeito a um impedimento de alcance de um bem jurídico. Mas no caso do direito existencial, o bem jurídico a ser protegido não é a perda de uma chance específica, e sim a perda do direito à desconexão, com efeitos jurídicos distintos.

IX

DANOS MORAIS POR OFENSAS A ATRIBUTOS PSÍQUICOS OU INTELECTUAIS DA PERSONALIDADE

9.1. Danos morais por ofensas ao direito à intimidade

O artigo 5º, inciso X da Constituição Federal assegura a inviolabilidade da intimidade, da vida privada, da honra e da imagem das pessoas, e o direito a indenização pelo dano material ou moral decorrente da violação a esse bem jurídico personalíssimo.

Intimidade corresponde à esfera mais íntima, particular, reservada do ser humano. A proteção tem por fim preservar de invasão alheia o "próprio eu" ou vida interior ou psicológica de cada indivíduo. Visa assegurar ao indivíduo o isolamento de uma parcela da personalidade reservada contra a indiscrição. Diz respeito ao modo de ser da pessoa, à sua identidade, convicções, crenças, sexualidade e segredos. Ao mundo intrapsíquico de formação espiritual do indivíduo. Aos pensamentos, sensações, frustrações e expectativas que o indivíduo não necessariamente exporia ou dividiria nem mesmo com as pessoas com quem convive em seu núcleo familiar. É o espaço considerado pela pessoa como impenetrável, intransponível, indevassável, que diz respeito única e exclusivamente à pessoa.

Intimidade é, portanto, o espaço secreto da pessoa. É a zona espiritual que deve ficar livre de intromissão estranha, tanto assim que são proibidos os controles visuais e auditivos não autorizados, a revista íntima e a obtenção de informações que o trabalhador não está obrigado a prestar.

O único dispositivo existente na CLT da intimidade e sua violação é o art. 373-A, VI, da CLT, que impede a revista íntima de empregada. O artigo 223-C do diploma celetista (acrescentado pela Lei 13.467/2017) versa sobre a intimidade como um valor inerente à dignidade humana e juridicamente tutelado, suscetível de ensejar indenização por danos extrapatrimoniais. Os arts. 482, *j* e *k*, que autorizam a despedida, por justa causa, em caso de prática de ato lesivo da honra ou da boa fama praticado no serviço contra qualquer pessoa ou contra o empregador e superiores hierárquicos; e, o art. 483, *e*, que autoriza a resolução contratual pelo empregado, quando o empregador ou seus prepostos praticarem contra o trabalhador ato lesivo da honra e boa fama, são dispositivos que aludem a outros direitos personalíssimos, podendo atingir a intimidade e a vida privada apenas por via indireta.

O direito à intimidade não se confunde com o direito à vida privada, bem jurídico distinto, embora de forma genérica a expressão privacidade seja comumente utilizada para abranger os dois institutos jurídicos. Vida privada é a forma de viver a vida e de se relacionar, ao passo que intimidade é o espaço íntimo da pessoa.

Entre os dados pessoais, que correspondem a qualquer informação relacionada à pessoa, figuram os dados referentes à intimidade do trabalhador, precisamente os relacionados à étnica, origem racial, orientação política, convicção religiosa ou filosófica, filiação sindical, dados genéticos, dados da saúde do indivíduo e sexualidade, que são caracterizados pela LGPD como dados sensíveis.

Nos termos do art. 11, incisos I e II da LGPD, o tratamento destes dados só poderá ser realizado quando o titular ou seu responsável legal consentir, de forma específica e destacada, assim mesmo para finalidades específicas, salvo se indispensáveis para:

a) cumprimento de obrigação legal ou regulatória pelo controlador;
b) tratamento compartilhado de dados necessários à execução, pela administração pública, de políticas públicas previstas em leis ou regulamentos;
c) realização de estudos por órgão de pesquisa, garantida, sempre que possível, a anonimização dos dados pessoais sensíveis;

d) exercício regular de direitos, inclusive em contrato e em processo judicial, administrativo e arbitral, este último nos termos da Lei nº 9.307, de 23 de setembro de 1996 (Lei de Arbitragem);

e) proteção da vida ou da incolumidade física do titular ou de terceiro;

f) tutela da saúde, exclusivamente, em procedimento realizado por profissionais de saúde, serviços de saúde ou autoridade sanitária; ou

g) garantia da prevenção à fraude e à segurança do titular, nos processos de identificação e autenticação de cadastro em sistemas eletrônicos, resguardados os direitos previstos no art. 9º da LGPD e exceto no caso de prevalecerem direitos e liberdades fundamentais do titular que exijam a proteção dos dados pessoais.

Verifica-se, portanto, a importância da proteção à intimidade diante de vários riscos que a divulgação não autorizada pode trazer, entre eles o de discriminação.

Quem o indivíduo é, como pensa e os seus gostos, aflições, expectativas e crenças, corresponde à sua intimidade. Faz parte da sua liberdade de ser e de evitar intromissões em suas características pessoais, constitutivas de sua personalidade. Como vive a própria vida, com quem se relaciona e os lugares que frequenta, corresponde a outro tipo previsto na Constituição, que é o resguardo da vida privada, pelo que intimidade e vida privada não se confundem, embora se costume largamente utilizar a expressão privacidade para abranger os dois tipos.

Nos termos do art. 223-C, a honra, a imagem, a intimidade, a liberdade de ação, a autoestima, a sexualidade, a saúde, o lazer e a integridade física são bens juridicamente tutelados inerentes à pessoa física.

A invasão, pelo empregador, da intimidade do empregado, e a invasão, pelo empregado, da intimidade do empregador, ensejam a reparação por danos morais.

No entanto, para o exercício de cargos de confiança, notadamente os que envolvam numerário, segurança e confidencialidade de dados, admite-se que sejam exigidos do trabalhador informações relacionadas à intimidade e vida privada.

Evidentemente, não há caracterização de invasão de intimidade de pessoa jurídica, mas nada impede que o empregado ofenda a intimidade do titular da pessoa jurídica para quem labora. A revelação de segredo empresarial não caracteriza ofensa a uma intimidade que a pessoa jurídica não possui e só a pessoa natural detém, mas constitui objetivamente tipo próprio de ofensa, o direito ao sigilo.

Entre outras, são formas de ofensa à intimidade a revista íntima e o controle visual (vídeo) e auditivo (escuta) não autorizados ou invasivos. Sobre a revista íntima, a CLT, no art. 373-A, VI, a proíbe em relação às mulheres, o que não significa que possa ocorrer em relação aos trabalhadores do sexo masculino por força do art. 5º, I, da Constituição Federal.

Assim, se o empregador resolve revistar os trabalhadores do sexo feminino ou masculino, quer juntando-os num mesmo ambiente, quer servindo-se de cabines, ainda que com utilização de pessoas do mesmo sexo, ou de aparatos eletrônicos (câmeras em vestiários) responde pela humilhação causada ao trabalhador pela invasão à intimidade, podendo apenas variar o grau da agressão, conforme as condições da revista. Deve o empregador procurar outros meios, não invasivos ou humilhantes, de revista, nem que seja adotando a revista aleatória (não generalizada) e responsável (feita por pessoa do mesmo sexo, de forma menos invasiva possível), que por muitos tem sido defendida como meio imprescindível de coibir os furtos.

Nas hipóteses em que a empresa comercializa medicamentos controlados, a revista e o controle de estoque, são imposição da atividade. Também assim, se realizada sem constrangimentos e de forma aleatória, em outras atividades que demandam proteção diferenciada, como as que lidam com dinheiro, joias, pedras preciosas e armas.

Para efeito de segurança, bancos, lojas e outros ambientes públicos podem contar com detectores de metais, aparelhos de raios "X" e câmeras. O que não se justifica é o emprego de equipamento tecnológico com a finalidade de vigiar os empregados e a revista invasiva ou vexatória, incluindo o esvaziamento de bolsas e sacolas na entrada e na saída, muitas vezes na frente de clientes, ou que trabalhadores de indústrias e lojas precisem ficar nus, revelar partes do corpo ou peças íntimas ou se submeter a outros abusos suscetíveis de ofender a intimidade.

Excepcionalmente, a revista do trabalhador vem sendo tolerada, desde que realizada sem constrangimentos e de forma aleatória (por exemplo, mediante sorteio), em atividades que demandam proteção diferenciada, como as que lidam com dinheiro, joias, pedras preciosas, drogas medicinais e armas.

Relativamente aos meios de vigilância, estabelece o Código do Trabalho português:

> Art. 20º
>
> 1 – O empregador não pode utilizar meios de vigilância a distância no local de trabalho, mediante o emprego de equipamento tecnológico, com a finalidade de controlar o desempenho profissional do trabalhador.
>
> 2 – A utilização de equipamento referido no número anterior é lícita sempre que tenha por finalidade a protecção e segurança de pessoas e bens ou quando particulares exigências inerentes à natureza da actividade o justifiquem.
>
> 3 – Nos casos previstos no número anterior, o empregador informa o trabalhador sobre a existência e finalidade dos meios de vigilância utilizados, devendo nomeadamente afixar nos locais sujeitos os seguintes dizeres, consoante os casos: «Este local encontra-se sob vigilância de um circuito fechado de televisão» ou «Este local encontra-se sob vigilância de um circuito fechado de televisão, procedendo-se à gravação de imagem e som», seguido de símbolo identificativo.
>
> 4 – Constitui contraordenação muito grave a violação do disposto no n. 1 e constitui contraordenação leve a violação do disposto no n. 3.
>
> Art. 21º
>
> 1 – A utilização de meios de vigilância a distância no local de trabalho está sujeita a autorização da Comissão Nacional de Protecção de Dados.
>
> 2 – A autorização só pode ser concedida se a utilização dos meios for necessária, adequada e proporcional aos objectivos a atingir.
>
> 3 – Os dados pessoais recolhidos através dos meios de vigilância a distância são conservados durante o período necessário para a prossecução das finalidades da utilização a que se destinam, devendo ser

destruídos no momento da transferência do trabalhador para outro local de trabalho ou da cessação do contrato de trabalho.

4 – O pedido de autorização a que se refere o n. 1 deve ser acompanhado de parecer da comissão de trabalhadores ou, não estando este disponível 10 dias após a consulta, de comprovativo do pedido de parecer.

A legislação trabalhista dedica poucos dispositivos ao controle da prestação do trabalho, assim mesmo específico para os serviços de teleatendimento. A respeito, dispõe o Anexo II da NR-17, nos itens 6.7, 6.9 e 6.12, *verbis*:

"6.7. Com o fim de permitir a satisfação das necessidades fisiológicas, as empresas devem permitir que os operadores saiam de seus postos de trabalho a qualquer momento da jornada, sem repercussões sobre suas avaliações e remunerações."

"6.9. "Os mecanismos de monitoramento da produtividade, tais como mensagens nos monitores de vídeo, sinais luminosos, cromáticos, sonoros, ou indicações do tempo utilizado nas ligações ou de filas de clientes em espera, não podem ser utilizados para aceleração do trabalho e, quando existentes, deverão estar disponíveis para consulta pelo operador, a seu critério."

"6.12. "*A utilização de procedimentos de monitoramento por escuta e gravação de ligações deve ocorrer somente mediante o conhecimento do operador."*

De qualquer sorte, nada dispõe, por exemplo, a respeito de controles por câmeras e outros aparatos eletrônicos, muito menos sobre vigilância da produtividade por meio de programas de computador para quem executa as suas tarefas na máquina. Veda apenas a exposição pública das avaliações de desempenho, *verbis*:

"6.13. É vedada a utilização de métodos que causem assédio moral, medo ou constrangimento, tais como:

(...)

c) exposição pública das avaliações de desempenho dos operadores."

Também, por motivo de segurança no ambiente de trabalho, já vinha sendo admitido pela jurisprudência que, em determinadas circunstâncias, as empresas submetessem os seus empregados a teste de bafômetro em áreas que oferecessem risco ao trabalhador e terceiros.

A nova lei do motorista profissional agora corrobora esse entendimento. É dever do motorista profissional, conforme art. 235-B, da CLT, submeter-se a teste e a programa de controle de uso de drogas e de bebida alcóolica, instituído pelo empregador, com ampla ciência do empregado. E, nos termos do parágrafo único, a inobservância e a recusa do empregado em submeter-se ao teste e ao programa de controle de uso de droga e de bebida alcóolica serão consideradas infração disciplinar, passível de penalização.

As ofensas à intimidade são compostas nos termos do art. 223-G, da CLT, sem prejuízo da rescisão indireta com os consectários e da reparação de eventuais danos patrimoniais.

9.2. Danos morais por ofensas ao direito ao sigilo e ao segredo empresarial

Decorrente da intimidade, mas caracterizando tipo próprio está o sigilo.

Nos termos do art. 5º, XII, da CF, *"é inviolável o sigilo da correspondência e das comunicações telegráficas, de dados e das comunicações telefônicas, salvo, no último caso, por ordem judicial, nas hipóteses e na forma que a lei estabelecer para fins de investigação criminal ou instrução processual penal;"*

O direito ao sigilo significa o direito ao segredo das comunicações, doméstico, familiar e profissional.

No campo trabalhista, podemos incluir no sigilo a revelação de segredo da empresa.

Nos termos do art. 223-D, a imagem, a marca, o nome, *o segredo empresarial* e o sigilo da correspondência são bens juridicamente tutelados inerentes à pessoa jurídica.

Outrossim, na vida profissional os direitos e liberdades têm por limites a reputação alheia, a finalidade da empresa e as características do contrato de trabalho, não podendo o empregado, sob pena de quebra da fidúcia, lealdade e boa-fé contratuais, tornar públicas informações ou correspondências sigilosas. E menos ainda postar comentários negativos sobre o trabalho ou a empresa para conhecimento alheio.

Por força de lei, ninguém poderá, sem prévia autorização, ter conhecimento e muito menos divulgar o conteúdo alheio da correspondência pessoal física, telefônica simples ou fac-similada, eletrônica (e-mail), telegráfica ou de conversa direta, telefônica ou eletrônica, ou por ondas de rádio.

De igual sorte, divulgar segredo empresarial com ou sem intenção de obter proveito, caracteriza séria ofensa de natureza extrapatrimonial, sem prejuízo do dano material resultante da ofensa. Divulgar linha de ação de uma empresa, métodos utilizados e projetos, fragilizam-na perante a concorrência, muitas vezes quebrando o ineditismo.

As ofensas ao direito ao sigilo e ao segredo empresarial são compostas nos termos do art. 223-G, da CLT, sem prejuízo da rescisão indireta com os consectários ou da despedida por justa causa, conforme a hipótese, e da reparação de eventuais danos patrimoniais.

9.2.1. O uso do e-mail no trabalho e a questão do sigilo

Relativamente ao uso da internet e do e-mail no trabalho, desde que partindo-se do pressuposto de que a propriedade do equipamento tecnológico de informação e de comunicação capaz de acessá-los é do empregador, cabe ao empregado alegar os direitos à intimidade e ao sigilo de correspondência, fundamentais e constitucionalmente assegurados, para impedir que sejam vasculhadas as navegações e acessos do trabalhador? Ou será que pode o empregador, se titular dos meios tecnológicos disponibilizados para a utilização em serviço, vasculhar o uso que o trabalhador faz da rede empresarial? E se o equipamento for do próprio empregado, cedido ao empregador para a prestação do trabalho, possibilidade essa aplicável ao regime de teletrabalho?

A Constituição Federal garante o sigilo da correspondência e das comunicações telegráficas, de dados e das comunicações telefônicas (art. 5º, XII). Mas esse sigilo se aplica aos instrumentos de trabalho disponibilizados para uso em serviço? E se forem indevidamente utilizados, colocando em risco a segurança e o patrimônio da empresa? A legislação trabalhista é omissa a respeito.

Estabelecida a colisão de direitos fundamentais, de um lado, a propriedade privada, comumente apontada como consubstanciada, materialmente, no domínio dos equipamentos colocados à disposição dos empregados e, de forma imaterial, no poder diretivo que exerce para o controle da execução do serviço e, de outro, o direito à intimidade, que impediria ao empregador invadir a correspondência particular do empregado, indaga-se como resolvê-lo.

Ora, o poder diretivo do empregador deve ser exercido para a viabilização do contrato e nada tem a ver com o direito de propriedade. Não é o direito de propriedade que dá ao empregador o poder de subordinar. Do contrato de trabalho é que advém o direito do empregador obter do trabalhador o cumprimento das tarefas segundo as necessidades e características do serviço em relação ao desenvolvimento da atividade empresarial.

Se o equipamento colocado à disposição do empregado é destinado à realização do serviço que o contrato tem por objeto, não se justifica a sua utilização com abuso ou desvio de finalidade, quer para assuntos particulares, quer para divulgação de informações sigilosas, ocupando assim o equipamento e o tempo remunerado de trabalho com atividades estranhas às tarefas profissionais e até colocando em risco a segurança da empresa inclusive pela possibilidade de invasão por *hackers* em decorrência de navegações indevidas.

Logo, não o direito de propriedade, em sentido estrito, mas o risco ao patrimônio pelo uso indevido é que, juntamente com a possível afetação da imagem, da marca, do nome e do segredo empresarial, bem como o descumprimento das obrigações por meio do desvio de finalidade, podem justificar o controle do empregador em relação ao uso da rede e da correspondência eletrônica disponibilizados para a execução das tarefas laborais.

Torna-se assim evidente que nas relações de trabalho é inadmissível a incidência absoluta de sigilo na utilização das ferramentas ocupacionais disponibilizadas para uso corporativo. Flexibilizações podem se tornar necessárias ao ajuste dos direitos fundamentais do empregador com os interesses empresariais e as características do contrato de trabalho.

Logo, relativamente ao e-mail corporativo, tendo-se por balizamento a dignidade da pessoa humana no controle do uso do equipamento, chega-se à conclusão de que o empregador pode exercer a necessária fiscalização, por meio de moderado e genérico controle material, relacionado ao desempenho do trabalho para o qual o empregado é remunerado e a segurança da empresa, de forma a prevenir a utilização indevida do equipamento. De acordo com o art. 458, §2º, da CLT, na qualidade de ferramenta de trabalho que é, com a finalidade de ser utilizado em serviço e em prol do serviço, está o uso do equipamento tecnológico sujeito à vigilância e controle do empregador, independentemente da chamada cláusula de invasão de privacidade.

Com base na confiança recíproca que deve nortear a relação de emprego, é recomendável que o faça primeiro de forma generalizada e impessoal, passando à verificação material somente em caso de urgência (necessidade de acesso a determinada informação institucional na ausência do empregado) ou de fundadas suspeitas de má utilização, com prévia oitiva do trabalhador sobre atividades aparentemente suspeitas.

A respeito, o artigo 22 do Código do Trabalho de Portugal, ao cuidar da confidencialidade de mensagens e de acesso a informação, estabelece que "1 - O trabalhador goza do direito de reserva e confidencialidade relativamente ao conteúdo das mensagens de natureza pessoal e acesso a informação de carácter não profissional que envie, receba ou consulte, nomeadamente através do correio electrónico."

Essa confidencialidade não se aplica, portanto, às ferramentas corporativas.

Assim, quanto ao *e-mail* particular (do empregado), ainda que por ele utilizado no trabalho por meio de recursos institucionais do empregador, não pode ser invadido. O que não significa que para a viabilização do poder diretivo, ínsito ao contrato de emprego, o monitoramento meramente formal, não incidente sobre o conteúdo das mensagens, mas apenas sobre a atividade, destinatário e volume, não possa ser exercido. Mas, nesses caso, somente por autorização judicial e em processo regular, com motivação justificável, poderá o conteúdo ser conhecido para efeito de prova, respondendo o empregador por eventual dano causado ao empregado.

O fato da Constituição da República a autorizar para a obtenção de prova em processo penal, não significa que outro deva ser o procedimento em relação ao processo civil ou ao processo do trabalho, ou que não caiba sequer a obtenção da prova mediante prévia permissão judicial.

No terreno da prova judiciária, negar, em determinadas situações, a utilização da prova obtida com invasão da intimidade alheia significaria negar o direito de comprovar fato tão repudiado pelo Direito quanto a transgressão do respeito à intimidade, daí a viabilidade, por exemplo, de utilização de gravação de vídeo com obtenção casual de imagem de uma empregada, que resolveu espancar um senhor idoso em relação ao qual foi contratada para ser acompanhante.

Havendo indícios de que o empregado, mesmo através do *e-mail* particular, se servia do equipamento do empregador para cuidar de assuntos particulares em horário de serviço, realizar negócios concorrentes, ou violar segredo empresarial, negar a realização da prova do fato mediante prévia autorização judicial não seria razoável. Até mesmo atos de menor gravidade, como downloads de piadas, de papéis de parede/protetores de tela e de animações, acessos a movimentação de conta bancária e verificação de notas de faculdade, votações as mais variadas, por exemplo, para o Big Brother, são práticas, embora corriqueiras, que revelam o uso indevido do computador, prejudicando o serviço e colocando em risco a segurança do sistema informatizado, principalmente quando os computadores estão ligados em rede.

Assim, os fatos que possam justificar a ordem judicial terminam exatamente servindo de fator de segurança e reafirmando os limites do direito à intimidade. O empregador não poderá ler o conteúdo dos e-mails particulares sem prévia autorização judicial (a leitura caracterizaria controle material). Constatado número abusivo de mensagens enviadas ou recebidas com fins aparentemente não institucionais, ou troca de mensagens com a concorrência, pode o empregador pedir ao empregado explicações a respeito ou buscar o vasculhamento por meio de prévia autorização judicial. Por se tratar de e-mail pessoal, que não é aberto à comunidade, surge a inviolabilidade das comunicações, cuja invasão somente razões circunstanciais relevantes podem justificar. E para a respectiva operacionalização, os limites precisam ser observados, para levar ao mínimo sacrifício do direito invadido: a autorização judicial, que imporá os limites do monitoramento ou, em último caso, o estado de necessidade que justifique a licitude da obtenção da prova apesar do vasculhamento sem prévia autorização.

Em processo em que foi relator o Ministro João Oreste Dalazen (RR - 613/2000-013-10-00, 1ª Turma, publicado no DJ – 10/06/2005), o TST decidiu que o empregador pode exercer, *"de forma moderada, generalizada e impessoal"*, com a finalidade de evitar abusos, o controle sobre as mensagens enviadas e recebidas pelo correio eletrônico corporativo. Acrescentou, citando obra de nossa lavra[1], que o instrumento, mesmo que cedido ao empregado, é de propriedade da empresa e tem natureza jurídica equivalente a uma ferramenta de trabalho para a consecução do serviço, destinando-se a mensagens de cunho estritamente profissional, fazendo referência a obra de nossa lavra quanto à distinção entre e-mail corporativo e e-mail pessoal e concluindo que o corporativo é ferramenta de trabalho que admite monitoramento diante de abusos. Daí ter sido decidido que o envio de e-mail de conteúdo pornográfico, expedido pelo trabalhador durante o expediente, com utilização de equipamento patronal, configurou justa causa.

9.2.2. Ofensas por quebra de sigilo bancário

Por meio do art. 34 da Circular nº 3.978, de 23 de janeiro de 2020, o Banco Central determina às instituições bancárias autorizadas, a comunicação de movimentações em conta corrente de valores iguais ou que superem a quantia de R$ 50.000,00 (cinquenta mil reais). Tais valores são periodicamente atualizados.

Ocorrendo movimentação nesse valor na conta do trabalhador, o banco precisa notificar o Banco Central, o que inclui saída de numerário de conta de cliente para conta de empregado bancário. Nesses casos, não se caracterizará quebra de sigilo quanto à movimentação financeira do bancário em contas correntes.

Outrossim, em ocorrendo movimentações de valor inferior, mas igualmente advindas de conta de cliente para a do bancário, ao empre-

---

1 O Monitoramento da Correspondência Eletrônica nas Relações de Trabalho, LTR, São Paulo, 1ª edição.

gador resta exigir explicações do trabalhador e até obter judicialmente autorização para a verificação do ocorrido.

9.3. Danos morais por ofensas ao direito ao recato ou vida privada

Vida privada é a vida interior, referente à pessoa, aos componentes de sua família e amigos, que caracterizam o modo do indivíduo viver a própria vida.

Todos têm o direito à preservação da vida privada, ou seja, do resguardo à indiscrição alheia. É um direito inviolável, nos termos do art. 5º, XI, da CR.

Regulamentando a Constituição, o art. 21, do Código Civil, aplicável à CLT por força do art. 8º, parágrafo único, estabelece que: "A vida privada da pessoa natural é inviolável, e o juiz, a requerimento do interessado, adotará as providências necessárias para impedir ou fazer cessar ato contrário a esta norma."

O relacionamento familiar, o tipo de amizades e envolvimentos que mantém, os lugares que frequenta e as preferências ou hábitos revelados pelo modo de vida não podem ser desnudados, exceto se pelo próprio publicizado, por exemplo, por meio de postagens em rede social.

A vida privada leva em consideração a vida individual, familiar e de amizades nucleadas na ausência do público, ou seja, naquela esfera em que as relações devem permanecer resguardadas da intromissão alheia, sem o que o indivíduo não pode viver a sua vida em liberdade.

O indivíduo pode agir para fazer cessar a invasão, ou preventivamente para impedi-la.

Inviolabilidade de domicílio, liberdade de associação e de exercício do trabalho são formas de proteção à vida privada.

A utilização de meios eletrônicos para perscrutar a privacidade alheia, o uso de binóculos, escutas, máquinas fotográficas, câmeras e outros meios de intromissão na vida privada são ofensivos.

A invasão presencial ou virtual da vida privada da pessoa, do seu relacionamento familiar, o tipo de amizades que mantém e dos lugares que frequenta, ensejam a caracterização de dano moral, o mesmo ocorrendo na proibição de relacionamento íntimo com pessoa que trabalhe na mesma empresa.

O empregador, na fase de seleção para ingresso na empresa, não pode exigir do empregado informações não necessárias à contratação. Indagações sobre opiniões políticas, religiosas, atividade sindical pretérita, origens raciais e preferências sexuais são absolutamente inadmissíveis.

De igual sorte, são inadmissíveis testes psicológicos, polígrafos e testes grafológicos visando desnudar a privacidade. Nada pode atentar contra a liberdade do trabalhador viver, sem interferências, a própria vida (privada) que, de regra, não interfere no trabalho.

Assim, quando o empregador, visando verificar a adequação de certo empregado para um cargo em promoção, resolve abusivamente investigar a sua vida privada, o seu relacionamento familiar, o tipo de amizades que mantém e os lugares que frequenta, enseja a caracterização de dano moral.

No entanto, para o exercício de cargos de confiança, notadamente os que envolvam numerário, segurança e confidencialidade de dados, admite-se que sejam exigidos do trabalhador informações relacionadas à intimidade e vida privada, obrigando-se o empregador a não divulgá-las a terceiros.

As ofensas à vida privada são compostas nos termos do art. 223-G da CLT quanto aos critérios a serem avaliados pelo magistrado, embora as quantificações ali apresentadas sejam apenas sugestivas e sem prejuízo da rescisão indireta, com os consectários, e da reparação de eventuais danos patrimoniais.

9.3.1. Intimidade e vida privada: distinção necessária

Na Itália faz-se distinção entre *diritto allá riservatezza* e *rispetto della vita privata*. O *rispetto della vita privata* consiste no direito de impedir que terceiros conheçam ou descubram a intimidade da vida privada da pessoa, ao passo que o *diritto allá segretezza* corresponde ao direito de impedir a divulgação de aspectos de intimidade, uma vez licitamente conhecidos. Fala-se, genericamente em privacidade e não em intimidade e vida privada como direitos autônomos.

Nas doutrinas alemã e italiana também não se faz distinção entre privacidade e intimidade, dividindo-se o resguardo à privacidade em esferas: numa esfera mais distante do centro de um círculo, estão os fatos que a pessoa não deseja que se tornem públicos, correspondendo aos acontecimentos que não estariam ao alcance da coletividade em geral, como notícias e expressões que a pessoa deseja excluir do conhecimento de terceiros; numa esfera mais próxima do centro do círculo, os fatos do conhecimento confidencial ou íntimo das pessoas que gozam da confiança do indivíduo (familiares, amigos e colaboradores); e, no centro do círculo, os segredos que são revelados a poucas pessoas ou a ninguém, como a vida sexual.

No direito brasileiro vida privada e intimidade são bens jurídicos distintos. A vida privada caracteriza o modo do indivíduo viver a própria vida pessoal, familiar e de relacionamentos sociais, incluindo os lugares de frequência. É o direito ou liberdade de recato e na companhia de quem lhe interessar. Diz respeito ao comportamento do indivíduo na sua inserção na vida social. É o direito da pessoa de decidir o que pode ou não ser revelado sobre o seu modo de viver a vida e com quem. Abrange, portanto, confidências, dados e recordações pessoais, memórias, diários, lembranças de família, vida amorosa ou conjugal, saúde, afeições, entretenimentos, costumes e atividades negociais, dados esses que não interessam à curiosidade pública.

A vida privada corresponde ao eu com os outros, ao passo que a intimidade corresponde ao eu consigo mesmo, longe da interferência até mesmo da família e dos amigos. É uma esfera mais interior em relação à vida privada.

Logo, a vida privada distingue-se da intimidade, que é a esfera secreta da vida do sujeito do direito (convicções, crenças, gostos, orientação sexual).

9.3.2. Intimidade, vida privada e redes sociais

O atual ambiente de trabalho difere bastante daquele que propiciou o surgimento das normas trabalhistas, idealizadas para pacificar as questões jurídicas decorrentes de sociedades agrária e fabril. Naquela época, o trabalho era, necessariamente, prestado de forma presencial, envolvendo três questões principais: remuneração, horário e meio ambiente de trabalho.

Hoje, no entanto, o trabalho é comumente realizado num ambiente automatizado, informatizado e globalizado. Num ambiente sem fronteiras, em que as novas tecnologias de comunicação e informação, o barateamento dos custos e a massificação do crédito banalizaram o uso de meios tecnológicos pessoal e corporativo e permitiram a utilização corriqueira da internet e dos seus aplicativos, como a telemática, o correio eletrônico e as redes sociais que constituem meios ágeis e eficientes de comunicação e relacionamento social e profissional (Facebook, Instagram, X (antigo Twitter), Linkedin, MSN, Whatsapp e Telegram).

Zoom, Meet, Teams, Cisco e equivalentes são meios de comunicação telemáticos à distância por voz e imagem, permitindo reuniões, aulas, palestras, seminários e congressos, inclusive com exibição de slides e filmes.

Plataformas como essas foram largamente utilizadas durante a pandemia, até mesmo para sessões de tribunais e audiências em primeiro grau de jurisdição. O sucesso foi tamanho, que continuaram sendo judicialmente utilizadas de forma híbrida no pós-pandemia.

As redes sociais merecem algumas considerações em razão de suas específicas utilidades como ferramentas de interação.

São redes sociais "*um conjunto de participantes autônomos, unindo ideias e recursos em torno de valores e interesses compartilhados*"[2]. O *WhatsApp* e o *Telegram* são redes sociais consideradas de cunho íntimo, utilizadas de modo privado para troca de mensagens eletrônicas e comunicação por voz e imagens individuais ou em grupo, pressupondo a existência de um aparelho celular e um número a ele vinculado para o ingresso.

O *Facebook* é um *site* de relacionamento social que permite que a pessoa, entidade ou grupo poste o seu perfil para conhecimento dos dados pessoais, com fotos, vídeos, *links* e notas e adicionar, para efeito de correspondência, outros usuários que admitir como "amigos". Permite

---

2 MARTELETO, Regina Maria. Análise de redes sociais: aplicação nos estudos de transferência da informação. *In* **Ciência da Informação**, Brasília, v. 30, n. 1, p. 71-81, jan./abr. 2001, p.72.

compartilhar fotos, vídeos, escrever depoimentos e enviar mensagens e compartilhar notícias, sendo possível "curtir" a página de empresas e personalidades, passando assim o interessado a receber as atualizações do feed de notícias. Também é possível "curtir" os comentários e fotos de "amigos" adicionados e a monetização dos acessos e compartilhamento de informações (como cursos online vendidos na plataforma). O *Instagram* é uma rede social *on-line*, de compartilhamento de fotos e vídeos e que interage com Facebook, X (ex-Twitter), Tumblr e Flickr. Atualmente tem servido inclusive para algumas lives, utilização que se disseminou durante a pandemia da COVID-19. Comparativamente ao Facebook tem layout diferente, mais "limpo", mas com finalidades parecidas, ainda que com intuito informativo em menor escala.

O X (antigo *Twitter)* é uma ferramenta de relacionamento social, mais precisamente um *micro blogging* constituído de uma comunidade de pessoas, denominadas seguidores, que permite aos usuários interagir em tempo real com as pessoas que se encontram na rede, informando, com mensagens curtas e objetivas, o que está fazendo ou acontecendo no momento. Há, no *Twitter*, pela sua finalidade, limitação de caracteres a ser digitado. A pergunta principal do twitter é: O que você está fazendo agora?

O *MSN Messenger* é um programa de mensagens instantâneas que permite que um usuário da internet se relacione em tempo real com outro que tenha o mesmo programa. Permite listar os amigos virtuais e acompanhar quando eles entram e saem da rede. Serve, basicamente, para conversas *on-line. É, hoje em dia, ferramenta pouco utilizada.*

O *Linkedin* é também uma rede social, mas voltada para os relacionamentos profissionais. As pessoas que nela figuram são chamadas de "conexões". Visa a permitir o conhecimento de profissionais por meio de seus contatos mútuos, sendo usado para encontrar trabalhos, pessoas e oportunidades recomendadas por qualquer um na rede de contatos.

Que implicações essas ferramentas ou aplicativos podem gerar em termos de responsabilidade por danos? É o que veremos a seguir.

9.3.2.1. Os problemas que podem surgir a partir do uso das redes sociais no ambiente de trabalho

As redes sociais constituem meios ágeis e eficientes de comunicação e relacionamento social. Como é possível ter acesso a elas no ambiente de trabalho por meio de computadores smartphones e *tablets (funcionais ou pessoais)*, com as comunicações alcançando em tempo real pessoas e comunidades as mais distantes; como também é possível acessar as informações postadas pelos trabalhadores e estes falarem publicamente sobre a empresa na qual trabalham e até formarem comunidades, novos problemas jurídicos decorrem de sua utilização.

"Com efeito, é possível que o trabalhador se distraia durante o expediente em razão de manuseio de algum instrumento tecnológico, ou que publique informações que possam causar prejuízos ao empregador. Da mesma forma, é possível que este último vede o uso de determinados aparelhos dotados de tecnologia da informação para fins pessoais durante o expediente, assim como, em situação dotada de extrema polêmica, que obtenha acesso ao perfil do trabalhador de forma a influenciar a seleção de candidatos, promoções internas ou inibições de ascensões funcionais em razão convicções religiosas ou políticas, orientação sexual/de gênero e amizades reveladas em redes sociais que não condigam com o perfil empresarial.

Vejamos os exemplos abaixo de casos analisados pela Justiça brasileira e internacional.

Um vigilante fora dispensado por justa causa em razão da utilização de aparelho celular durante o expediente, mesmo sabendo da expressa proibição contratual quanto ao manuseio[3].

Uma funcionária de um frigorífico sofreu dispensa por justa causa por filmar e postar imagens da linha de produção da empresa em redes sociais, violando diretriz proibitiva empresarial[4].

---

3 TST. RRAg-217-19.2020.5.17.0010, 5ª Turma, Relator Ministro Breno Medeiros, DEJT 01/03/2024.

4 TST. Ag-AIRR-500-89.2018.5.14.0141, 1ª Turma, Relator Ministro Amaury Rodrigues Pinto Junior, DEJT 18/02/2022.

Uma funcionária dos correios foi dispensada por justa causa em razão de postagem nas suas redes sociais em que publicou a frase "escrava na empresa Correios", revertendo tal forma de extinção contratual somente no TST, por considerar inexistente a extrema gravidade da conduta a ensejar a referida modalidade de extinção contratual[5].

Uma funcionária de uma escola particular foi dispensada por justa causa por divulgar, por meio de suas redes sociais de mensagens (*whatsapp*), áudios de reuniões internas com a participação de pais de alunos e menções nominais a menores que estudavam no colégio. Ainda que não tenha propagado as mensagens de forma pública a qualquer usuário externo diretamente, levou-se em consideração sua responsabilização pela divulgação denegridora da imagem empresarial e divulgadora de privacidade dos presentes na reunião[6].

Além desse, determinada empresa fora condenada em indenização por danos morais em razão de assédio sexual praticado por superiores hierárquicos da funcionária assediada, inclusive demonstrando-se prova por meio de conversas em redes sociais[7].

Por outro lado, em outro caso uma empregada de uma empresa de logística buscava obter indenização por danos morais em razão de assédio moral praticado por seus superiores e colegas de trabalho em grupo de *WhatsApp*. Ocorre que diante da ocorrência da violação de sua honra e dignidade em grupo de rede social (*WhatsApp*) não corporativo, sem qualquer liame com a relação empregatícia, não se considerou o ambiente virtual como extensão do ambiente físico laboral, indeferindo-se o pedido indenizatório[8]."

---

5 TST. RR-1000864-41.2018.5.02.0444, 7ª Turma, Relator Ministro Claudio Mascarenhas Brandao, DEJT 23/06/2023.

6 TST. AIRR-569-71.2020.5.06.0013, 6ª Turma, Relator Ministro Augusto Cesar Leite de Carvalho, DEJT 15/12/2023.

7 TST. Ag-AIRR-255-28.2019.5.05.0195, 6ª Turma, Relator Desembargador Convocado Jose Pedro de Camargo Rodrigues de Souza, DEJT 03/03/2023.

8 TST. RRAg-1282-34.2017.5.08.0130, 8ª Turma, Relator Ministro Alexandre de Souza Agra Belmonte, DEJT 03/10/2022.

BELMONTE, Alexandre Agra; Freitas, Cláudio. O Monitoramento Tecnológico das Relações de Trabalho no Mundo Digital, Venturolli, São Paulo, 2024, pp.118-120.

Uma funcionária de restaurante foi despedida por justa causa em razão de uso indevido da internet. Segundo a decisão judicial que confirmou a dispensa por justa causa, a trabalhadora divulgava mensagens de conteúdo profissional e relativas a assuntos internos da empresa em site de ampla divulgação"[9].

Um vigilante fora dispensado por justa causa em razão de desídia, eis que no exercício da função vigilante e durante o trabalho, acessou em diversas oportunidades *sites* como Facebook e Youtube em sala e computador de uso exclusivo de servidores da tomadora dos serviços, motivando-se a dispensa devida eis que, enquanto se distraiu, deixou de vigiar, pondo em risco a segurança do bem tutelado[10].

Outro, por ter criado um *blog* em que fazia propostas comerciais dos mesmos cursos ofertados pela sua empregadora, mas em nome de outra empresa e no horário de expediente, praticando negociação habitual como ato de concorrência do empregador[11].

Nos Estados Unidos, "dois empregados de uma grande rede de pizzaria postaram um vídeo no *YouTube* em que, por brincadeira, violavam as regras básicas de higiene na preparação de uma pizza. O vídeo rapidamente se tornou um fenômeno mundial de visualizações", afetando a imagem e a clientela da pizzaria, levando à despedida dos trabalhadores, por justa causa.[12]

Na Inglaterra, empregado de uma famosa marca de computadores postou no *Facebook* comentários negativos sobre a marca e seus produtos, o que também levou a despedida motivada do trabalhador.[13]

9 TST. E-ED-RR-207400-63.2009.5.02.0203, Subseção I Especializada em Dissídios Individuais, Relator Ministro Joao Oreste Dalazen, DEJT 08/09/2017.

10 TST. ARR-204-27.2016.5.09.0028, 8ª Turma, Relatora Ministra Dora Maria da Costa, DEJT 24/11/2017.

11 TST. AIRR-759-02.2011.5.01.0009, 8ª Turma, Relatora Ministra Dora Maria da Costa, DEJT 11/03/2016.

12 GALO e TENO, Thais e Thiago. *Redes sociais:* o empregador deve proibir ou regulamentar? *In* <http:/www.migalhas.com.br/dePeso/16,MI148377,11049-Redes+sociais+o+empregador+deve+proibir+ou+regulamentar>. Acesso em: 7 dez. 2012.

13 GALO e TENO, Thais e Thiago. *Redes sociais:* o empregador deve proibir ou regulamentar? *In* <httpP:/www.migalhas.com.br/dePeso/16,MI148377,11049-Redes+sociais+o+empregador+deve+proibir+ou+regulamentar>. Acesso em: 7 dez. 2012.

Há casos em que o trabalhador foi despedido, por justa causa, por tecer comentários que denegriram a imagem da empresa. "Na Espanha, a Generalitat da Catalunha suspendeu por três meses um professor de latim de uma escola de El Morell (Tarragona), por ter feito comentários insultosos ou intimidantes contra o diretor e outros professores através do *Facebook*, ao mesmo tempo em que pedia a seus alunos que aderisse à campanha."[14]

Em outro caso, um empregado de certa empresa do setor financeiro criou um *blog* e nele colocou informações sobre o balanço da companhia, com dados diferentes dos enviados à Comissão de Valores Mobiliários. A empresa recebeu uma advertência formal do órgão fiscalizador e o trabalhador foi despedido, por justa causa.[15]

Há também relato de que enfermeira de um hospital colocou na agora extinta comunidade do *Orkut* fotos da equipe de trabalho tiradas durante o expediente. Para o hospital, as imagens relatavam "intimidades" dos integrantes da equipe da UTI. Segundo a contestação, cada foto postada continha abaixo "comentários de mau gosto, não apenas da enfermeira demitida, mas também de terceiros" que acessavam a rede social. As fotos mostravam ainda o logotipo do estabelecimento sem sua autorização, expondo sua marca "em domínio público, associada a brincadeiras de baixo nível, não condizentes com o local onde foram batidas". Ainda segundo a defesa, a enfermeira desrespeitou os doentes internados na UTI, muitos em estado grave e que, por motivos alheios às suas vontades e de seus familiares, foram expostos publicamente. O Tribunal Regional do Trabalho da 6ª Região (PE) reformou o a sentença ao dar provimento a recurso ordinário do hospital. Para o Regional, o empregador agiu corretamente ao aplicar a justa causa, porque as fotos revelam a equipe da UTI em um "ambiente de brincadeiras nitidamente inadequadas". O acórdão cita como exemplo uma foto que mostra "uma das enfermeiras semiagachada e uma mão supostamente tentando apalpá-la". Para o relator do processo que chegou ao TST, ministro José

14 MUÑOZ, Ramón. As redes sociais e o ambiente de trabalho. *El País*, Madri, tradução de Luiz Roberto Mendes Gonçalves, *in* <www.relacoesdotrabalho.com.br/profiles/blogs/no-uol-noticias-as-redes>. Consulta feita em: 7 dez. 2012.

15 *In* <http://www.leieordem.com.br/direito-do-trabalho-uso-de-blogs-e-redes-sociais-e-motivo-de-demissao-por-justa-causa.html>. Acesso em: 7 dez. 2012.

Roberto Freire Pimenta, o Regional, na análise das provas dos autos, amparado no princípio do livre convencimento motivado, entendeu que a conduta da enfermeira foi grave ao ponto de justificar a sua dispensa. Para se concluir de forma diferente, como pretendido, seria necessário retornar à análise de fatos e provas, procedimento vedado pela Súmula n. 126 do TST.[16]

No processo RR-625-74.2011.5.09.0001, constatou-se que uma ex-empregada de uma *pet shop* fez comentários ofensivos aos proprietários da loja em sua página de uma rede social, além de admitir que maltratava os animais sob seus cuidados. As instâncias inferiores acolheram o pedido dos ex-empregadores e condenou a auxiliar ao pagamento de danos morais. No TST, o recurso de revista da ex-empregada foi apreciado pela Quinta Turma, sob a relatoria do Ministro Emmanoel Pereira, que ratificou a condenação.

Consta da decisão que os diálogos travados pela ex-empregada na rede social revelam referências ao proprietário com palavrões, afirmando que *"não suportava mais a corna e aquele gordo desgraçado", que* faltava muito, sempre com atestado, que até passou detergente nos olhos e "pegou dois dias" "e ainda bicudava aquelas cadelas malditas, erguia no chute, elas tinham muito medo de mim".

Para os ministros integrantes da Turma, a conduta desleal e antiética da trabalhadora, inclusive a confissão de crime de maus tratos a animais, causaram prejuízo moral aos proprietários da *pet shop.*

No plano processual, é corriqueira a alegação das partes acerca de suspeição testemunhal em razão da existência de amizade entre depoente e autor/réu em redes sociais. Ocorre que, segundo a atual jurisprudência do TST, o fato de constarem partes e testemunhas como amigos(as) nas redes sociais, por si só, não acarreta eventual suspeição testemunhal, eis que as relações virtuais sociais nem sempre são dotadas de intimidade. Dessa forma, exige-se a comprovação da ocorrência de amizade íntima nos termos legais a acarretar a imprestabilidade da prova oral[17].

---

16 Processo: AIRR - 5078-36.2010.5.06.0000, 2ª Turma do TST.

17 TST. RRAg-1001252-95.2018.5.02.0038, 1ª Turma, Relator Ministro Amaury Rodrigues Pinto Junior, DEJT 20/10/2023; TST. Ag-AIRR-221-92.2015.5.02.0028, 2ª Turma,

9.3.2.2. Os cuidados, limites e a composição dos conflitos decorrentes do abuso no uso das redes sociais

É preciso que os trabalhadores tenham cuidado com as informações que postam ou repassam nos *sites* de relacionamento social, que se tornam públicas a partir da divulgação ou compartilhamentos.

Apesar de lhes serem constitucionalmente reconhecidos os direitos à intimidade, privacidade e das liberdades de pensamento, expressão, convicção, credo e orientação sexual ou de gênero, a prova da discriminação nas seleções ou na preterição de um candidato a promoção na empresa pelas amizades, convicções políticas e religiosas e orientações pessoais a partir de perfis em redes sociais não é das mais fáceis.

Outrossim, na vida profissional os direitos e liberdades têm por limites a reputação alheia, a finalidade da empresa e as características do contrato de trabalho, não podendo o empregado assacar contra a imagem da empresa, a honra de seus dirigentes e colegas de trabalho, ou atentar contra a boa fé e lealdade contratuais, quer tornando públicas informações sigilosas, quer desrespeitando ou expondo o empregador, quer praticando atos incompatíveis com a ideologia de eventual organização de tendência para a qual trabalhe.

O relacionamento do trabalhador com a empresa ou seus dirigentes e colegas de trabalho é de natureza pessoal, não lhe cabendo tornar público assuntos que não dizem respeito ao conhecimento alheio. A relação de trabalho é estabelecida com base na reserva de informações e na fidúcia que deve orientar o relacionamento interno. Revelar estratégias, segredos empresariais ou ofender a imagem do empregador podem levar diretamente à despedida por justa causa. Postar comentários negativos sobre o trabalho ou a empresa, ofender colegas de trabalho, publicar fotos ou situações de gosto duvidoso ou revelar publicamente atos dos dirigentes ou gestores, além de prejudicar o ambiente de traba-

---

Relatora Ministra Maria Helena Mallmann, DEJT 09/06/2023; TST. RRAg-10255-26.2018.5.03.0180, 5ª Turma, Relator Ministro Breno Medeiros, DEJT 01/07/2022; TST. RRAg-11304-77.2016.5.03.0114, 6ª Turma, Relatora Ministra Katia Magalhaes Arruda, DEJT 21/10/2022; TST. RR-2743900-28.2007.5.09.0004, 7ª Turma, Relator Ministro Claudio Mascarenhas Brandao, DEJT 13/12/2013.

lho, podem denegrir a imagem e reputação alheias, além da segurança e produtividade da empresa.

O Brasil figura entre os três países que mais acessam as redes sociais[18]. A preocupação das empresas reside no fato de que cada vez mais os trabalhadores utilizam as redes sociais durante o expediente, causando preocupação sobre a segurança das informações sigilosas e a queda da produtividade, pela navegação em horário de trabalho. Daí a adoção de programas visando a monitorar os computadores utilizados pelos trabalhadores quanto ao uso das redes sociais utilizadas no ambiente de trabalho[19]. É, no entanto, indispensável que as empresas informem sobre o monitoramento e sobre a eventual proibição do uso desses aplicativos no trabalho ou de revelar informações e estratégias empresariais. E que tenham o cuidado necessário para não invadirem a intimidade ou privacidade do empregado em tais monitoramentos.

"Tais programas de monitoramento funcionam tanto em relação a computadores quanto celulares/*smartphones* ou *tablets* corporativos, eis que são verdadeiras ferramentas de trabalho[20], estendendo-se o poder fiscalizatório do empregador (decorrente do poder diretivo) aos meios tecnológicos, bastando, como acima já exposto, que o trabalhador tenha ciência de tal situação.

O que não pode ocorrer, naturalmente, é a fiscalização dos materiais tecnológicos próprios dos empregados, seja por programas instalados, seja por fiscalizações manuais, eis que nesse caso, aí sim, estaremos diante de completa invasão à privacidade e intimidade do obreiro. Tal situação não impede, no entanto, eventual responsabilização do trabalhador em

18 PACETE, Luis Gustavo. Vide <https://forbes.com.br/forbes-tech/2023/03/brasil-e-o-terceiro-pais-que-mais-consome-redes-sociais-em-todo-o-mundo/#:~:text=O%20estudo%20mostra%20que%20esses,Estados%20Unidos%2C%20M%C3%A9xico%20e%20Argentina.>. Acesso em 1º/05/2024.

19 CAVALLINI, Marta. Vide < https://g1.globo.com/economia/concursos-e-emprego/noticia/empresas-monitoram-comportamento-nas-redes-sociais-para-contratar-ou-demitir-veja-cuidados.ghtml>. Acesso em 1º/05/2024.

20 MUNIZ, Carolina. Vide <https://www.baptista.com.br/a-empresa-pode-monitorar-o-email-e-o-celular-corporativos/#:~:text=A%20verifica%C3%A7%C3%A3o%20%C3%A9%20permitida%2C%20porque,Chagas%2C%20s%C3%B3cio%20do%20Chagas%20Advocacia.>. Acesso em 1º/05/2024.

razão de violação do seu dever de lealdade inerente ao labor desenvolvido, acarretando, caso violado, dispensa por justo motivo (tipificação na forma do artigo 482 da CLT) e indenização por danos morais face à violação da honra objetiva da empresa (artigo 223-D da CLT).

Já a proibição do uso de aparelhos pessoais durante o expediente não foge à regularidade do uso do poder fiscalizatório, bastando o conhecimento da vedação pelo trabalhador, seja por meio de regulamento de empresa ou regimento interno[21], ou, mesmo, em cláusula do próprio contrato de trabalho. Isso porque, conforme pondera a literatura especializada, as mídias sociais são verdadeiras "*máquinas de distração*", podendo acarretar problemas relacionados à falta de concentração no trabalho, gerando, consequentemente, queda de produtividade em razão de redução das habilidades criativas[22]."[23]

O Ministério do Trabalho da Espanha está investigando acusações de que uma empresa estaria usando *microchips* instalados nos celulares de seus funcionários para saber quanto tempo eles ficam parados durante o serviço, senão a utilização de redes sociais durante o expediente. Além de fazer soar um alarme após dez minutos de paralisação, o sistema também informa, graças a um GPS, onde o trabalhador se encontra em tempo real durante as horas de atividade.[24]

Cabe às empresas a disciplina desses aparatos, funcionais e pessoais na sua utilização no ambiente de trabalho, vedando ou regulando a utilização e acesso a redes sociais nos horários que possam interferir na realização do trabalho e alertando quanto à proibição de revelar informações e estratégias empresariais.

---

21 MARTINS, Sergio Pinto. **Comentários à CLT**. 17º Ed. São Paulo: Atlas, 2016.

22 NEWPORT, Cal. **Trabalho focado**: como ter sucesso em um mundo distraído. 1ª ed. Rio de Janeiro: Alta Books, 2018.

23 BELMONTE, Alexandre Agra; Freitas, Cláudio. O Monitoramento Tecnológico das Relações de Trabalho no Mundo Digital, Venturolli, São Paulo, 2024, pp.121-122.

24 Segundo a BBC Brasil, a assessoria de comunicação da filial espanhola da empresa informou que recorreu da ordem da Secretaria de Trabalho do Governo da Catalunha, afirmando que o sistema "é um mecanismo de proteção e não de controle aos trabalhadores". *In* <http://www.bbc.co.uk/portuguese/noticias/2011/11/111115_espanha_chips_ai.shtml>. Acesso em: 7 dez. 2012.

No uso de seu poder disciplinar pelos abusos cometidos pelo trabalhador, pode a empresa adverti-lo, suspendê-lo ou mesmo despedi-lo, por justa causa, conforme a natureza ou reincidência do descumprimento da obrigação.

Por outro lado, cabe à empresa respeitar as convicções, amizades, religião e orientação sexual do trabalhador, não lhe sendo permitido atuar de forma invasiva da intimidade e privacidade ou discriminá-lo no acesso ao emprego ou na ascensão a cargo. Provado o fato, a empresa responderá por danos morais, sem prejuízo de outras sanções.

Além das sanções pelo descumprimento das obrigações de respeito às condições de trabalho, honra e imagem, as ofensas a essas obrigações, quer por parte do trabalhador, quer por parte da empresa, podem levar ao rompimento do contrato e a indenizações materiais e morais.

9.3.3. A interferência e o princípio da irrelevância dos atos da vida privada do trabalhador para efeitos laborais

A vida extraprofissional do trabalhador tem caráter autônomo em relação ao contrato de trabalho, pelo que, em princípio, não interessa ao empregador a vida extralaboral do empregado. Trata-se do princípio da irrelevância dos atos da vida privada do trabalhador para efeitos laborais.

Ocorre que o problema nem sempre é assim tão simples. Pode o atleta de futebol ser assiduamente visto em boates, bebendo e fumando em vésperas de jogo em que esse tipo de esporte é de alto rendimento, o que exige performance física e mental diferenciada, a ponto da concentração ser obrigatória? O professor de religião de colégio católico, como extensão de entidade de tendência, pode dar entrevistas se manifestando favorável ao aborto e ao divórcio? A apresentadora de programa diário infantil de televisão pode, durante a vigência do contrato de trabalho, atuar num filme pornográfico?

Nas três situações, os profissionais podem. Mas o padrão de conduta da vida privada pela qual optaram não é adequada aos interesses do empregador e desatende a boa-fé objetiva característica do contrato de trabalho que mantém. Tais condutas extralaborais são suscetíveis de produzir reflexos no contrato de trabalho, de modo a ensejar a limitação de direitos fundamentais do trabalhador e até o rompimento do contrato, por incompatibilidade entre os atos da vida privada e os seus reflexos no contrato de trabalho.

A situação, no entanto, é outra quando a professora de uma escola católica, que não é figura pública, é autora de um livro erótico que não divulga em sala de aula. Nessa hipótese a conduta extralaboral não produz qualquer repercussão no contrato de trabalho, atuando a liberdade de expressão em sua plenitude.

9.3.3.1. Outros casos de repercussão dos atos da vida privada no contrato. Atletas profissionais

Estatui a Lei Pelé (Lei n. 9.615/98) que, com o objetivo de manter a ordem desportiva e o respeito aos atos emanados de seus poderes internos, as sanções aplicáveis ao atleta profissional pelas organizações esportivas são a advertência verbal, a censura escrita, a multa e a suspensão (art. 48).

Sendo omissa a respeito da despedida por justa causa, aplica-se-lhe, como previsto no art. 85, *caput*, da Lei nº 14.597/2023, subsidiariamente, a CLT (art. 482), que a autoriza, nas seguintes hipóteses:

a) ato de improbidade;

b) incontinência de conduta ou mau procedimento;

c) negociação habitual por conta própria ou alheia, sem permissão do empregador e quando constituir ato de concorrência à empresa para a qual trabalha o empregado, ou for prejudicial ao serviço;

d) condenação criminal do empregado, passada em julgado, caso não tenha havido suspensão da execução da pena;

e) desídia no desempenho das respectivas funções;

f) embriaguez habitual ou em serviço;

g) violação de segredo da empresa;

h) ato de indisciplina ou de insubordinação;

i) abandono de emprego;

j) ato lesivo da honra e da boa fama praticada em serviço contra qualquer pessoa ou contra qualquer pessoa, ou ofensas físicas, nas mesmas condições, salvo em caso de legítima defesa, própria ou de outrem;

k) ato lesivo da honra e da boa fama praticadas contra o empregador e superiores hierárquicos, salvo em caso de legítima defesa, própria ou de outrem;

l) prática constante de jogos de azar.

Apreciaremos, entre as hipóteses *supra*, apenas os atos da vida privada capazes de repercutir no contrato especial de trabalho desportivo.

Dois são os aspectos que precisam ser avaliados: o caráter ético e o desempenho esperado, posto que as competições exigem do atleta uma *performance* diferenciada, a ponto de se exigir concentração para essas competições.

Relativamente ao segundo aspecto, são obrigações dos atletas profissionais participar dos jogos, treinos, estágios e outras sessões preparatórias de competição com aplicação e dedicação; preservar as condições físicas que lhe permitam participar das competições desportivas, submetendo-se às intervenções médicas e assistências especializadas necessárias à prática desportiva; e, exercer a atividade desportiva profissional de acordo com as regras da modalidade e normas que regem a disciplina e a ética desportivas (art. 74, I, II e III da Lei nº 14.597/2023).

Ora, a ingestão imoderada de álcool é absolutamente prejudicial ao condicionamento físico e reflexos sensoriais e motores do atleta, daí ser motivo de justa causa. De igual sorte, a utilização de substâncias dopantes, quando ingeridas com dolo ou culpa, não se configurando a justa causa, ainda que suscetível de punição perante a legislação desportiva, se a ingestão foi sugerida por serviço médico do clube.

Por outro lado, a intensa dedicação a compromissos externos pode revelar o desempenho de atividade concorrente ou prejudicial aos jogos, treinos, viagens e condicionamento físico.

São exemplos a participação em um amistoso 24 horas antes de uma partida oficial pelo clube e a submissão a uma série de compromissos de propaganda em fotos e eventos, de forma prejudicial às obrigações contratuais.

Além de potencialmente prejudicial à equipe, o baixo rendimento frustrará torcedores e repercutirá na boa-fé e lealdade contratuais, ensejando a atuação do poder disciplinar do empregador.

Assim, em nome do resguardo físico necessário e da alta performance exigidos para a atividade, justifica-se a limitação de direitos que, em outras atividades, seriam irrelevantes.

Quanto ao caráter ético, há limitações que também são absolutamente justificáveis, como a de não violar segredos e não dar declarações que possam comprometer a imagem do empregador e o bom ambiente necessário às competições.

Violar segredo significa revelar, divulgar a terceiros informações sigilosas conhecidas pelo empregado em virtude de sua atividade na empresa, assim entendidas as que preserva sob o conhecimento de um círculo limitadíssimo de pessoas. O empregado que assim age, infringe o dever de fidelidade e o faz para levar vantagem pessoal no favorecimento à concorrência ou por ato de vingança ou represália. Quando o empregado não as divulga, utilizando-se das informações em proveito próprio, pode ser despedido por ato de improbidade ou de concorrência desleal.

O empregado que viola segredo da empresa pode sofrer penalidade de natureza criminal, civil e trabalhista, no caso, a despedida por falta grave, sem compensação financeira.

No direito desportivo, é caso de violação de segredo a divulgação de táticas de jogo ao time adversário. Infringe o dever de fidelidade.

No tocante à imagem, devem ser considerados o retrato ou perfil de uma pessoa ou entidade, compreendendo a representação física de uma pessoa ou de partes separadas do corpo (art. 5º, XXVIII, da CF), mas também o conjunto de qualidades caracterizadoras do perfil da pessoa ou da entidade perante o meio social (art. 5º, V e X da CF), assim compreendendo o desrespeito à representação não autorizada e a ofensa à imagem social, incluindo a deturpação das qualidades caracterizadoras do perfil da pessoa ou da entidade atingidas.

Logo, na avaliação da imagem da entidade de prática desportiva, devem ser levados em consideração certos aspectos. Por ser o atleta uma figura pública, o seu comportamento e declarações públicas repercutem no contrato, podendo não somente atingir a equipe, comissão técnica e dirigentes, como também a imagem da entidade, desestabilizando a tranquilidade necessária a uma modalidade coletiva de competição.

Realmente, além da respeitabilidade, os bens jurídicos protegidos são a ética e a formação integral dos cidadãos. O atleta é um ídolo, capaz de influenciar cortes de cabelo, uso de roupas e o ingresso de novos sócios da entidade desportiva, que se tornam torcedores da agremiação e contribuem para a sua manutenção econômica e prestígio.

A ética a ser observada resulta da figura pública do atleta, que está ligada à agremiação à qual pertence e que serve de exemplo para a sociedade e influi na formação moral dos jovens. Daí que amizades publicamente reconhecidas com traficantes, por exemplo, se revelam prejudiciais ao contrato, atingindo a imagem da entidade desportiva.

A incontinência de conduta também diz respeito ao caráter ético e pode influir no contrato, notadamente nos esportes coletivos, em que o comportamento diferenciado de um constrange os demais e é capaz de influir no rendimento coletivo. Ela se revela pelos excessos, pela inconveniência de hábitos e costumes, falta de pudor, imoderação de linguagem ou de gestos, caracterizado pelo uso de palavras ou de atos obscenos. São exemplos o assédio sexual, ligações para disque sexo e utilização de *e-mail* corporativo para a remessa de material pornográfico.

A incontinência de conduta, ligada ao aspecto sexual, se distingue do mau procedimento, caracterizado pela prática de atos que revelam atitudes desrespeitosas, irregulares, incorretas, violadoras das regras previstas no contrato de trabalho ou das regras internas da empresa.

Frequência habitual a casas noturnas de forma incompatível com o condicionamento físico, vida desregrada, regada a churrascos, bebidas e programas, inobservância das horas necessárias de sono atentam contra o condicionamento ideal para as competições. E declarações impensadas dadas à imprensa, capazes de desestabilizar o grupo do qual fazem parte a equipe e a comissão técnica, atentam contra a união e o ambiente respeitoso e saudável.

Em conclusão, assim como ocorre nas organizações de tendência em relação aos cargos estratégicos que impactem a sua ideologia e ponham em risco a credibilidade da instituição, os atos da vida privada do atleta, diante das obrigações peculiares inerentes ao contrato e de sua exposição pública podem repercutir no relacionamento empregado-empregador, na imagem da agremiação e na tranquilidade da equipe, justificando o ajuste de cláusulas limitadoras de direitos.

9.3.4. A LGPD e as ofensas ao tratamento adequado dos dados pessoais

Conforme ALEXANDRE BELMONTE e CLÁUDIO FREITAS[25], "As novas tecnologias ganham cada vez mais espaço nos ambientes sociais, entre eles o do trabalho."

O manejo das ferramentas a elas inerentes não se restringe às novas formas de trabalho ou às modalidades mais recentes de exercício de ofícios tradicionais. Os meios tecnológicos são utilizados sob diversas nuances, tanto no que tange à etapa pré-contratual, quanto durante a vigência do contrato de trabalho e, até, em sua extinção.

Estamos, nesse ponto, a abordar a utilização de dados pessoais do trabalhador ao longo da contratualidade, obtidos antes e durante a contratação. Tal preocupação se apresenta especialmente no atual contexto de grande volume, variedade e velocidade de informações compartilhadas em razão do uso das tecnologias da informação[26], ou seja, inerentes à *big data*, fazendo surgir novos padrões de interação social, dificultando a precisão acerca dos limites e alcance de tais ferramentas no futuro da comunidade global[27]. A comunicação transcende fronteiras, criando e difundindo uma sociedade em rede de escala mundial a integrar bens, serviços, comunicação, informação, ciência e tecnologia[28].

---

25 O Monitoramento Tecnológico das Relações de Trabalho no Mundo Digital, Venturolli, São Paulo, 2024, pp.66-72.

26 LANEY, Doug. 3D Data Management: controlling datav, velocity and variety. *In* **Technical report of META Group Research** Note, 6, 2001.

27 CASTELLS, Manuel. **A galáxia da internet:** reflexões sobre a internet, os negócios e a sociedade. Rio de Janeiro: Zahar, 2003.p.98.

28 CASTELLS, Manuel. A sociedade em rede: do conhecimento à política. *In* CASTELLS, Manuel; CARDOSO, Gustavo (orgs.). **A sociedade em rede**: do conhecimento à acção política. Imprensa Nacional: Casa da Moeda, 2006, p.18.

A referida temática ganhou atenção especial dos operadores do Direito destacadamente a partir da Lei 12.965/2014, conhecida como Marco Civil da Internet, buscando estabelecer princípios, garantias, direitos e deveres para o uso da Internet no Brasil. Dentre seus princípios apresentados, temos, por exemplo, na forma do artigo 3º, a garantia da liberdade de expressão, comunicação e manifestação de pensamento, nos termos da Constituição da República Federativa do Brasil (inciso I); proteção da privacidade (inciso II); proteção dos dados pessoais, na forma da lei (inciso III); e responsabilização dos agentes de acordo com suas atividades, nos termos da lei (inciso VI).

Observa-se, assim, que por mais que o Marco Civil da Internet tenha buscado regulamentar a utilização da internet em nosso país, remeteu a outro diploma vindouro as questões relacionadas à proteção de dados pessoais e eventuais responsabilizações dos agentes usuários (conforme incisos III e VI do artigo 3º do diploma legal).

A referida regulamentação veio somente a partir da Lei 13.709/2018 (Lei Geral de Proteção de Dados Pessoais – LGPD, que teve início de vigência escalonada, conforme seu artigo 65[29]). No mesmo sentido, a posterior promulgação da Emenda Constitucional 115/2022, que acrescentou o inciso LXXIX ao artigo 5º da Constituição da República Federativa do Brasil de 1988 (CRFB/88), passando a assegurar, "*nos termos da lei, o direito à proteção dos dados pessoais, inclusive nos meios digitais*".

Importante observar que a indigitada norma magna se reporta à necessária regulamentação por via legal (tratando-se, portanto, de norma constitucional de eficácia limitada[30]). Criou-se, assim, situação inusitada, eis que esta fora sancionada no quadriênio anterior à Emenda Consti-

---

29 **Art. 65.** Esta Lei entra em vigor: (Redação dada pela Lei nº 13.853, de 2019)

I - dia 28 de dezembro de 2018, quanto aos arts. 55-A, 55-B, 55-C, 55-D, 55-E, 55-F, 55-G, 55-H, 55-I, 55-J, 55-K, 55-L, 58-A e 58-B; e (Incluído pela Lei nº 13.853, de 2019)

I-A – dia 1º de agosto de 2021, quanto aos arts. 52, 53 e 54; (Incluído pela Lei nº 14.010, de 2020)

II - 24 (vinte e quatro) meses após a data de sua publicação, quanto aos demais artigos. (Incluído pela Lei nº 13.853, de 2019)

30 MENDES, Gilmar; BRANCO, Paulo Gustavo Gonet. **Curso de Direito Constitucional.** 12ª ed. São Paulo: Saraiva, 2012, p.77.

tucional (a já apontada Lei 13.709/2018). De toda sorte, passou-se a prever constitucionalmente a proteção de dados pessoais como verdadeiro direito fundamental de todo cidadão, avançando-se na direção de uma 5ª (quinta) dimensão de direitos fundamentais[31], ora representados pelo avanço da era digital[32]. Trata-se, portanto, de verdadeira cláusula pétrea, na forma do artigo 60, §4º da CRFB/88, a proteger os direitos fundamentais mais amplos relacionados à liberdade e privacidade[33].

A análise sobre a obtenção, armazenamento e uso de dados pessoais ganha relevo progressivamente, especialmente diante da conclusão no sentido de que "*os algoritmos estão hoje sendo programados para a extração de padrões e inferências a partir dos quais serão tomadas, de forma automatizada, decisões sobre questões objetivas, mas que estão atreladas a importantes dados sensíveis, assim como decisões sobre questões subjetivas e que envolvem complexos juízos de valor*"[34]. Ou seja, decisões são tomadas por meio de análises comportamentais feitas por determinados programas executados com as mais diversas funcionalidades, direcionando, em muitos casos, o exercício das liberdades individuais, podendo ocasionar efeitos nefastos sobre eventuais minorias ou pessoas de escassos recursos financeiros, resultando em uma ainda maior desigualdade social e econômica[35].

Ainda que a preocupação com o tratamento de dados pessoais seja recente em nosso país, a temática, no entanto, já ganhou os holofotes jurídicos na Europa há algumas décadas.

---

31 DANTAS, Miguel Calmon; CONI JR, Vicente Vasconcelos. Constitucionalismo digital e indignação na sociedade da informação. *In* MARTINI, Sandra Regina; CAVALCANTI, Ana Elizabeth Lapa Wanderley (Org.). **Transdiciplinariedade e o direito**: os desafios dos direitos humanos na sociedade da informação. Porto Alegre: Evangraf, 2017.

32 BEPPLER, Daniela. Internet e informatização: implicações no universo jurídico. *In* ROVER, A. J. (Org.). **Direito, sociedade e informática**: limites e perspectivas da vida digital. Florianópolis: 2000, p.121.

33 ARAUJO, Bruna de Sá. Aplicação da LGPD pelos tribunais trabalhistas: análise da jurisprudência recente. *In* **Lei Geral de Proteção de Dados**, Ano X, n.97, Março/2021, p.70.

34 FRAZÃO, Ana. Aspectos estruturais da LGPD e direitos dos titulares de dados. *In* FRAZÃO, Ana; TEPEDINO, Gustavo; OLIVA, Milena Donato (orgs.). **Lei Geral de Proteção de Dados Pessoais e suas repercussões no Direito Brasileiro**. 2ª ed. São Paulo: RT, 2020, p.25.

35 EUBANK, Virginia. **Automating inequality**: how high-tech tools profile, police, and punish the poor. New York: St. Martin's Press, 2017.

O primeiro diploma a versar sobre o tratamento de dados foi a **Lei Federal Alemã de Proteção de Dados** (Bundesdatenschutzgesetz – BDSG), de 1979 (com atualizações posteriores), versando sobre direitos e deveres dos órgãos públicos e privados em relação à coleta e processamento de dados pessoais.

Posteriormente, de modo mais detalhado e com escopo mais abrangente, desde 1981 a **Convenção nº 108 do Conselho da Europa para a Proteção das Pessoas Singulares no que diz respeito ao Tratamento Automatizado de Dados Pessoais** já tratava, em relação às pessoas, em sua redação original, do "*respeito pelos seus direitos e liberdades fundamentais, e especialmente pelo seu direito à vida privada, face ao tratamento automatizado dos dados de caráter pessoal*". A referida norma fora atualizada em 2018, prevendo mais detalhadamente a proteção dos dados pessoais, buscando "*prevenir os riscos que o tratamento de dados sensíveis possa representar para os interesses, os direitos e as liberdades fundamentais do titular dos dados, nomeadamente um risco de discriminação*" (artigo 6º, "2").

Buscando regulamentar a Convenção acima, em 1995 fora produzida a **Diretiva 95/46/CE do Parlamento Europeu e do Conselho**, relativa à proteção das pessoas singulares no que diz respeito ao tratamento de dados pessoais e à livre circulação desses dados, versando, em seu artigo 1º, sobre a "*proteção das liberdades e dos direitos fundamentais das pessoas singulares, nomeadamente do direito à vida privada, no que diz respeito ao tratamento de dados pessoais*". Tal Diretiva fora revogada em 2016 pelo **Regulamento 2016/679 do Parlamento Europeu e do Conselho** (conhecido como **Regulamento Geral de Proteção de Dados – RGPD**), tratando de modo mais detalhado das "regras relativas à proteção das pessoas singulares no que diz respeito ao tratamento de dados pessoais e à livre circulação desses dados" (artigo 1º).

Além dos referidos diplomas, a **Carta dos Direitos Fundamentais da União Europeia** (2000) estampa, em seu artigo 8º, o direito à proteção de dados pessoais, informando que "*todas as pessoas têm direito à protecção dos dados de carácter pessoal que lhes digam respeito*" (item 1); "*esses dados devem ser objecto de um tratamento leal, para fins específicos e com o consentimento da pessoa interessada ou com outro fundamento legítimo previsto por lei. Todas as pessoas têm o direito de aceder aos dados coligidos que lhes digam respeito e de obter a respectiva rectificação*" (item

2); e *"o cumprimento destas regras fica sujeito a fiscalização por parte de uma autoridade independente"* (item 3).

A partir de tais diretrizes, cada país membro da União Europeia passou a regulamentar internamente a questão relacionada à proteção de dados pessoais, a exemplo das **Leis portuguesas 58/2019** (que assegura a execução do RGPD, na ordem jurídica nacional e que regula o regime sancionatório aplicável às organizações, assim como o enquadramento penal) e **59/2019** (que aprova as regras relativas ao tratamento de dados pessoais para efeitos de prevenção, deteção, investigação ou repressão de infrações penais ou de execução de sanções penais).

Em diversos outros países do mundo existe legislação em torno da proteção de dados pessoais.

Nesse sentido é que temos, por exemplo, o **Australian Privacy Act** (Lei de privacidade australiana), de 1988, que apresenta os Australian Privacy Principles (APPs – Princípios de privacidade australianos), impondo requisitos para coletar, gerenciar, processar, usar, divulgar e tratar informações pessoais.

Na **Argentina** existe a **Lei de Proteção de Dados Pessoais** (Lei 25.326/2000) e respectivo Decreto Regulamentar (Decreto 1558/2001), aplicando-se à proteção de dados pessoais e à transferência internacional de dados pessoais para processamento.

No **Canadá**, além das regulamentações provinciais, existe a versão federal acerca da temática na **PIPEDA** (Personal Information Protection and Electronic Documents Act, ou "Lei de Proteção de Informações Pessoais e Documentos Eletrônicos", de 2000), que apresenta diretrizes referentes à coleta, tratamento e divulgação de dados pessoais coletados por empresas durante o exercício de suas atividades comerciais, assim como para transferências internacionais e inter-regionais de dados pessoais.

Na **Colômbia**, por sua vez, o tema é tratado em diversos diplomas, a saber, Decreto 1.377/13, a Lei 1.581/12, a Lei 1.273/09 e a Lei 1.266/08. Na Dinamarca, Lei de Proteção de Dados, de 2018.

Já no **México** temos a Lei federal de proteção de dados pessoais retidos por partes privadas (LFPDPPP), de 2010, regulando o processamento de dados pessoais realizado por pessoas físicas ou jurídicas do setor privado."

A Lei 13.709/18 – Lei Geral de Proteção de Dados – LGPD regulamenta no Brasil o tratamento de dados pessoais, visando proteger os direitos fundamentais da privacidade e da informação.

"Já em seu artigo 2º, apresenta, dentre seus fundamentos, os princípios do respeito à privacidade (inciso I); a liberdade de expressão, de informação, de comunicação e opinião (inciso III); inviolabilidade da intimidade, da honra e imagem (inciso IV); e a livre iniciativa e livre concorrência (inciso VI)."

A lei considera dado pessoal qualquer informação relacionada à pessoa natural, (nome, naturalidade, estado civil, idade, escolaridade, endereço, CPF) e como dados sensíveis os relacionados à origem racial, convicções religiosas, política, filosófica, e ideológica, filiação a sindicato e, entre outros, os referentes à saúde (exames, atestados médicos, planos de saúde), orientação ou vida sexual, dados bancários e dados biométricos.

Os dados sensíveis são aqueles capazes de interferir na intimidade ou vida privada da pessoa.

Tratamento dos dados é toda operação realizada com os dados pessoais, assim os que se referem à coleta, produção, recepção, utilização, acesso, transmissão, armazenamento, modificação e eliminação.

Nas relações de trabalho, os titulares dos dados são os trabalhadores e o controlador é o empregador. O empregador que capta os dados ou os produz depende de consentimento do titular para o tratamento.

O consentimento é o ato revogável revelado pela manifestação livre, informada e inequívoca, de preferência por escrito, de que o titular concorda com o tratamento de seus dados pessoais para propósitos específicos, informados ao titular e sem possibilidade de utilização para outras finalidades que não as destinadas à captação.

Dito isso, exceto para cumprimento de dever legal, por solicitação ou autorização do trabalhador, ou para se defender em processo judicial, administrativo ou arbitral, os dados pessoais dos trabalhadores só podem ser divulgados com base no consentimento do titular.

"Na prática, é usual a obtenção de *dados pessoais* do trabalhador pelo empregador/tomador de serviço, como o nome completo, endereço, informação sobre filiação, nacionalidade e naturalidade, ou números de carteira de trabalho (CTPS), cadastro de pessoa física (CPF), registro geral (RG) e programa de integração social (PIS).

Da mesma forma, alguns *dados pessoais sensíveis* são fornecidos quando da relação de emprego, como aqueles referentes à origem racial/étnica, filiação sindical, dados biométricos (comumente para acesso ao local de trabalho), informações acerca da condição de saúde (usualmente obtidas por meio dos atestados de saúde ocupacional, ou em exames toxicológicos obrigatórios para o motorista profissional a que se referem os artigos 168, §§6º e 7º e 235-B, VII da CLT), ou, mesmo sem expressa previsão legal, dados referentes a antecedentes criminais (seja por permissivo legal, como o artigo 16, VI da Lei 7.102/1983 e artigo 59-A da Lei 8.069/1990[36], seja quando justificado em razão da natureza do ofício ou do grau especial de fidúcia exigido, conforme entendimento atual da SDI-1 do TST[37]).

---

36 Acrescentado pela Lei 14.811/2024.

37 "RECURSO DE REVISTA. PROCESSO REPRESENTATIVO DA CONTROVÉRSIA DO INCIDENTE DE RECURSOS REPETITIVOS - TEMA Nº 1. EXIGÊNCIA DE CERTIDÃO DE ANTECEDENTES CRIMINAIS DE CANDIDATOS A EMPREGO. INDENIZAÇÃO POR DANO MORAL. 1. Esta Subseção Especializada, ao julgar o Incidente de Recursos Repetitivos - Tema nº 1, nos autos do presente processo, fixou as teses de que " 1ª) não é legítima e caracteriza lesão moral a exigência de Certidão de Antecedentes Criminais de candidato a emprego quando traduzir tratamento discriminatório ou não se justificar em razão de previsão em lei, da natureza do ofício ou do grau especial de fidúcia exigido; 2ª) a exigência de Certidão de Antecedentes Criminais de candidato a emprego é legítima e não caracteriza lesão moral quando amparada em expressa previsão legal ou justificar-se em razão da natureza do ofício ou do grau especial de fidúcia exigido, a exemplo de empregados domésticos, cuidadores de menores, idosos ou deficientes (em creches, asilos ou instituições afins), motoristas rodoviários de carga, empregados que laboram no setor da agroindústria no manejo de ferramentas de trabalho perfurocortantes, bancários e afins, trabalhadores que atuam com substâncias tóxicas, entorpecentes e armas, trabalhadores que atuam com informações sigilosas; e 3ª) a exigência de Certidão de Antecedentes Criminais, quando ausente alguma das justificativas supra, caracteriza dano moral in re ipsa, passível de indenização, independentemente de o candidato ao emprego ter ou não sido admitido ". 2. Como se observa, nos termos do precedente em liça, não é legítima a exigência de certidão de antecedentes criminais de candidato a emprego quando não se justificar em razão de previsão em lei, da natureza do ofício ou do grau especial de fidúcia exigido, sendo legítima a mencionada exigência quando justificar-se em face do ofício ou do grau de fidúcia, a exemplo das profissões/atividades citadas, de modo que a exigência de certidão de antecedentes criminais, quando ausente alguma das justificativas supramencionadas, configura dano moral passível de indenização. 3. In casu , o Tribunal a quo concluiu que a exigência de certidão de antecedentes criminais não servia de alicerce ao deferimento de indenização por dano moral. 4. Entretanto, na hipótese dos autos, não há como se concluir pela legitimidade da exigência de atestado de antecedentes criminais, nos moldes da decisão proferida nos autos

O acesso a dados pessoais sensíveis do trabalhador requer a autorização expressa e destacada, inclusive com a menção da finalidade específica da consulta, não havendo a possibilidade permissiva genérica, conforme artigo 11, I da LGPD (com as ressalvas do inciso II do referido dispositivo legal), exigindo-se, portanto, termo de consentimento esclarecido do trabalhador (decorrente do artigo 5º, XII da LGPD).

Dessa maneira, qualquer acesso desautorizado ou descontextualizado com a relação de emprego é nulo de pleno direito (incluindo-se eventual cláusula genérica permissiva), na forma do artigo 9º da CLT, ocasionando responsabilidade objetiva do empregador e eventuais outros agentes de tratamento de dados, em razão de ocorrência de danos patrimoniais e extrapatrimoniais, na forma dos artigos 42 e 43 da LGPD.

Interessante exemplo de vedação legal se encontra no artigo 13-A da Lei 11.442/2007 (acrescentado pela Lei 13.103/2015) e, pelo qual, "*é vedada a utilização de informações de bancos de dados de proteção ao crédito como mecanismo de vedação de contrato com o TAC e a ETC devidamente regulares para o exercício da atividade do Transporte Rodoviário de Cargas*".[38]

A LGPD adota como princípios os da prevenção, responsabilização e prestação de contas, pelo que o empregador é obrigado a adotar medidas eficazes para a prevenção de ocorrência de vazamento de dados do trabalhador, que possam levar à caracterização de danos patrimoniais e extrapatrimoniais.

A omissão da CLT sobre o tema é agora parcialmente compensada pela legislação especial.

O Código do Trabalho de Portugal, no contexto dos direitos da personalidade e especificamente da informação, dispõe especificamente

do Incidente de Recursos Repetitivos suso mencionado, tendo em vista que não se divisa, na espécie, que a reivindicação de certidão se justificaria em razão da natureza do ofício ou do grau especial de fidúcia exigido, a exemplo dos ofícios elencados na decisão proferida no referido IRR, razão pela qual o reclamante faz jus à indenização por dano moral postulada. Recurso de revista conhecido e provido" (RR-243000-58.2013.5.13.0023, Subseção I Especializada em Dissídios Individuais, Relatora Ministra Dora Maria da Costa, DEJT 12/11/2021).

38 BELMONTE, Alexandre Agra; FREITAS, Cláudio. O Monitoramento Tecnológico das Relações de Trabalho no Mundo Digital, Venturolli, São Paulo, 2024, pp.66-72.

sobre a questão. No artigo 16 cuida da reserva da intimidade da vida privada; no artigo 17, da proteção dos dados pessoais; no artigo 18, dos dados biométricos; no artigo 19, dos testes e exames médicos; no artigo 20, dos meios de vigilância à distância; no artigo 21, da utilização dos meios de vigilância à distância; e no artigo 22, da confidencialidade de mensagens e de acesso à informação.

A diferença entre as normatividades brasileira e portuguesa é que a LGPD cuida da questão de forma genérica, ao passo que o CT português dá tratamento específico às questões que envolvem o tratamento de informações nas relações de trabalho.

Por outro lado, determina que o empregador só pode tratar dados biométricos do trabalhador após notificação à Comissão Nacional de Proteção de Dados, que deve ser acompanhada de parecer da comissão de trabalhadores ou, não estando este disponível 10 dias após a consulta, da comprovação do pedido de parecer.

Outrossim, dispõe sobre o que o empregador não pode exigir a candidato a emprego ou a trabalhador que preste informações relativas à sua vida privada e à sua saúde ou estado de gravidez exceto, de forma justificada, por questões de aptidão à atividade profissional na empresa.

Finalmente, determina que os dados biométricos são conservados durante o período necessário para a prossecução das finalidades do tratamento a que se destinam, devendo ser destruídos no momento da transferência do trabalhador para outro local de trabalho ou da cessação do contrato de trabalho.

Menção especial precisa ser feita ao parágrafo único do art. 2º da Lei 14.289/2022, *verbis*:

> "O sigilo profissional sobre a condição de pessoa que vive com infecção pelos vírus da imunodeficiência humana (HIV) e das hepatites crônicas (HBV e HCV) e de pessoa com hanseníase e com tuberculose somente poderá ser quebrado nos casos determinados por lei, por justa causa ou por autorização expressa da pessoa acometida ou, quando se tratar de criança, de seu responsável legal, mediante assinatura de termo de consentimento informado, observado o disposto no art. 11 da Lei nº 13.709, de 14 de agosto de 2018 (Lei Geral de Proteção de Dados Pessoais – LGPD)."

Na falta de norma na CLT sobre questão específica que a regulamentação geral da LGPD não dê solução, com base no art. 8º, *caput* da Consolidação é possível recorrer ao direito comparado (no caso, à legislação portuguesa).

Em conclusão, "atenção especial deve ocorrer em variadas fases contratuais: (i) desde o momento pré-contratual (quais informações podem ser coletadas e se seria possível armazenar currículos de candidatos não selecionados, por exemplo); (ii) passando pela formalização do contrato (quando são ofertados diversos dados ao empregador, como números de CTPS, CNH, CPF, RG, filiação sindical, informações de dependentes e companheiros, cartão de vacinação de filhos, dentre outros); (iii) vigência da contratualidade (com mais dados sendo gerados, como contracheques e suas informações salariais, dados biométricos para registro do horário de labor, dados de saúde presentes nos atestados de saúde ocupacional, ou informações de geolocalização do funcionário, para monitoramento de seu deslocamento e/ou segurança); (iv) até a extinção contratual (motivo do desligamento, valores rescisórios, ou dados para preenchimento de perfis profissionais profissiográficos).

Veja-se, por exemplo, interessante decisão da SDI-1 do TST e na qual se entendeu pelo não cabimento à consulta a banco de dados creditícios para saber se motoristas de cargas candidatos a emprego possuíam restrições financeiras. Nesse caso, não havendo qualquer liame com o desenvolvimento da atividade e por vedação da LGPD, a SDI-1 julgou a hipótese pela proibição da referida conduta e ainda condenou a empresa em indenização por danos morais coletivos:

> (...) AÇÃO CIVIL PÚBLICA. **EMPRESA DE GERENCIAMENTO DE RISCOS. 1. OBRIGAÇÃO DE NÃO FAZER. ABSTENÇÃO DE UTILIZAR BANCO DE DADOS, DE PRESTAR E/OU BUSCAR INFORMAÇÕES SOBRE RESTRIÇÕES CREDITÍCIAS RELATIVAS A MOTORISTAS DE CARGAS, CANDIDATOS A EMPREGO.** 1.1. A Eg. 7ª Turma não conheceu do recurso de revista do Ministério Público do Trabalho. Concluiu que "a atividade de gerenciamento de riscos, amplamente considerada, tem lugar no mercado, com respaldo do ordenamento jurídico, o que reforça a impossibilidade de ser inviabilizada ou restringida pelo uso que se fará das informações prestadas". 1.2. A Constituição consagra o princípio

da livre iniciativa (art. 170, parágrafo único, da CF), ressalvados os limites impostos pela ordem jurídica. **Quanto ao tema, a jurisprudência desta Corte firmou-se no sentido de que as informações de cadastro de serviços de proteção ao crédito não podem ser exigidas de empregados e candidatos a emprego, por caracterizar vedada discriminação (art. 1º da Lei 9.029/95).** 1.3. No que tange aos motoristas de transporte de cargas, dispõe o **art. 13-A da Lei 11.442/2007, incluído pela Lei 13.103/2015**, que "é vedada a utilização de informações de bancos de dados de proteção ao crédito como mecanismo de vedação de contrato com o TAC [transportador autônomo de cargas] e a ETC [empresa de transporte rodoviário de cargas] devidamente regulares para o exercício da atividade do Transporte Rodoviário de Cargas". 1.4. Poder-se-ia defender que a vedação é dirigida apenas ao empregador a quem se destina a informação prestada pela ré. Não obstante, ao incluir esse elemento como de risco ao contrato e repassá-lo inclusive à seguradora, há potencial infração à Lei. 1.5. Destaque-se que se discute tutela inibitória, de natureza preventiva, e que tem por escopo evitar a prática, repetição ou continuação do ilícito, do qual, potencialmente, surgirá o dano a direitos fundamentais. Aqui, examina-se a probabilidade de ilícito. **O certo é que a "ratio" que inspira a jurisprudência, e agora a Lei, é que referido cadastro, ainda que público, destina-se à proteção do crédito a ser concedido por bancos, particulares e associações comerciais. Não deve ser usado para aferição da empregabilidade do motorista ou da probabilidade de que venha a subtrair as mercadorias transportadas. Se não há condenação por crimes contra o patrimônio (v.g. estelionato), não há motivos para questionar o caráter do simples devedor, cujas razões para a inadimplência fogem, no mais das vezes, ao seu controle.** 1.6. **Embora recente, e em bom momento, a Lei de Proteção de Dados (Lei 13.709/2018), em seu art. 6º, dispõe sobre as diretrizes para o tratamento de dados pessoais.** "In *verbis*": "As atividades de tratamento de dados pessoais deverão observar a boa-fé e os seguintes princípios: I - finalidade: realização do tratamento para propósitos legítimos, específicos, explícitos e informados ao titular, sem possibilidade de tratamento posterior de forma incompatível com essas finalidades; II - adequação: compatibilidade do tratamento com as finalidades informadas ao titular, de acordo com o contexto do tratamento; III - necessidade: limitação do tratamento ao mínimo necessário para a realização de suas finalidades, com abrangência dos dados pertinentes, proporcionais e não excessivos em relação às finalidades do tratamento de dados; [...]

> IX - não discriminação: impossibilidade de realização do tratamento para fins discriminatórios ilícitos ou abusivos;". 1.7. **Se se está diante de uma manipulação de dados pessoais tendente a gerar uma cadeia de quebra da isonomia e de discriminação (já repudiada no art. 1º da Lei 9.029/1995 e pela Convenção 111 da OIT), não há que se falar em prevalência do direito fundamental à livre iniciativa. No caso, a ré usa dado com fim diverso daquele para o qual foi criado, a fim de indicar ao empregador e à seguradora um maior risco na contratação ou na distribuição de serviços para determinado empregado. Culpar o empregador que acate o relatório como se ele fosse, sozinho, o violador da ordem constitucional é uma ficção.** 1.8. **Destarte, utilizar ou fazer utilizar o cadastro para qualquer outro fim que não a proteção ao fornecimento de crédito, salvo autorização em Lei, após a vigência da LGPD, é ilegal.** Recurso de embargos conhecido e parcialmente provido. 2. INDENIZAÇÃO POR DANO MORAL COLETIVO. **Tratando-se de lesão que viola bens jurídicos indiscutivelmente caros a toda a sociedade, surge o dever de indenizar, sendo cabível a reparação por dano moral coletivo** (arts. 186 e 927 do CC e 3° e 13 da LACP). (...) (grisos nossos) **(TST. E-RR-933-49.2012.5.10.0001, Subseção I Especializada em Dissídios Individuais, Relator Ministro Alberto Luiz Bresciani de Fontan Pereira, DEJT 25/02/2022)**

Assim, notamos que a imensidão de informações recebidas pelos empregadores e tomadores de serviço em razão de contratações diretas e indiretas de funcionários gera um elevado tráfego de dados pessoais e pessoais sensíveis, que o serão tanto de forma direta pelo empregador/tomador (quando receptores e armazenadores), quanto subsidiariamente (já que atuam indiretamente no fornecimento desses dados, a exemplo dos dados financeiros do trabalhador enviados ao escritório de contabilidade, ou informações pessoais recebidas e tratadas por empresas de planos/convênios de saúde, de seguro de vida, ou de vale-transporte e refeição)[39].

Dessa forma, deve ocorrer completa revisão de eventuais protocolos ou formas de utilização, armazenamento e compartilhamento de dados

39 CONI JR., Vicente Vasconcelos; PAMPLONA FILHO, Rodolfo A Lei Geral de Proteção de Dados Pessoais e seus reflexos nas relações jurídicas trabalhistas. *In* **Revista Direito UNIFACS**, n.239, 2020, pp.23/24.

dos trabalhadores em nosso país[40], sob pena de restarem caracterizadas condutas violadoras da intimidade e, assim, ensejadoras de abalos morais e patrimoniais, assim como eventuais comportamentos discriminatórios, todas repelíveis judicialmente."[41]

9.3.5. A inteligência artificial e as ofensas decorrentes de sua utilização no ambiente de trabalho

O grau de desenvolvimento agora atingido pela tecnologia envolve a inteligência artificial, cuja finalidade é projetar as habilidades humanas na máquina para a realização de tarefas cognitivas.

Inteligência artificial é uma tecnologia utilizada para o processamento de informações que capacita a máquina, mediante programação, a realizar, com autonomia, tarefas consistentes, basicamente, na previsão e tomada de decisões. Por meio da tecnologia de aprendizado, consistente em verificações estatísticas e padrões de comportamento, a máquina tem a habilidade de solucionar novos problemas (*machine learning*).

O projeto de lei do Senado, de autoria do senador Rodrigo Pacheco, define sistema de inteligência artificial como o "sistema computacional, com graus diferentes de autonomia, desenhado para inferir como atingir um dado conjunto de objetivos, utilizando abordagens baseadas em aprendizagem de máquina e/ou lógica e representação do conhecimento, por meio de dados de entrada provenientes de máquinas ou humanos, com o objetivo de produzir previsões, recomendações ou decisões que possam influenciar o ambiente virtual ou real.[42]

Ferramentas de IA vêm sendo aplicadas na produção de bens e execução de serviços e com isso têm transformado os mercados de trabalho e de consumo. O que antes dependia de uma série de intermediações e de tarefas realizadas pelo ser humano como componente da cadeia produti-

---

40 *Ibidem*, pp.24/25.

41 BELMONTE, Alexandre Agra; Freitas, Cláudio. O Monitoramento Tecnol[ogico das Relações de Trabalho no Mundo Digital, Venturolli, São Paulo, 2024, pp.66-72.

42 BRASIL, Senado Federal, Projeto de Lei nº 2338, de 2023, Consulta em 19/6/2024 em https://www25.senado.leg.br/web/atividade/materias/-materia/157233

va, passa a ser automaticamente realizada com o auxílio da inteligência artificial, como a escolha do melhor caminho ou rota para possibilitar ao usuário chegar ao destino com segurança e em menos tempo; preparação automática de um documento baseado em pesquisa feita com o recurso á IA; decisão provável, consideradas as anteriores produzidas para casos verossimilhantes.

O ser humano raciocina. A máquina, alimentada por dados iniciais de programação, cria ativamente seus próprios modelos ao identificar padrões e se adaptar para melhor corresponder à tarefas. Aprende novos dados com base em estatísticas e assim é capaz de identificar situações e prever resultados utilizando o banco de dados existente, além de inúmeras outras tarefas, como a escolha do melhor caminho para se chegar ao destino ou fazer reconhecimento facial, detectar transações fraudulentas.[43]

FORNASIER observa que os dados constituem o aspecto fundamental no treinamento de sistemas de IA, que aprendem a partir de um conjunto de dados preexistentes. Mas os dados que alimentam esses sistemas podem se revelar incompletos, ilegais e discriminatórios.[44]

Inúmeros dispositivos como crachás, biometria, sistemas de reconhecimento facial e dispositivos computacionais, porque coletam, produzem, compartilham e combinam dados, permitem o monitoramento e assim são potencialmente invasivos.

Por outro lado, assim como o ser humano pode ser xenófobo, sexista e portador de tantas outras qualidades negativas e discriminatórias, a IA é programada para ler, ver e ouvir dados armazenados por pessoas que conscientemente ou não, podem deter um viés preconceituoso e transferi-lo para a máquina.

Combinando as duas situações, invasão de privacidade e programação tendenciosa, para efeito de recrutamento, gerenciamento e verificação produtiva, os aplicativos de IA são utilizados de forma otimizada, entre

---

43 COECKELBERG, Mark. Ética na Inteligência Artificail, Ubu editora, S.P. e Puc Rio, RJ. Trad.Clarisse de Souza, Edgar Lyra, Matheus Ferreira e Waldyr Delgado. Trad, 2023, pp.81-91.

44 FORNASIER, Mateus de Oliveira. Cinco Questões Ético-Jurídicas Fundamentais sobre a Inteligência Artificial. Lumem Juris Direito, Rio de Janeiro, 2021, p.34.

outras aplicações, para a tomada de decisões. E podem revelar um viés preconceituoso ou abusivo para a contratação, promoção, vigilância e despedimento de trabalhadores.

Logo, evidencia-se a necessidade de se efetuar controle ético e operacional sobre a atuação da inteligência artificial ou sobre a base de dados em que é estruturada.

Nas relações de trabalho, independentemente da proteção de natureza geral, o art.7º, XXVI da CF determina proteção específica à automação nos termos da lei, que carece de ser editada. Ou seja, não apenas uma proteção relacionada à ética, mas também sobre os efeitos da própria utilização da inteligência artificial no mercado e nas relações de trabalho.

Com base nesse dispositivo, ainda carecedor de regulamentação, diante das chamadas listas sujas de trabalhadores que acediam à Justiça do Trabalho logo o TST determinou que o nome dos reclamantes não mais constassem publicamente da distribuição.

OSCAR KROST e RODRIGO GOLDSCHMIDT[45] observam, por exemplo, que a falta de regulação à proteção constitucional dos envelhescentes, que estão sendo de forma crescente substituídos pela mão de obra jovem, mais afeita e adaptada às novas tecnologias, lhes tem sido prejudicial pela falta de regulação protetiva (ou, acrescento, de políticas públicas de requalificação e reaproveitamento). Mas até mesmo os mais jovens terão os seus empregos ameaçados se não houver maciço investimento em educação, ciência e tecnologia, com ênfase na complementaridade entre o ser humano e a máquina.

Note-se que o art. 2º do PL do Senado dispõe, que

> *"O desenvolvimento, a implementação e o uso de sistemas de inteligência artificial no Brasil têm como fundamentos:*
>
> ....
>
> *V – a igualdade, a não discriminação, a pluralidade e o respeito aos direitos trabalhistas;*

45 Inteligência Artificial (I.A.) e o Direito do Trabalho: Possibilidades para um Manejo Ético e Socialmente Responsável. Rev.TST, Brasília, vol.87,nº2, abr/jun 2021.

....

VIII – a privacidade, a proteção de dados e a autodeterminação informativa;"

Por outro lado, propõe no art. 3º:

O desenvolvimento, a implementação e o uso de sistemas de inteligência artificial observarão a boa-fé e os seguintes princípios:

I – crescimento inclusivo, desenvolvimento sustentável e bem estar;

II – autodeterminação e liberdade de decisão e de escolha;

III – participação humana no ciclo da inteligência artificial e supervisão humana efetiva;

IV – não discriminação;

V – justiça, equidade e inclusão;

VI – transparência, explicabilidade, inteligibilidade e auditabilidade;

VII – confiabilidade e robustez dos sistemas de inteligência artificial e segurança da informação;

VIII – devido processo legal, contestabilidade e contraditório;

IX – rastreabilidade das decisões durante o ciclo de vida de sistemas de inteligência artificial como meio de prestação de contas e atribuição de responsabilidades a uma pessoa natural ou jurídica;

X – prestação de contas, responsabilização e reparação integral de danos;

XI – prevenção, precaução e mitigação de riscos sistêmicos derivados de usos intencionais ou não intencionais e de efeitos não previstos de sistemas de inteligência artificial; e

XII – não maleficência e proporcionalidade entre os métodos empregados e as finalidades determinadas e legítimas dos sistemas de inteligência artificial.

Ética significa um conjunto de princípios e parâmetros básicos que caracterizam a concepção humana de comportamento. Enquanto a moral é um padrão interno, a ética está relacionada à conduta. Como cabe aos criadores, alimentadores e controladores dos algoritmos transferir a programação eivada de valores para a máquina, os resultados do uso da inteligência artificial corresponderão aos padrões éticos nela estabelecidos.

Lembra FORNASIER que cabe aos governos facilitarem investimentos públicos e privados em pesquisa para desenvolvimento de inteligência artificial sempre inovadora, transparente, explicável, acessível, confiável e respeitadora dos direitos humanos, das leis, da diversidade, dos valores democráticos. Por outro lado, a sua base de dados deve ser flexível e suficientemente prática para permitir verificação e constante evolução, e que, além disso, beneficie as pessoas e o planeta para um desenvolvimento sustentável.[46] Devendo os indivíduos e organizações encarregados de desenvolvê-las e operá-las seguir essas diretrizes, sob pena de responderem pelos prejuízos causados.

Estabelece o já citado PL no art. 9º:

> *A pessoa afetada por sistema de inteligência artificial terá o direito de contestar e de solicitar a revisão de decisões, recomendações ou previsões geradas por tal sistema que produzam efeitos jurídicos relevantes ou que impactem de maneira significativa seus interesses.*
>
> Art. 12. *As pessoas afetadas por decisões, previsões ou recomendações de sistemas de inteligência artificial têm direito a tratamento justo e isonômico, sendo vedadas a implementação e o uso de sistemas de inteligência artificial que possam acarretar discriminação direta, indireta, ilegal ou abusiva, inclusive:*
>
> *I – em decorrência do uso de dados pessoais sensíveis ou de impactos desproporcionais em razão de características pessoais como origem geográfica, raça, cor ou etnia, gênero, orientação sexual, classe socioeconômica, idade, deficiência, religião ou opiniões políticas; ou*
>
> *II – em função do estabelecimento de desvantagens ou agravamento da situação de vulnerabilidade de pessoas pertencentes a um grupo específico, ainda que se utilizem critérios aparentemente neutros.*
>
> *Parágrafo único. A vedação prevista no caput não impede a adoção de critérios de diferenciação entre indivíduos ou grupos quando tal diferenciação se dê em função de objetivos ou justificativas demonstradas,*

46 MARTINS, José Eduardo de Figueiredo. DILEMAS ÉTICOS E JURÍDICOS DO USO DA INTELIGÊNCIA ARTIFICIAL NA PRÁTICA JURÍDICA. Disponível em: https://www.cidp.pt/revistas/rjlb/2021/4/2021_04_0919_0952.pdf Acesso em 10/06/2024.

> *razoáveis e legítimas à luz do direito à igualdade e dos demais direitos fundamentais.*

Finalmente, em conclusão, estabelece o art. 27 do PL:

> *O fornecedor ou operador de sistema de inteligência artificial que cause dano patrimonial, moral, individual ou coletivo é obrigado a repará-lo integralmente, independentemente do grau de autonomia do sistema.*

O empregador responde objetivamente por danos patrimoniais e morais decorrentes de programação invasiva, discriminatória ou preconceituosa que prejudique o trabalhador, ainda que possa, regressivamente, se for o caso, buscar ressarcimento junto ao fornecedor do sistema ou outro responsável final.

9.4. Dano moral por ofensa ao direito de igualdade (ou de não discriminação)

Inspirada na Revolução Americana de 1776 e nas ideias iluministas, em meio à Revolução Francesa, de 1789, foi editada em 26 de agosto de 1789 a Declaração dos Direitos do Homem e do Cidadão. Ela proclamou as liberdades e os direitos fundamentais do homem, estabelecendo, no art. 1º, que eles são livres e iguais em direitos. Serviu de base à Declaração Universal dos Direitos Humanos, promulgada pela ONU.

A Organização Internacional do Trabalho – OIT foi criada pelo Tratado de Paz assinado em Versalhes, em junho de 1919. A OIT é a agência mais antiga do Sistema das Nações Unidas. Foi constituída com o objetivo de definir e promover políticas sociais em nível internacional, numa fase marcada pela revolução industrial.

Em 02 de maio de 1944, a Conferência Internacional do Trabalho, por meio da Assembleia-Geral da Organização, reunida na Filadélfia, nos Estados-Unidos, aprovou declaração relativa aos fins e objetivos da OIT, conhecida pela Declaração de Filadélfia. Ela reafirma os princípios orientadores da OIT, inspiradora da política a ser adotado pelos países membros e que são os seguintes:

- o trabalho não é uma mercadoria;

- a liberdade de expressão e de associação é uma condição indispensável para um progresso constante;
- a pobreza, onde quer que exista, constitui um perigo para a prosperidade de todos;
- todos os seres humanos, qualquer que seja a sua raça, a sua crença ou o seu sexo, têm direito de efetuar o seu progresso material e o seu desenvolvimento espiritual em liberdade e com dignidade, com segurança econômica e com oportunidades iguais.

Por meio do Decreto Legislativo n. 24, de 1956, o Congresso Nacional aprovou a Convenção n. 100, OIT, vindo a ser promulgada pelo Presidente da República por meio do Decreto n. 41.721, em 25 de junho de 1957. Adotada pela Conferência em sua Trigésima Quarta Sessão, em Genebra, a 29 de junho 1951, ela prevê a igualdade de remuneração para a mão de obra masculina e feminina por um trabalho de igual valor.

Considerando o que afirma a declaração de Filadélfia, que os seres humanos devem ser tratados com liberdade, dignidade e de forma igualitária para o seu progresso material e desenvolvimento espiritual, tem-se que a discriminação constitui uma violação dos direitos enunciados na Declaração Universal dos Direitos do Homem.

A Convenção nº 111, OIT, adotada pelos países membros em Genebra, em 25 de Junho de 1958, foi aprovada pelo Congresso Nacional por meio do Decreto Legislativo nº 104, de 1964 e promulgada pelo Presidente da República por meio do Decreto nº 62.150, de 19 de janeiro de 1968.

A referida Convenção repudia qualquer distinção, exclusão ou preferência que tenha por fim alterar a igualdade de oportunidades ou tratamento em matéria de emprego ou profissão.

A Constituição de 1988, em seu preâmbulo, demonstra destinar-se a assegurar, entre outros valores:

> *"a igualdade e a justiça como valores supremos de uma sociedade fraterna, pluralista e sem preconceitos".*

O direito fundamental à igualdade, previsto no art. 5º, *caput*, CF, determina que, *in verbis*:

> *"todos são iguais perante a lei, sem distinção de qualquer natureza, garantindo-se aos brasileiros e aos estrangeiros residentes no País a inviolabilidade do direito à vida, à liberdade, à igualdade, à segurança e à propriedade, nos termos seguintes:*
>
> *I – homens e mulheres são iguais em direitos e obrigações, nos termos desta Constituição".*

O art. 5º, *caput,* e inciso I dizem respeito ao princípio da isonomia. Não à igualdade formal proposta pelo Estado Liberal, limitada à utilização de critério uniforme de tratamento, mas à igualdade do modelo de Estado Social, em que a intervenção estatal, por meio de medidas positivas, prevê meios destinados ao tratamento das desigualdades com igual valor, na busca da igualdade material e que, no modelo de Estado Democrático de Direito, atua de forma a garantir a dignidade da pessoa humana.

A respeito, observa URIARTE, "a igualdade que orienta o Direito laboral não é a igualdade formal e abstrata do liberalismo, segundo a qual "todos são iguais perante a lei" – uma lei cega que não distingue entre pobres e ricos, entre poderosos e débeis, entre possuidores e despossuídos – senão a igualdade real ou material, que intenta corrigir aquelas diferenças."[47]

O princípio da não discriminação, por sua vez, atua na preservação do direito à diferença e da eliminação de tratamento diferenciado, em decorrência de preconceito ou estigma. Decorre, portanto, do princípio da isonomia, mas adquire feições próprias, mais específicas.

A Constituição veda a discriminação, ao determinar, no art. 3º, que constituem objetivos fundamentais da República Federativa do Brasil, entre outros, promover o bem de todos, sem preconceitos de origem, raça, cor, sexo, cor, idade e outras formas de discriminação (nacionalidade, naturalidade, orientação sexual, opção política, religiosa etc.).

47 URIARTE, Oscar Ermida. *Teoria da Discriminação nas Relações de Trabalho.* Campus Jurídico, 2011, Prefácio, XII.

Discriminação, portanto, pode ser definida como a conduta atentatória e injustificada da igualdade de oportunidades ou de tratamento, destinada a distinguir pessoas ou grupos por preconceito ou estigma.

Segundo URIARTE, "O princípio da igualdade é o maior, que inclui o de não discriminação. Este é um derivado daquele, uma concreção, efeito ou reflexo da igualdade ... um instrumento da igualdade... a igualdade opera verticalmente (reduzindo a diferença entre capital e trabalho), enquanto que a não discriminação opera horizontalmente, procurando que não se prejudique (ainda mais) aos trabalhadores mais débeis ou expostos".[48]

De forma prática, como corolário do princípio da isonomia, não se admite a distinção entre trabalho manual, técnico e intelectual (art. 7º, XXII, CF); a mesma Constituição Federal atribui igualdade de direitos entre o trabalhador com vínculo empregatício permanente e o trabalhador avulso (art. 7º, XXIV); a todo trabalho de igual valor corresponderá o mesmo salário (art. 461, da CLT); o art. 3º, parágrafo único, CLT, veda distinções à espécie de emprego, condição do trabalhador e ao trabalho intelectual, técnico e manual; os arts. 460 e 461, CLT, dispõem, respectivamente, sobre salário equitativo e equiparação salarial sem distinção de qualquer natureza, ressalvadas as hipóteses justificadas por lei e quadro de carreira; e, o art. 12, *a*, da Lei 6.019/74, determina a isonomia remuneratória do trabalhador temporário aos trabalhadores efetivos do tomador.

Já o tratamento diferenciado por motivo de sexo, raça, etnia, cor, religião, idade, nacionalidade, orientação sexual, convicção política, ideológica ou filosófica, origem social ou qualquer outro parâmetro que revele preconceito ou estigma, utilizado para desqualificar a pessoa, decorre de ofensa ao princípio da não discriminação. A título de exemplo, os artigos 5º, da CLT, 7º, XXXI, da CF e a Lei nº 9.029/95 vedam especificamente a discriminação como impeditivo ao tratamento igualitário.

9.4.1. Isonomia

Sobre o princípio da isonomia e trabalho, José Afonso da Silva destaca que *"[...] em primeiro lugar, o princípio significa que a liberdade de*

48 Ob. citada, Prefácio, XV.

exercício de qualquer trabalho, ofício e profissão, reconhecida no artigo 5º, XIII, da Constituição, pertine a qualquer pessoa em igual condição. Assim, o acesso ao emprego provado como aos cargos, funções e empregos públicos há de ser igual para homens e mulheres que demonstrem igualdade de condições. A regra completa-se com as normas de igualdade que se encontram inscritas no já citado inciso XXX, do artigo 7º, mas especialmente no inciso XXXII do mesmo artigo que veda distinção entre trabalho manual, técnico e intelectual ou entre os profissionais respectivos. A paridade de tratamento aqui garantida diz respeito às condições de exercício de funções e de critério de admissão que têm que ser as mesmas para todos, quanto ao valor do trabalho, não se exigindo a paridade de resultado produtivo. Enfim, lembra Pontes de Miranda: "Todos os direitos que tiverem os trabalhadores manuais tê-lo-ão os trabalhadores intelectuais, ou vice-versa. Dentre os trabalhadores manuais, o princípio da isonomia também prevalece [...]."[49]

Como consequência, não se admite, por exemplo, que uma empresa estabeleça um adicional para os empregados engenheiros, deixando de fora os demais profissionais. De igual sorte, não se admite que uma empresa conceda um adicional aos exercentes de trabalho intelectual, sem estendê-lo aos que executam funções técnicas e manuais, mas é possível estabelecer, numa instituição de ensino, um adicional de aprimoramento para os professores com título de especialista, mestre ou doutor.

Para efetivação da garantia constitucional da isonomia, o art. 461, *caput* e § 1º, da CLT, assegura salário igual para trabalho de igual valor, reconhece o valor da experiência, e as desigualdades decorrentes por motivo de saúde. A diferença salarial para trabalho igual somente é admitida quando o paradigma for mais antigo na função (mais de dois anos, desde que a diferença de tempo de serviço para o empregador não seja superior a quatro anos); quando o paradigma for reabilitado; e quando houver na empresa quadro de carreira para promoções.

No tocante ao trabalho intelectual, a Súmula nº 6, VII, do TST, veio pacificar controvertida questão, a da comparação entre profissionais que desempenham esse tipo de trabalho. E o fez estabelecendo que *"Desde*

49 *Curso de Direito Constitucional Positivo*. São Paulo: Revista dos Tribunais. 1990, pp. 200-201.

que atendidos os requisitos do art. 461, da CLT, é possível a equiparação salarial de trabalho intelectual, que pode ser avaliado por sua perfeição técnica, cuja aferição terá critérios objetivos."

Além do art. 461, *caput* e § 1º, a CLT garante a igualdade salarial por meio de outro mecanismo, o do quadro de carreira, no âmbito das empresas que regularmente o adotarem. Neste caso, as promoções para o acesso ao salário do cargo ou dos níveis em que subdivididos, serão feitas por critérios alternados de merecimento e antiguidade.

Ainda no terreno da isonomia, farão jus ao salário do substituído os empregados que provisoriamente, mas não em caráter eventual, ocuparem o cargo do substituto e, com base no art. 460, da CLT, na falta de estipulação do salário ou não havendo prova sobre a importância ajustada, o empregado terá direito a perceber salário igual ao daquele que, na mesma empresa, fizer serviço equivalente, ou do que for habitualmente pago para serviço semelhante.

9.4.2. Discriminação

Como já salientado, discriminação é tratamento desigual fundado em preconceitos (raça, cor, gênero, crença), etnocentrismo (nacionalidade, naturalidade ou origem), estereótipos (posição social e profissional, conceitos desqualificantes) ou estigmas (doenças, gravidez, gostos).

O princípio da não discriminação atua na preservação do direito à diferença, da eliminação do tratamento injustificadamente diferenciado e na inclusão.

As discriminações podem ser intencionais ou diretas e não intencionais ou indiretas, negativas e positivas, horizontais e verticais, pré-contratuais, contratuais e pós-contratuais. E, quanto aos motivos, variam: convicção política, ideológica ou filosófica. crença, idade, sexo, orientação sexual, nacionalidade, etnia, doença, aparência, deficiência etc.

Discriminações intencionais ou diretas são as que desigualam trabalhador ou grupo de trabalhadores por ato diferenciador intencional e justificado por estigma ou preconceito. Por exemplo, quando o empregador deixa de promover ou contratar um trabalhador em virtude de orientação sexual ou racismo.

Discriminações não intencionais ou indiretas são as que desigualam trabalhador ou grupo de trabalhadores por ato diferenciador que o empregador considera justo, mas que não tem amparo, por exemplo, quando concede a engenheiros um adicional, sem motivo que justifique a preterição dos advogados ou outros detentores de curso superior que laborem na empresa nessa condição ou quando concede aumento aos trabalhadores que laboram em tempo integral, deixando de fazê-lo em relação aos que trabalham em tempo parcial.

Discriminações negativas são as que importam em desigualdade de tratamento por critérios desqualificantes em relação à condição pessoal da pessoa ou grupo.

Discriminações positivas ou benéficas são as medidas de proteção ou de assistência a pessoas menos favorecidas em razão de sua condição pessoal. São inúmeras as medidas destinadas a dar tratamento diferenciado compensatório, a exemplo dos deficientes físicos e aprendizes, beneficiados com cotas de inclusão empregatícia, sem falar nas normas protetivas das mulheres no mercado de trabalho. Discriminações verticais são aquelas em que o empregador ou preposto, no exercício do poder de direção ou gestão dá, por estigma ou preconceito, tratamento desqualificante a empregado ou grupo de trabalhadores.

Discriminações horizontais ocorrem quando companheiros de trabalho, que não detém poder de mando, por estigma ou preconceito, tratam de modo desqualificante colegas de trabalho ou grupo.

Discriminações pré-contratuais são as que ocorrem na fase de seleção, por exemplo, quando o pré-contratante recusa trabalhador em virtude de sua convicção política ou religiosa.

Discriminações contratuais são os tratamentos desqualificantes, diretos ou indiretos, verticais ou horizontais, ocorridos no curso do contrato.

Discriminações pós-contratuais são os tratamentos desqualificantes ocorridos após a extinção do contrato de trabalho, a exemplo das listas sujas ou informações desabonadoras da conduta do trabalhador por critérios desqualificantes.

As ofensas ao trabalhador por motivo de discriminação ensejam a compensação por danos morais, independentemente dos danos patrimoniais incidentes sobre os direitos trabalhistas sonegados ou preterições ocorridas.

Na seara da não discriminação, a concretização da igualdade também pressupõe ações afirmativas, eis que a promoção da igualdade real exige, em determinados casos, medidas compensatórias da desigualdade. Daí o princípio protetivo do trabalhador nas relações de trabalho, as normas especiais de proteção à mulher e à pessoa idosa contra medidas discriminatórias e a normatização da inserção e reaproveitamento de pessoas com deficiência nas empresas.

Com efeito, a Lei nº 7.853/89 proíbe discriminação contra pessoas com deficiência. Para o trabalho para o qual está habilitado a fazer, considera-se discriminação pela sua condição o tratamento diferenciado em relação a salário e critérios de admissão.

O art. 1º da Lei nº 14.768/2023 considera deficiência auditiva a limitação de longo prazo da audição, unilateral total ou bilateral parcial ou total, a qual, em interação com uma ou mais barreiras, obstrui a participação plena e efetiva da pessoa na sociedade, em igualdade de condições com as demais pessoas.

O §1º esclarece que o valor referencial da limitação auditiva, a média aritmética de 41 dB (quarenta e um decibéis) ou mais aferida por audiograma nas frequências de 500 Hz (quinhentos hertz), 1.000 Hz (mil hertz), 2.000 Hz (dois mil hertz) e 3.000 Hz (três mil hertz).

Para que sejam evitadas situações injustas, o art. 461, §4º, da CLT, estabelece que o trabalhador readaptado em nova função, por motivo de deficiência física ou mental não servirá de paradigma para fins de equiparação salarial.

De igual sorte, o art. 461, §6º, da CLT, estabelece que na hipótese de discriminação por motivo de sexo, raça, etnia, origem ou idade, o pagamento das diferenças salariais devidas ao empregado discriminado não afasta seu direito de ação de indenização por danos morais, consideradas as especificidades do caso concreto.

Estatui ainda, no § 7º, que sem prejuízo do disposto no § 6º, no caso de infração ao previsto neste artigo, a multa de que trata o art. 510 da CLT corresponderá ao décuplo do valor do novo salário devido pelo empregador ao empregado discriminado, elevada ao dobro, no caso de reincidência, e sem prejuízo das demais cominações legais.

As alterações supra foram promovidas pela Lei nº 14.611, de 3 de julho de 2023, regulamentada pelo Decreto nº 11.795/2023 em relação aos mecanismos de transparência salarial e de critérios remuneratórios, para dispor sobre o Relatório de Transparência Salarial e de Critérios Remuneratórios e o Plano de Ação para Mitigação da Desigualdade Salarial e de Critérios Remuneratórios entre Mulheres e Homens.

A referida lei estabelece que "a igualdade salarial e de critérios remuneratórios entre mulheres e homens será garantida por meio das seguintes medidas:

> I – estabelecimento de mecanismos de transparência salarial e de critérios remuneratórios;
>
> II – incremento da fiscalização contra a discriminação salarial e de critérios remuneratórios entre mulheres e homens;
>
> III – disponibilização de canais específicos para denúncias de discriminação salarial;
>
> IV – promoção e implementação de programas de diversidade e inclusão no ambiente de trabalho que abranjam a capacitação de gestores, de lideranças e de empregados a respeito do tema da equidade entre homens e mulheres no mercado de trabalho, com aferição de resultados; e
>
> V – fomento à capacitação e à formação de mulheres para o ingresso, a permanência e a ascensão no mercado de trabalho em igualdade de condições com os homens.

Outrossim, o art. 5º da mesma lei impõe a publicação semestral de relatórios de transparência salarial e de critérios remuneratórios entre homens e mulheres pelas pessoas jurídicas de direito privado com 100 (cem) ou mais empregados, observada a proteção de dados pessoais prevista na LGPD. Esses relatórios e a sua geração ficam assim sujeitos à fiscalização do Ministério do Trabalho, bem como o Ministério Público do Trabalho poderá atuar nas hipóteses em que se verificar desigualdade salarial ou de critérios remuneratórios entre homens e mulheres.

Caso identificada desigualdade salarial ou de critérios remuneratórios, independentemente do descumprimento do disposto no art. 461 da CLT, a pessoa jurídica de direito privado apresentará e implementará plano de ação para mitigar a desigualdade, com metas e prazos, garantida a participação de representantes das entidades sindicais e de representantes dos empregados nos locais de trabalho.

Estatui o art. 5º, §3º da lei em comento, que na hipótese de descumprimento da igualdade salarial e de critérios remuneratórios entre mulheres e homens para a realização de trabalho de igual valor ou no exercício da mesma função, será aplicada multa administrativa cujo valor corresponderá a até 3% (três por cento) da folha de salários do empregador, limitado a 100 (cem) salários mínimos, sem prejuízo das sanções cabíveis. E, acrescento, das reparações por danos patrimonial e moral (art.461, §6º, CLT).

O art. 510-B, da CLT, estatui que a comissão de representantes dos empregados nas empresas com mais de 200 trabalhadores terá, entre outras, a atribuição de assegurar tratamento justo e imparcial aos empregados, impedindo qualquer forma de discriminação por motivo de sexo, idade, religião, opinião política ou atuação sindical (inciso VI). Verificando-se-a, caberá ação na busca das reparações por danos patrimonial e moral (art.461, §6º, CLT).

Nos termos do art. 23, II, da CF, compete à União, Estados, Municípios e Distrito Federal a responsabilidade de cuidar da saúde e da assistência pública, da proteção e garantia das pessoas com deficiência.

A competência legislativa sobre regras de proteção e integração social das pessoas com deficiência é concorrente entre os Entes Federados (art. 24, XIV, CF), estabelecendo o art. 37, VIII, CF, que a lei reservará um percentual de cargos e empregos públicos para as pessoas portadoras de deficiência.

A assistência social será prestada aos necessitados, independentemente de contribuição à seguridade social e tem por objetivo habilitar e reabilitar as pessoas portadoras de deficiência e promover a sua integração à vida comunitária (art. 203, IV, CF), garantindo-se a elas um salário mínimo mensal, mediante comprovação de não possuir meios de prover a própria manutenção ou de tê-la provida por sua família (art. 203, V).

Outrossim, é dever do Estado garantir o atendimento educacional especializado às pessoas com deficiência (art. 208, CF) e criar programas de prevenção e atendimento especializado para os portadores de deficiência física, sensorial ou mental, bem como a integração social do adolescente com deficiência, mediante o treinamento para o trabalho e a convivência, e a facilitação do acesso aos bens e serviços coletivos, com a eliminação de preconceitos e obstáculos arquitetônicos (art. 227, II, CF).

A Lei ordinária nº 7.853/89 criou a Coordenadoria Nacional para Integração das Pessoas Portadoras de Deficiência (CORDE), com o fim de assegurar às pessoas com deficiência o pleno exercício de seus direitos básicos, inclusive dos direitos à educação, à saúde, ao trabalho, ao lazer, à previdência social, ao amparo à infância e à maternidade, e de outros que, decorrentes da Constituição e das leis, propiciem seu bem-estar pessoal, social e econômico (art. 2º). Também prevê a adoção de legislação específica destinada a disciplinar a reserva de mercado de trabalho às pessoas com deficiência física (art. 2º, II, *d*) e a proteção dos seus interesses coletivos ou difusos por ações civis públicas que poderão ser propostas pelo Ministério Público, União, Estados, Municípios e Distrito Federal, por associações constituídas há mais de um ano, por autarquia, empresa pública, fundação ou sociedade de economia mista que inclua, entre suas finalidades institucionais, a proteção de pessoa portadora de deficiência (art. 3º).

Nos termos da referida lei, negar a alguém emprego ou trabalho, sem justa causa e por motivo derivado de sua deficiência, constitui crime, punível com reclusão de um a quatro anos e multa (art. 8º, II).

O Decreto n. 914/93, que instituiu a Política Nacional para a Integração da Pessoa com Deficiência, tem como uma de suas diretrizes (art. 5º), "promover medidas que visem a criação de empregos que privilegiem atividades econômicas de absorção de mão-de-obra de pessoas portadoras de deficiência, assim como proporcionar ao portador de deficiência qualificação e incorporação no mercado de trabalho".

A Lei n. 9.867, de 10 de novembro de 1999, disciplina a instituição das Cooperativas Sociais, com a finalidade de inserir as pessoas em desvantagens no mercado econômico, por meio do trabalho, com fundamento no interesse geral da comunidade em promover a pessoa humana e a integração social dos cidadãos (art. 1º), com a organização e gestão de serviços sociossanitários e educativos; bem como o desenvolvimento de atividades agrícolas, industriais, comerciais e de serviços (art. 1º, I e II).

No que se refere às relações de trabalho, a Portaria n. 772, de 26.8.99, do Ministério do Trabalho e Emprego permite a contratação de pessoa com deficiência, sem a caracterização de emprego com o tomador de serviços, quando: a) realizada com a intermediação de entidade sem fins lucrativos, de natureza filantrópica e de comprovada idoneidade, que tenha por objeto assistir pessoa com deficiência; b) a entidade assistencial intermediadora comprove a regular contratação de pessoas com deficiência nos moldes da Consolidação das Leis Trabalhistas; c) o trabalho destinar-se a fins terapêuticos, desenvolvimento da capacidade laborativa reduzida devido a deficiência, ou inserção da pessoa portadora de deficiência no mercado de trabalho e d) igualdade de condições com os demais trabalhadores, quando as pessoas com deficiência estiverem inseridos no processo produtivo da empresa (art. 1º).

Estabelece o art. 1º, §1º da citada Portaria que o trabalho prestado pela pessoa com deficiência física poderá ocorrer no âmbito da entidade que prestar assistência ou da empresa que para o mesmo fim celebrar convênio ou contrato com a entidade assistencial.

A lei assegura, no federal, o direito da pessoa com deficiência se inscrever em concurso público para provimento de cargos cujas atribuições lhe sejam compatíveis e reservado até 20% das vagas oferecidas no concurso (art. 5º, § 2º, Lei n. 8.112/90).

Conforme art. 22, §4º, da Lei nº 8.212/91, o Poder Executivo Federal estabelecerá, na forma da lei e ouvido o Conselho Nacional de Seguridade Social, mecanismos de estímulo às empresas que utilizem empregados com deficiência física, sensorial ou mental, com desvio do padrão médio.

Por sua vez, a Lei nº 8.213/91 estabeleceu cotas compulsórias de vagas a serem respeitadas pelas empresas do setor privado com mais de cem empregados, observando proporção: I – de 100 a 200 empregados, 2%; II – de 201 a 500, 3%; III – de 501 a 1000, 4%; IV – 1001 ou mais, 5% (art. 93). E determinou que a dispensa do empregado com deficiência ou reabilitado somente pode ocorrer após a contratação de substituto de condição semelhante, fixando mais um caso de garantia no emprego, como proteção à despedida arbitrária ou sem justa causa a esses trabalhadores.

No entanto, a inclusão dos deficientes resultaria inócua se a lei não garantisse a eles adaptação razoável, o que será estudado especificamente no item seguinte (9.4.2.1).

O Estatuto da Criança e do Adolescente assegura à criança e ao adolescente com deficiência atendimento especializado e a este último o trabalho protegido (Lei n. 8.069/90).

Quanto ao contrato de aprendizagem, a CLT foi alterada com o objetivo ampliar a inclusão das pessoas com deficiência no mercado de trabalho, *in verbis*:

> Lei nº 11.180/05 – Art. 18 – Os arts. 428 e 433 da Consolidação das Leis do Trabalho – CLT, aprovada pelo Decreto-Lei nº 5.452, de 1º de maio de 1943, passam a vigorar com a seguinte redação:
>
> *"Art. 428. Contrato de aprendizagem é o contrato de trabalho especial, ajustado por escrito e por prazo determinado, em que o empregador se compromete a assegurar ao maior de 14 (quatorze) e menor de 24 (vinte e quatro) anos inscrito em programa de aprendizagem formação técnico-profissional metódica, compatível com o seu desenvolvimento físico, moral e psicológico, e o aprendiz, a executar com zelo e diligência as tarefas necessárias a essa formação.*
>
> [...]
>
> *§ 5º A idade máxima prevista no caput deste artigo não se aplica a aprendizes portadores de deficiência.*
>
> *§ 6º Para os fins do contrato de aprendizagem, a comprovação da escolaridade de aprendiz portador de deficiência mental deve considerar, sobretudo, as habilidades e competências relacionadas com a profissionalização. (NR)"*
>
> *"Art. 433. O contrato de aprendizagem extinguir-se-á no seu termo ou quando o aprendiz completar 24 (vinte e quatro) anos, ressalvada a hipótese prevista no § 5º do art. 428 desta Consolidação, ou ainda antecipadamente nas seguintes hipóteses:*
>
> *XXXII – proibição de distinção entre trabalho manual, técnico e intelectual ou entre os profissionais respectivos;"*

Ainda relativamente à discriminação, a Lei nº 9.029/1995, a qual veda a exigência de atestado de gravidez e esterilização, e qualquer prática discriminatória e limitativa do acesso ao emprego ou sua manutenção.

Tipifica como crime qualquer procedimento relativo ao estado de esterilização ou de gravidez (exigência de teste, perícia, laudo etc.), à adoção pelo empregador de medidas de indução ou destinadas a instigar a esterilização genética, promoção de controle da natalidade, salvo serviços de aconselhamento ou planejamento familiar oferecidos de acordo com as normas do Sistema Único de Saúde.

Esta lei estabelece, ainda, sem prejuízo da responsabilidade criminal, multa administrativa e proibição de obtenção de empréstimos ou financiamentos de instituições financeiras oficiais.

A dispensa discriminatória é punida com indenização por danos morais, cujo valor está fixado pelo inciso II do artigo 4º, readmissão e indenização por danos materiais ("ressarcimento integral de todo o período de afastamento, mediante o pagamento das remunerações devidas, corrigidas monetariamente e acrescidas de juros legais"), na forma do inciso I do mesmo artigo 4º.

Também bastante relevante é a Lei nº 7.716/89, conquista normativa contra a discriminação racial, ao definir os crimes resultantes de preconceito de raça ou de cor, alterada pelas Leis nº 12.288/2010 (que instituiu o Estatuto da Igualdade Racial) e pela Lei nº 14.553/2023. A novel lei alterou os arts. 39 e 49 da Lei nº 12.288, de 20 de julho de 2010, para determinar procedimentos e critérios de coleta de informações relativas à distribuição dos segmentos étnicos e raciais no mercado de trabalho.

E ainda, a Lei nº 8.842/94 proíbe a discriminação contra a pessoa idosa.

Igualmente atenta a tais valores e normas, a jurisprudência trabalhista tem concretizado a Constituição, as Convenções nº 110 e 111, da OIT, a Convenção Internacional Sobre a Eliminação de Todas as Formas de Discriminação Racial, os princípios encerrados nos dispositivos legais supracitados e as políticas afirmativas de correção de desigualdades e inserção de trabalhadores, por meio da interpretação da lei, vedando a dispensa arbitrária do portador do vírus do HIV e do trabalhador prestes a adquirir o tempo necessário à obtenção da aposentadoria, bem como promovendo a equiparação salarial e a isonomia de tratamento remuneratório e nulificando a contratação de empregado pelas administrações direta e indireta, sem concurso público. Há inclusive julgados que, por analogia ao art. 12, *a*, da Lei nº 6.019/74, chegam a estender aos trabalhadores da prestadora nas demais hipóteses de terceirização, as normas aplicáveis aos trabalhadores da empresa tomadora.

Logo, não são consideradas discriminatórias as práticas fundadas em critérios de razoabilidade, assim entendidas as relacionadas ao exercício da atividade para a qual o trabalhador é contratado. Limitações que geram discriminações não podem ser acolhidas, mas as que não as constituam são, por óbvio, admissíveis, sendo assim proibidas apenas as práticas injustificáveis, pelo que a escolha de candidato do sexo masculino mais apto à consecução do trabalho oferecido do que a de candidata do sexo feminino nada tem de discriminatória.

A essas medidas foram acrescentadas as constantes do art. 373-A, incisos I a VI e parágrafo único, introduzidos na CLT pela Lei nº 9.799/99, que buscou corrigir distorções que afetam o acesso da mulher ao mercado de trabalho e certas especificidades do contrato. Tais dispositivos proíbem anúncio de emprego, condições de acesso ou a vinculação de promoção, remuneração ou dispensa baseados em aspectos discriminatórios (sexo, idade, cor, estado de gravidez ou situação familiar) e revista íntima.

Ainda no terreno da vedação a práticas antidiscriminatórias, o inciso XXIV do art. 7º, da CF, confere igualdade de direitos entre o trabalhador com vínculo empregatício permanente e o trabalhador avulso.

Os trabalhadores avulsos portuários são regidos pela Lei nº 12.815, de 2013 e os avulsos urbanos e rurais não portuários são regidos pela Lei nº 12.023/2009. Nos dois casos o trabalho efetuado está relacionado à movimentação de carga.

Nos termos do art. 40 da Lei nº 12.815, de 2013, *"O trabalho portuário de capatazia, estiva, conferência de carga, conserto de carga, bloco e vigilância de embarcações, nos portos organizados, será realizado por trabalhadores portuários com vínculo empregatício por prazo indeterminado e por trabalhadores portuários avulsos."*

E, conforme a Lei nº 12.023/2009, as atividades de movimentação de mercadorias em geral exercidas por trabalhadores avulsos não portuários, são aquelas desenvolvidas em áreas urbanas ou rurais sem vínculo empregatício, mediante intermediação obrigatória do sindicato da categoria, por meio de Acordo ou Convenção Coletiva de Trabalho para execução das atividades (art. 1º).

O trabalhador avulso, portuário ou não, não é empregado, mas pelas peculiaridades da prestação do trabalho que executa, goza de proteção e tem tratamento isonômico a este, respeitadas as particularidades das respectivas relações contratuais. Não tem vínculo de emprego porque presta serviços a vários tomadores, indistintamente, quando requisitado. Do ponto de vista do tomador de serviços, o trabalhador avulso não tem direito ao aviso prévio, por exemplo, pois é contratado para trabalhar por tarefa e por prazo determinado. Pela mesma razão não faz jus à indenização de 40% sobre os depósitos do FGTS.

Nos termos da Súmula nº 443, do TST, "Presume-se discriminatória a despedida de empregado portador do vírus HIV ou de outra doença grave que suscite estigma ou preconceito. Inválido o ato, o empregado tem direito à reintegração no emprego."

A Súmula tem sido questionada por não definir que tipo de doença grave é potencialmente capaz de suscitar estigma ou preconceito à continuidade do contrato de trabalho. Enfim, cabe concretizar diretamente ou por meio da legislação infraconstitucional, políticas governamentais e interpretação do direito, os princípios e regras que determinam a igualdade de tratamento em sua repercussão nas relações privadas, incluindo as de trabalho, de forma a afastar as discriminações diretas e indiretas.

Ainda sobre discriminação, veja-se interessante aresto do TST envolvendo dirigente sindical:

> "(...) C. MATÉRIAS OBJETO DA RECLAMAÇÃO TRABALHISTA (RT 0132005-10.2015.5.13.0022). C.1. DIFERENÇAS SALARIAIS. CARGO DE PROPAGANDISTA SÊNIOR. AUSÊNCIA DE DISTINÇÃO DE ATIVIDADE ENTRE OS CARGOS. PRETERIÇÃO. **DISCRIMINAÇÃO CONTRA EMPREGADOS DETENTORES DE ESTABILIDADE**. MATÉRIA OBJETO DA RECLAMAÇÃO TRABALHISTA. TRANSCENDÊNCIA RECONHECIDA. VIOLAÇÃO DO PRINCÍPIO DA NÃO DISCRIMINAÇÃO. DIFERENÇAS DEVIDAS. 1. Extrai-se do acórdão do Tribunal Regional que (i) "dentro da função propagandista não existe diferença entre junior, senior e pleno, no que se refere à atividade", que (ii) "não há diferença de remuneração dentro da categoria senior,

havendo apenas diferenciação de categoria para categoria", bem assim que (iii) "o reclamante não teve acesso à possibilidade de promoção por um interesse da empresa em não promover pessoas detentoras de estabilidade". 2. Constata-se, portanto, que não havia distinção entre as atividades desenvolvidas pelos propagandistas (júnior, sênior ou pleno) e que a empregadora não fazia qualquer distinção remuneratória entre os empregados que ocupassem o mesmo cargo, não havendo entre eles qualquer distinção em razão do tempo de serviço na função, da produtividade, e da perfeição técnica. 3. **A despeito de tais circunstâncias, segundo consta do acórdão recorrido, o reclamante deixou de ser promovido à categoria de propagandista sênior como retaliação ao fato de ocupar cargo de representação dos empregados, que lhe garantia estabilidade**. 4. Esta Corte tem compreendido, em situações excepcionais, ser possível a condenação da empresa ao pagamento de vantagens destinadas a determinados empregados quando constatado que houve desrespeito ao princípio da não discriminação. 5. Portanto, não há como se conferir qualquer efeito à conduta discriminatória da empregadora de preterição das promoções, tratando-se de conduta nula de pleno direito, na forma do artigo 9º da CLT, apta a determinar o pagamento das diferenças salariais dela decorrentes. C.2. RESPONSABILIDADE CIVIL. ASSÉDIO MORAL. CONDUTA DISCRIMINATÓRIA. EMPREGADO **OCUPANTE DE CARGO NA ENTIDADE DE CLASSE. ESTAGNAÇÃO FUNCIONAL. ATO ANTISSINDICAL. INDENIZAÇÃO DEVIDA**. 1. O assédio moral, que se enquadra em uma das espécies de dano moral, consiste na prática reiterada de conduta abusiva, pelo empregador, diretamente ou por meio de seus prepostos ou empregados, que traduz uma atitude ostensiva de perseguição ao empregado, repetindo-se no tempo, de tal modo que possa acarretar danos importantes às condições físicas e psíquicas, afetando a sua autoestima. 2. Para restar caracterizado o assédio moral, portanto, imprescindível que a conduta ilícita dirigida ao empregado de forma ostensiva seja praticada diversas vezes, prolongando-se no tempo. Além disso, o assédio moral, no ambiente de trabalho, deve ser analisado sob o prisma do conteúdo subordinado da relação jurídica de emprego, porquanto o empregado encontra-se "naturalmente tolhido" em face de eventual conduta abusiva do empregador. 3. No caso presente, o Tribunal Regional registra que "resta nítida a conduta persecutória da empresa, traduzida na transferência dos empregados estáveis para um mesmo setor, onde estavam sujeitos a viagens constantes, na coação dos demais integrantes da equipe para que mantivessem esses empregados fora do seu convívio social até mesmo nas relações estabelecidas fora do ambiente de trabalho" e que "Igualmente restou comprovada a estagnação funcional imotivada a justificar a condenação reparatória". 4. Com efeito, a prática relatada com detalhes no acórdão recorrido, caracterizada por atos de retaliação empresarial em razão de o **reclamante ocupar cargo na estrutura dos órgãos de representação profissional**, acarreta a **supressão da liberdade sindical do empregado** e configura descumprimento dos deveres do empregador, dentre eles o de zelar pela segurança, bem-estar e dignidade do empregado no ambiente de trabalho. 5. O fato de o empregador exercer de forma abusiva seu poder diretivo - art. 2º da CLT -, com a utilização de práticas degradantes de que é vítima o trabalhador, implica **violação dos direitos de personalidade**, constitucionalmente consagrados (art. 1º, III). A afronta à dignidade da pessoa humana, aliada ao abuso do poder diretivo do empregador, enseja a condenação ao pagamento de compensação por dano moral. Agravo de instrumento conhecido e não provido, nos temas. (...) II - RECURSO DE REVISTA. ASSÉDIO MORAL. CONDUTA DISCRIMINATÓRIA. MATÉRIA OBJETO DA RECLAMAÇÃO TRABALHISTA. **EMPREGADO OCUPANTE DE CARGO NA ENTIDADE DE CLASSE. ESTAGNAÇÃO FUNCIONAL. ATO ANTISSINDICAL. VALOR DA INDENIZAÇÃO**. MATÉRIA OBJETO DA RECLAMAÇÃO TRABALHISTA. PRINCÍPIOS DA RAZOABILIDADE E DA PROPORCIONALIDADE. ALEGAÇÃO DE INOBSERVÂNCIA DEMONSTRADA. PRETENSÃO DE REDUÇÃO DO VALOR ACOLHIDA. 1. O entendimento desta Corte é de que a revisão do montante arbitrado na origem, em compensação pelo dano moral sofrido, dá-se, tão somente, em hipóteses em que é nítido o caráter irrisório ou exorbitante da condenação, de modo tal que sequer seja capaz de atender aos objetivos estabelecidos pelo ordenamento para o dever de indenizar. 2. No caso presente, o Tribunal Regional revelou que o empregado sofreu assédio moral desde que passou a integrar a diretoria do sindicato, inclusive com distanciamento forçado dos demais membros da equipe, não divulgação das metas em reuniões, exclusão da participação nos eventos e grupos de WhatsApp e, sobretudo, estagnação funcional. 3. Não se ignora a grave ofensa ao empregado, caracterizada por atos de retaliação empresarial em razão de o reclamante ocupar cargo na estrutura dos órgãos de representação profissional, tampouco a gravidade da conduta empresarial, que atinge não apenas o trabalhador, mas toda a coletividade de trabalhadores, pelo nítido desestímulo à participação de seus empregados em atividades sindicais. 4. Contudo, a despeito da gravidade da conduta patronal e da seriedade das lesões morais sofridas pelo reclamante, que sugerem a fixação de indenização de valor significativo, não se verifica razoabilidade para a estipulação de valor vultoso, como ocorreu na origem. 5. Com efeito, a jurisprudência desta Corte, ao analisar processos em que se discutiu a quantificação do dano moral decorrente de conduta antissindical reiterada (assédio), tem fixado valores inferiores àquele fixado pelo Tribunal Regional. 6. Caracterizada a violação do artigo 944 do Código Civil. Recurso de revista conhecido e provido para reduzir o valor da indenização por danos morais para R$ 100.000,00 (cem mil reais)" (RR-132005-10.2015.5.13.0022, 1ª Turma, Relator Ministro Hugo Carlos Scheuermann, DEJT 14/08/2023)

9.4.2.1. Discriminação pelo não atendimento à adaptação ou acomodação razoável

A noção de acomodação razoável, originariamente utilizado no campo da discriminação religiosa, teve origem nos EUA, quando da aprovação do Equal Employment Opportunity Act de 1972, com o objetivo de combater a discriminação no mercado de trabalho.

Por meio da ratificação da Convenção de Nova York sobre os Direitos das Pessoas com Deficiência (CDPD), adotada pela ONU em 2006, pelo Decreto Legislativo nº 186/2008, sancionado pelo Decreto nº 6.949/2009, passou a constar do ordenamento jurídico brasileiro a adaptação ou acomodação razoável.

Conforme o art. 2º da CDPD, adaptação razoável significa as modificações e os ajustes necessários e adequados que não acarretem ônus desproporcional ou indevido, quando requeridos em cada caso, a fim de assegurar que as pessoas com deficiência possam gozar ou exercer, em igualdade de oportunidades com as demais pessoas, todos os direitos humanos e liberdades fundamentais.

A Lei nº 13.146, de 2016 (Lei Brasileira de Inclusão – LBI), em texto similar dispõe, *in verbis*:

> "Art. 3º. Para fins de aplicação desta lei, consideram-se:
>
> ....

> VI – adaptações razoáveis: adaptações, modificações e ajustes necessários e adequados que não acarretem ônus desproporcional e indevido, quando requeridos em cada caso, a fim de assegurar que a pessoa com deficiência possa gozar ou exercer, em igualdade de condições e oportunidades com as demais pessoas, todos os direitos e liberdades fundamentais."

Nas relações de trabalho podemos definir como adaptação ou acomodação razoável o dever de utilização dos meios, instrumentos, práticas e regras indispensáveis ao ajuste do ambiente de trabalho para assegurar igualdade condições e de oportunidades para que as pessoas com deficiência possam exercer os direitos e liberdades fundamentais. Rampas de acesso, altura e acessibilidade de mesas de trabalho, banheiros com boxes adaptados, além de ferramentas de trabalho ajustadas a deficiências são exemplos.

Esse ajuste ou adaptação do ambiente deve considerar as necessidades de cada pessoa com deficiência, de maneira que torne possível excepcionar ou flexibilizar regras e práticas gerais que evitem estigma, humilhação, constrangimento e segregação.

O limite para a adaptação razoável (esforço factível para incluir e fazer) é o ônus desproporcional ou indevido que o ajuste possa acarretar (dificuldades extremas, custo material excessivo, impacto da diferenciação de tratamento em prejuízo dos demais trabalhadores etc.).

Para o ajuste é preciso verificar a finalidade da medida destinada a excepcionar por meio da adaptação, para então comparar custos materiais e imateriais e benefícios diretos e indiretos.

O ônus é indevido quando a adaptação se mostra demasiadamente custosa (em sentido material e imaterial) em proporção aos benefícios individuais, necessidades empresariais e afetação de direitos coletivos.

A adaptação razoável pode ser estendida a outras situações que permitam, com ajustes e sem gerar ônus desproporcional, o exercício de direitos fundamentais. E nesse particular traz vantagens em relação à técnica da ponderação de valores, porque concilia e permite o exercício simultâneo de direitos, em vez de paralisar um deles para permitir a concretização de outro.

Numa empresa em que trabalham adventistas do sétimo dia, católicos e judeus, é possível a adaptação razoável, por meio do atendimento do dia de folga coincidente com a religião do trabalhador, desde que não afete o normal funcionamento da empresa, porque do contrário importaria em ônus indevido.

Outros casos de acomodação razoável: uso de barba na cozinha de restaurante, desde que com proteção adequada; uso de roupas religiosas correspondentes à fé do trabalhador, desde que compatíveis com o tipo de trabalho.

A acomodação razoável: a) é democrática, porque permite a inclusão; b) visa preservar o emprego mediante adaptação; c) concretiza a dignidade e os valores sociais do trabalho.

Sempre que for possível a compatibilização entre o normal funcionamento da empresa e o exercício dos direitos fundamentais que sem a adaptação não podem ser exercidos no trabalho, a recusa da empresa em promover a acomodação de interesses pode indevidamente restringir direito da personalidade do trabalhador, ensejando a composição de danos morais.

9.5. Dano moral por ofensa à liberdade de consciência

A consciência é a dimensão interna de conhecimento do homem, que abrange o autoconhecimento e a consciência ética, permitindo ao indivíduo, a um só tempo, não apenas perceber, pensar e refletir sobre o que quiser, sem coação, como também criar as próprias normas de conduta interna destinadas à conformação de sua atuação no convívio com os semelhantes, por meio das opções que julgar mais adequadas. É a autodeterminação existencial e ética do homem. É a capacidade interna de formar a própria concepção ou visão explicativa do homem, do mundo e da vida, de ter as próprias convicções políticas, filosóficas, ideológicas e de crença, para a criação da própria identidade e formação de conceitos, juízos e ideias próprios. A Constituição a garante no art. 5º, VI, inclusive como substrato a outro direito fundamental, qual seja, a liberdade de manifestação do pensamento, prevista no art. 5º, IV, da CF e demais atos concretos de exteriorização da vontade privada.

Nos termos do art. 5º, VI, da CF, a liberdade de consciência é um direito fundamental inviolável, sendo que ninguém será privado de direitos por motivo de convicção filosófica ou política (art. 5º, VIII, CF).

9.5.1. Liberdade de consciência e objeção de consciência nas relações de trabalho

O estado de subordinação ínsito ao contrato de emprego, decorrente do poder patronal – que integra o conteúdo essencial da liberdade de empresa – de dirigir a prestação do trabalho rumo aos objetivos do empreendimento, não elimina as convicções pessoais do trabalhador. Pelo contrário, se tem direito à cidadania perante o poder público, não se justificaria que não o tivesse dentro da empresa. O trabalhador é um ser integral e a Constituição deve ser interpretada como unidade.

A indagação que se faz, é até que ponto os direitos fundamentais podem ser exercidos no âmbito da relação de trabalho, ou seja, qual é o limite de exercício da liberdade de consciência no ambiente empresarial?

De início, observa-se que os direitos fundamentais não admitem restrição. O trabalhador não renuncia aos seus direitos fundamentais no âmbito da relação de trabalho. Devem estes direitos, isto sim, em virtude do estado de subordinação na prestação do trabalho e da boa-fé e probidade contratuais, adequar-se ao contrato de trabalho, importando essa adequação em ajuste que, naturalmente, limita ou inibe circunstancialmente o exercício desses direitos.

Por outro lado, se existe necessidade de ajuste, é porque o poder diretivo, por seu turno, também sofre limitações e essa barreira é a dignidade do trabalhador, para cuja preservação serve exatamente os direitos fundamentais.

Logo, esse ajuste decorre de uma solução ponderada, proveniente da avaliação, em cada situação concreta de tensão entre os direitos fundamentais ou da personalidade do trabalhador e do poder diretivo do empregador em relação à execução do contrato de trabalho. Daí resulta que, em decorrência da boa-fé e probidade contratuais, o exercício, pelo trabalhador, da liberdade de consciência não pode, por exemplo, ofender a boa imagem da empresa perante o público. De igual sorte, o empregador não pode rejeitar a promoção ou repreender o trabalhador em virtude de suas inclinações ideológicas, políticas ou filosóficas.

São inúmeras e muitas vezes imprevistas as possibilidades de ocorrência de conflitos relacionados à liberdade de consciência no trabalho, a exigir a referida avaliação, considerando os objetivos do contrato e o respeito ao trabalhador enquanto pessoa humana dotada de sentimentos e convicções pessoais.

RAQUEL TAVARES DOS REIS apresenta algumas hipóteses, para efeito de reflexão: o médico contratado por um hospital que se recusa a praticar a interrupção voluntária da gravidez a pedido da mulher grávida, quando autorizada por lei, mas contrária à sua consciência; a de um jornalista que, invocando um desvio significativo na linha de orientação do órgão de comunicação social em que trabalha, em consequência da mudança de direção, pretende ver o contrato rescindido; a de um comandante de aviação, que se recusa a realizar qualquer atividade laboral aos sábados, de acordo com a sua religião; a de um trabalhador agnóstico, que se opõe à assistência a cerimônias de culto, obrigatórias para todos os trabalhadores da entidade em que trabalha.[50]

Relativamente ao assunto, MÁRIO ANTONIO LOBATO DE PAIVA faz referência à análise de certa decisão da Corte Argentina. O caso concreto apreciado diz respeito a um trabalhador argentino que invocou a liberdade de consciência para negar-se a atender um passageiro de uma companhia aérea Argentina, que integrou a ditadura militar daquele país. A empresa pretendeu puni-lo pela atitude, tendo o trabalhador sustentado que conduta diversa não lhe poderia ser exigida, porque a sua personalidade e dignidade ficariam extremamente abaladas caso realizasse o referido atendimento, no que foi bem-sucedido em primeiro grau.[51]

O voto de desempate do juiz argentino, LA FUENTE, deu-se no sentido de que o trabalhador, com base na liberdade de consciência, poderia realmente negar-se a atender pessoalmente o passageiro, mas que

50 Ob. cit., p. 99.

51 *A dignidade e consciência do empregado frente aos interesses patrimoniais e comerciais da empresa. In* <http://www.buscalegis.ufsc.br/revistas/index.php/buscalegis/article/viewFile/30377/29751>. Consulta em: 27 jul. 2010.

a boa-fé contratual e a lealdade para com a empresa não lhe permitem não dar à companhia e à empresa alguma alternativa, que seria, no caso, solicitar a outro colega que realizasse o atendimento ou o remetesse a um superior, que providenciaria a melhor solução para o caso. Concluiu que o procedimento do trabalhador afetou a prestação do serviço e a imagem pública da companhia.

MÁRIO LOBATO faz ainda referência ao voto do juiz RODOLFO CAPÓN FILAS, que havia confirmado a sentença recorrida, ao determinar a anulação da sanção imposta pela empresa ao trabalhador. Ao sustentar que a liberdade de consciência legitimava a conduta do trabalhador, recordou-se que, em episódio semelhante, ocorrido durante a ditadura militar na Argentina, um maleiro de um hotel parisiense recusou-se a levar as malas de um ditador e que o Tribunal de Paris o reintegrou no emprego, sob o argumento de que, em um país livre como a França, é cabível a recusa ao atendimento de um ditador.[52]

A questão apresentada é por deveras interessante, na medida em que, sustenta-se, não se admite o exercício da liberdade de consciência a ponto de prejudicar os objetivos do contrato, condizentes com a finalidade empresarial.

Digamos que a hipótese apresentada por MÁRIO LOBATO, por envolver um fato político, não tenha o condão de sensibilizar o intérprete para as reais nuances do problema da liberdade de consciência em relação à execução do contrato de trabalho. Imaginemos então uma outra hipótese, suscetível de contextualizar, em outros termos, o dilema do empregado: a de uma trabalhadora que se vê na contingência de precisar atender um passageiro que a estuprou. Poderia se recusar a realizar o atendimento com fundamento na liberdade de consciência ou tal recusa ensejaria a aplicação de pena disciplinar pelo empregador?

A Constituição brasileira, ao assegurar a inviolabilidade da liberdade de consciência (art. 5º, VI), pretendeu a realização concreta desse direito fundamental inclusive nas relações de trabalho e a consequente *objeção de consciência*, permitindo a recusa justificada às ordens atentatórias

52 Ob. citada, *in* <http://www.buscalegis.ufsc.br/revistas/index.php/buscalegis/article/viewFile/30377/29751>.

dessa liberdade. Mas se, por outro lado, também assegurou a liberdade de iniciativa, da qual o poder diretivo constitui conteúdo essencial no contrato de trabalho, o ajuste dessas liberdades revela-se essencial.

Note-se, no entanto, que a objeção de consciência é um direito de caráter excepcional, não servindo, de modo geral, como causa da recusa da prestação laboral. A sua atuação está condicionada à verificação de uma justificativa pertinente e insuperável nas circunstâncias.

Segundo RAQUEL TAVARES DOS REIS, o *"direito à objecção de consciência é o direito fundamental de não ser obrigado a cumprir obrigações, a desenvolver actividades ou a praticar actos em desacordo com as convicções e/ou crenças que fazem parte da consciência de cada um e revela a pretensão de quem a faz valer de que o ordenamento jurídico libere a pessoa, por via de excepção, da norma geral, ou que lhe permita substituir o cumprimento da norma geral por outra alternativa, ou, pura e simplesmente, que lhe permita não cumprir a norma, sujeitando-se às consequências jurídicas sancionatórias previstas pelo ordenamento jurídico."*[53]

Ora, de um lado está a liberdade de empresa, com a necessidade de que os clientes sejam bem tratados para a manutenção da clientela e que as vendas sejam impulsionadas inclusive para o pagamento dos trabalhadores, entre eles, a referida atendente, sendo, pois, os atendimentos, obrigação contratual; de outro, a liberdade de consciência do trabalhador, que se vê, diante do caso concreto, impossibilitado de cumprir o contrato. A ponderação de valores deve buscar o ajuste entre esses dois direitos fundamentais (liberdade de iniciativa e liberdade de consciência) de sorte a permitir o cumprimento dos objetivos empresariais, sem atentar contra a liberdade de consciência do trabalhador. Daí chegarmos à conclusão de que a conduta razoável esperado do trabalhador é que remeta o atendimento do passageiro a outro trabalhador ou leve o caso a um superior, para que tome a resolução cabível, como sugere o juiz argentino.

Já na hipótese da inexistência de alternativa conciliatória dos interesses, a opção pela recusa ao cumprimento da ordem que ofenda a liberdade de consciência do trabalhador o sujeitará, como propõe RAQUEL TAVARES DOS REIS, às consequências previstas pelo ordenamento

53 Ob. cit., p. 99-100.

jurídico, sancionatórias ou não. Como veremos no item 9.4.1, *infra*, ao jornalista é permitido recusar a prática de um ato no exercício de seu mister, quando capaz de lesar a sua consciência profissional e prejudicar a sua dignidade. Por outro lado, também não se descarta a possibilidade de rescisão indireta do contrato em caso de mudança significativa na orientação substancial do órgão de comunicação social, capaz de lesar a honra do jornalista, sua reputação ou seus interesses morais.

Relativamente ao direito de objeção de consciência, JOSÉ JOÃO ABRANTES alude a decisões fulcradas na Constituição alemã, em que foi reconhecido: a) a um tipógrafo, de se recusar à composição de textos belicistas; b) a um médico, de se recusar a colaborar em experiências com um novo medicamento, potencialmente utilizáveis com fins militares; e, c) a dois trabalhadores judeus de uma fábrica de armamento, de se recusar a atender encomendas destinadas ao Iraque, em guerra com Israel.[54]

A Justiça alemã, observa o jurista, chegou a decidir, em hipóteses como as apresentadas, que o empregador deve procurar atribuir ao trabalhador funções alternativas.

9.5.2. Aspecto coletivo da liberdade de consciência

Em virtude do reconhecimento do pluralismo de expressão, tem-se que os direitos fundamentais têm duplo aspecto ou dupla dimensão: podem ser enfocados tanto do ponto de vista individual, como do ponto de vista coletivo. Não é por outra razão que o ordenamento reconhece as liberdades de associação, inclusive para fins ideológicos e religiosos, de reunião, de constituição de sindicatos e partidos políticos.

Em decorrência desta constatação, o poder diretivo deve respeito tanto aos direitos fundamentais individuais, como aos coletivos, situados de forma intermediária entre os indivíduos e o Estado.

Sendo a liberdade de consciência um direito fundamental, também ela está sujeita a esse duplo enfoque.

54 *Contrato de Trabalho e Direitos Fundamentais*. Coimbra: Coimbra Editora, p. 155.

9.5.3. Vacina contra o coronavírus e direito de convicção ideológica ou de crença. Dano moral e despedida por justa causa

Imaginemos que um empregado, por razões ideológicas ou de crença tenha, durante a pandemia, se recusado a se vacinar contra o coronavírus.

Evidentemente, trata-se de um direito constitucional, o de, por convicção ideológica, talvez até por crença, recusar a vacina. E a ele adere o direito ao trabalho.

Esse direito, no entanto, não podia ser ilimitadamente exercido. Encontrava limites na Constituição Federal, entre eles o risco à saúde dos demais trabalhadores, que esse comportamento provocava no ambiente de trabalho (art. 7º, XXII, da CF).

Encontrava limites também no direito de propriedade privada, que era colocado em risco. Risco de sofrer indenização por danos morais e materiais por morte ou diminuição permanente ou provisória da capacidade para o trabalho de trabalhadores que viessem a contrair a doença junto a trabalhador não vacinado, acaso trabalhando contaminado por negligência do empregador em permitir que adentrasse ao ambiente de trabalho para fazer valer a sua convicção pessoal.

Assim como podia o trabalhador, por convicções pessoais, exercer o direito fundamental de não querer se vacinar, também podia e devia o empregador, em atenção ao bem estar dos demais empregados, preservação de um ambiente livre de riscos à saúde, respondendo inclusive moral e patrimonialmente pelos danos direta e indiretamente causados, vetar o seu ingresso no estabelecimento.

Seria preciso, no entanto, oportunizar a esse trabalhador a possibilidade de repensar e avaliar o risco do seu comportamento, pelo que por meio de adaptação razoável, caberia ao empregador dar-lhe prazo razoável para que comprovasse que se vacinou, sob pena de despedida por justa causa, que isentaria o empregador do pagamento de verbas rescisórias ou dano moral pelo fato.

Assim procedendo, estaria ao mesmo tempo respeitando o direito individual do trabalhador, mas também agindo em prol do direito à saúde dos demais.

Solução diversa decorreria da impossibilidade médica comprovada do trabalhador receber vacina. Neste caso, a solução seria o afastamento desse empregado do trabalho até que os demais trabalhadores estivessem vacinados com todas as doses recomendadas pela saúde pública.

Acerca do tema, é pertinente registrar o entendimento firmado nas ADIs 6.586 e 6.587, do STF *verbis*:

> Decisão: O Tribunal, por maioria, julgou parcialmente procedente a ação direta, para conferir interpretação conforme à Constituição ao art. 3º, III, d, da Lei 13.979/2020, nos termos do voto do Relator e da seguinte tese de julgamento: "(I) **A vacinação compulsória não significa vacinação forçada**, porquanto facultada sempre a recusa do usuário, podendo, contudo, ser implementada por meio de medidas indiretas, as quais compreendem, dentre outras, a restrição ao exercício de certas atividades ou à frequência de determinados lugares, desde que previstas em lei, ou dela decorrentes, e (i) tenham como base evidências científicas e análises estratégicas pertinentes, (ii) venham acompanhadas de ampla informação sobre a eficácia, segurança e contraindicações dos imunizantes, (iii) respeitem a dignidade humana e os direitos fundamentais das pessoas, (iv) atendam aos critérios de razoabilidade e proporcionalidade e (v) sejam as vacinas distribuídas universal e gratuitamente; e (II) tais medidas, com as limitações acima expostas, podem ser implementadas tanto pela União como pelos Estados, Distrito Federal e Municípios, respeitadas as respectivas esferas de competência". Vencido, em parte, o Ministro Nunes Marques. Presidência do Ministro Luiz Fux. Plenário, 17.12.2020.

9.6. Dano moral por ofensa à liberdade de crença

A liberdade de crença diz respeito, especificamente, à liberdade de formação das convicções espirituais ou religiosas do indivíduo, ou seja, ao direito de "crer ou não na divindade, no sobrenatural, na liberdade de escolha e uma religião e de não ser importunado ao praticá-la."[55]

O art. 5º, VI, da CF, protege a liberdade de crença. De crer em determinada religião, ou de não crer em nada. O ateu, por exemplo, não

55 BARROS, Alice Monteiro de. *Contratos e Regulamentações Especiais de Trabalho*. 3. ed., rev. e ampl. 2. tir. São Paulo: LTr, p. 280.

crê em Deus ou nos deuses; já o agnóstico considera inútil discussões metafísicas, por falta de comprovação da existências de divindades.

A Constituição portuguesa de 1976 reconhece as liberdades de consciência, religião, culto e organização religiosa. Já a Constituição brasileira optou, com acerto, pela denominação liberdade de crença em substituição à expressão liberdade religiosa. Isto porque, como pondera JOSÉ AFONSO DA SILVA, *"Na liberdade de crença entra a liberdade de escolha da religião, a liberdade de aderir a qualquer seita religiosa, a liberdade (ou o direito) de mudar de religião, mas também compreende a liberdade de não aderir a crença alguma, assim como a liberdade de descrença, a liberdade de ser ateu e de exprimir o agnosticismo"*.[56]

A liberdade religiosa abrange, portanto, a liberdade de crença, a liberdade de culto e a liberdade de organização religiosa.

A liberdade de culto consiste no direito de demonstrar veneração a certa entidade religiosa por meio de ritos, cerimônias e reuniões pertinentes ao credo escolhido. É a liberdade de praticar as cerimônias e ritos da religião. O culto é, pois, a manifestação material da crença, a sua concretização. Está prevista no art. 5º, VI, da CF.

A organização das sociedades religiosas, como pessoas jurídicas de direito privado, está regulamentada nos arts. 16 e 17 do Código Civil.

O Estado brasileiro tornou-se laico por meio do Decreto n. 119-A, que separou Igreja e Estado, privilegiando o direito individual de crença. E esta condição permanece nos dias atuais (art. 19, I, CF), cabendo ao Estado não interferir nos direitos individuais e defender os interesses do ser humano como pessoa.

Pela Lei n. 16/2001, de 22 de junho, a República portuguesa regulamentou a liberdade religiosa, estabelecendo como princípios a liberdade de consciência, de religião e de culto, a igualdade (Ninguém pode ser privilegiado, beneficiado, prejudicado, perseguido, privado de qualquer direito ou isento de qualquer dever por causa das suas convicções ou prática religiosa e o Estado não discriminará nenhuma igreja ou comunidade religiosa relativamente às outras), a separação (das igrejas e

56 *Curso de Direito Constitucional Positivo*. 13. ed. São Paulo: Malheiros, 1997. p. 241.

demais comunidades religiosas do Estado), a não confessionalidade do Estado (o Estado não adota qualquer religião, nem se pronuncia sobre questões religiosas), a cooperação (o Estado cooperará com as igrejas e comunidades religiosas radicadas em Portugal), a força jurídica (a liberdade de consciência, de religião e de culto só admite as restrições necessárias para salvaguardar direitos ou interesses constitucionalmente protegidos, sendo que os limites do direito à objeção de consciência demarcam para o objetor o comportamento permitido) e a tolerância (os conflitos entre a liberdade de consciência, de religião e de culto de uma pessoa e a de outra ou outras se resolverão com tolerância, de modo a respeitar quanto possível à liberdade de cada uma).

Nos termos do art. 8º da referida lei, a liberdade de consciência, de religião e de culto compreende o direito de:

> *a) ter, não ter e deixar de ter religião;*
>
> *b) escolher livremente, mudar ou abandonar a própria crença religiosa;*
>
> *c) praticar ou não praticar os actos do culto, particular ou público, próprios da religião professada;*
>
> *d) professar a própria crença religiosa, procurar para ela novos crentes, exprimir e divulgar livremente, pela palavra, pela imagem ou por qualquer outro meio, o seu pensamento em matéria religiosa;*
>
> *e) informar e se informar sobre religião, aprender e ensinar religião;*
>
> *f) reunir-se, manifestar-se e associar-se com outros de acordo com as próprias convicções em matéria religiosa, sem outros limites além dos previstos nos arts. 45º e 46º da Constituição;*
>
> *g) agir ou não agir em conformidade com as normas da religião professada, no respeito pelos direitos humanos e pela lei;*
>
> *h) escolher para os filhos os nomes próprios da onomástica religiosa da religião professada;*
>
> *i) produzir obras científicas, literárias e artísticas em matéria de religião.*

E, nos termos do art. 9º, ninguém pode:

> *a) ser obrigado a professar uma crença religiosa, a praticar ou a assistir a actos de culto, a receber assistência religiosa ou propaganda em matéria religiosa;*

b) ser coagido a fazer parte, a permanecer ou a sair de associação religiosa, igreja ou comunidade religiosa, sem prejuízo das respectivas normas sobre a filiação e a exclusão de membros;

c) ser perguntado por qualquer autoridade acerca das suas convicções ou prática religiosa, salvo para recolha de dados estatísticos não individualmente identificáveis, nem ser prejudicado por se recusar a responder;

d) ser obrigado a prestar juramento religioso.

Define o art. 12º da mencionada lei, como objeções de consciência:

1 – A liberdade de consciência compreende o direito de objectar ao cumprimento de leis que contrariem os ditames impreteríveis da própria consciência, dentro dos limites dos direitos e deveres impostos pela Constituição e nos termos da lei que eventualmente regular o exercício da objecção de consciência.

2 – Consideram-se impreteríveis aqueles ditames da consciência cuja violação implica uma ofensa grave à integridade moral que torne inexigível outro comportamento.

3 – Os objectores de consciência ao serviço militar, sem exceptuar os que invocam também objecção de consciência ao serviço cívico, têm direito a um regime do serviço cívico que respeite, na medida em que isso for compatível com o princípio da igualdade, os ditames da sua consciência.

O art. 14º trata da dispensa do trabalho, de aulas e de provas por motivo religioso, nos seguintes termos:

1 – Os funcionários e agentes do Estado e demais entidades públicas, bem como os trabalhadores em regime de contrato de trabalho, têm o direito de, a seu pedido, suspender o trabalho no dia de descanso semanal, nos dias das festividades e nos períodos horários que lhes sejam prescritos pela confissão que professam, nas seguintes condições:

a) Trabalharem em regime de flexibilidade de horário;

b) Serem membros de igreja ou comunidade religiosa inscrita que enviou no ano anterior ao membro do Governo competente em razão da matéria a indicação dos referidos dias e períodos horários no ano em curso;

c) Haver compensação integral do respectivo período de trabalho.

2 – Nas condições previstas na alínea b) do número anterior, são dispensados da frequência das aulas nos dias de semana consagrados ao

> *repouso e culto pelas respectivas confissões religiosas os alunos do ensino público ou privado que as professam, ressalvadas as condições de normal aproveitamento escolar.*
>
> *3 – Se a data de prestação de provas de avaliação dos alunos coincidir com o dia dedicado ao repouso ou ao culto pelas respectivas confissões religiosas, poderão essas provas ser prestadas em segunda chamada, ou em nova chamada, em dia em que se não levante a mesma objecção.*

Embora tenha o trabalhador direito à liberdade religiosa, o exercício dessa liberdade no ambiente de trabalho não é, entretanto, absoluto ou ilimitado. Não pode servir de escudo a atividades ilícitas, à moral, aos bons costumes e ao normal funcionamento da empresa.

De outra parte, a interferência patronal injustificada na liberdade religiosa do trabalhador configurará intolerância religiosa.

O fato é que no ambiente de trabalho convivem ateus, agnósticos e pessoas que professam as mais variadas religiões, o que propicia uma série de tensões.

Há, por exemplo, testemunhas de Jeová que, por motivos de convicção religiosa, não permitem terapia transfusional, colocando em conflito dois direitos fundamentais: o direito à vida e o direito à crença. Pergunta-se então que atitude deve o empregador adotar diante do risco à vida em decorrência de acidente do trabalho envolvendo trabalhador que não pode ser transportado e necessita de transfusão urgente de sangue?

Por seu turno, os católicos observam o domingo como dia de guarda, enquanto os judeus e os adventistas do sétimo dia entendem que esse dia recai no sábado e os muçulmanos que a sexta-feira é dia santo. E que dizer da situação da mulher-comandante que, seguindo os ritos da religião muçulmana, não abre mão de voar cobrindo os seus cabelos com um lenço?[57] Que procedimento deve o empregador adotar diante do interesse do fiel de que o descanso semanal recaia no dia correspondente à crença do trabalhador?

Com visto, a legislação portuguesa, pela Lei n. 16/2001, de 22 de junho, regula a hipótese, estabelecendo que *"Os funcionários e agentes do*

---

57 REIS, Raquel Tavares dos. Ob. cit., p. 94.

Estado e demais entidades públicas, bem como os trabalhadores em regime de contrato de trabalho, têm o direito de, a seu pedido, suspender o trabalho no dia de descanso semanal, nos dias das festividades e nos períodos horários que lhes sejam prescritos pela confissão que professam, nas seguintes condições:

a) trabalharem em regime de flexibilidade de horário;

b) serem membros de igreja ou comunidade religiosa inscrita que enviou no ano anterior ao membro do Governo competente em razão da matéria a indicação dos referidos dias e períodos horários no ano em curso;

c) haver compensação integral do respectivo período de trabalho."

Pode-se, aqui, adotar o mesmo critério. Quando a empresa desenvolve atividades em todos os dias da semana e o descanso semanal remunerado é concedido em sistema de revezamento, ela pode perfeitamente fazer coincidir a folga dos empregados com o dia correspondente à sua crença, acomodando os interesses, pois o ônus para essa adaptação é razoável.

Apreciando caso em que a hipótese incide, o TRT da 2ª Região, no RO 00213200742020001, decidiu que "... tendo a empregado laborado habitualmente aos sábados, antes da conversão para a atual religião, somente por acordo bilateral se admitiria alteração do clausulado para liberá-la do trabalho nesses dias...". Aqui a situação se inverte, porque o contrato de trabalho foi concretizado sem o óbice superveniente.

Outrossim, há trabalhadores que pretendem usar, permanentemente, turbante de religião islâmica, *quipá* em dias festivos de sua crença e roupa branca às sextas-feiras em empresa que adota uniforme. Que interesse deve prevalecer?

Não bastasse, há trabalhadores que entendem que podem professar a sua fé no ambiente de trabalho por meio de rezas, santinhos e outros adornos ou que, durante o expediente, buscam persuadir os demais trabalhadores ao ingresso em determinado segmento religioso. São práticas que devem ser permitidas pelo empregador?

No RS n. 017242520202001 (20050714290), o TRT da 2ª Região, em decisão de lavra da relatora, Desembargadora JANE GRANZOTO TORRES DA SILVA, apurou-se que uma auxiliar financeira da empresa foi despedida por mau procedimento e por desrespeito ao superior hierárquico. A empregada teria enviado de presente a uma colega de trabalho um patuá de candomblé – um saquinho vermelho com cordão e sete nós e, em outra ocasião, teria chamado a chefe, que é negra, de macaca.

Decidiu a Turma recursal que não houve prova convincente de que a atitude da trabalhadora ao enviar o referido presente teve por fim assustar a colega de trabalho, como afirmado, muito menos que se tratou de macumba ou patuá de candomblé. E que, de qualquer sorte, tal procedimento somente exteriorizaria a linha religiosa eventualmente seguida, sem qualquer demonstração maléfica.

Quanto ao outro argumento, restou comprovada a conduta reprovável da autora, a justificar a despedida por justa causa, com base na conduta discriminatória e desrespeitosa da trabalhadora.

Por sua vez, muitos empregadores costumam convocar os empregados à participação em culto vinculado a certa religião ou para que participem de festas relacionados a seus cultos, como o Natal, com distribuição de benefícios extensivo à família do trabalhador que se fizer presente. Tal procedimento é cabível?

Finalmente, há empregadores, mormente nas entidades de tendência, que contratam exclusivamente empregados que professam a sua fé e trabalhadores que, não obstante advertidos das limitações à expressão de sua fé em tais entidades, entendem que essas restrições são impertinentes e que podem livremente manifestar as suas convicções sobre aborto, controle de natalidade, liturgias e outras questões polêmicas no enfoque religioso.

Como, portanto, conciliar as diversas tendências que consubstanciam a liberdade religiosa, quando passam a conflitar com outros interesses? Que atitudes efetivamente atentam contra a liberdade religiosa do trabalhador e em que situações o respectivo exercício caracteriza abuso, devendo ser restringido?

Evidentemente, não pode o empregador convocar os empregados à participação em qualquer culto, porque seria uma arbitrariedade consistente numa ordem que não tem relação com o trabalho. E menos ainda à participação em culto vinculado a religião que não é a deles, por se tratar de interferência na liberdade de crença do trabalhador.

A respeito, o TRT da 15ª Região, no RO 0078-2004-038-15-00-0, em que atuou como relatora a Juíza MARIANE KHAYAT, apurou-se que quatro trabalhadores foram despedidos por terem se recusado a participar de oração promovido pelo sócio-gerente da empresa recorrente.

Disse o referido sócio, em depoimento pessoal:

> *"... MEU CORAÇÃO SENTIU EM AVISAR A TODOS QUE PASSARÍAMOS POR UM GRANDE DESERTO E ENTÃO REALIZAMOS UMA VOTAÇÃO PARA QUEM QUISESSE FICAR OU SAIR E COMUNIQUEI PARA QUEM FICASSE QUE DEPOIS TODOS VERIAM A GLÓRIA DE DEUS PAI, FILHO E ESPÍRITO SANTO E NÃO TERIAM DÚVIDA DE SUA EXISTÊNCIA PELOS MILAGRES FORTES QUE IRIAM ACONTECER. A CONCLUSÃO DESTA REUNIÃO É QUE ALGUMAS PESSOAS SAÍRAM – LEVANTARAM SUA MÃO, CARACTERIZANDO SEU PEDIDO DE DEMISSÃO, MAS A EMPRESA DEMITIU PARA QUE TIVESSEM O SEGURO-DESEMPREGO, E ALGUMAS FICARAM..."*

Evidenciada a conduta discriminatória contra a liberdade de crença, foi mantida a decisão de 1º grau, que condenou a empresa ao pagamento de danos morais ao empregado reclamante, no valor de R$ 12.650,00.

Também não pode o empregador contratar exclusivamente empregados que professem a sua fé, porque os estará discriminando e ainda atentando contra a liberdade de crença. Muito menos, pelos mesmos motivos, exigir que participem de festas relacionadas a seus cultos, como o Natal, sendo que a distribuição de benefícios apenas aos que se fizerem presentes, além de pressupor coação, também é ato discriminatório.

Não pode o empregador exigir de sua empregada que corte o cabelo ou doe sangue, ainda mais quando a religião dela não o permite. Muito menos que a critique pela negativa, o que corresponderia a verdadeira censura à liberdade de crença.

Entendemos que pode o trabalhador, mediante aviso prévio ao empregador, buscar eximir-se de comparecer na empresa em data tida por inadequada segundo a sua facção religiosa, mas, em contrapartida, deverá trabalhar nos feriados religiosos legais se houver expediente na empresa.[58] Note-se que o domingo, como dia de repouso, não é obrigatório e sim preferencial (art. 7º, XV, CF).

Quanto ao uso, no trabalho, de objetos de culto, se tais atos não prejudicarem o normal funcionamento da empresa, tem o trabalhador o direito de usá-los, como quipá em festejos de dias judaicos ou mesmo turbante próprio de religião islâmica.

Exatamente porque a liberdade religiosa não é um direito ilimitado, cabe ao empregador coibir os abusos no ambiente de trabalho, podendo vedar que os empregados professarem a sua fé no ambiente de trabalho ou, durante o expediente, busquem persuadir os demais trabalhadores ao ingresso em determinado segmento religioso. Isto porque tais manifestações, incompatíveis com o ambiente de trabalho e a neutralidade que ali deve vigorar de parte a parte, são capazes de provocar perturbação da ordem, ou seja, o normal funcionamento da atividade.

Ainda no tocante a limitações indevidas à liberdade de crença, citamos o aresto *infra:*

> *PROCESSO N. 00244.2006.051.14.00-2, TRT 14ª REGIÃO, JUIZ CONVOCADO AFRÂNIO VIANA GONÇALVES, DO em 21.5.2007.*
>
> *COOPERATIVA DE TRABALHO: É irregular ... DANOS MORAIS. As frequentes piadas sofridas pela obreira no ambiente de trabalho, em face de sua oposição em utilizar fantasias de bruxa, capeta e congêneres, justificada pelo fato de se declarar evangélica, constitui dano moral passível de indenização, mormente quando se consideram que as discriminações foram movidas em flagrante violação à liberdade de crença do trabalhador... TRT da 2ª Região, PROCESSO TRT/SP N. 02905200504302004.*

E quanto ao direito de expressão do trabalhador nas entidades de tendência religiosa?

58 Neste caso, a negativa da empresa deverá ser fundada em motivo justificado, por exemplo, não possuir outro empregado para realizar determinado serviço (*v.g.*, sustentação oral de certo processo no tribunal) no dia apontado pelo trabalhador.

9.6.1. As entidades ideológicas ou de tendência

São tidas por entidades ideológicas ou de tendência as que pressupõem a adesão a uma determinada ideologia ou concepção de vida, do homem ou do mundo, como ocorre com as dirigidas ao alcance de fins políticos (partidos políticos), religiosos, filosóficos, sindicais, confessionais, de caridade, educativos, científicos, artísticos e similares, como as associações pró ou antiaborto, pró-imigração e ONGS.

São, enfim, entidades criadas no interesse de uma ideologia, crença, concepção de vida ou visão de mundo, que reúnem adeptos em torno de objetivos diretamente relacionados à sua difusão.

As entidades ou organizações de tendência se caracterizam por estarem voltadas à difusão ou promoção de certa ideologia que, com base no pluralismo político e social, constituem expressão do exercício de direitos fundamentais.[59] A manifestação da ideologia que caracteriza as entidades de tendência resulta da liberdade de expressão, ou seja, da pública manifestação de certa ideologia ou crença, constitutiva de um específico vínculo associativo, que determina o fim que se propõe realizar, direcionado a uma concepção de vida, do homem e do mundo. E que não se confunde, por exemplo, com o mero objeto social ou linha de orientação de uma empresa. Para RAQUEL TAVARES DOS REIS, são entidades de tendência *"aquelas organizações cuja finalidade é realizar programas ideológicos ou de crença; as empresas com fins políticos, religiosos, sindicais ou culturais ou cuja actividade é indissociável de um determinado postulado ideológico; as empresas ou actividades que implicam a defesa, ou, pelo menos, o respeito por determinados princípios ideológicos; as empresas criadoras ou portadoras de uma determinada ideologia em função da qual existem e cuja estrutura organizativa não é senão uma forma de manifestação daquela; as empresas privadas que prestam bens ou serviços*

59 Pouco importa se a ideologia praticada é comunista ou socialista; se pugna por valores conservadoristas ou, ao contrário, defende ideias abertas em relação às conservadoras. O importante, numa sociedade democrática, é que a conduta da organização de tendência e de seus componentes respeitem os valores alheios e que a estratégia de convencimento ocorra pelo diálogo e movimentos pacíficos, sem discriminar os que pensam de forma diferente.

de componente quase exclusivamente ideológico etc."[60] Enfim, entidades cujas actividades são orientadas segundo uma ideologia ou uma religião, sendo individualizáveis em alguns grupos intermédios, como partidos políticos, associações sindicais, igrejas e comunidades religiosas...[61]

As entidades de tendência devem revelar "o carácter principal, consequencial ou complementarmente ideológico ou religioso da actividade desenvolvida no seio da organização"[62], pelo que, *a priori*, não estão afastadas da definição restaurantes Kosher, estabelecimentos de ensino, hospitais e instituições particulares de solidariedade social e órgãos de comunicação social de natureza doutrinária ou confessional, por meio dos quais as entidades que as detêm exercem a liberdade de consciência e de crença.

Todavia, quando o fim é essencialmente lucrativo, como a exploração de tipografias necessárias ao desenvolvimento da missão apostólica, empresas fabricantes de objetos religiosos e editoras de cunho religioso, as empresas assim constituídas, que objetivam a obtenção de meios patrimoniais necessários à realização dos fins ideológicos ou de crença das entidades que as detêm, não são consideradas de tendência.[63]

Enfim, *"o critério de qualificação de uma determinada organização como organização de tendência é o da ligação directa, em termos principais, consequenciais ou complementares, da actividade desenvolvida aos fins ideológicos ou religiosos que caracterizam a entidade detentora da organização, ligação que terá de ser directa, íntima ou muito próxima, não podendo a actividade desenvolvida no seio da organização a qualificar ser apenas instrumental da finalidade ideológica ou religiosa da entidade que a detém."* [64]

---

60 *Direitos, Liberdades e Garantias da Pessoa do Trabalhador Despedido em Razão da sua Conduta Extralaboral, Gestão e Desenvolvimento*, 10(2001), 95-127. *In* <http://www.estig.ipbeja.pt/~ac_direito/gestaodesenvolvimento10_95.pdf>. Consulta realizada em: 27 jul. 2010.

61 REIS, Raquel Tavares dos. Ob. cit., p. 171.

62 REIS, Raquel Tavares dos. Ob. cit., p. 183.

63 REIS, Raquel Tavares dos. Ob. cit., p. 183-184.

64 REIS, Raquel Tavares dos. Ob. cit., p. 207.

Uma vez caracterizada a entidade como verdadeiramente de tendência, a consequência é o estabelecimento de um critério especial de boa-fé e lealdade, limitativo da liberdade de manifestação do pensamento e de expressão do trabalhador, em relação aos empregados de entidades comuns. Ou seja, as suas manifestações não podem contrariar o caráter ideológico da entidade.

Ora, se o Estado brasileiro é laico, o ambiente empresarial, por sua natureza econômica, deve, igualmente, ser considerado neutro, mas as entidades de tendência, que não objetivam o lucro e sim a difusão de certa ideologia, não gozam dessa restrição, o que importa, consequentemente, numa maior limitação dos trabalhadores que ocupam cargos estratégicos, quanto ao respeito da ideologia da organização à qual estão vinculados por contrato e a vedação à difusão de ideias, opiniões e atitudes materiais contrárias ao objetivo dessas entidades, porque podem colocar em risco a autoridade da ideologia institucional.

Essa limitação deriva do conflito entre a liberdade individual do trabalhador e a liberdade de consciência e crença própria da entidade de tendência, que exprime o interesse coletivo dos que comungam de uma mesma ideologia ou religião, merecedora de uma mesma relevância constitucional.

Como consequência, o direito português considera "justa causa de despedimento o facto de um funcionário se desfiliar ou fazer propaganda contra o partido que o emprega ou a favor de uma candidatura sua concorrente".[65]

Note-se, no entanto, quanto aos direitos fundamentais dos docentes de estabelecimentos de ensino controlados por entidades de tendência, que as limitações são apenas de natureza *negativa*, ficando assim vedados unicamente os ataques ao ideal dessas entidades. Não se exige dos docentes a conformidade ou manifestação de conformidade com esse ideal. Excetuados os professores de religião, que têm por fim o ensino da doutrina teológica própria da entidade, não estão os demais docentes obrigados a transformar o seu ensino em propaganda, apenas não se permitindo que influam, de forma diversa da pretendida formação religiosa ou moral dos

65 REIS, Raquel Tavares dos. Ob. cit., p. 189.

alunos em relação à entidade que os pais para eles elegeram.[66] *"O direito reconhecido à entidade titular do estabelecimento de ensino de ministrar um ensino inspirado num credo religioso resulta da soma dos verdadeiros e próprios direitos de liberdade de religião de cada um dos pais a que os seus filhos recebam uma educação conforme às suas crenças religiosas"*[67] *não permite atuação contrária do docente, a justificar a obrigação de reserva, ou seja, de se absterem, "quer no âmbito do estabelecimento de ensino quer na sua vida privada, de adoptar comportamentos colidentes com a missão confessional de sua entidade empregadora".*[68]

Já os demais trabalhadores dessas entidades, cujo trabalho seja meramente burocrático, sem ligação ou nexo causal com os fins da entidade (trabalhadores neutros), estão submetidos ao regime comum.

Quanto aos órgãos de comunicação social, terão a natureza de entidades de tendência quando se tratarem de organizações doutrinais ou confessionais, que sirvam, de forma complementar, como porta voz de partidos políticos, sindicatos e comunidades religiosas, não bastando que sejam controladas por essas entidades de tendência. Devem atuar numa específica linha de orientação, condizente com uma específica concepção de vida, do homem e do mundo.

Ora, se como condição implícita do contrato, o trabalho jornalístico impede o jornalista de adotar conduta contrária à orientação definida no estatuto do órgão de comunicação, os jornalistas das entidades doutrinárias ou confessionais estão impedidos de tornar pública uma doutrina colidente com a ideologia ou religião (sendo essas, no caso, as linhas principais de orientação) da entidade à qual está vinculado.

Retornamos aqui a uma das hipóteses apresentadas por FÁBIO RODRIGUES GOMES, qual seja, se a diretoria de uma escola católica pode despedir um professor de matemática ao descobrir que no decorrer do ano letivo, o docente, conversando com os alunos no intervalo das aulas, externou sua opinião acerca do divórcio e do aborto, mostrando-se favorável a ambos.

---

66 REIS, Raquel Tavares dos. Ob. cit., p. 195.

67 REIS, Raquel Tavares dos. Ob. cit., p. 197.

68 REIS, Raquel Tavares dos. Ob. cit., p. 199.

O jurista identifica na liberdade de expressão o direito fundamental objeto da limitação patronal e como justificativa para a restrição da liberdade de expressão, impedir que os alunos tenham contato com opiniões diferentes das propugnadas pela escola.

Observa que existe fraca relação de coerência entre a limitação imposta ao direito fundamental e a atividade profissional exercida pelo empregado, que é professor de matemática e teve sua opinião externada fora do horário de aula e por provocação dos alunos. E conclui que, por ser inviável a prévia caracterização de um limite imanente ao direito fundamental do empregado, na ponderação entre a liberdade de expressão e a autonomia privada da escola católica, a conduta patronal, embora adequada à promoção do fim almejado (impedir a divulgação de ideias contrárias às suas no interior do estabelecimento) e necessária (por não existir meio alternativo igualmente eficaz na promoção do fim pretendido), mostrou-se desproporcional, uma vez que a importância da realização do fim almejado pelo empregador não justificou o grau de restrição imputado à liberdade constitucional do empregado.[69]

Utilizando essas noções, podemos imaginar outra hipótese: a de um professor de uma escola judaica que, por ter resolvido pregar em sala de aula o antissemitismo, vem a ser despedido. Estaríamos novamente diante de um caso em que a escola tem determinada orientação e os pais dos alunos a escolhem exatamente para que essa tendência oriente a formação dos alunos. É, pois, plenamente cabível a restrição ao direito fundamental de livre expressão, pelo que a conduta do trabalhador, sabedor dessa tendência e do dever implícito de respeito a ela no ambiente de trabalho afronta a orientação patronal, levando assim à licitude da despedida, sendo o afastamento do professor medida coerente e adequada à cessação da divulgação de ideias contrárias ao objetivo da instituição.

Tem-se, portanto, que nas entidades de tendência religiosa como colégios, onde o aluno se matricula ou foi matriculado pelos responsá-

69 A Eficácia dos Direitos Fundamentais na Relação de Emprego: Algumas Propostas Metodológicas para a Incidência das Normas Constitucionais na Esfera Juslaboral. Revista do Tribunal Superior do Trabalho, Brasilia, v.71, n.3, set/dez.2005, p. 63, 66 e 69.

veis, presume-se, exatamente em virtude da orientação ali praticada, que o trabalhador deve respeitar essa orientação, cabendo ao empregador impor limitações, quando justificadas pelas circunstâncias, ao exercício da liberdade de crença.

RAQUEL TAVARES DOS REIS apresenta outros questionamentos sobre o mesmo tema: "Pode despedir-se um médico de um hospital pertencente à igreja católica por ter emitido num determinado jornal uma opinião contrária à ideologia prosseguida pela sua entidade empregadora? Ou, de outro modo, poderão aqueles dependentes, *v.g.*, participar em manifestações públicas hostis à orientação filosófica ou ideológica defendida pela organização em que trabalham? Ser-lhes-á permitido aceitar entrevistas em que exteriorizem opiniões ou ideias contrárias às linhas de orientação professadas pela associação em que exercem a sua actividade laboral?"[70]

Acrescenta a jurista lusitana, *"no contrato de trabalho do trabalhador de tendência conflituam dois interesses difíceis de conciliar: o do candidato a prestações de tendência ou do trabalhador de tendência preocupado em proteger os seus direitos fundamentais pessoais, designadamente a sua liberdade de consciência ... e o da entidade dadora de trabalho ou entidade empregadora preocupada em conhecer as qualidades pessoais do candidato a prestações de tendência e em saber se o modo de execução da prestação laboral pelo trabalhador de tendência está ou não conforme com os fins principalmente ideológicos ou religiosos que prossegue."*[71]

O Código do Trabalho português, se por um lado estatui, no art. 16º, 2, que:

> *O direito à reserva da intimidade da vida privada abrange que o acesso, quer a divulgação de aspectos atinentes à esfera íntima e pessoal das partes,*

---

70 *Direitos, Liberdades e Garantias da Pessoa do Trabalhador Despedido em Razão da sua Conduta Extralaboral, Gestão e Desenvolvimento*, 10(2001), 95-127. *In* <http://www.estig.ipbeja.pt/~ac_direito/gestaodesenvolvimento10_95.pdf>. Consulta realizada em: 27 jul. 2010.

71 Ob. cit., p. 66.

> *nomeadamente relacionadas com a vida familiar, afectiva e sexual, com o estado de saúde e com as convicções políticas e religiosas.*[72],

Por outro a limita, no art. 14º, ao dispor que:

> *É reconhecida, no âmbito da empresa, a liberdade de expressão e de divulgação do pensamento e opinião, com respeito dos direitos de personalidade do trabalhador e do empregador, incluindo as pessoas singulares que o representem, e do normal funcionamento da empresa.*[73]

Tem-se, portanto, que a liberdade de expressão no ambiente de trabalho não é absoluta e ilimitada. A boa-fé e a lealdade contratual a limitam, mas essa limitação está condicionada ao normal funcionamento da empresa, em relação ao cumprimento de seus objetivos.

Daí também se extrai a conclusão de que, relativamente às entidades de tendência, a necessidade de adequação do empregado ao cumprimento dos objetivos pode, como visto, importar numa limitação ainda maior, exigindo-se conformidade ou adequação ideológica do trabalhador à tendência da entidade empregadora. Nelas, a liberdade de manifestação do pensamento é delimitada pela ideologia da entidade empregadora.

Em outras palavras, nas entidades de tendência vigora um dever de identificação em relação aos objetivos da entidade, não podendo, *a priori*, a liberdade de expressão de ela destoar e esse dever de identificação com a ideologia ou religião que caracterizam a entidade empregadora e a prestação laboral se estende aos comportamentos da vida privada.

Como consequência, as entidades de tendência, na obtenção de informações dos candidatos a emprego, podem proceder, quando da seleção, a indagações que não seriam cabíveis por parte de empregadores com outro tipo de atuação, ou seja, não ideológica.

Ocorre que o regime de privilégio das entidades de tendência em relação à vinculação de trabalhadores à sua ideologia não se aplica a todos os cargos ou funções.

---

72 ASSIS, Rui. *Legislação Laboral.* 1. ed. Coimbra: Coimbra Editora, 2009. p. 23.

73 ASSIS, Rui. *Legislação Laboral.* 1. ed. Coimbra: Coimbra Editora, 2009. p. 22.

Com efeito, assim como há entidades neutras e entidades de tendência, nas entidades de tendência há postos neutros e postos de tendência ou estratégicos, pelo que os ocupantes de postos neutros – que não guardam relação direta com o objetivo da entidade – não podem ser considerados guardiões e propagadores de sua ideologia, caso do pessoal de limpeza, vigilância e alguns auxiliares administrativos, que desempenham funções meramente executivas ou técnicas (burocráticas). Ou seja, tais trabalhadores não têm como obrigação replicar ou transmitir a ideologia da entidade, assim não executando tarefas diretamente dirigidas à realização da específica finalidade da entidade.[74]

Como os objetivos das entidades de tendência não se confundem com os interesses das demais organizações, a recíproca não é verdadeira, ou seja, embora as entidades de tendência possam contar com trabalhadores que não podem ser considerados de tendência, não há trabalhadores de tendência fora das entidades de tendência, pelo que não têm essa qualidade os desportistas profissionais (que podem ser torcedores de clubes diferentes daqueles em que atuam e até mesmo declarar o fato) e os altos empregados ou ocupantes de altos cargos de confiança.

Daí resulta que, *a priori*, o empregador somente poderá limitar a liberdade de expressão do trabalhador exercente de função que tenha correspondência direta com os fins da entidade de tendência e cuja atuação discrepante da ideologia do empregador não cause, por esse motivo, danos à imagem da entidade ou ao seu normal funcionamento. Ou seja, nas hipóteses em que as tarefas se encontram ideologicamente ligadas à missão desse tipo de entidade, o trabalhador assume o compromisso de respeitar a orientação ideológica no desempenho de suas funções.

No exame dos conflitos, atender-se-á ao princípio da interpretação restritiva da limitação das liberdades.

---

74 MILLARES, Daniel Ulloa. Entidades sin Fines de Lucro, Libertad Religiosa y Contrato de Trabajo. *In: Temas Centrales Del Derecho Del Trabajo Del Siglo XXI.* Perú: Ara Editores, 2009. p. 128-129.

Para FERNANDO VALDÉS DAL-RÉ, a ideologia como fator limitador da liberdade de expressão deve ser condicionada à verificação simultânea de três elementos: a) o caráter ideológico da entidade; b) o desempenho, pelo trabalhador, de tarefa de alto conteúdo ideológico ou representativo; e, c) a perturbação ocasionada pelo comportamento do trabalhador, contrário à ideologia da instituição.[75]

Imaginemos então as seguintes situações:

- a primeira, a de um apresentador de horário nobre de um canal de televisão evangélica, tido como um católico fervoroso, que resolve, publicamente, assumir a sua condição de homossexual e passa a viver com um companheiro. Ele pode ser despedido por contrariar a orientação religiosa do empregador?
- a segunda, de um vigilante da entidade detentora da concessão do canal de televisão e de um jardineiro de uma capela católica, que assumem a condição de homossexual e igualmente passam, cada qual, a viver com um companheiro. Eles podem ser despedidos por contrariarem a orientação religiosa do empregador?

Na segunda hipótese, tomando por base as lições do professor VALDÉS DAL-RÉ, verificamos que, embora a entidade para o qual trabalhem desenvolva atividade com caráter ideológico, o posto é neutro, eis que as tarefas desempenhadas pelos trabalhadores não têm conteúdo ideológico ou representativo do empregador, pelo que, *a priori*, não causam perturbação que justifique a despedida.

Quanto à primeira hipótese, a entidade é de natureza ideológica e o posto é de tendência, por desempenhar o trabalhador tarefa de alto conteúdo ideológico, pelo que independentemente do direito de viver a própria orientação sexual, a sua conduta contraria e põe em risco a ideologia da instituição.

A respeito, observa RAQUEL TAVARES DOS REIS que nos casos em que as opções de consciência são absolutamente estranhas aos objetivos

75 Los Derechos Fundamentales de la Persona del Trabajador. *In: Libro de Informes Generales Del XVII Congreso Mundial de Derecho del Trabajo y de La Seguridad Social.* Uruguay, 2003. p. 121-137.

do empregador e, portanto, ao contrato de trabalho, é preciso distinguir as situações em que o trabalhador, após se obrigar a determinada obrigação, posteriormente se recusa a executá-la, alegando convicções ou crenças então desconhecidas do empregador, daquelas em que o empregador, no curso do contrato, destina ao trabalhador tarefas que colidem com as suas convicções.

Relativamente à primeira situação, *a priori* não tem o trabalhador direito à recusa da prestação, com fundamento em objeção de consciência.

A ementa do acórdão *infra* bem contextualiza a hipótese:

> ***"JUSTA CAUSA — FALTAS AO TRABALHO AOS SÁBADOS — LIBERDADE RELIGIOSA***
>
> *— tendo a empregada laborado habitualmente aos sábados, antes da conversão para atual religião, somente por acordo bilateral se admitiria alteração do clausulado para liberá-la do trabalho nesses dias. As obrigações decorrentes do contrato de trabalho emergem de livre pactuação das partes, de modo que, não havendo mais o interesse da empregada em manter a prestação de serviços naqueles moldes, lhe é facultado, a qualquer momento, rescindir o contrato. A manutenção por parte da reclamada do trabalho aos sábados não importa em violação à liberdade de crença religiosa, por não se configurar em medida privativa de direito. A garantia fundamental à liberdade de crença presta-se a eximir o cidadão de obrigações legais contrárias às suas convicções religiosas, mas não para exonerá-lo do cumprimento de obrigações por ele mesmo contraídas. A recusa da empregada em trabalhar aos sábados, ocasionando faltas reiteradas, enseja a aplicação de justa causa, nos termos do art. 482, "h" da CLT. Recurso da autora a que se nega provimento."*

Quanto à segunda situação, a recusa, desde que justificável, é admissível, como na hipótese em que, adventista do sétimo dia, condição essa inclusive informada ao empregador quando da contratação, se recusa ao trabalho aos sábados, em atividade de funcionamento normal aos domingos. Neste caso, como o negócio do empregador tem funcionamento no dia de domingo, pode o empregador ajustar o horário de trabalho, de modo que o empregado tenha folga semanal no dia de sábado, passando a trabalhar aos domingos.

9.7. Danos morais por ofensas às liberdades política, filosófica e ideológica. Assédio eleitoral

É livre a manifestação ou expressão do pensamento (art. 5º, IV) correspondente às convicções políticas, filosóficas e de crença (art. 5º, VIII).

Liberdade política é o direito que tem o cidadão de votar, ser votado e de tomar parte no exercício e organização do governo, pelo que só há democracia onde existe liberdade política plena.

A palavra ideologia foi utilizada pela primeira vez por ANTOINE LOUIS CLAUDE DESTUTT DE TRACY (Conde de Tracy, 1754-1836), na obra *Elementos de Ideologia*, de 1801, para designar o estudo científico das ideias.[76] Para tanto, utilizou métodos e teorias destinadas à compreensão da origem e formação das ideias, a partir da observação do indivíduo em interação com o meio ambiente.

Atualmente, o termo costuma ser utilizado como inclinação por um conjunto de ideias, valores ou crenças que orientam a percepção e o comportamento ou atitude dos indivíduos, concretizadas em opiniões, preferências e convicções sobre os diversos assuntos e aspectos sociais. É, em essência, o conhecimento valorativo ou ciência das ideias, que asseguram modos de entendimento da realidade e do comportamento humano em relação a ela.

Ideologia, portanto, tanto pode significar o conjunto de ideias, pensamentos e de doutrinas de uma pessoa ou de um grupo, que servem para orientar as suas ações sociais e enfoque de mundo, como os sistemas teóricos destinados, por meio do discurso, a promover ideias formadoras do convencimento. Pretende, como sistema que combina observações empíricas e avaliações, dar uma interpretação ao mundo social, político e espiritual, fundamentar e orientar as ações individuais e sociais.

Filosofia, por seu turno, é a ciência destinada à investigação, argumentação, análise, formação e reflexão das ideias sobre o mundo, o homem e o ser. É a crítica da experiência, visando à investigação e à

76 *Elementos de ideologia*, 1801.

determinação dos pressupostos que fundamentam as afirmações, na busca da compreensão crítico-sistemática do universo e da vida.[77]

A Constituição assegura o caráter crítico da formação do conhecimento, as correntes ideológicas que orientarão o comportamento do indivíduo no mundo social e os seus direitos políticos destinados à plena participação no processo político de escolha de governantes e regência de governo.

É vedado ao empregador persuadir ou coagir os empregados a votarem em candidato de sua preferência ou lhes cercear, fora do ambiente de trabalho, a participação em manifestações políticas ou assembleias sindicais.

A respeito, o TST, por meio de acórdão de lavra do Ministro BARROS LEVENHAGEN no RR n. 2539/2005-562-09-00, publicado no DJ de 29.8.2008, manteve a decisão que condenou a empresa por danos morais decorrente do assédio consubstanciado em ato de um dos diretores da recorrente, de se utilizar do cargo que ocupava para pressionar os trabalhadores a votarem em seu filho, candidato a prefeito de Florestópolis.

No Processo AIRR 61640-84.2007.5.23.0004, a Sexta Turma do TST manteve decisão do Tribunal Regional do Trabalho da 23ª Região (TRT/MT), ao decidir que não há impedimento para a despedida imotivada de empregado público, mas se a dispensa tem caráter discriminatório, ela é ilegal, e o empregado deve ser reintegrado. Assim, considerou nula a dispensa sem justa causa de um empregado da Companhia de Saneamento da Capital – SANECAP, por considerar que ter sofrido perseguição política.

O empregado foi admitido por concurso público em abril de 2002 para o cargo de auxiliar administrativo. Em junho de 2007, foi dispensado e ajuizou reclamação trabalhista pedindo reintegração por dispensa discriminatória e indenização por danos morais. A empresa alegou em sua defesa que o empregado foi dispensado com base em "requisitos técnicos" e que, como empresa de economia mista, tem o direito de propor demissões sem justa causa, pois o trabalhador não era detentor da estabilidade e, portanto, as regras aplicáveis eram as previstas na CLT.

---

77 REALE, Miguel. *Filosofia do Direito*. 11. ed. São Paulo: Saraiva, 1986. p. 10-12.

Com base em depoimentos de testemunhas, o juiz concluiu que a dispensa foi, de fato, discriminatória. Segundo ele, ficou comprovado que os empregados que participaram de audiência pública na Câmara Municipal e se manifestaram contrários à privatização da empresa foram dispensados. Dessa forma, determinou a reintegração e proibiu a empresa de dispensá-lo no período mínimo de 12 meses após a reintegração, além de condená-la ao pagamento dos salários e demais parcelas remuneratórias relativas ao período de afastamento e indenização por danos morais no valor de (R$) 20 mil reais.

A empresa recorreu, sem sucesso, ao TRT. O acórdão regional, ao manter a decisão anterior, destacou que não há dúvidas quanto à possibilidade da dispensa sem justa causa, porém a dispensa discriminatória fere garantias constitucionais elementares, como o direito de livre manifestação de pensamento, de acesso à informação e de reunião e o de manter convicções políticas sem sofrer privações de direitos.

O entendimento do TRT também predominou na Sexta Turma do TST, no julgamento do agravo de instrumento em recurso de revista da empresa. O relator, ministro MAURÍCIO GODINHO DELGADO, afirmou em seu voto que, se o empregado não é detentor de algum tipo de estabilidade ou garantia de emprego, o ato de dispensa não requer motivação para sua validade (Orientação Jurisprudencial 247, item I, da SDI-1). Entretanto, "essa liberdade não autoriza o empregador estatal a realizar despedida com caráter discriminatório, com motivação abusiva, distinta da mera dispensa sem justa causa", concluiu.[78]

O *site* <http://www.consegipora.org/noticias.php?id=1712>, do Conselho Comunitário de Segurança do Goiás, consultado em 17 de setembro de 2012, noticia que:

> *"Um professor de uma faculdade de Goiânia foi demitido por não aceitar que um cabo eleitoral entrasse na sala de aula para fazer propaganda política para um funcionário da faculdade, que é candidato a vereador por Aparecida de Goiânia, segundo informações dos alunos da instituição.*

78 VALENTE, Cláudia Valente, *in* <http://www.jusbrasil.com.br/topicos/887251/alegada--perseguicao-por-motivos-politicos-nao-comprovacao>.

Na noite de quinta-feira (23), centenas de estudantes da instituição, protestaram pela segunda vez, para pedir a volta do professor demitido. A Polícia Militar até montou um esquema de segurança.

O primeiro protesto dos alunos aconteceu na noite da última quarta-feira (22) um dia depois de o professor ter sido demitido, depois voltaram a protestar e repetiram o manifesto pela noite. Nas três manifestações, o grupo estava atrás da resposta para o fato de a diretoria da instituição ter afastado o educador.

"Ele chegou para poder fazer política na nossa sala, então, o professor Gusmão, com todo respeito, pediu que ele voltasse outra hora porque a gente estava fazendo trabalho em sala valendo nota e que não podia naquele momento", relata o estudante Junior Mendanha. "O professor Gusmão é um excelente professor e não tem nenhum motivo para que ele fosse mandado embora", completou a aluna Aline Matias.

O professor confirmou a versão dos alunos. "eu pedi para que ele não entrasse naquela ocasião e voltasse outro dia, outra hora, e parece que isso causou um descontentamento com o candidato apoiado pelo dono", diz Miguel Gusmão, que contou que a faculdade não explicou o motivo da demissão: "Eles não me passaram nenhum esclarecimento sobre minha demissão".

O advogado da instituição falou sobre o episódio e negou que a demissão tenha sido ocasionada por motivos políticos. "era um excelente professor, mas para a diretoria da instituição o trabalho dele já não era mais compatível com os interesses da universidade, por isso ele foi demitido", explica Janderson Silva."

Cabe aqui, por oportuna, a transcrição parcial de acordão do TST sobre assédio eleitoral:

> ***II*** *– RECURSO DE REVISTA. LEI nº 13.015/2014. AÇÃO COLETIVA. MANIFESTAÇÃO DE CUNHO POLÍTICO NO ÂMBITO DAS EMPRESAS RÉS. DANO MORAL COLETIVO. CONFIGURAÇÃO. INDENIZAÇÃO DEVIDA.*
>
> *... 5. A figura do assédio eleitoral no ambiente de trabalho pode ser definida como o abuso de poder patronal, por meio de coação, intimidação, ameaça ou constrangimento, com o objetivo de influenciar ou mesmo impedir o voto dos trabalhadores. Assim, a interferência do empregador na liberdade de orientação política do empregado contratia a configuração*

> *do Estado Democrático de Direito ... 6. No caso concreto, ao contrário do que entenderam as instâncias ordinárias, a campanha ostensiva de cunho político-partidário por parte das rés no ambiente de trabalho implicou abuso do poder diretivo empresarial ... Portanto, a conduta antijurídica da ré configura ofensa ao patrimônio moral coletivo, passível de reparação por meio da indenização respectiva, nos termos dos artigos 186 do Código Civil, 5º, incisos V e X da Constituição Federal. Recurso de Revista conhecido e provido (RRAg – 10460-31.2016.5.15.0038, Relatora Ministra Maria Helena Malmann, Data de Julgamento 13/03/2024, 2ª Turma, Data de Publicação DEJT 15/03/2024.*

No tocante às entidades de tendência política[79], mais uma vez retornamos à hipótese apresentada por FÁBIO RODRIGUES GOMES, ou seja, se a diretoria de uma fundação destinada a ajudar imigrantes e que possui dentre os seus empregados uma pessoa que, fora de suas atividades profissionais, preside um partido político francamente hostil à presença de imigrantes no país, pode dispensá-lo ao tomar conhecimento do fato.

O jurista identifica a liberdade ideológica como o direito fundamental restringido pelo empregador e aponta a necessidade de evitar o desacordo ideológico interno a respeito do cerne da atividade desempenhada pela fundação (defesa de imigrantes), como finalidade da restrição. Observa que, sendo o empregador uma organização de tendência, há forte relação de coerência (profunda consistência e reciprocidade entre a restrição do direito fundamental e a atividade profissional exercida pelo empregador. E conclui que no caso apreciado existe uma limitação imanente e legítima anteposta à liberdade ideológica do empregado, posto que é inerente ao exercício da atividade profissional do empregado na organização de tendência a compatibilidade ou comunhão com o pensamento político do empregador, sendo lícita a dispensa do trabalhador.[80]

79 Como visto no item 7.2.1.1, as dirigidas à difusão de certa ideologia ou concepção de mundo, destinada ao alcance de fins políticos, religiosos, confessionais, de caridade, educativos, artísticos e similares.

80 Ob. cit., p. 63, 66 e 68.

9.7.1. Dispensa por motivos políticos e anistia

Pela Lei n. 8.878/94 foi concedida anistia aos servidores públicos civis e empregados da Administração Pública Federal direta, autárquica e fundacional, bem como aos empregados de empresas públicas e sociedades de economia mista sob o controle da União que, no período compreendido em 16 de março de 1990 e 30 de setembro de 1992, tenham sido exonerados ou dispensados com violação a dispositivo constitucional ou legal; despedidos ou dispensados dos seus empregos com violação de dispositivo constitucional, legal, regular ou de cláusula constante de acordo, convenção ou sentença normativa; e, exonerados, demitidos ou dispensados por motivação política, devidamente caracterizado, ou por interrupção de atividade profissional em decorrência de movimentação grevista.

A anistia importa em reintegração mitigada, denominada de readmissão, por meio da qual em relação ao período de afastamento apenas o tempo de serviço é computado.

A Justiça do Trabalho tem decidido que os efeitos financeiros incidem somente a partir do efetivo retorno à atividade, vedada a remuneração com caráter retroativo (OJ transitória n. 56, TST).

O efetivo retorno é caracterizado a partir do momento em que o trabalhador manifesta o desejo de retornar ao trabalho e, na ausência de prova, da data do ajuizamento da ação (OJ n. 91, da SDI-1, TST).

> ***AGRAVO DE INSTRUMENTO EM RECURSO DE REVISTA. ANISTIA. EFEITOS. ADESÃO AO PLANO DE PREVIDÊNCIA PRIVADA NO PERÍODO ANTERIOR AO RETORNO À ATIVIDADE – CIBRIUS. CUSTEIO.*** *O art. 6º da Lei n. 8.878/94 e a Orientação Jurisprudencial Transitória n. 56 da SBDI-1 desta Corte são claros no sentido de que somente a partir do efetivo retorno à atividade é que serão devidos os efeitos financeiros da anistia concedida pela Lei n. 8.878/94. A adesão ao plano de previdência privada – CIBRIUS, almejada pelo reclamante com custeio integral da recorrida, tem claros e imediatos efeitos financeiros retroativos. Nesse contexto, a decisão do Regional que julgou o pedido improcedente está em harmonia com a jurisprudência pacificada desta Corte. Incidência do § 4º do art. 896 da CLT e da Súmula n. 333 do TST.* ***Agravo de instrumento conhecido e não provido.*** *Processo: AIRR – 44840-70.2009.5.10.0004 Data de*

Julgamento: 12.5.2010, relatora Ministra: Dora Maria da Costa, 8ª Turma, Data de Publicação: DEJT 14.5.2010.

RECURSO DE REVISTA. ANISTIA – READMISSÃO – PRESCRIÇÃO TRABALHISTA – APLICABILIDADE. *A prescrição aplicável à pretensão de readmissão no emprego em razão da concessão de anistia é a trabalhista, prevista no art. 7º, XXIX, da Constituição Federal. Recurso de revista conhecido e desprovido. Resta prejudicada a análise da matéria de fundo. Processo: RR – 140400-77.2000.5.01.0045 Data de Julgamento: 28.4.2010, relator Ministro: Renato de Lacerda Paiva, 2ª Turma, Data de Publicação: DEJT 14.5.2010.*

Pela Lei n. 11.282, de 23 de fevereiro de 2006, foi concedida anistia aos trabalhadores da Empresa Brasileira de Correios e Telégrafos – ECT que, no período compreendido entre 4 de março de 1997 e 23 de março de 1998, sofreram punições, dispensas e alterações unilaterais contratuais em razão da participação em movimento reivindicatório.

... Parcelas devidas em decorrência da anistia:

O juízo de origem rejeitou os pedidos, ao fundamento de que não contemplou a Lei n. 11.282/2006 direito às verbas vindicadas.

O recorrente diz que é credor, em virtude da Lei n. 11.282/2006, das seguintes verbas: salários, anuênios, férias acrescidas do terço constitucional, depósitos para o FGTS, abonos e benefícios, desde a data da publicação da referida lei.

A Lei n. 11.282, de 23 de fevereiro de 2006, preconiza:

Art. 1º É concedido anistia aos trabalhadores da Empresa Brasileira de Correios e Telégrafos – ECT que, no período compreendido entre 4 de março de 1997 e 23 de março de 1998, sofreram punições, dispensas e alterações unilaterais contratuais em razão de participação em movimento reivindicatório.

§ 1º O disposto neste artigo somente gerará efeitos financeiros a partir da publicação desta Lei.

§ 2º Fica assegurado o cômputo do tempo de serviço, a progressão salarial e o pagamento das contribuições previdenciárias do período compreendido entre as dispensas ou suspensões contratuais e a vigência desta Lei.

Art. 2º Esta Lei entra em vigor na data de sua publicação.

A lei é taxativa ao assegurar o direito, tão somente, ao cômputo do tempo de serviço, à progressão funcional e às contribuições previdenciárias do período em o trabalhador ficou afastado do serviço em virtude de ruptura do contrato de trabalho por participação em movimento grevista.

O § 1º do art. 1º da lei em comento não pode ser entendido, como quer o autor, dissociado da efetiva concessão do benefício, pela autoridade competente, ao trabalhador.

No caso, como reconhecido na petição inicial (folhas 04), foram observados, pela empregadora, efeitos financeiros a partir da publicação da declaração a propósito da condição de anistiado, em 5 de abril de 2007, não tendo o autor tratado de demonstrar a data da formulação do requerimento.

Cabe reportar à OJ n. 91 da SDI-1 do TST.

A lei não assegurou reintegração, mas, de verdade, efeitos híbridos das modalidades reintegração e readmissão, os quais se aplicam restritivamente.

(......) Processo TRT-RO-0141800-62.2009.5.01.0029 – 1ª Região – Ac. 3ª Turma – relatora Gloria Regina Ferreira Mello – 22 Jun. 2011

9.8. Danos morais por ofensas às liberdades de expressão intelectual literária, artística, científica e de comunicação

O pensamento, como visto, envolve dois momentos: uma atividade intelectual ou interna, relacionada à formação do pensamento – e onde estão contidas as liberdades de consciência e de crença (art. 5º, VI, 1ª parte) – e uma atividade externa, que diz respeito às atitudes materiais de manifestação ou exteriorização do pensamento, como as opiniões (art. 5º, IV) – em que estão contidas, entre outras, as liberdades de culto e de expressão da atividade intelectual, artística, científica e de comunicação (art. 5º, VI, 2ª parte, IX e 220).

ROMITA ensina que *"Cabe distinguir entre liberdade de expressão e direito à informação. A primeira se conceitua como possibilidade assegurada pelo ordenamento jurídico de exteriorizar pensamentos, crenças, ideias, opiniões, juízos de valor. O direito à informação compreende o direito de transmitir informações, o de colher informações e o de ser mantido informado.*"[81]

A liberdade de expressão diz, portanto, respeito ao direito de expressão do pensamento, enquanto a liberdade de comunicação pertine ao direito de divulgação por palavras, gestos, imagem ou qualquer outro meio.

O direito de comunicação tem, portanto, a finalidade de assegurar a exteriorização do pensamento por meio das diversas formas de comunicação, ou seja, a pessoa exerce a liberdade de expressão por um meio de comunicação. Está assim intimamente ligado à exteriorização do pensamento por meio da transmissão por sons e imagens, das informações: internet, *blogs*, jornal, televisão etc.

No contexto da liberdade de comunicação como manifestação do pensamento, estão as liberdades de informação e de imprensa. Assim como o indivíduo tem o direito de comunicar, de exteriorizar a sua opinião, também tem o direito de transmitir informações, de se informar e de ser informado, ou seja, *de veiculação* das informações inclusive pelos órgãos de imprensa, mormente num mundo globalizado, em que o acesso à notícia é fundamental para o exercício da cidadania, e de obtenção de informações.

O exercício da liberdade de imprensa pressupõe o recurso a meios impressos, radiofônicos ou audiovisuais para a comunicação. A sua finalidade é a de livre formação da opinião pública.

Transpostas tais noções para a relação de emprego, verifica-se que podem ser formuladas inúmeras indagações:

Pode o professor de uma escola ser despedido por ter a direção descoberto que é autor de um livro erótico?

Pode o jornalista empregado ser despedido por justa causa pelo fato de que a notícia por ele apurada, que depois contata-se não ser verídica, atingiu a honra e a imagem de terceiro?

Pode o jornalista se recusar a veicular notícia capaz de lesar a sua consciência profissional e prejudicar a sua dignidade?

---

81 Ob. cit., p. 306.

Pode o jornalista postular a rescisão indireta do contrato em caso de mudança radical da linha editorial do empregador, que passa a perseguir escândalos e notícias sensacionalistas?

O empregado tem o direito de receber no trabalho correspondência enviada pela entidade sindical, o de abri-la e de tomar conhecimento do conteúdo durante o expediente?

Outrossim, tem o representante eleito dos empregados (art. 11, CF) o direito de transmitir para o correio eletrônico corporativo ou para os *e-mails* pessoais dos empregados os assuntos de interesse da categoria, para leitura em horário condizente, assim também a convocação de reuniões e informes a respeito de problemas de interesse comum dos empregados?

Pode o empregador vetar o uso do telefone celular ou do trabalho para comunicações externas do empregado (transmissão e recepção)?

Finalmente, pode o empregador vetar o uso do *e-mail* pessoal do empregado no trabalho e monitorar a correspondência eletrônica corporativa?

9.8.1. A liberdade de expressão intelectual literária, artística, científica e de comunicação nas relações de trabalho

A Constituição Federal elenca, como direitos fundamentais, as liberdades de consciência, crença e de convicção filosófica ou política (art. 5º, VI e VIII).

No art. 5º, IV, assegura a todos a proteção à liberdade de manifestação do pensamento. E no art. 5º, IX, a liberdade de expressão da atividade intelectual, artística, científica e de comunicação. No mesmo dispositivo, assegura o sigilo de fonte aos profissionais da comunicação e veda expressamente a censura.

Tudo somando, tem-se que a Constituição salvaguarda a divulgação de qualquer ideia, seja ela ótima, razoável ou absurda. E daí decorre que o empregado pode manifestar no ambiente de trabalho quaisquer ideias, por mais idiotas que elas possam parecer. Por exemplo, de que a Terra é plana; de que o voto sem comprovante impresso não é seguro; de que a vacina chinesa implanta chip; ou de que o sistema de representação por congressistas deveria ser substituído por votação direta via plebiscitos.

Todavia, a liberdade de expressão deve ser exercida em harmonia com outros direitos fundamentais.

Com efeito, por força de lei a expressão do pensamento não pode afetar a honra ou respeitabilidade e a imagem ou perfil da pessoa. Também não pode expor a intimidade ou a vida privada. Muito menos pode servir para revelar preconceitos de raça, cor, etnia, sexualidade, religião, procedência.

Essas noções podem perfeitamente ser transpostas para o ambiente de trabalho, tanto em relação ao empregado, como em relação ao empregador. Ambos podem ser ofensor ou vítima.

Nas relações de trabalho, além dessas limitações, precisa ser exercida de forma compatível com a atividade empresarial e a função nela desempenhada pelo trabalhador. Por exemplo, não pode o trabalhar revelar um segredo empresarial de que tem conhecimento ou o empregador publicamente expor o mau desempenho do trabalhador.

Nas relações comuns, declarações contundentes e impiedosas podem ser externadas. O que não pode é resultarem em imputação falsa de crimes, ou em declarações inverídicas sobre fatos desabonadores.

No ambiente de trabalho, contudo, declarações que poderiam ser livremente externadas, observados os limites legais e morais, encontram outras limitações, eis que o ambiente de trabalho deve ser, acima de tudo, saudável e para isso, precisa atender as diversidades, ser acessível, incluir e ser respeitoso. Declarações e comportamentos que possam criar ambiente hostil, agredindo, assediando, discriminando ou estigmatizando são intoleráveis.

A liberdade de expressão extrapola os limites tanto nos discursos de ódio, que incitam a violência ou a agressão contra pessoas e instituições, como nas declarações que ferem valores alheios no ambiente de trabalho.

Buscar convencer trabalhadores a fazerem greve é lícito. Não o é incitar a invasão de prédios empresarial para destruí-lo, recomendar boicotes para gerar prejuízos ou o uso da força para intimidar o empregador e seus representantes.

Por outro lado, não cabe a empregador ou empregado propalarem a xenofobia, o racismo, a intolerância religiosa ou mesmo a homofobia, no ambiente de trabalho. São condutas contrárias à Constituição, porque incitam a violência e a discriminação.

A lei trabalhista brasileira é omissa sobre o tema, ou seja, não regula o exercício e limites da liberdade de expressão no ambiente de trabalho.

Não é o caso da lei portuguesa, que no Código do Trabalho daquele país estabelece:

> Art. 14º
>
> **Liberdade de expressão e de opinião**
>
> É reconhecida, no âmbito da empresa, a liberdade de expressão e de divulgação do pensamento e opinião, com respeito dos direitos de personalidade do trabalhador e do empregador, incluindo as pessoas singulares que o representam, e do normal funcionamento da empresa.

Para ALFREDO MONTOYA MELGAR, a liberdade de expressão se refere à comunicação "*sin trabas de pensamiento*".[82]

A respeito, ANTONIO MARTÍN VALVERDE ensina que *"Entre las libertades públicas que también pueden ser ajercitadas por el trabajador em su relación de trabajo se encuentran las de expresión e información... La libertad de expresión ampara la difusión de pensamientos, ideas o opiniones mediante la palabra, el escrito o cualquier medio de reprodución... en el âmbito laboral, ampara la crítica, los comentários y los juicios de valor acerca de la actividad de la empresa o las decisiones del empresário ... Por su parte, la libertad de información ampara, em general, la libre comunicación y recepción, y, em particular, la difusión de hechos, datos e informaciones relativas a la empresa."*[83]

Prosseguindo, observa o jurista espanhol que a liberdade de expressão, tal como os demais direitos, está sujeita a limites, entre eles o respeito à

---

82 *Derecho del Trabajo*. 24. ed. Madrid: Tecnos, 2003. p. 315.

83 *Derecho del Trabajo*. 13. ed. Madrid: Tecnos, 2004. p. 621-622.

honra das pessoas contra comentários vexatórios, insultos, maledicências e juízos de valor ofensivos, a rejeição de manifestações com *animus nocendi*, além das restrições aos atentados à boa imagem e prestigio da empresa, à boa fé contratual e à relação de confiança existente entre as partes.[84]

Por fim, conclui dizendo que também a liberdade de informação está sujeita a limites: além das exigências específicas de respeito à boa fé contratual, da boa imagem da empresa e da proibição de revelar segredos e confidencialidades, a exigência geral de que a informação seja veraz, ou seja, verificada e obtida de modo cuidadoso.[85]

Logo, recai sobre o trabalhador, no exercício da liberdade de expressão, um dever de razoabilidade.

Para RAQUEL TAVARES DOS REIS,

> *"a expressão de convicções ideológicas e/ou crenças religiosas no seio da organização de trabalho deve ser permitida, desde que não traga prejuízo ao seu regular funcionamento ou ao correcto desenvolvimento da prestação laboral, tendo em conta a natureza da actividade profissional em causa e o contexto da sua execução, não podendo as conversas inspiradas em convicções e/ou crenças pessoais ser impedidas por cláusula de contrato de trabalho ou norma de regulamento interno."*
>
> *"Em aplicação do mesmo critério, consideramos legítimo o comportamento do trabalhador que dê notícia e critique, através dos órgãos de comunicação social — fora, portanto, do âmbito da organização de trabalho —, situações incorrectas ou perigosas imputáveis à entidade empregadora, desde que a divulgação seja feita em condições, a saber, o cuidado do trabalhador no sentido da prova da veracidade dos factos, a prossecução de um interesse legítimo ou relevante, a congruência das modalidades de divulgação, a não utilização de termos injuriosos ou difamatórios e, decisivamente, a não actuação com onimus docendi, que se distingue, assim, da vontade injuriosa ou difamatória, não podendo o exercício da liberdade de expressão (ou de qualquer outro direito fundamental pessoal) pelo trabalhador constituir um atentado*

84 Ob. cit., p. 621.

85 Ob. cit., p. 622.

aos direitos e interesses da entidade empregadora produzido com a intenção de prejudicar."[86]

No âmbito das relações de trabalho, destacamos quatro de cinco causas apresentadas por LUÍS FELIPE DO NASCIMENTO MORAES como as que atuam como agentes dinamizadores do exercício do direito de crítica do trabalhador: a) a de que a execução do trabalho não absorve a personalidade do trabalhador; b) a de que o dever de lealdade não pode sufocar os seus direitos fundamentais; c) as características próprias do contrato de trabalho importam em limitações a numerosos direitos fundamentais; d) o crescente protagonismo das liberdades de expressão e comunicação no âmbito das relações de trabalho como medida autônoma de pressão em razão do papel transcendental dos meios de comunicação e de opinião pública na sociedade.[87]

Ainda segundo o jurista, a liberdade de expressão e o direito à informação estão, no tocante ao jornalista empregado, sujeitos a limites internos e externos. Os limites internos são a veracidade da notícia, o dever de diligência na averiguação da notícia e a relevância pública da comunicação, ao passo que os externos são o princípio da boa-fé contratual, o dever de segredo, a honra da empresa e do empresário e o interesse da empresa. Daí que o jornalista empregado não pode invocar em seu favor a liberdade de expressão e informação para violar direitos da personalidade, muito menos para expor publicamente o empregador ou ofender a sensibilidade do público leitor mediante emprego de frases agressivas e conceitos escandalosos, incompatíveis com o nível de seriedade do periódico.[88]

Observa ALICE MONTEIRO DE BARROS que são típicas do exercício do trabalho de certas profissionais, caso dos jornalistas, as cláusulas de consciência e de segredo profissional. Salienta que a cláusula de consciência é uma garantia assegurada em favor da liberdade de expressão e que ambas favorecem um exercício mais democrático do direito à

86 Ob. cit., p. 133.

87 Elementos para o exercício da liberdade de expressão e do direito à informação pelos trabalhadores. *Revista Crítica Jurídica*, n. 19, Curitiba, Faculdade do Brasil, p. 308, jul./dez. 2001.

88 Ob.cit., p. 308-309.

informação, ao conceder garantias no âmbito empresarial e em face dos poderes públicos e de entidades privadas.

No concernente aos jornalistas, consiste no direito de não revelar a fonte ou identidade do autor da informação ao empregador ou a quem quer que seja, para a preservação da integridade e para evitar represálias (art. 5º, XIV), assegurado, todavia, direito à indenização por danos à honra ou imagem da pessoa indevidamente atingida pela notícia (art. 5º, IV, V e X, da CF).

Como *"o jornalista não se limita a trabalhar para uma empresa em função de uma linha editorial, definidora da política informativa, pois esse profissional é um agente social da informação e, portanto, seu trabalho tem um aspecto objetivo que o vincula ao interesse da sociedade de receber a informação verdadeira"*, conclui que lhe é permitido recusar a prática de um ato no exercício de seu mister, quando capaz de lesar a sua consciência profissional e prejudicar a sua dignidade.[89] É caso típico de exercício do *ius resistantiae.*

Como corolário de suas afirmações, a jurista propõe a possibilidade de rescisão indireta do contrato em caso de mudança significativa na orientação substancial do órgão de comunicação social, capaz de lesar a honra do jornalista, sua reputação ou seus interesses morais, por exemplo, quando o empresário resolve imprimir caráter escandaloso ao jornal, alargando, deliberadamente, a difusão de publicação de artigos sensacionalistas e invasivos da privacidade.[90] Cuida-se do conflito entre a orientação imposta pelo empregador e a convicção intelectual do jornalista.

A referida cláusula de consciência, protetiva do jornalista quer quanto à expressão ou subscrição de opiniões contrárias à sua consciência, quer contra alteração profunda na linha de orientação da entidade empregadora de informação, está, por exemplo, prevista na Lei portuguesa de n. 1, de 13 de janeiro de 1999, que concede o direito de rescisão, com indenização, *"nos 30 dias subsequentes à notificação da deliberação da Alta Autoridade para a Comunicação Social."* A liberdade de consciência

89 Ob. cit., p. 280.

90 Ob. cit., p. 280-281.

do jornalista se amolda ao respeito à formação de uma opinião pública livre e não é um privilégio dos jornalistas, aproximando-se da garantia de independência dos profissionais liberais, necessária à concretização da liberdade de exprimir o ato profissional. Para o ajuste com o trabalho exercido com subordinação, a recusa não pode ser abusiva.[91]

Por outro lado, o empregado, no exercício dos vários aspectos de sua liberdade de pensamento, não pode violar o direito à honra, à intimidade, à vida privada e à imagem alheia. Como bem salienta ROMITA, jornalistas e radialistas, invocando direitos e liberdades de expressão do pensamento e de informação, não podem, na divulgação de notícias, ofender a honra individual ou a sensibilidade coletiva dos leitores ou ouvintes. A contribuição para a formação da opinião pública não pode, como bem, observa, sofrer desvios ou distorções pelo uso abusivo das liberdades de expressão e informação. Pelo que cabe ao empregador, no exercício dos poderes de direção e fiscalização das atividades funcionais do trabalhador coibir os abusos. Ou seja, "no exercício da liberdade de expressão e informação, a atividade do empregado encontra limites no poder de direção e de fiscalização exercido pelo empregador, que deriva do princípio da liberdade de iniciativa".[92]

Finalmente, sugere que se acrescente, ao art. 483, *a*, da CLT, a possibilidade de resolução culposa do contrato quando forem exigidos do jornalista serviços contrários à livre expressão.[93]

Relativamente aos artistas ou técnicos em espetáculo de diversão, nenhum deles será obrigado a interpretar ou participar de trabalho passível de pôr em risco sua integridade física ou moral (art. 27, Lei n. 6.533/78). Daí resulta que, em princípio, o artista poderá recusar papel ou cena se entendê-los contrários às suas convicções ou imagem.

Quanto aos professores, assim como os estabelecimentos de ensino têm liberdade quanto ao projeto pedagógico, desde que compatíveis com a política nacional de ensino, são detentores da liberdade de ensinar, consistente no direito "de ministrar o ensino sem sujeição a uma

91 REIS, Raquel Tavares dos. Ob.cit., p. 106-109.

92 *Direitos Fundamentais nas Relações de Trabalho*. 3. ed. São Paulo: LTr, p. 307-308.

93 Ob. cit., p. 281.

determinada orientação filosófica, ideológica e/ou religiosa".[94] O que não significa que o professor possa, perante os alunos, criticar o projeto pedagógico da instituição ou o trabalho de colegas.

Logo, o empregador não pode cercear-lhe o conteúdo das aulas, sendo também injustificável que o professor, autor de um livro erótico e que não o divulga em sala de aula, onde também não o utiliza ou as ideias nele contidas como material de ensino, venha a ser despedido pelo que escreveu. É incabível a restrição ao direito fundamental de liberdade de expressão, quando não tem relação com a atividade profissional do trabalhador.

A propósito, os professores do ensino particular devem ter a sua liberdade de expressão científica protegida, podendo se recusar, com base na cláusula de consciência, salvo nas hipóteses do exercício de cargo de tendência, à prática de ato contrário à sua liberdade de ensinar sem sujeição a determinada orientação filosófica, ideológica ou religiosa. E, a exemplo dos jornalistas, aos quais, ao nosso ver, equiparados, têm o direito de rescindir o contrato em caso de alteração profunda no projeto pedagógico ou na natureza da entidade empregadora, a exemplo dos jornalistas.

Relativamente aos estabelecimentos de tendência, a liberdade de ensino sofre limitações. Assim como não cabe aos professores em geral, perante os alunos, criticar o projeto pedagógico da instituição ou o trabalho de colegas, outros, o professor de colégio de tendência, que tem determinada orientação ideológica ou religiosa, não pode criticar, perante os alunos, a linha de ensino estabelecida pelo colégio. Trata-se de um dever de reserva ou de respeito pelo caráter próprio da entidade empregadora, ínsito aos contratos de trabalho em geral e específico em relação às entidades de tendência. Mais ainda em se tratando de docentes que tenham por atribuição o ensino dos princípios e valores que constituem a ideologia ou a religião do estabelecimento, em relação aos quais a limitação é ainda maior, inclusive com reflexos na sua conduta privada, que não pode revelar-se incompatível com os objetivos do contrato de trabalho.

O empregador pode impedir manifestações sindicais ou de representantes dentro do ambiente de trabalho, porque perturbadoras da

94 REIS, Raquel Tavares dos. Ob. cit., p. 147.

ordem. Mas não pode impedir a comunicação do trabalhador com o sindicato ou vice-versa, pois a empresa é a referência para o trabalhador ser localizado pela entidade, muito menos que fora dos limites do estabelecimento os trabalhadores possam se reunir para tratar de assuntos de interesse da categoria.

Consequentemente, nos parece que o empregado tem o direito de receber no trabalho correspondência enviada pela entidade sindical, e que tem o direito de abri-la e tomar conhecimento do conteúdo antes do expediente, em horário de intervalo ou após o expediente.

Outrossim, tem o representante eleito dos empregados (art. 11, CF) o direito de transmitir para o correio eletrônico corporativo ou para os *e-mails* pessoais dos empregados os assuntos de interesse da categoria, para leitura em horário condizente, assim também a convocação de reuniões e informes a respeito de problemas de interesse comum dos empregados.

Vedar, para esse fim, a utilização do correio eletrônico, um meio ágil de comunicação e muitas vezes inacessível ao empregado fora do lugar de trabalho, para tomar ciência de assuntos de interesse da categoria, derivados exatamente da relação de trabalho, é atitude antidemocrática, que deve ser firmemente repudiada; pelo contrário, cabe à entidade patronal, de acordo com as suas peculiaridades, buscar o entendimento mediante a regulação da utilização da rede para o fim mencionado. O que permitirá, a um só tempo, que os empregados se mantenham informados sobre os problemas de interesse da categoria e ao empregador, coibir os abusos e a utilização indevida do sistema.

Feitos os devidos registros sobre o tema, passemos então à questão da liberdade de expressão da atividade intelectual.

Estabelece o art. 5º, IX, da CF, que "é livre a expressão da atividade intelectual artística, científica e de comunicação, independentemente de censura ou licença".

O artigo abrange duas liberdades, a de expressão e a de comunicação.

Liberdade de expressão, sob o ângulo anteriormente analisado, é o direito de exteriorizar pensamentos, crenças, ideias, opiniões, juízos de valor, ao passo que liberdade de comunicação pertine ao direito de divulgação por palavras, gestos, imagem ou qualquer outro meio.

Também foi verificado que no contexto da liberdade de comunicação como manifestação do pensamento, estão as liberdades de informação e de imprensa.

Neste tópico nos interessa apenas a liberdade de expressão, mas sob outro ângulo de análise, ou seja, de expressão da atividade intelectual, artística, científica.

Não cabe ao empregador, pelo fato da vinculação ao empregado por contrato de trabalho, impedir as criações que não estejam relacionadas ao objeto do contrato, exceto quando intenta-se realizá-las no horário de trabalho.

Por outro lado, também é vedado ao empregador interferir no conteúdo das aulas do professor ou em suas apostilas quando não colidentes com o projeto pedagógico da instituição de ensino.

Outrossim, não pode o empregador modificar, sem autorização do empregado, a produção autoral realizada no curso do contrato.

Quanto ao aproveitamento da obra após a extinção do contrato, o Tribunal Regional da 4ª Região (RS), em 14 de agosto de 2008, no Processo 00541-2007-403-04-00-2, em que atuou como relator o Juiz JOSÉ FELIPE LEDUR – RELATOR, condenou o Instituto Cultural e Desportivo Mutirão, de Caxias do Sul (RS), a indenizar ex-empregada, por ter se utilizado e distribuído, após a extinção do contrato de trabalho e sem autorização expressa, material didático de sua autoria.

A decisão considerou que o contrato de cessão de direitos autorais estava baseado no relacionamento profissional – empregado e empregador –, permitindo a transferência total dos direitos autorais em favor da empresa. Mas que a ruptura do vínculo empregatício criou uma nova situação jurídica, na qual a continuidade da reprodução do material didático passou a depender de autorização prévia e expressa do seu autor.

A empresa foi condenada ao pagamento de indenização equivalente ao valor mensal de dez horas-aula semanais do curso que a reclamante lecionava, durante oito meses, em razão da reprodução e distribuição de apostila, após a extinção do contrato de trabalho.

Segue aresto sobre liberdade de expressão:

> ***MANDADO DE SEGURANÇA. LIBERDADE DE EXPRESSÃO. DIREITO CERTO E LÍQUIDO.***
>
> *Mesmo quando demonstrado que os impetrantes têm noticiado aos meios de comunicação hoje existentes informações desfavoráveis à gestão promovida pela litisconsorte isso, no entanto, não pode ser levado ao extremo de tolher das impetrantes o direito de livre expressão e manifestação do pensamento. Se ocorreram ou ocorrerem excessos de manifestações dos impetrantes, alardeados pela mídia, esses devem ser corrigidos pela via reparatória adequada e não por meio do tolhimento de liberdade de expressão e manifestação de pensamento. Mandado de segurança admitido e ordem concedida. TRT da 10ª Região, MS 11320060001 0004, relator Desembargador Bertholdo Satyro, DO 21.7.2006.*

9.8.2. Liberdade de profissão

Quando se falar em liberdade de profissão, está-se falando em liberdade de escolha de profissão, de exercício de uma profissão e dos limites frente à respectiva regulamentação.

Podem advir inúmeras questões relacionadas à liberdade de profissão diante do poder diretivo do empregador.

No processo TST-AIRR-8600-11.2009.5.04.0017, apurou-se em relação a uma jornalista da Fundação Cultural Piratini Rádio e Televisão no Estado do Rio Grande do Sul ato de cerceamento da liberdade profissional.

Feita uma matéria para a TVE sobre a troca da direção da Secretaria de Transparência do Estado do Rio Grande do Sul, para a qual foi escalada, foi informada de que ela não seria veiculada e que estaria afastada, a partir daquela data, do jornalismo político.

As provas produzidas no processo comprovaram que o Presidente da emissora ou declarou que a recorrente não teria qualificação profissional para trabalhar com reportagem política, o que lhe valeu a aplicação de punições de advertência pelo Sindicato dos Jornalistas Profissionais do Estado do Rio Grande do Sul e de suspensão do Diretor de Programação.

Reconhecida em juízo a proibição do livre exercício da profissão, bem como as ofensas à imagem da jornalista, foi a Fundação condenada a lhe pagar danos morais no importe de R$ 10.000,00.

Evidentemente, se o jornalista veicula, como certa, notícia por ele apurada, que depois, constata-se, não é verídica e atinge a honra e a imagem de terceiro, pode até mesmo ser despedido por justa causa, além de responder, regressivamente, por indenização imposta ao veículo de comunicação.

De outro lado, outra questão que envolve também a liberdade de consciência no livre exercício da profissão, diz respeito à indagação se um jornalista pode se recusar a veicular notícia, por entender que ela é capaz de lesar a sua consciência profissional e prejudicar a sua dignidade. Pode. Exceto se a contratação tem por fim específico uma determinada veiculação.

Há ainda de se considerar a hipótese de um jornalista que, invocando um desvio significativo na linha de orientação do órgão de comunicação social em que trabalha, em consequência da mudança de direção, pretende ver o contrato rescindido. Se ocorre mudança radical capaz de afetar o prestígio referente à imagem criada, aderente ao seu nome, é evidente que pode rescindir o contrato com fundamento em ato do empregador.

Finalmente, quanto ao jornalista, se como condição implícita do contrato o trabalho jornalístico impede o jornalista de adotar conduta contrária à orientação definida no estatuto do órgão de comunicação, os jornalistas das entidades doutrinárias ou confessionais estão impedidos de tornar pública uma doutrina colidente com a ideologia ou religião (sendo essas, no caso, as linhas principais de orientação) da entidade à qual está vinculado.

Outras questões envolvendo a liberdade quanto ao exercício de outras profissões podem ser identificadas no relacionamento empregado-empregador. Tem o médico empregado, cirurgião cardíaco, por exemplo, o direito de recusar-se a fazer uma operação plástica, ainda que emergencial, não cabendo ao empregador aplicar penas disciplinares pela legítima recusa. Assim como tem o garçom judeu o direito de, fundado na liberdade de consciência, deixar de atender uma mesa onde abertamente se discute o antissemitismo.

9.9. Dano moral por ofensa relacionada à liberdade de informação

O direito à informação diz respeito ao direito de transmitir e colher informações, e o de ser mantido informado. Dele decorre a liberdade de informação, como o direito de não informar tudo aquilo que não está relacionado ao contrato de trabalho e que diz respeito à intimidade e vida privada do trabalhador. Distingue-se da liberdade de expressão, relacionada ao direito de exteriorizar pensamentos, crenças, ideias, opiniões e juízos de valor.

O que está o empregador obrigado a informar ao empregado, o que cabe a este espontaneamente informar e o que o empregador não pode exigir que o empregado informe?

Em jogo estão dois direitos: o do empregador, de colher informações sobre a pessoa que lhe prestará serviços e o do empregado, de reserva da intimidade e da vida privada. Ou seja, em que pese, com base no poder diretivo, ter o empregador o direito à informação sobre dados necessários ao contrato de trabalho, deve respeitar os direitos à privacidade e intimidade do trabalhador.

Atenta contra os direitos à intimidade e privacidade, o ato empresarial destinado a investigar aspectos da vida pessoal do candidato a determinada vaga de emprego, de modo a buscar características ou condutas que, sob a sua ótica, podem ser negativas e prejudiciais ao empreendimento. Inclui-se nessa prática o recurso a listas sujas e a divulgação de dados pessoais relacionados a propositura de reclamações trabalhistas ou aspectos íntimos do trabalhador, por exemplo, se faz parte de programa dos alcoólicos anônimos ou de dependentes químicos.

Nada impede, no entanto, que, candidatando-se a trabalhar numa indústria farmacêutica, lhe seja perguntado se faz uso de drogas, ou para engajamento em fábrica de bebidas, se tem problemas de alcoolismo.

Em caráter geral, a Lei 13.709/18 regulamenta o tratamento de dados pessoais, visando proteger os direitos fundamentais da privacidade e da informação. Para tanto, considera dado pessoal qualquer informação relacionada à pessoa natural, (nome, naturalidade, estado civil, idade, escolaridade, endereço, CPF).

Entre os dados pessoais previstos na lei, figuram os dados sensíveis, assim entendidos como os relacionados à origem racial, convicções religiosa, política, filosófica, e ideológica, filiação a sindicato e, entre outros, os referente à saúde (exames, atestados médicos, planos de saúde), orientação ou vida sexual, dados bancários e dados biométricos.

Portanto, dados sensíveis são aqueles capazes de interferir na intimidade ou vida privada da pessoa, pelo que o tratamento relacionado aos dados pessoais, incluindo à sua coleta, produção, recepção, utilização, acesso, transmissão, armazenamento, modificação e eliminação são da maior importância.

Como decorrência do que a lei dispõe em caráter geral, nas relações de trabalho, os titulares dos dados são os trabalhadores e o controlador é o empregador. O empregador que capta os dados ou os produz depende de consentimento do titular para o tratamento, razão pela qual exceto para cumprimento de dever legal, por solicitação ou autorização do trabalhador, ou para se defender em processo judicial, administrativo ou arbitral, os dados pessoais dos trabalhadores só podem ser divulgados com base no consentimento do trabalhador.

Pode-se, portanto, dizer que a legislação brasileira não estabelece regras trabalhistas diretas a respeito de questões relacionadas ao direito à informação e que podem evitar ou resolver uma série de conflitos que têm surgido nos tribunais.

O art. 373-A, CLT, unicamente preocupado com o acesso ao mercado de trabalho, veda referências ao sexo, idade, cor ou situação familiar em anúncios de emprego, bem como a recusa de emprego, promoção ou dispensa com base nessas variáveis discriminatórias, a adoção de critérios subjetivos para o deferimento de inscrição ou aprovação em concursos e a exigência de atestado ou exame para a comprovação de esterilidade na admissão ou permanência no emprego.

O Código do Trabalho português, no entanto, dispõe, sobre a matéria, especificamente o seguinte:

> *Art. 17º (Protecção de dados pessoais)*
>
> *1 – O empregador não pode exigir a candidato a emprego ou a trabalhador que preste informações relativas:*
>
> *a) à sua vida privada, salvo quando estas sejam estritamente necessárias e relevantes para avaliar da respectiva aptidão no que respeita à execução do contrato de trabalho e seja fornecida por escrito a respectiva fundamentação;*

b) à sua saúde ou estado de gravidez, salvo quando particulares exigências inerentes à natureza da actividade profissional o justifiquem e seja fornecido por escrito a respectiva fundamentação.

2 – As informações previstas na alínea b) do número anterior são prestadas a médico, que só pode comunicar ao empregador se o trabalhador está ou não apto a desempenhar a actividade.

3 – O candidato a emprego ou trabalhador que haja fornecido informações de índole pessoal goza do direito ao controlo dos respectivos dados pessoais, podendo tomar conhecimento do seu teor e dos fins a que se destinam, bem como exigir a sua retificação e actualização.

4 – Os ficheiros e acessos informáticos utilizados pelo empregador para tratamento de dados pessoais do candidato a emprego ou trabalhador ficam sujeitos à legislação em vigor relativa à protecção de dados pessoais.

5 – Constitui contraordenação muito grave a violação do disposto nos ns. 1 ou 2.

Por fim, determina que os dados biométricos são conservados durante o período necessário para a prossecução das finalidades do tratamento a que se destinam, devendo ser destruídos no momento da transferência do trabalhador para outro local de trabalho ou da cessação do contrato de trabalho.

A orientação a ser observada no direito brasileiro não é diferente.

Entre os deveres ínsitos à relação de emprego estão os de informação e de sigilo.

O dever de informação consiste na prestação espontânea ou provocada dos dados necessários à conclusão honesta do contrato. As perguntas dirigidas ao trabalhador pelo empregador devem ser restringidas à função a ser exercida e sua capacitação profissional, para o que pode exigir informações relacionadas a aptidões, experiências e disponibilidade de horário, devendo o trabalhador prestar corretamente essas informações, em cumprimento aos deveres de cooperação e colaboração decorrentes do princípio da boa-fé. São incabíveis indagações sobre origens raciais, opções políticas, convicções religiosas, atividades sindicais e orientação sexual, podendo o candidato se negar a prestá-las.

O dever de sigilo decorre do dever de informação. A informação licitamente obtida da contraparte durante as tratativas preliminares não deve ser divulgada.

Logo, não pode o empregador investigar a vida privada do trabalhador ou candidato a emprego ou promoção, o seu relacionamento familiar, a frequência a cultos ou assembleias sindicais, o tipo de amizades que mantém e os lugares que frequenta. Mas pode buscar a obtenção espontânea por parte do trabalhador, quando certas informações forem relevantes à prestação da atividade laboral. Por exemplo, se o cargo oferecido for o de professor em organização de tendência (uma escola católica), pode o empregador, justificadamente, indagar do professor a linha religiosa por ele adotada e como a exerce, de modo a avaliar a adequação para o exercício do cargo, posto que é plenamente cabível que uma escola rejeite a contratação de um pastor evangélico para dar aulas de religião numa escola católica.

Contudo, observa SARA COSTA APOSTOLIDES que é inadmissível no processo de admissão de um trabalhador por um partido político perguntas sobre crenças religiosas ou orientação sexual do candidato, assim como não é cabível perguntas sobre orientação partidária quando a contratação visa ao desempenho de funções de jardineiro da sede de um partido político.[95]

Por outro lado, o empregador pode exigir informações diferenciadas a respeito da saúde do trabalhador quando a natureza do cargo o exigir, por exemplo, quando a contratação diz respeito à ocupação de cargo para o qual seja exigido carregar peso, trabalhar muito tempo sentado ou realizar ininterruptamente movimentos repetitivos.

Diz RAQUEL TAVARES DOS REIS:

> *"O problema que se põe no âmbito do presente estudo é o da tutela do candidato ou do trabalhador contra lesões da intimidade da sua vida privada que tenham lugar em qualquer fase da vida da relação de trabalho, quer pela realização de perguntas, testes e exames sobre factos e aspectos que são informação relativa à vida privada do candidato... Numa conclusão precipitada, pareceria que todas as perguntas, testes e*

---

95 APOSTOLIDES, Sara Costa. *Do Dever Pré-Contratual de Informação e da sua Aplicabilidade na Formação do Contrato de Trabalho*. Coimbra: Almedina, 2008. p. 247.

exames sobre factos e aspectos da vida privada do candidato... estariam vedados à entidade empregadora por serem lesivos do direito à reserva da intimidade da vida privada (e, eventualmente, do direito à imagem) do candidato ou do trabalhador."

"Admite-se, porém, que a entidade dadora de trabalho condicione a admissão à prévia realização de testes de personalidade destinados a aferir da existência de determinadas qualidades ou defeitos pessoais do candidato ou do trabalhador, necessários ou convenientes à prossecução da actividade pretendida." A respeito, perguntas objetivas não invasivas e não discriminatórias e dinâmicas de grupo costumam cumprir esse papel.

"Aceita-se igualmente que a entidade dadora de trabalho condicione a admissão e a entidade empregadora a manutenção do contrato de trabalho à realização de exames médicos, desde que estes sejam necessários, convenientes ou relevantes para a protecção e segurança do candidato ou do trabalhador, bem como dos colegas de trabalho". A respeito, não há sentido em se admitir para a função de digitador um trabalhador que sofre de LER/DORT, ou seja, doença limitadora da capacidade laborativa decorrente de movimentos repetitivos.

"Reconhece-se, por outro lado, que a regra que veda à entidade dadora de trabalho ou à entidade empregadora a inquirição sobre as convicções e/ou crenças do candidato ou do trabalhador não se aplica às entidades detentoras de organizações de tendência que pretendam recrutar ou que admitam trabalhadores para desempenhar funções relacionadas com a orientação ideológica ou religiosa que as caracteriza..."[96]

Mais à frente, dispõe o art. 106º (Dever de informação):

1 – O empregador deve informar o trabalhador sobre aspectos relevantes do contrato de trabalho.

2 – O trabalhador deve informar o empregador sobre aspectos relevantes para a prestação da actividade laboral.

3 – O empregador deve prestar ao trabalhador, pelo menos, as seguintes informações:

a) A respectiva identificação, nomeadamente, sendo sociedade, a existência de uma relação de coligação societária, de participações recíprocas, de domínio ou de grupo, bem como a sede ou domicílio;

96 Ob. cit., p. 120-121.

> *b) O local de trabalho ou, não havendo um fixo ou predominante, a indicação de que o trabalho é prestado em várias localizações;*
>
> *c) (...)*

Assim, além das informações relacionadas à identificação do empregador, local de trabalho, funções, duração do contrato, periodicidade e valor da remuneração, deve ele dar as informações necessárias sobre aspectos relevantes do contrato, por exemplo, que a linha editorial adotada pelo jornal é de natureza escandalosa e que é para o respectivo atendimento que o profissional está sendo contratado.

Em se tratando de trabalhador de tendência, no entanto, indagações sobre a orientação política ou religiosa, para a verificação de compatibilidade com os objetivos e ideologia da entidade de tendência podem se revelar admissíveis.

De igual sorte, indagações sobre a vida privada do trabalhador podem se revelar importantes em certas circunstâncias, eis que, por exemplo, o trabalho de apresentação de um programa infantil na TV exige determinado perfil de comportamento social.

Para JOSÉ JOÃO ABRANTES, o empregador só pode averiguar e considerar dados da vida privada ligados à aptidão profissional do trabalhador, ou seja, que tenham pertinência direta e necessária com a aferição de sua capacidade para a execução do contrato. E que até mesmo condenação penal, alcoolismo e toxicomania somente poderão constituir motivos de justa causa quando se reflitam de forma desfavorável à execução do contrato. E como cidadão, tem o direito de usar *botons* partidários, exceto quando tal atitude for suscetível de perturbar a paz do ambiente de trabalho.[97]

Consideramos que em se tratando de trabalhador cuja religião não admite o trabalho em dias em que a empresa tem funcionamento normal, cabe a ele informar ao empregador, espontaneamente, essa condição restritiva, sob pena dela não se poder valer no futuro para justificar a recusa de trabalhar nesses dias.

---

97 Ob. cit., p. 195-199.

Por outro lado, deve o empregador informar ao empregado sobre a existência de câmeras de segurança e equipamentos de controle da prestação de serviços, que devem ser exercidos de forma moderada e não podem ser invasivos da intimidade e vida privada.

Deve ainda informar ao empregado sobre os meios de controle do uso de telefone e *e-mails*, sob pena de considerar-se que inexiste restrição à respectiva utilização. Enfim:

a) as informações que se pretende colher não podem adentrar a esfera da intimidade e vida privada do trabalhador, devendo, portanto, estar relacionadas à execução do contrato. O trabalhador não está obrigado a, espontaneamente, prestar informações e só está obrigado, quando instado pelo empregador, a responder as questões legítimas, assim entendidas as que forem absolutamente relevantes para o exercício da atividade laboral, podendo se recusar a responder às que não tiverem esse caráter[98];

b) nem sempre, no entanto, as situações concretas são facilmente solucionáveis quanto aos conflitos que se possam verificar a respeito do tema. Certas indagações podem se fazer necessárias em relação às tarefas que serão cumpridas ou mesmo em relação aos objetivos da entidade empregadora, por exemplo, um partido político ou entidade religiosa.

9.10. Danos morais por ofensas à liberdade de expressão coletiva: liberdades de reunião, associação, participação na gestão empresarial e de greve

9.10.1. Práticas antissindicais e danos morais por ofensas à liberdade sindical

AMAURI MASCARO NASCIMENTO[99] ensina que sindicatos "são associações permanentes, que representam trabalhadores vinculados por laços profissionais e laborativos comuns, visando a tratar de problemas

---

98 APOSTOLIDES, Sara Costa. *Do Dever Pré-Contratual de Informação e da sua Aplicabilidade na Formação do Contrato de Trabalho.* Coimbra: Almedina, 2008. p. 211-287.

99 *Compêndio de Direito Sindical.* São Paulo: LTr, 2000. p. 242-245.

coletivos das respectivas bases representadas, defendendo seus interesses trabalhistas e conexos, com o objetivo de lhes alcançar melhores condições de labor e vida".

A normativa brasileira também admite o sindicato de empregadores, como destaca este doutrinador e, embora os incisos do art. 8º falem em "sindicato", o termo é compreendido de forma ampla para abranger também as federações e confederações.

Em síntese, "sindicato", segundo o ordenamento jurídico pátrio, é uma pessoa jurídica de direito privado constituída para representar trabalhadores e empregadores com o fim de defender seus interesses profissionais ou econômicos.

ARNALDO LOPES SÜSSEKIND[100], fundamentando-se na Convenção 87 da OIT (não ratificada pelo Brasil) e no Pacto Internacional de Direitos Econômicos, Sociais e Culturais da ONU (NY 1966), sistematiza três aspectos da liberdade sindical: **1º – coletivo** (art. 2º C.87 OIT): *"direito dos grupos de empresários e de trabalhadores vinculados por uma atividade comum, similar ou conexa, de constituir o sindicato de sua escolha com a estruturação que lhes convier"*. **2º – individual** (art. 2º C.87): *"direito de cada trabalhador ou empresário de filiar-se ao sindicato de sua preferência, representativo do grupo a que pertence, e dele desligar-se"*. **3º – autonomia sindical:** *"liberdade de organização interna e de funcionamento... bem como a faculdade de constituir federações e confederações ou de filiar-se as já existentes, visando sempre aos fins que fundamentam sua instituição – esta, assegurara no art. 8º, I CRFB/88"*.

Por sua vez, ORLANDO GOMES e ELSON GOTTSCHALK[101] assim sistematizam as acepções relacionadas à expressão liberdade sindical da seguinte:

> 1º) em relação ao indivíduo:
>
> I – liberdade de aderir a um sindicato;
>
> II – liberdade de não se filiar a um só sindicato;

100 *Direito Constitucional do Trabalho*. Rio de Janeiro: Renovar, p. 328.

101 *Curso de Direito do Trabalho*. 16. ed. Rio de Janeiro: Forense, 2000. p. 505.

III – liberdade de se desligar de um sindicato.

2º) em relação ao grupo profissional:

IV – liberdade de fundar um só sindicato;

V – liberdade de determinar o quadro sindical na ordem profissional e territorial;

VI – liberdade de estabelecer relações entre sindicatos para formar agrupamentos mais amplos;

VII – liberdade para fixar regras internas, formais e de fundo, para regular a vida sindical;

VIII – liberdade nas relações entre sindicalizado e o grupo profissional;

IX – liberdade nas relações entre o sindicato de empregados e o de empregadores;

X – liberdade no exercício do direito sindical em relação à profissão;

XI – liberdade no exercício do direito sindical em relação à empresa.

3º) em relação ao Estado:

XII – independência do sindicato em relação ao Estado;

XIII – conflito entre a autoridade do Estado e a ação sindical;

XIV – integração dos sindicatos no Estado.

Ora, a Constituição de 1988 manteve a sindicalização unicamente por categorias, o sistema confederativo verticalizado, a unicidade sindical e o poder normativo da Justiça do Trabalho, pelo que se pode dizer que a liberdade sindical não é plena no Brasil.

O poder normativo da Justiça do Trabalho tornou-se facultativo a partir da reforma do judiciário e a contribuição sindical desde a reforma trabalhista de 2017 é voluntária.

No entanto, a manutenção da forma de organização por categoria como critério para a constituição de sindicatos, com exceção apenas das categorias diferenciadas; a consequente inserção automática dos trabalhadores em sindicato que, de forma simétrica, corresponda à representação da categoria econômica com base na atividade preponderante do empregador; e, a existência de um único sindicato representativo por base territorial, para o qual, obrigatoriamente, é vertida a contribuição sindical, ainda que agora apenas facultativa, constituem limitações ao exercício da livre organização sindical, incluindo a liberdade de escolha do sindicato que represente os interesses do trabalhador.

A organização por categorias impede a livre escolha de modelo (por empresa, por setor, por atividade, por categoria)[102]; a unicidade impede a livre escolha de sindicato representativo dos interesses dos trabalhadores, ou seja, da pluralidade de sindicatos numa mesma base territorial; e, a contribuição, ainda que facultativa, para um único sindicato representante da categoria numa mesma base territorial, impede, na prática, a formação e a concorrência entre sindicatos igualmente representativos para a escolha livre da clientela.

É verdade que a lei privilegia a negociação, visando à produção autônoma de normas que atendam aos interesses coletivos, mas: a) é possível garantir a dignidade da pessoa humana, a prevalência do valor social do trabalho e uma negociação coletiva em bases reais sem concorrência e real representatividade dos sindicatos? b) há, nesse ambiente de limitações, legitimidade para o desenvolvimento de uma atividade sindical eficaz?[103]

---

102 O STF decidiu, na ADI n. 1861-MC, em acórdão publicado em 2007, em que foi relator o Ministro Sepúlveda Pertence, que a Constituição não admite sindicalismo de empresa, o que permite concluir que estão vedadas as negociações entre grupos de trabalhadores e a respectiva empresa, sem a participação do sindicato.

103 O sindicato detém o monopólio qualitativo da representação (representação por categoria) e o monopólio quantitativo (base territorial municipal). Diante da diversidade de atividades, profissões e interesses e sem a existência de um órgão que, num sistema de unicidade sindical, possa organizar as representações das categorias nas bases territoriais, indaga-se: como identificar o único sindicato representativo da categoria e como identificar as categorias diferenciadas?

A respeito, o TST entende que têm essa natureza apenas as previstas em lei e também assim o STF, ao considerar que os pilotos civis não constituem categoria diferenciada, já existindo a categoria diferenciada dos aeronautas. Não obstante, o mesmo STF permitiu, em várias decisões (RE n. 207.858, rel. Ministro Marco Aurélio, DJ 14.5.99; RE n. 178045, rel. Ministro Octavio Gallotti), o desdobramento de sindicatos, quer pelo lado da categoria, quer pelo lado da base territorial, mencionando *a existência de uma unicidade sindical mi-*

O fato é que a liberdade sindical assegurada pela Constituição não tem a mesma amplitude conquistada no plano internacional pela Convenção n. 87/1948 da OIT.

De qualquer sorte, mesmo com liberdade sindical restrita, não pode o empregador, direta ou indiretamente, impedir ou restringir o direito do trabalhador de filiar-se a sindicato, comparecer às reuniões e assembleias ou candidatar-se como dirigente sindical, muito menos discriminar o trabalhador pela atividade sindical, sob pena de ferir a liberdade sindical e ensejar a compensação por danos morais, independentemente de outras reparações pelo seu ato.

Embora não conste do art. 223-C, da CLT, a liberdade sindical como direito individual e coletivo, essa liberdade, de filiação, desfiliação, a proteção ao dirigente sindical e de greve constam expressamente da CF, sendo as práticas antissindicais efeitos lógicos da regulação constitucional e infraconstitucional.

São práticas antissindicais as destinadas a subverter a liberdade sindical, vedadas pela Convenção n. 98, da OIT. São as que direta ou indiretamente buscam cercear, desvirtuar ou impedir a legitima ação sindical em defesa e promoção dos interesses dos trabalhadores.

São exemplos de práticas antissindicais:

- conduta patronal de condicionar o emprego à desfiliação ou a não filiação ou da afinidade sindical;
- quaisquer ameaças ao servidor pelo exercício e seu direito constitucional de greve (de transferência, suspensão, rescisão do contrato, óbice à promoção, ameaça de contabilização dos dias de paralisação como faltas ao serviço);
- ameaças ao emprego ou à inamovibilidade sindical do dirigente;
- ameaças à candidatura do empregado como dirigente sindical;
- despedida ou ameaça de despedida do trabalhador grevista;

---

tigada, na qual é utilizada a especificação da atividade dos trabalhadores para autorizar o seu deslocamento da entidade mais abrangente e a fragmentação da base territorial, desde que verificado o limite máximo de um Município.

- a consideração da participação do trabalhador em greve como óbice a uma promoção;
- a continuidade do pagamento aos que não participarem da greve, o que elimina ou reduz a força da arregimentação para o movimento coletivo.

Ações patronais visando a obstar candidatura como cipeiro, membro de Conselho de Previdência Social, de Comissão de Conciliação Prévia e de representação dos trabalhadores no Conselho Curador do FGTS, embora repreensíveis e ensejadoras de compensação por danos morais, não são práticas antissindicais porque tais trabalhadores não atuam como representantes sindicais.

9.10.2. Danos morais por dispensa arbitrária de trabalhadores estáveis ou detentores de garantia de emprego

Estabilidade e garantia de emprego são proteções especiais à conservação do emprego, ligadas a fatos específicos, que a justificam.

A proteção geral à despedida arbitrária ou sem justa causa, prevista no art. 7º, I, da CF e a proteção à despedida discriminatória são de caráter geral. Independem de fato específico ligado a circunstâncias especiais que justificam a estabilidade ou a garantia de emprego.

Estabilidade no emprego é o direito subjetivo de permanência do trabalhador no emprego por força de lei, norma regulamentar, cláusula contratual ou norma coletiva.

A estabilidade legal por tempo de serviço (decenal) foi suprimida pela Constituição da República, respeitados os direitos adquiridos. Agora, somente por contrato particular ou norma coletiva pode ser instituída.

Atualmente, as estabilidades são absolutas (estabilidades propriamente ditas) e relativas (garantias de emprego ou estabilidades impróprias). Mas todas elas são provisórias ou temporárias, decorrendo de circunstâncias específicas e episódicas e tendo por fonte geradora a lei, o contrato, cláusula regulamentar ou norma coletiva.

Estabilidade absoluta ou estabilidade propriamente dita consiste no direito, concedido por lei, norma regulamentar, cláusula contratual ou norma coletiva, do trabalhador só ter o contrato rompido em virtude de força maior ou de falta grave apurável em inquérito. Todas as estabilidades absolutas decorrem do exercício de mandato de representação de trabalhadores nos mais variados âmbitos. O que não significa que o exercício de mandato de representação necessariamente gere estabilidade absoluta. O cipeiro, por exemplo, tem apenas garantia de emprego.

A estabilidade absoluta difere, portanto, da garantia de emprego, que consiste no direito, concedido ao trabalhador por lei, norma regulamentar, cláusula contratual ou norma coletiva, de somente ter o contrato rompido por motivos técnicos, econômicos, financeiros e disciplinares, sem a necessidade de inquérito e embasamento em rol de possibilidades mais exaustivo do que o da estabilidade absoluta. De qualquer sorte, tal como ocorre na despedida arbitrária de empregado estável, pode ensejar a reintegração no emprego.

As garantias de emprego podem decorrer de representação de trabalhadores (embora possam em alguns casos caracterizar estabilidade), gravidez, pré-aposentadoria e ajuste em norma contratual, regulamentar e coletiva.

A estabilidade absoluta e a garantia de emprego não se confundem com a proteção geral à despedida arbitrária ou sem justa causa. Previsto no art. 7º, I, CF, mas ainda não regulamentado, essa proteção é o direito concedido aos trabalhadores em geral (e não apenas em caso de representação de trabalhadores, gravidez, pré-aposentadoria), de somente poderem ser despedidos mediante motivação para o desligamento. Ou seja, não está ligada a fatos específicos ensejadores da proteção especial consistente na estabilidade ou na garantia de emprego.

A proteção à despedida retaliativa e à despedida discriminatória (Lei nº 9.029/2005) não são hipóteses de estabilidade, de garantia de emprego ou de proteção geral à despedida arbitrária ou sem justa causa. Derivam, direta e respectivamente, das garantias constitucionais de liberdade de ação e de não discriminação. Ou seja, são de caráter geral e não decorrem de nenhuma proteção específica, como nas estabilidades ou garantias de emprego, ou de necessidade de motivação para o despedimento.

A Lei nº 9.029/95 proíbe a exigência de atestado de gravidez e outras práticas discriminatórias nas relações de trabalho, autorizando a reintegração ou indenização dobrada, conforme opção do trabalhador arbitrariamente despedido.

A Súmula nº 443, do TST, que presume discriminatória a despedida de empregado portador do vírus HIV ou de outra doença grave que suscite estigma ou preconceito. Inválido o ato, o empregado tem direito à reintegração no emprego.

Entre os empregados portadores de doenças graves, estão, entre outros, o empregado acometido de câncer, lúpus e vírus do HIV.

A soropositividade, o câncer, o lúpus e outras doenças graves não são fatores impedientes da relação de emprego, pelo que a negativa de acesso ao trabalho ou a despedida das pessoas acometidas desses males podem constituir discriminação pela condição de saúde do trabalhador.

No caso do vírus do HIV, incide ainda um outro tipo de preconceito, por atingir, com maior incidência, os homossexuais.

O problema é tão sensível que a ordem jurídica permite o levantamento do FGTS diante da constatação da soropositividade.

A legislação também permite o levantamento do FGTS às pessoas acometidas de neoplasia maligna (câncer), observando-se na jurisprudência o mesmo tratamento protetivo às despedidas arbitrárias.

As razões que orientam essas duas situações devem também orientar outros casos de doenças graves, como o lúpus, uma doença autoimune que elimina as defesas orgânicas, causando uma série de doenças consequentes.

Fundamentam a proibição da despedida arbitrária desses trabalhadores o art. 7º, *caput* (melhoria das condições sociais dos trabalhadores) e inciso I (relação de empregado protegida contra a despedida arbitrária) c/c 3º, IV, a Convenção nº 111, da OIT, ratificada pelo Decreto Legislativo n. 62.150, de 19.1.68 (que proíbe exclusão ou preferência fundada na raça, cor, sexo, religião, opinião política, ascendência nacional ou origem social que tenha por efeito destruir ou alterar a igualdade de oportunidades ou de tratamento em matéria de emprego ou profissão, bem como qualquer outra distinção, exclusão ou preferência que tenha por efeito destruir ou alterar a igualdade de oportunidades ou tratamento em matéria de emprego ou profissão) e a Lei nº 9.029/95, que proíbe práticas discriminatórias nas relações de trabalho, autorizando a reintegração do trabalhador ou indenização dobrada.

Discriminação é o tratamento desigual, por motivo desqualificante, pelo que a existência de motivo razoável para o tratamento desigual pode descaracterizá-la.

Logo, a presunção de discriminação é relativa. Havendo prova, cujo ônus é do empregador, de que a despedida decorre de outros fatores, como falta grave, extinção do estabelecimento, supressão de setor ou necessidade de redução de pessoal por motivos econômicos, a despedida pode ser promovida.

Nas demais hipóteses de discriminação (idade, sexo, deficiência) adota-se a mesma solução (vide Lei nº 9.029/95).

Quanto aos estáveis e detentores de garantia de emprego, fazem jus à reintegração em caso de despedida arbitrária ou sem justa causa, com indenização refletida no valor dos salários e demais vantagens do período de afastamento, ou indenização substitutiva, caso esgotado o período estabilitário durante a tramitação do processo.

São os seguintes os casos de estabilidades absolutas:

- decenal (art. 492, CLT);
- do servidor público (art. 41, CF);
- contratual e regulamentar;
- do dirigente sindical (art. 8º, VIII, CF);
- dos diretores de sociedades cooperativas (art. 55, Lei nº 5.764, de 1971 e OJ 253, SDI TST);
- dos representantes dos empregados no Conselho de Previdência Social (art. 3º, § 7º, da Lei nº 8.213/91);
- dos representantes dos empregados no Conselho Curador do FGTS (art. 3º, § 9º, Lei 8.036/90);
- dos representantes dos empregados em Comissão de Conciliação Prévia (art. 625-B, § 1º, da CLT).

São os seguintes os casos de garantias provisórias de emprego (estabilidades relativas):

- do dirigente de CIPA (art. 10, II, *a*, ADCT);
- da gestante (art. 10, II, *b*, ADCT);
- do empregado acidentado (art. 118, Lei 8.213/91);
- do representante dos empregados nas empresas (art. 510-D, § 3º, CLT);
- do representante dos empregados nos Conselhos de Administração das empresas públicas e sociedades de economia mista;
- do servidor público e empregados de empresas públicas e de economia mista em período eleitoral (art. 15 da Lei nº 7.773/89, art. 73, da Lei 9.504/97 e OJ nº 51, da SBDI-1, TST);
- do empregado às vésperas da obtenção de aposentadoria;
- do empregado que fez acordo individual ou coletivo de redução de jornada ou suspensão do contrato em razão da pandemia da COVID-19, nos moldes da Lei nº 14.020/2020 e MP 1.045/2021.

Quer se trate de estabilidade ou de garantia de emprego, o trabalhador arbitrariamente dispensado tem direito à reintegração, com direito aos salários e demais parcelas do contrato desde o afastamento e até o efetivo retorno, facultado, no caso de discriminação previsto na Lei nº 9.029/05, o rompimento com indenização dobrada.

Nos termos do art. 4º da Lei nº 9.029/2005, o rompimento do contrato por motivo discriminatório enseja, além dos danos patrimoniais ali previstos, indenização por danos morais.

Por analogia, como as estabilidades e garantias de emprego são de natureza protetiva de situação circunstancial de relevo para o trabalhador ou para efeito de representação de outros trabalhadores, é cabível indenização por dano moral decorrente de dispensa arbitrária desses trabalhadores.

Cabe liminar para efeito de reintegração, com base no art. 659, X, da CLT, prevista para o dirigente sindical, mas extensível aos demais trabalhadores.

A reintegração não prevalece, ensejando a composição mediante indenização substitutiva do período estabilitário, nos seguintes casos: a) extinção do estabelecimento ou da empresa; b) reintegração desaconselhável, por incompatibilidade decorrente do dissídio (art. 496, CLT); c) terminação do período estabilitário antes da sentença; d) resolução pelo empregado, em decorrência de culpa patronal (rescisão indireta); e) direito de opção do discriminado por indenização dobrada (art. 4º, da Lei 9.029/05).

9.10.2.1. Danos morais pelas ofensas ao exercício do cargo de dirigente sindical e de representação dos trabalhadores nas empresas

Nos termos do art. 8º, VIII, da CF, "é vedada a dispensa do empregado sindicalizado a partir do registro da candidatura a cargo de direção ou representação sindical e, se eleito, ainda que suplente, até um ano após o final do mandato, salvo se cometer falta grave nos termos da lei".

Esclarece a Súmula nº 379, do TST, que essa falta grave deve ser apurada mediante inquérito. Lógico. Afinal, trata-se de estabilidade absoluta.

Estabelece o art. 543, *caput*, da CLT, que o dirigente sindical não poderá ser impedido do exercício de suas funções, nem transferido para lugar ou mister que lhe dificulte ou torne impossível o desempenho de suas atribuições sindicais (inamovibilidade sindical). Mas é lícita a transferência quando ocorrer extinção do estabelecimento (art. 469, § 2º, CLT).

Portanto, o dirigente sindical, porque representante das reivindicações dos trabalhadores no plano coletivo detém imunidade sindical: estabilidade (art. 8º, VIII, CF) e inamovibilidade (art. 543, *caput*, *in fine*, CLT).

A razão pela qual a lei confere estabilidade ao dirigente sindical é para que ele possa exercer a representação dos trabalhadores sem o risco de ser despedido. E para que possa exercê-la a contento, não poderá o empregador interferir nessa representação e nem transferir o trabalhador dirigente para lugar ou mister que lhe dificulte ou torne impossível o desempenho de suas atribuições sindicais, o que caracteriza prática antissindical e atenta contra a liberdade sindical.

Consequentemente, a conduta patronal que ameace o seu emprego pelo exercício do cargo de dirigente, sua inamovibilidade ou sua candidatura como dirigente sindical, além das providências inibitórias e reparações patrimoniais, pode ensejar a compensação pelos danos morais decorrentes.

A proteção ao dirigente sindical segue as diretrizes das Convenções 87, 98 e 135, da OIT e se destina a imunizar o trabalhador contra a hostilização do trabalhador frente à representação da categoria nas reivindicações que, invariavelmente, contraria os interesses econômicos do empregador. O exercício das funções de sindicalista muitas vezes coloca o trabalhador em confronto com os interesses do empregador. A estabilidade visa garantir o desempenho isento e sem receio de represálias, além de assegurar a independência dos sindicatos da categoria profissional, impedindo a interferência do empregador na sua existência e funcionamento. No processo TST-AIRR-25240-62.2005.5.09.0091, de relatoria da Ministra DELAÍDE MIRANDA ARANTES, em acórdão unânime, decidiu-se que:

> *"AGRAVO DE INSTRUMENTO EM RECURSO DE REVISTA. RITO SUMARÍSSIMO. 1. INAMOVIBILIDADE DO DIRIGENTE SINDICAL. ARTIGO 543 DA CLT. Caso em que o TRT concluiu que a alteração da base territorial atendida pelo Reclamante, cuja função era de propagandista vendedor, implicaria prejuízo a sua atuação como dirigente sindical . Fundamentou, ainda, que "a transferência imposta pela reclamada afronta a inamovibilidade preceituada no art. 543, da CLT" (fl. 241). O art. 543 da CLT veda a transferência do dirigente sindical quando o local lhe dificulte ou torne impossível o desempenho das suas atribuições sindicais. A controvérsia, além de envolver o exame da legislação infraconstitucional, tem contornos fáticos. De fato, para se concluir que a mudança na área de atuação do Reclamante, ao menos uma semana em cada mês, não importou prejuízo a sua atuação como dirigente sindical, necessário o revolvimento de fatos e provas. Não há, portanto, como reconhecer a ofensa direta ao artigo 5º, II, LIV e LV, da CF, conforme diretriz contida na Súmula 636 do STF e no art. 896, § 6º, da CLT, vigente à época da interposição do apelo.(...) " (AIRR-724-56.2011.5.01.0263, 7ª Turma, Relator Ministro Douglas Alencar Rodrigues, DEJT 20/11/2015).*

A Súmula nº 369, item I, do TST, esclarece que a estabilidade do dirigente sindical é assegurada mesmo que a comunicação do registro da candidatura ou da eleição e da posse seja realizada fora do prazo de vinte e quatro horas previsto no § 5º do art. 543, da CLT, desde que a ciência do empregador, por qualquer meio, ocorra na vigência do contrato de trabalho.

Outrossim, esclarece ainda que o registro da candidatura do empregado a cargo de dirigente sindical durante o período de aviso prévio, ainda que indenizado, não lhe assegura estabilidade (Súmula nº 369, V, TST). Parte o TST do pressuposto de que não se pode garantir estabilidade a empregado cujo contrato já estava por findar, quando sobrevém a candidatura.

Evidentemente, é inaplicável quando a empresa despede o trabalhador sem prévio aviso ou quando lhe concede aviso prévio visando dar fim à relação, sabedora da intenção do trabalhador em se candidatar. Neste caso, aplica-se o disposto na parte final do item I da Súmula, por força do art. 9º, da CLT.

Para gozar da estabilidade constitucional, o empregado deve ser sindicalizado, ou seja, estar associado a sindicato há mais de 06 (seis) meses, gozando dos benefícios e garantias oferecidas pela entidade de representação classista e registrar a sua candidatura para pleitear a função representativa a cargo de direção sindical.

Uma vez eleito, os períodos de tempo em que tiver de se ausentar para o desempenho de suas atribuições sindical será considerado licença não remunerada. Nada impede que a empresa concorde em remunerar o período correspondente ou se houver, em contrário, cláusula contratualmente ajustada.

O empregado de categoria diferenciada eleito dirigente sindical só goza de estabilidade se exercer na empresa atividade pertinente à categoria profissional do sindicato para o qual foi eleito dirigente (SUM-369, III).

Embora a lei se refira apenas à falta grave como motivo ensejador da despedida, em ocorrendo extinção da atividade empresarial no âmbito da base territorial do sindicato, a estabilidade não subsiste (Súmula nº 369, IV) e o dirigente pode ser despedido (inteligência do art. 498, CLT).

De igual sorte, poderá ser unilateralmente efetuada na hipótese de extinção do estabelecimento em que o empregado trabalhar (§ 2º do art. 469).

A transferência voluntária (solicitada ou livremente aceita) do dirigente sindical importa na perda da estabilidade (art. 543, § 2º, da CLT).

Contra a transferência ilegal (sem consentimento do trabalhador ou do dirigente sindical) ou abusiva (do exercente de cargo de confiança ou quando a transferência for condição implícita ou explícita, mas sem necessidade do serviço), poderá o empregado valer-se de medida liminar impeditiva (art. 659, IX, da CLT).

Não são dirigentes sindicais: membro do Conselho Fiscal (OJ 365), delegado sindical (OJ 369), diretores de cooperativas (OJ 253), representantes nas empresas (PN 86), delegados sindicais e dirigentes de associações profissionais (SUM-222, cancelada).

O membro do Conselho Fiscal não tem estabilidade porque a sua atuação é burocrática, de fiscalização financeira do sindicato, não atuando na defesa dos interesses reivindicatórios da categoria (OJ nº 365, da SBDI-1).

Como as associações profissionais não detém a representação dos trabalhadores das categorias profissionais, não participando da negociação coletiva e da celebração de acordos e convenções coletivas, os seus dirigentes não exercem atividade que ponham em risco o emprego, não necessitando assim de estabilidade que o assegure.

Portanto, a CF assegura tal estabilidade exclusivamente aos dirigentes sindicais, pelo que a Súmula 222 foi cancelada.

Quanto aos delegados sindicais, não são eleitos e sim nomeados pela diretoria do sindicato, para fiscalização do cumprimento dos acordos, convenções coletivas e condições de trabalho. Não atuam como representantes nas reivindicações sindicais, pelo que não gozam de estabilidade.

A Súmula nº 369, II, do TST interpreta que o art. 522, da CLT foi recepcionado pela CF de 1988, ficando assim limitada a sete dirigentes sindicais e igual número de suplentes a representação dos trabalhadores. Ou seja, somente eles têm estabilidade.

Nos termos da OJ nº 399, da SBDI-1, do TST,

> O ajuizamento de ação trabalhista após decorrido o período de garantia de emprego não configura abuso do exercício do direito de ação, pois este está submetido apenas ao prazo prescricional inscrito no art. 7º, XXIX, da CF/1988, sendo devida a indenização desde a dispensa até a data do término do período estabilitário.

O item I da Súmula 396 do TST deixa claro que, exaurido o período de estabilidade durante a tramitação do processo, são devidos ao empregado apenas os salários do período compreendido entre a data da despedida e o final do período de estabilidade. Evidentemente, o período de estabilidade integra-se ao tempo de serviço para todos os efeitos legais, importando em majoração do valor das parcelas rescisórias.

Para evitar-se o exaurimento do período estabilitário, convém à parte requerer, liminarmente, a reintegração, que será concedida se o direito invocado for plausível, estando implícito o perigo na demora (fim da estabilidade). Para a concessão dessa liminar poderá o juiz, inclusive, realizar audiência de justificação.

Relativamente à representação dos trabalhadores nas empresas, a Convenção n. 135 da OIT, ratificada pelo Brasil (Decreto n. 131/91), estabelece que esses trabalhadores devem ser beneficiados com uma proteção eficiente contra quaisquer medidas que possam prejudicá-los (art. 1º).

Nos termos da referida Convenção, podem ser representantes dos trabalhadores nas empresas os representantes nomeados ou eleitos pelo sindicato representativo dos trabalhadores (representante ou delegado sindical) e os representantes eleitos pelos trabalhadores nas empresas (art. 3º).

A Constituição dispõe no art. 11 que nas empresas com mais de duzentos empregados é assegurada aos trabalhadores a escolha, por eleição, de um representante com a finalidade exclusiva para promover o entendimento direto com o empregador, um representante por empresa. Esse representante serve para adotar um papel de interlocução entre os trabalhadores e o empregador, objetivando a evolução e melhoria das condições de trabalho.

Regulamentando a Constituição, o art. 510-A, da CLT, estatui que nas empresas com mais de duzentos empregados é assegurada a eleição de uma comissão para representá-los, com a finalidade de promover-lhes o entendimento direto com os empregadores.

Estabelece o § 1º que a comissão será composta:

> I - nas empresas com mais de duzentos e até três mil empregados, por três membros;

> II - nas empresas com mais de três mil e até cinco mil empregados, por cinco membros;
>
> III - nas empresas com mais de cinco mil empregados, por sete membros.

No caso de a empresa possuir empregados em vários Estados da Federação e no Distrito Federal, será assegurada a eleição de uma comissão de representantes dos empregados por Estado ou no Distrito Federal (§2º).

As decisões da comissão de representantes dos empregados serão sempre colegiadas, observada a maioria simples (§1º do art. 511-B).

A garantia de emprego dos representantes eleitos é prevista no §3º do art. 510, CLT: desde o registro da candidatura até um ano após o fim do mandato, o membro da comissão de representantes dos empregados não poderá sofrer despedida arbitrária, entendendo-se como tal a que não se fundar em motivo disciplinar, técnico, econômico ou financeiro.

A lei confere garantia de emprego ao dirigente sindical, que não poderá ser impedido do exercício de suas funções, nem transferido para lugar ou mister que lhe dificulte ou torne impossível o desempenho das suas atribuições sindicais, ficando também vedada a sua dispensa, a partir do momento do registro de sua candidatura a cargo de direção, até um ano após o final do seu mandato, salvo se cometer falta grave. Igualmente confere garantia de emprego aos membros das comissões de conciliação prévia, representantes dos trabalhadores.

Ao representante da CIPA, eleito pelos trabalhadores, a lei também confere garantia de emprego desde o registro de sua candidatura até um ano após o final de seu mandado; aos demais, não, pelo que a Constituição não garante a real participação dos trabalhadores na vida da empresa. Ao não acolher a representação sindical na empresa, dificulta o controle externo e a negociação. E a lei infraconstitucional, ao não regulamentar a cogestão, que limitaria o poder de direção, mas propiciaria decisões negociadas de interesse comum do capital e trabalho, dificulta o processo de democratização nas empresas.

A dispensa abusiva do representante dos trabalhadores deve ser tipificada como ato antissindical, nos termos do art. 1º, § 1º, da Convenção n. 98 da OIT (Decreto n. 42.288/57). Daí a edição, pelo Tribunal Superior do Trabalho, de precedente que estende ao representante dos trabalhadores a estabilidade dos dirigentes sindicais (Precedente Normativo n. 86).

O TRT da 2ª Região (São Paulo) decidiu, no RS 200902279845, da 12ª Turma, em acórdão publicado no DOE de 8.6.2009, de relatoria do Desembargador Alberto Martins, que: "Dispensa por justa causa. A manifestação do empregado durante assembleia, em sentido contrário às propostas apresentadas pela reclamada, não representa ato de indisciplina e subordinação, desde que exercida sem ofensa a direito de outrem. Representa, tão somente, manifestação da liberdade de expressão do obreiro, garantia constitucional (art. 5º, IV), que alcança o trabalhador subordinado submetido ao poder diretivo do empregador."

Abaixo, arestos sobre variados aspectos de direção sindical:

> "AGRAVO INTERNO EM AGRAVO DE INSTRUMENTO EM RECURSO DE REVISTA. INTERPOSIÇÃO NA VIGÊNCIA DA LEI N.º 13.467/2017. **TRANSFERÊNCIA DE LOCAL DE TRABALHO. CONDUTA ANTISSINDICAL**. A despeito das razões expostas pela parte agravante, deve ser mantida, ainda que por fundamento diverso, a decisão pela qual foi denegado seguimento ao Agravo de Instrumento da reclamada. No caso, tendo a Corde origem, com lastro nas provas produzidas nos autos, expressamente consignado que "a transferência do autor justamente para esse setor onde o acesso era dificultado e os movimentos internos eram completamente monitorados, certamente enfraquecia sua atuação como dirigente sindical, na medida em que o contato direto e pessoal com os demais empregados estava prejudicado", qualquer ilação em sentido contrário demandaria o reexame de fatos e provas, o que é vedado pela Súmula n.º 126 do TST. Ademais, a Corte a quo não apreciou o fato suscitado pela agravante, no sentido de que, por ter sido a eleição ao cargo de dirigente sindical posterior à transferência de setor do reclamante não estaria evidenciada a conduta antissindical. Assim, sob o referido enfoque, a revisão pretendida igualmente esbarra no óbice da Súmula n.º 126 do TST. **INDENIZAÇÃO POR DANO MORAL. CONDUTA ANTISSINDICAL. QUANTUM INDENIZATÓRIO**. Em sendo constatada a conduta antissindical da reclamada, o dano sofrido pelo reclamante se afigura como um dano in re ipsa, sendo, portanto, desnecessária a prova do eventual abalo psicológico sofrido pelo reclamante. De outra parte, levando-se em consideração a conduta da reclamada, a capacidade econômica

do empregador, a condição financeira da vítima, bem como o caráter pedagógico e punitivo da indenização, tem-se que o valor arbitrado no montante de R$40.000,00 (quarenta mil reais) não foi arbitrado de forma desproporcional e excessiva, tendo observado as balizas delineadas no art. 944 do Código Civil. Agravo conhecido e não provido" (Ag-AIRR-11156-76.2016.5.15.0132, 1ª Turma, Relator Ministro Luiz Jose Dezena da Silva, DEJT 20/05/2024).

"AGRAVO DE INSTRUMENTO. RECURSO DE REVISTA. PROCESSO SOB A ÉGIDE DA LEI 13.015/2014 E ANTERIOR À LEI 13.467/2017. 1. PRELIMINAR DE NULIDADE PROCESSUAL POR NEGATIVA DE PRESTAÇÃO JURISDICIONAL. 2. INDENIZAÇÃO POR DANOS MORAIS. DELEGADO SINDICAL. TRANSFERÊNCIA ILEGAL. CONDUTA ANTISSINDICAL. MATÉRIA FÁTICA. SÚMULA 126/TST. A Constituição censura quaisquer práticas discriminatórias de direitos fundamentais (art. 3º, IV, CF), ao passo que o art. 8º da CF estabelece diversas normas que asseguram a **ampla liberdade sindical** e a ampla autonomia dos sindicatos, assim como o exercício das atividades a elas inerentes. A Convenção nº 98 da OIT, por exemplo, ratificada pelo Brasil desde a década de 1950 e que trata do "direito de sindicalização e de negociação coletiva", estipula critérios para as garantias sindicais, dispondo que: Art. 2 - 1. As organizações de trabalhadores e de empregadores deverão gozar de proteção adequada contra quaisquer atos de ingerência de umas e outras, quer diretamente quer por meio de seus agentes ou membros, em sua formação, funcionamento e administração. 2. Serão particularmente identificados a atos de ingerência, nos termos do presente artigo, medidas destinadas a provocar a criação de organizações de trabalhadores dominadas por um empregador ou uma organização de empregadores, ou a manter organizações de trabalhadores por outros meios financeiros, com o fim de colocar essas organizações sob o controle de um empregador ou de uma organização de empregadores. **O mesmo texto convencional reprime eventuais restrições empresariais a obreiros em face da participação ou não participação em tal ou qual sindicato** (art. 1,2, "a", Convenção 98, OIT) ou em atividades sindicais (art. 1,2, "b", da Convenção). Note-se que o diploma internacional estipula regra significativamente ampla, vedando atos empresariais que restrinjam, desarrazoadamente, a atividade dos sindicatos e dos respectivos trabalhadores. Evidentemente, essa proteção jurídica, que também induz a garantia de atuação livre do ente sindical em prol dos interesses da categoria profissional, não pode ser interpretada e aplicada como ferramenta restritiva do direito de negociação livre dos sujeitos coletivos, ou seja, de modo a reduzir, exageradamente, o espaço legítimo de atuação dos sujeitos coletivos no âmbito da negociação sindical. **No caso, quanto à alegada conduta antissindical , o Tribunal Regional consignou que "Não há qualquer elemento nos autos que acolha a tese do autor, segundo a qual o seu mandato como delegado sindical se estendeu de agosto de 2012 a agosto de 2013"**, já que "O documento id nº 1042955, que supostamente embasaria as alegações do autor (inscrição em julho e eleições em agosto), está lavrado numa folha sem identificação de origem e sequer está assinado pela suposta autora, que seria a "Presidenta" (sic) do Sindicato". Destacou que, ainda que se admita que o Reclamante foi transferido enquanto desempenhava o **mandado de delegado sindical**, o Reclamante "foi suspenso por trinta dias por conduta inadequada, depois de apuração em regular processo disciplinar" e que "o demandante foi punido por indisciplina regularmente apurada e transferido para outro local de trabalho poucos dias antes do término do seu mandato como dirigente sindical, não vejo nisso conduta antissindical por parte da empregadora, a qual não se apartou da razoabilidade". A sentença mantida pelo Tribunal Regional consignou ainda que o próprio Reclamante, em interrogatório judicial colacionado aos autos à guisa de prova emprestada, declarou que "mesmo após a transferência continua tendo domicílio na mesma cidade onde sempre morou". Dessa maneira, não tendo o TRT ou a sentença reconhecido conduta antissindical da Reclamada - ato ilícito que teria culminado no alegado prejuízo moral suportado pelo Reclamante -, não há como analisar as alegações recursais em sentido contrário, uma vez que, para tanto, seria necessário o revolvimento do conjunto fático-probatório dos autos, o que é defeso nesta Instância Extraordinária de jurisdição, conforme o disposto na Súmula 126/TST. Agravo de instrumento desprovido" (AIRR-1000513-39.2013.5.02.0381, 3ª Turma, Relator Ministro Mauricio Godinho Delgado, DEJT 08/10/2021).

(...) O art. 543 da CLT dispõe que "o empregado eleito para cargo de administração sindical ou representação profissional, inclusive junto a órgão de deliberação coletiva, não poderá ser impedido do exercício de suas funções, nem transferido para lugar ou mister que lhe dificulte ou torne impossível o desempenho das suas atribuições sindicais". Extrai-se do referido dispositivo, portanto, que a transferência do dirigente sindical é vedada quando o local lhe dificulte ou torne impossível o desempenho das suas atribuições sindicais, independentemente da existência de cláusula contratual que eventualmente possibilite a transferência do empregado ou o fato de o autor ter sido transferido para local dentro da base territorial tutelada pelo Sindicato. Ademais, consoante os princípios do Direito do Trabalho - inalterabilidade contratual lesiva, condição mais favorável e proteção do empregado (arts. 7º, *caput*, da Carta Magna e 468 da CLT) -, todas as condições mais vantajosas deferidas ao empregado aderem ao contrato de trabalho definitivamente, desde que não contrariem norma cogente ou princípio de ordem pública. No caso, a Corte regional consignou que a transferência trouxe prejuízo ao autor, pois "trata-se de um dirigente sindical, um político, que precisa ver e ser visto. **Seu deslocamento para um local de trabalho com poucos empregados, menos de dez, certamente dificultará a atividade sindical e até uma possível reeleição do demandante, o que para ele parece ser muito importante".**

Além disso, ao contrário do que afirmou a reclamada, restou consignado no acórdão regional que **não restou caracterizada a transferência por necessidade do serviço**, sendo que "o reclamante foi mandado trabalhar na Braskem Mineração S/A, empresa completamente diversa da empregadora do reclamante, a Braskem S/A". Desse modo, depreende-se do acórdão regional que a **transferência ocorrida dificultou o desempenho das atribuições sindicais pelo autor, razão pela qual o Tribunal a quo, ao manter a sentença que condenou a reclamada a fazer retornar o reclamante ao local de trabalho original, decidiu, na verdade, em consonância com os arts. 468 e 543 da CLT**. (AIRR-584-62.2010.5.19.0002, 7ª Turma, Relator Ministro Luiz Philippe Vieira de Mello Filho, DEJT 28/03/2014).

9.10.3. Danos morais pelas ofensas ao direito de participação dos trabalhadores na gestão empresarial

No setor privado, a participação dos empregados na gestão da empresa ainda carece de regulamentação legislativa, embora possa ser disciplinada por meio de negociação coletiva.

Diferentemente da participação nos lucros e resultados, que tem valor pecuniário, a participação na gestão tem por fim incentivar a participação e responsabilidade do trabalhador nas decisões da empresa, estimulando assim um ambiente democrático. De certo modo, as Comissões de Prevenção de Acidentes de Trabalho, o representante dos trabalhadores e as reuniões promovidas pelo empregador para ouvir os empregados em busca de soluções para um determinado assunto ou objetivo são parcelas pontuais de uma gestão participativa.

A gestão da empresa, em síntese, diz respeito à participação dos empregados, na tomada de decisões empresariais, o que pode variar em graus e métodos.

Excetuadas as empresas que tenham um número inferior a 200 (duzentos) empregados próprios (art. 5º), relativamente às empresas da administração indireta, a Lei n. 12.353, de 28 de dezembro de 2010, dispõe sobre a participação de empregados nos conselhos de administração das empresas públicas e sociedades de economia mista, suas subsidiárias e controladas e demais empresas em que a União, direta ou indiretamente, detenha a maioria do capital social com direito a voto e dá outras providências.

Pela lei em comento, os estatutos dessas empresas deverão prever a participação de representante dos trabalhadores nos seus conselhos de administração, assegurado o direito da União de eleger a maioria dos seus membros, ficando autorizada a alteração do número máximo de membros dos conselhos de administração das empresas públicas e sociedades de economia mista federais (art. 2º, *caput*, e 4º).

O representante dos trabalhadores será escolhido entre os empregados pela via eletiva direta. O conselheiro eleito não participará das discussões e deliberações sobre assuntos que envolvam relações sindicais, remuneração, benefícios e vantagens, inclusive matérias de previdência complementar e assistenciais (§ 3º do art. 2º).

A Portaria MPOG n. 26/2011 regulamenta a Lei n. 12.253/2010, conferindo garantia de emprego ao representante dos empregados no conselho de administração desde a sua candidatura e até um ano após o fim de sua gestão (art. 5º), bem como a perda da condição de conselheiro ao representante dos empregados que tiver o contrato rescindido durante o prazo de sua gestão (parágrafo único). A mencionada Portaria ainda resolve que, nesta hipótese, assumirá o segundo colocado mais votado, se não houver transcorrido mais da metade do prazo de gestão e que serão convocadas novas eleições se houver transcorrido mais da metade do prazo de gestão (art. 7º). Finalmente, estabelece diretrizes e condições para a realização das eleições (arts. 9º a 18).

Assim, a empresa que atentar contra a garantia de emprego desses trabalhadores ou contra o direito de se candidatar ao cargo de conselheiro ou mesmo de exercer plenamente as suas funções ensejará, além das medidas inibitórias contra tais atos, a compensação pelos danos morais experimentados pelo trabalhador.

9.10.4. Danos morais por ofensas à liberdade de participação em greve

Nos termos do art. 9º, *caput*, da Constituição Federal, "É assegurado o direito de greve, competindo aos trabalhadores decidir sobre a oportunidade de exercê-lo e sobre os interesses que devam por meio dele defender."

Greve é o direito de suspensão coletiva, temporária e pacífica, total ou parcial do trabalho, para a defesa, pela categoria profissional, de melhores condições de trabalho (reivindicação) ou correção de abusos do empregador.

Trata-se de um direito social fundamental, potestativo, assegurado pelos arts. 9º e 37, VII, da CF e regulamentado pela Lei n. 7.783/89.

A greve é direito fundamental explícito e deve ser exercido com respeito a outros direitos fundamentais igualmente expressos na Carta Magna, a exemplo do direito de propriedade e do direito ao trabalho.

Além de ser um direito fundamental, é uma liberdade, não apenas pela vedação de intervenção do Estado, como também por competir aos trabalhadores, ou seja, à categoria, a decisão sobre a oportunidade e interesses defendidos por meio do movimento paredista.

A doutrina classifica a greve como autodefesa, porquanto nasce de um ato de resistência (desforço pessoal), que fora do contexto do movimento paredista seria considerado antijurídico, que é o de não prestar serviço – obrigação do empregado – mas que, diante de determinadas circunstâncias que a autorizem, perde esse caráter contrário ao Direito, ao se justificar como meio de pressão, ante o maior poder do empregador, para a defesa de interesse que se sobrepõe à obrigação de prestar serviços: a melhoria ou restauração da normalidade das condições de trabalho.

O art. 9º da Constituição Federal conferiu o direito de greve aos trabalhadores da iniciativa privada e aos servidores públicos civis, a ele não fazendo jus os servidores militares (art. 42, § 5º, CF).

O titular do direito de greve é a categoria profissional e não o sindicato. Daí porque a paralisação deve ter autorização expressa em assembleia geral da categoria, convocada para deliberação específica sobre o movimento paredista (art. 4º da Lei n. 7.783/89).

Como os sindicatos têm, no entanto, por função constitucional a defesa dos interesses e direitos da categoria, se a greve for por ela decidida, caberá ao sindicato representar a categoria.

Como toda e qualquer liberdade, trata-se de um direito a ser exercidos com limites, posto que é capaz de repercutir em diversos setores da sociedade. E esses limites são estabelecidos pela Lei n. 7.783/89, ou seja, estão contidos nos procedimentos que devem ser observados pelo movimento paredista, sob pena de caracterização de abuso de direito.

A Lei nº. 7.783/89 estabelece os parâmetros para que o exercício do direito de greve pelos trabalhadores em qualquer atividade, e não apenas nas essenciais, não represente prejuízo injusto aos direitos dos empregadores e da coletividade.

O art. 2º, da Lei n. 7.783/89 considera exercício legítimo do direito de greve a "suspensão coletiva, temporária e pacífica, total ou parcial de prestação pessoal de serviços a empregadores".

Nos termos do art. 7º, são efeitos da greve, em síntese:

- a suspensão temporária do contrato de trabalho;
- a vedação à rescisão de contrato de trabalho durante a greve;
- a vedação à contratação de trabalhadores substitutos, exceto se mantida a paralisação após a celebração de acordo, convenção ou decisão da Justiça do Trabalho (art. 14); quando não for respeitada a equipe mínima de trabalho para o atendimento as atividades essenciais (art. 13); ou para atendimento às atividades cuja paralisação cause prejuízos irreparáveis, pela deterioração irreversível de bens, máquinas e equipamentos, bem como os necessários à retomada das atividades da empresa quando da terminação da greve (art. 9º).

Via de regra a greve suspende o contrato de trabalho. Há paralisação dos serviços sem pagamento de salários. Nos termos da lei, essa questão deve ser resolvida por acordo, convenção, laudo arbitral ou decisão da Justiça do Trabalho.

Durante a greve, fica proibida a dispensa do empregado grevista. E nem poderia ser diferente, caso contrário restaria esvaziado o direito de fazer greve.

Vale acrescentar que a lei permite o piquete de convencimento, a arrecadação de fundos para a greve e a divulgação do movimento de forma pacífica (art. 6º e §§).

A Lei n. 7.783/89 prevê, ainda, os seguintes abusos: a falta de atendimento às formalidades previstas (prévio aviso ao empregador, e à comunidade quando se tratar de atividade essencial (arts. 3º e 13), ausência de deliberação da assembleia geral da categoria convocada para este fim (art. 4º), equipe mínima de trabalho (arts. 9º e 13); a deflagração da greve na vigência de convenção ou acordo coletivo, ressalvado a modificação substancial da relação de trabalho motivada pela superveniência de fato novo ou acontecimento imprevisto ou deflagrada para exigir o cumprimento de cláusula ou condição de trabalho (art. 14, parágrafo único); se o objeto da greve não for pertinente aos interesses e direitos da categoria que a deflagrou, que tenha por objetivo reivindicar novas e melhores condições de trabalho e salário, ou o respeito as já existentes (o ordenamento jurídico pátrio não admite, por exemplo a greve de solidariedade).

O exercício do direito de greve nas atividades essenciais (art. 10 da Lei n. 7.783/89) está subordinado a requisitos destinados à garantia das necessidades inadiáveis da população.

Como dito, o direito de decidir sobre a oportunidade da greve e sobre os interesses que devam ser por meio dela defendidos é da categoria.

Logo, não cabe ao Poder Judiciário dizer se uma greve é inoportuna ou inconveniente e indicar o procedimento dos trabalhadores nas estratégias de defesa de seus interesses. Ele examina apenas os requisitos para o exercício do direito de greve, que são:

- notificação à entidade patronal ou empregadores com antecedência mínima de 48 horas, para efeito de negociação sobre a pauta de reivindicações;

- convocação de assembleia geral, na forma dos estatutos (que deverá prever formalidades de convocação e o *quorum* para a deliberação), para definir as reivindicações da categoria e deliberar sobre a paralisação coletiva da prestação de serviços;
- garantia, durante a greve, mediante acordo com o empregador, de prestação dos serviços indispensáveis ao atendimento das necessidades inadiáveis da comunidade (as que não atendidas, coloquem em perigo iminente a sobrevivência, a saúde ou a segurança da população) e comunicação com 72 horas de antecedência.

Como a greve é um direito, é considerada abusiva (e não ilegal) a que não observa os requisitos da Lei n. 7.783/89 para a deflagração.

Greve ilegal, portanto, é a que não pode ser feita, porque proibida por lei, caso da greve dos servidores militares.

Nos termos do art. 6º da Lei n. 7.783/89 são assegurados aos grevistas, dentre outros direitos:

> I – o emprego de meios pacíficos tendentes a persuadir ou aliciar os trabalhadores a aderirem à greve;
>
> II – a arrecadação de fundos e a livre divulgação do movimento.
>
> § 1º Em nenhuma hipótese, os meios adotados por empregados e empregadores poderão violar ou constranger os direitos e garantias fundamentais de outrem.
>
> § 2º É vedado às empresas adotar meios para constranger o empregado ao comparecimento ao trabalho, bem como capazes de frustrar a divulgação do movimento.
>
> § 3º As manifestações e atos de persuasão utilizados pelos grevistas não poderão impedir o acesso ao trabalho nem causar ameaça ou dano à propriedade ou pessoa.

É defensável a greve atípica, porque a oportunidade e o interesse a ser invocados não encontram limite constitucional. A Lei n. 7.783/89 apenas define os procedimentos que devem ser observados.

Não obstante não tratar de forma específica sobre a greve nas Convenções Internacionais, a OIT reconhece o direito de greve e o Comitê de Liberdade Sindical vem examinando as seguintes possibilidades de greves pacíficas: greve de braços cruzados, trabalho em ritmo lento, greve de duração inferior à jornada de trabalho e os piquetes de greve.[104]

A seguinte normativa internacional reconhece explicitamente o direito de greve: Convenção Internacional das Nações Unidas Sobre Direitos Econômicos, Sociais e Culturais de 1966 (art. 8º); Carta Social Europeia de 1961 (art. 6º), Carta Americana de Garantias Sociais de 1948.

É admissível greve contra a privatização de uma empresa, quando, concretamente, alcançar motivos trabalhistas em prejuízo da categoria profissional.

De igual sorte, não há como proibir greves atípicas como a de resistência ou selvagem, protesto, solidariedade, geral, tartaruga, de ocupação, ambiental e por liberdade sindical, quando alcançam motivos trabalhistas.

É hipótese de greve de resistência ou selvagem, a paralisação, mesmo sem a gerência de sindicato, quando de revolta espontânea que levam à paralisação contra abusos do empregador, reivindicatória de condições dignas de trabalho.

Greves de solidariedade são paralisações efetuadas por trabalhadores de outras categorias em favor de uma que lhes é estranha.

Greves por liberdade sindical são greves destinadas a assegurar proteção contra atos antissindicais e medidas regressivas.

Greves de ocupação (*lock-in*) são greves de tomada do estabelecimento contra atos de despedida coletiva, supressão de direitos trabalhistas, condições de trabalho etc. Visam a chamar a atenção da imprensa e autoridades.

Greve ambiental é a paralisação contra atos suscetíveis de prejudicar a segurança e saúde dos trabalhadores.

No RR – 77200-27.2007.5.12.0019, 1ª Turma, Data de Publicação: 24/02/2012, o relator, Ministro Vieira de Mello Filho, não conheceu de

---

104 Cf. SIQUEIRA, José Francisco. *Liberdade Sindical e Representação dos Trabalhadores nos Locais de Trabalho*. São Paulo: LTr, 2000. p. 126. O Direito de greve não é tratado de forma específica por nenhuma Convenção da OIT. Aparece no texto da Convenção n. 105/57 (art. 1º, *"d"*), que proíbe o trabalho forçado ou obrigatório como punição por participação em greves e na Recomendação n. 92/51 sobre conciliação e arbitragem voluntárias.

recurso da empresa e manteve decisão do Tribunal Regional do Trabalho da 12ª Região (SC), que condenou a empresa a indenizar o ex-empregado com o pagamento em dobro das verbas trabalhistas (salários, férias, 13º salário, etc.), com fundamento em conduta antissindical em relação a trabalhador despedido por ter participado de greve, no que foi acompanhado pelos pares.

Para tanto, utilizou a Lei n. 9.029/1995, que cuida de práticas antidiscriminatórias e duas convenções da Organização Internacional do Trabalho (OIT): a Convenção n. 111 e a Convenção n. 98.

O autor da ação prestou serviço como auxiliar de frigorífico de maio de 2005 a abril de 2007, quando foi despedido por justa causa junto com um grupo de 19 pessoas, afastadas depois de participarem de movimento grevista iniciado por atraso no pagamento de salários. Embora a participação em greve não esteja especificada na lei, entendeu-se que com base na Constituição, que trata da dignidade da pessoa humana e na Convenção n. 111, que cuida mais diretamente do tema, a norma legal não poderia ser considerada textualmente, devendo abranger também esse tipo de discriminação.

A amplitude do Texto Constitucional permite a deflagração de greves atípicas, a exemplo da hipótese em que os próprios trabalhadores de uma empresa, espontaneamente, sem intervenção sindical ou aviso prévio, unicamente com base no art. 9º, da CF e no princípio da dignidade da pessoa humana, resolvem paralisar as atividades diante de abusos cometidos pelo empregador, como confinamento, falta de assinatura de CTPS, falta de pagamento ou atraso de salários.

Outras hipóteses de greves atípicas podem ser apresentadas, como greves que não importam na paralisação do trabalho, caso da greve de zelo, em que os trabalhadores cumprem estritamente os "manuais" do serviço, levando à demora na prestação laborativa, e a greve de rendimento, que leva à redução no ritmo e no volume de trabalho, com consequências na produtividade da empresa. Sem falar nas greves políticas, de solidariedade e gerais.

A esse respeito, vale destacar o seguinte julgado do TST:

> "... *Em tal contexto, é óbvio que a mudança na estrutura do Banco interessa e muito aos empregados, pois não se cuidará de uma mera troca de*

empregadores, mas de alteração da própria natureza jurídica do Banco, tendo em vista que o empregado deixará de fazer parte da administração pública indireta para se vincular a um empregador privado, cuja política de pessoal costuma ser menos favorável ao trabalhador. Tais fatos demonstram o legítimo interesse dos empregados em discutir esse processo e procurar formular reivindicações para protegê-los. Nesse contexto, a greve deflagrada não tem nenhum caráter político, e sim trabalhista, estando autorizada, em consequência, pelo art. 14, parágrafo único, II, da Lei de Greve (TST--RODC 781712 DJ – 23.4.2004 – relator José Luciano Castilho Pereira).

No entanto, a greve política que não tenha pertinência direta em relação à categoria profissional não é admitida pela Seção de Dissídios Coletivos do TST:

"I - RECURSO DE REVISTA DO BANCO DO BRASIL INTERPOSTO SOB A ÉGIDE DA LEI Nº 13.467/2017 - AÇÃO CIVIL PÚBLICA - GREVE GERAL NO DIA 28/4/2017 - MOTIVAÇÃO POLÍTICA - DESCONTO SALARIAL REFERENTE AO DIA DE PARALISAÇÃO - LEGALIDADE - TRANSCENDÊNCIA POLÍTICA RECONHECIDA A jurisprudência da C. Seção Especializada em Dissídios Coletivos firmou-se pelo reconhecimento da abusividade da greve política deflagrada como no caso dos autos, sob o fundamento de que a matéria envolvida - Reformas Trabalhista e Previdenciária - não pode ser objeto de negociação coletiva ou atendida pelo empregador, já que a demanda dos trabalhadores é direcionada ao Poder Público. Nesse contexto, revela-se válido o desconto salarial referente ao dia parado. Julgados da C. SDC e de Turmas desta Corte. Recurso de Revista conhecido e provido. (...) (RRAg-12136-23.2017.5.15.0056, 4ª Turma, Relatora Ministra Maria Cristina Irigoyen Peduzzi, DEJT 26/05/2023).

"I - RECURSO ORDINÁRIO DO SINDICATO DAS EMPRESAS DE TRANSPORTE METROPOLITANO DA GRANDE VITÓRIA - GVBUS. DISSÍDIO COLETIVO DE GREVE. MOVIMENTO PAREDISTA DEFLAGRADO POR MOTIVAÇÃO POLÍTICA. PROTESTO CONTRA A REFORMA DA PREVIDÊNCIA. ABUSIVIDADE. DESCONTO DO DIA PARADO DEVIDO. 1 - Hipótese em que é incontroverso que a greve deflagrada pelo suscitado foi motivada pela tramitação da reforma da previdência, tendo o próprio SINDIRODOVIÁRIOS reconhecido em audiência de conciliação que o movimento paredista representava uma adesão ao movimento político nacional contrário à reforma da previdência. 2 - Nessa condição, ressalvado o enten-

> *dimento pessoal desta Relatora, o movimento grevista deve ser considerado abusivo, pois se qualifica como "greve política", assim entendida como aquela direcionada ao Poder Público na busca de interesses incapazes de serem atendidos pelo empregador, ou seja, insuscetíveis de negociação coletiva. 3 - Precedentes. 4 - De outro lado, considerando que a greve sob análise se enquadra no conceito de causa suspensiva do contrato de trabalho, nos termos do art. 7º da Lei 7.783/89 e da jurisprudência desta SDC, não cabe ao empregador o pagamento do salário relativo ao dia em que houve a paralisação das atividades por seus empregados. Recurso ordinário conhecido e provido. (...) (ROT-304-39.2019.5.17.0000, Seção Especializada em Dissídios Coletivos, Relatora Ministra Delaide Alves Miranda Arantes, DEJT 29/04/2022).*

Vale destacar, outrossim, interessante jurisprudência do TST citada por Sayonara Grillo Coutinho e Leonardo da Silva, em que se observa interpretação entre legalidade, a excessiva formalidade ou formalismo e a legitimidade, com a busca da solução efetivamente justa para o conflito, *in verbis:*

> *"... Decretada a não observância de alguns dos requisitos exigíveis para a eclosão da greve, declaro a sua abusividade formal e determino o retorno imediato e definitivo ao serviço, sem qualquer repercussão nos contratos individuais de trabalho. Já o art. 7º da Lei n. 7.783/89 prevê que as relações obrigacionais durante o período de paralisação devem ser regidas pela decisão da Justiça do Trabalho. Mas a singularidade de a greve dos bancários ter sido declarada abusiva só formalmente, somada à evidência do aflitivo impacto dessa decisão na economia doméstica dos grevistas, manda mais uma vez a equidade que o Tribunal proponha uma decisão de compromisso, no sentido de pagamento de 50% (cinquenta por cento) dos dias parados e a compensação dos outros 50% (cinquenta por cento), evitando-se dessa forma a fomentação de greves sem nenhuma consequência financeira para os que dela participem. II – por maioria, declara a abusividade formal do movimento paredista, com determinação de retorno imediato e definitivo ao serviço, não havendo qualquer repercussão nos contratos individuais de trabalho, e determinar o pagamento, pela Caixa, de 50% (cinquenta por cento) dos dias de paralisação e compensação, pelos trabalhadores, dos 50% (cinquenta por cento) restantes, vencido o Exmo. Ministro João Oreste Dalazen, que não declarava a abusividade do movimento grevista.*

Brasília. 21 de outubro de 2004. Ministro Barros Levenhagen. TST--DC-145.687/2004-000-00-00.0.[105]

Finalmente, seguem alguns arestos sobre greve, envolvendo a questão dos danos morais em casos de greve:

> ***"RECURSO DE REVISTA. DESPEDIDA ILEGAL. CONDUTA ANTISSINDICAL. OFENSA AO DIREITO CONSTITUCIONAL DE GREVE. INDENIZAÇÃO POR DANOS MORAIS.*** *O TRT reconheceu que o ato de despedida foi motivado pelo fato de o Reclamante ter tentado convocar greve. Não obstante, o Tribunal Regional indeferiu o pedido de condenação da Reclamada ao pagamento de indenização por danos morais. Nesse caso, o dano moral é in re ipsa, isto é, presume-se do próprio ato patronal consistente em despedir o empregado em razão de seu envolvimento em movimento paredista. Há violação ao art. 5º, V, da Constituição Federal. Recurso de revista conhecido e provido" (RR-24218-91.2020.5.24.0004, 2ª Turma, Relatora Ministra Maria Helena Mallmann, DEJT 18/08/2023).*

> ***"AGRAVO. AGRAVO DE INSTRUMENTO. RECURSO DE REVISTA. RITO SUMARÍSSIMO. RECLAMADA . TRANSCENDÊNCIA INDENIZAÇÃO POR DANOS MORAIS. DISPENSA POR PARTICIPAÇÃO EM MOVIMENTO DE GREVE*** *1 - A decisão monocrática reconheceu a transcendência jurídica, porém negou provimento ao agravo de instrumento. 2 - Os argumentos da parte não conseguem desconstituir os fundamentos da decisão monocrática . 3 - Com efeito, o Tribunal Regional deferiu o pagamento de indenização por danos morais ao reclamante em decorrência da represália sofrida por participar de movimento de reivindicação dos trabalhadores com possibilidade de paralisação das atividades laborais, mormente a possibilidade de estar o reclamante incitando a deflagração de greve. 4 - Assentou, para tanto, que "Não há como se possa afastar a publicização dos efeitos nefastos dessas dispensas sobre os demais trabalhadores da empresa ré que não sofreram a penalidade. É lógico que todos ficaram cientes que colegas participantes ativamente da assembleia, exercendo direito de greve assegurado pelo art. 9º da Constituição Federal (É assegurado o direito de greve, competindo aos trabalhadores decidir sobre a oportunidade de exercê-lo e sobre os*

105 *Apud* SILVA, Leonardo da; COUTINHO, Sayonara Grillo. *Relações Coletivas de Trabalho.* Configurações Institucionais no Brasil Contemporâneo. São Paulo: LTr, 2008.

interesses que devam por meio dele defender.) e disciplinado por legislação infraconstitucional, Lei nº 7.783/1989 (Dispõe sobre o exercício do direito de greve, define as atividades essenciais, regula o atendimento das necessidades inadiáveis da comunidade, e dá outras providências.), foram intimidados por comunicações imediatas (via WhatsApp) de demissão por justa causa." 5 - Ademais, de acordo com a jurisprudência pacífica, o que se exige é a prova dos fatos que ensejam o pedido de indenização por danos morais (art. 818 da CLT, 373 do CPC/15 e 333, I, do CPC/73), e não a prova dos danos imateriais, esta, de resto, impossível. Portanto, o dano moral verifica-se in re ipsa (a coisa fala por si) e, no caso em análise, ficou constatado o abuso de direito praticado pela reclamada (conduta antijurídica decorrente da participação em movimento de reinvidicação) e a culpa. Há julgados. 6 - Neste feito, caracterizada a conduta abusiva da empregadora, há dano moral a ser reconhecido. E, conforme registrado na decisão monocrática agravada, não há falar em violação do artigo 5º, V e X, da Constituição da República. 7 - Nesse contexto, não demonstrada pela parte violação direta a dispositivo constitucional, tampouco contrariedade à Súmula ou TST ou à Súmula Vinculante do STF, o processamento do recurso de revista encontra óbice no art. 896, § 9°, da CLT. 8 - Agravo a que se nega provimento" (Ag-AIRR-756-37.2021.5.07.0039, 6ª Turma, Relatora Ministra Katia Magalhaes Arruda, DEJT 25/08/2023).

RECURSO DE REVISTA DA RECLAMADA FRIGUMZ ALIMENTOS S.A. 1. ADESÃO A MOVIMENTO PAREDISTA. DESPEDIDA POR JUSTA CAUSA DE INTEGRANTES DE UM GRUPO MINORITÁRIO ENVOLVIDO NO MOVIMENTO, COM A UTILIZAÇÃO DE PROCEDIMENTO VEXATÓRIO. CARACTERIZAÇÃO DE TRATAMENTO DISCRIMINATÓRIO. DESRESPEITO AOS PRINCÍPIOS FUNDAMENTAIS DA DIGNIDADE DA PESSOA HUMANA E DO VALOR SOCIAL DO TRABALHO (Art. 1º, III E IV, DA CF). *Discriminação é a conduta pela qual se nega à pessoa, em face de critério injustamente desqualificante, tratamento compatível com o padrão jurídico assentado para a situação concreta por ela vivenciada. O princípio da não discriminação é princípio de proteção, de resistência, denegatório de conduta que se considera gravemente censurável. Portanto, labora sobre um piso de civilidade que se considera mínimo para a convivência entre as pessoas. A conquista e afirmação da dignidade da pessoa humana não mais podem se restringir à sua liberdade e intangibilidade física e psíquica, envolvendo, naturalmente, também a conquista e afirmação de sua individualidade* *no meio econômico e social, com repercussões positivas conexas no plano cultural — o que se faz, de maneira geral, considerado o conjunto mais amplo e diversificado das pessoas, mediante o trabalho e, particularmente, o emprego. As proteções jurídicas contra discriminações na relação de emprego são distintas. A par das proteções que envolvem discriminações com direta e principal repercussão na temática salarial, há as proteções jurídicas contra discriminações em geral, que envolvem tipos diversos e variados de empregados ou tipos de situações contratuais. Embora grande parte desses casos acabem por ter, também, repercussões salariais, o que os distingue é a circunstância de serem discriminações de dimensão e face diversificadas, não se concentrando apenas (ou fundamentalmente) no aspecto salarial. No caso concreto, vale enfatizar algumas premissas consignadas pelo Tribunal Regional no julgamento do recurso ordinário, quais sejam: a) o motivo da despedida foi a adesão da obreira ao movimento paredista instaurado em abril de 2007; b) contumaz atraso no pagamento de salários seria o motivo da paralisação do trabalho pelos empregados; c) mais de uma centena de empregados aderiram à greve, sendo que dezenove grevistas, inclusive a Reclamante, foram despedidos em razão da adesão, por uma decisão dos supervisores e encarregados. Nesse contexto, a prática da Reclamada contrapõe-se aos princípios basilares da nova ordem constitucional, mormente àqueles que dizem respeito à proteção da dignidade humana e da valorização do trabalho humano (art. 1º, III e IV, da CR/88) e à isonomia de tratamento (art. 5º,* caput, *da CR/88). Recurso de revista não conhecido no aspecto. 2. (RR - 77600-41.2007.5.12.0019, relator Ministro: Mauricio Godinho Delgado, Data de Julgamento: 7.3.2012, 6ª Turma, Data de Publicação: 16.3.2012)*

RECURSO DE REVISTA. (...) INDENIZAÇÃO POR DANO MORAL. CARACTERIZAÇÃO. ELEMENTOS. DISPENSA DISCRIMINATÓRIA. PARTICIPAÇÃO EM GREVE. CONDUTA ANTISSINDICAL. *O quadro fático-probatório delineado pelo v. acórdão regional é de que a dispensa do autor foi discriminatória por ter participado de greve, a qual que sequer foi declarada ilegal. Restou igualmente consignado que a prova testemunhal confirmou que não houve a extinção do turno de 0 às 6 horas, como alegado pela reclamada para justificar a dispensa do reclamante. Diante desse contexto, não se constata a ofensa aos arts. 1º, III e IV, 5º, V e X, da Constituição Federal e 186 da CC, na medida em que constatados todos os elementos necessários para a configuração do dano e ensejar a condenação da reclamada ao pagamento de indenização por dano moral. Recurso de revista não conhecido. (RR - 312400-94.2008.5.08.0114, relator Ministro: Aloysio Corrêa da Veiga, Data de Julgamento: 25.4.2012, 6ª Turma, Data de Publicação: 4.5.2012)*

Enfim, qualquer ação patronal visando, direta ou indiretamente, a coibir o direito de greve, será tido como conduta antissindical, a ensejar indenização por danos morais. Assim, a despedida ou ameaça de despedida do trabalhador grevista, a consideração da participação do trabalhador em greve como óbice a uma promoção, a continuidade do pagamento aos que não participarem da greve e outras medidas destinadas a constranger o trabalhador ao retorno ao trabalho.

X

DANOS EXTRAPATRIMONIAIS AOS VALORES FUNDAMENTAIS COLETIVOS (DANOS MORAIS COLETIVOS)

10.1. Danos extrapatrimoniais aos valores fundamentais de natureza coletiva de trabalhadores, grupo, classe ou categoria de trabalhadores (dano moral coletivo)

O dano extrapatrimonial pode resultar de ofensa a uma pessoa, como também a uma comunidade, grupo, classe ou categoria de pessoas ligadas por circunstâncias de fato, laços associativos ou situação derivada de origem comum, a exemplo dos atentados ao meio ambiente ou à honra e à dignidade de grupos raciais, étnicos ou religiosos.

Assim como o Direito admite a reparação do dano que atinge isoladamente uma ou mais pessoas em sua esfera extrapatrimonial, não poderia deixar à margem o dano que atinge os valores fundamentais de coletividades vitimadas por ofensas transindividuais de natureza difusa ou coletiva e menos ainda os danos que decorrem de ofensas a uma multiplicidade de direitos substancialmente iguais, de origem comum. ROMITA distingue os direitos individuais dos coletivos. Entre os direitos, diz o jurista, *in verbis*:

> *"... há uns cujo titular é o indivíduo considerado isoladamente; outros, cujo titular é o indivíduo considerado como membro do grupo; finalmente,*

há ainda alguns direitos cujo titular é o grupo. Daí a classificação dos direitos em individuais e coletivos. Na primeira categoria, alinham-se aqueles cujo titular é o indivíduo, considerado em si ou como membro da coletividade. Na outra, situam-se os direitos que assistem à coletividade, com abstração dos indivíduos que a compõem.

Três critérios são encontrados em sede doutrinária para explicar a oposição entre direitos individuais e coletivos: 1º – quanto ao modo de seu exercício; 2º – quanto ao sujeito passivo do direito; 3º – quanto ao titular do direito.

Os dois primeiros critérios não permitem distinguir de forma nítida os direitos coletivos dos individuais. O primeiro critério (distribuição quanto ao modo de exercício dos direitos) peca porque o exercício da liberdade de associação, embora pressuponha a ação combinada de vários indivíduos, não oculta o fato de que cada indivíduo exerce de maneira concomitante seu próprio direito. E, uma vez criada a associação, cada pessoa tem o direito de a ela aderir ou de abandoná-la. O segundo critério (distinção quanto ao sujeito passivo do direito) também não satisfaz, porque impreciso. Certos limites podem ser opostos aos indivíduos ou à coletividade, segundo o contexto, dependendo do tipo de interesse protegido pelo direito. A comunicação, por exemplo, pode ser vista como um interesse coletivo, mas o direito à liberdade de expressão que a protege é, sem dúvida, um direito individual. Já o terceiro critério (distinção quanto ao titular do direito) traça a priori *uma nítida fronteira entre as duas categorias de direitos: a designação de uma coletividade como sujeito ativo de um direito gera problemas específicos, que não surgem quando se trata de um titular individual.*

Direitos individuais são apanágio do homem, considerado em sua essência individual. Direitos coletivos são direitos dos grupos, direito da família, da nação, da coletividade local ou regional. São os direitos das coletividades ou direitos difusos, como o direito ao ambiente sadio, ao desenvolvimento, à paz internacional etc. (direitos da terceira família).

É certo que a noção de dano moral coletivo decorre do reconhecimento dos chamados direitos de solidariedade, concepção atualizada que deita raízes no terceiro termo da trilogia forjada pela Revolução Francesa de 1789: não a liberdade ou igualdade, mas a fraternidade.

Enquanto os direitos de liberdade e de igualdade se dirigem aos trabalhadores individualmente considerados, os direitos de solidariedade se referem aos vínculos que os unem. Seu objeto não reside na pessoa do trabalhador, mas na coesão da comunidade, ainda que visem à preservação do emprego, porque neste caso entra em jogo o interesse social voltado para o sustento do empregado e de sua família, sem onerar os aparelhos assistenciais e de seguridade social.

O vocábulo solidariedade é utilizado por diferentes ramos do saber humano e quase não é empregado em escritos jurídicos, ressalvada a categoria das obrigações solidárias (noção de direito civil). Poderíamos sofrer a tentação de supor que a solidariedade é uma noção puramente ideológica, vazia de conteúdo jurídico. Do ponto de vista sociológico, sem cogitar da distinção elaborada por Durkhein entre solidariedade mecânica e orgânica, pode entender-se que ela designa a dependência mútua entre os homens, que faz com que uma pessoa não possa sentir-se feliz e desenvolver-se sem que os demais também o possam. Cabe, assim, cogitar de um princípio de solidariedade, que induz a responsabilidade comunitária na vinculação entre os indivíduos, forçando a tomada de consciência das obrigações recíprocas assumidas pelos componentes do grupo, considerados como tais e não como indivíduos isolados.

A solidariedade revela o duplo aspecto da relação que envolve o indivíduo e a sociedade. Assim como o indivíduo está ordenado à comunidade em virtude da disposição natural para a vida social, assim também a comunidade é ordenada aos indivíduos que lhe dão o ser, porquanto comunidade outra coisa não é senão o conjunto dos indivíduos encarados em sua vinculação social.

O Direito do Trabalho, mais do que qualquer outro ramo do Direito, destaca o papel fundamental da solidariedade, pois se ocupa do estudo das associações sindicais, instituto central de um dos ramos em que subdivide a disciplina: o Direito Coletivo do Trabalho. O associacionismo profissional, que está na base do fenômeno sindical, forma-se em torno do núcleo da solidariedade para fundar a união dos indivíduos entre eles, quer se trate de agregá-los em grupos de interesses quer de assegurar a coesão desses diferentes grupos.

O dano moral coletivo tanto pode afetar o interesse dos indivíduos considerados como membros do grupo quanto o direito cujo titular seja o próprio grupo."[1]

1 ROMITA, Arion Sayão. *In Rev. TST*, Brasília, vol. 73, n. 2, abr./jun. 2007; ROMITA, Arion Sayão. *Direitos Fundamentais nas Relações de Trabalho*. São Paulo: LTr, 2005. p. 323-324.

Logo, o interesse coletivo é autônomo em relação aos interesses individuais, tendo como titular uma coletividade.

O art. 5º, X, da CF, quando se refere a certos direitos das pessoas (no plural), demonstra que eles transcendem o interesse individual, podendo atingir a esfera coletiva de valores fundamentais próprios de comunidades, grupos, classes ou categorias de pessoas.

Regulamentando a Constituição, a legislação infraconstitucional prevê a possibilidade de composição de dano moral coletivo. Essa possibilidade está expressa, por exemplo, no art. 6º, VI da Lei n. 8.078/90, ao se referir à efetiva prevenção e reparação ou composição de danos patrimoniais e morais individuais, coletivos e difusos.

A Lei nº 7.347, de 24 de julho de 1985, que regula a Ação Civil Pública, também se refere aos danos morais e patrimoniais de natureza coletiva.

Outrossim, o art. 8º, III, da CF, atribui aos sindicatos a defesa dos interesses individuais e coletivos da categoria que representa.

Para ROMITA, "pode-se, então, entender por dano moral coletivo aquele que decorre da violação de direitos de certa coletividade ou a ofensa a valores próprios dessa mesma coletividade, como sucede, por exemplo, com a crença religiosa, o sentimento de solidariedade que vincula os respectivos membros, a repulsa a atos de discriminação contra membros da coletividade ou do próprio grupo, como tal."[2]

Dano extrapatrimonial coletivo, nas relações de trabalho, é a lesão aos valores fundamentais de trabalhadores, grupo, classe ou categoria de trabalhadores, causada por ofensas transindividuais de natureza difusa, coletiva ou individual homogênea. Por exemplo, a ofensa generalizada aos trabalhadores que têm determinada religião, raça, nacionalidade ou orientação sexual; a ofensa derivada da omissão na prevenção à saúde e segurança dos trabalhadores de uma empresa, colocando-os em risco; a ofensa à legislação trabalhista, advinda da prática de uma empresa, de não realizar os depósitos do FGTS de seus trabalhadores.

---

2 *Idem.*

As ofensas metaindividuais ou de natureza coletiva em sentido lato, abrangem interesses difusos, interesses coletivos e interesses individuais homogêneos.

O art. 81, parágrafo único, do CDC, os define, nos seguintes termos:

a) interesses ou direitos difusos, são os transindividuais, de natureza indivisível, de que sejam titulares pessoas indeterminadas e ligadas por circunstâncias de fato (interesses de pessoas dispersas, como ocorre com a empresa pública que não realiza concurso para o preenchimento de quadro funcional, servindo-se de mão de obra terceirizada para o desenvolvimento de sua atividade-fim);

b) interesses ou direitos coletivos, são os transindividuais, de natureza indivisível, de que seja titular grupo, categoria ou classe de pessoas ligadas entre si ou com a parte contrária por uma relação jurídica base ou laços associativos (a exemplo dos interesses de categorias profissionais, diante de impedimento patronal ao exercício do direito de greve); e

c) interesses ou direitos individuais homogêneos, assim entendidos os que, embora individuais, são identificáveis com os de outras pessoas na mesma situação, por terem origem comum (por exemplo, a partir de um único ato patronal, pode verificar-se uma lesão que atinja um sem-número de trabalhadores, que assim podem agir coletivamente por lhes ser comum o interesse: um só interesse, o mesmo, os une, homogeneizando o direito, como ocorre no caso da alteração prejudicial de norma regulamentar de concessão de complementação de aposentadoria dos empregados de uma empresa.

Os direitos individuais podem ser homogêneos e heterogêneos. Quando decorrem de fatos que pela origem retratam situações particulares e não se identificam com outras decorrentes de fatos distintos, caracterizam interesses comparativamente heterogêneos, a exemplo de interesses como reintegração em virtude de gravidez, promoção prevista em quadro de carreira, equiparação salarial e punições disciplinares.

Todavia, os interesses identificáveis com situações de igual natureza quanto ao ponto de partida, são homogêneos. Assim as diferenças salariais decorrentes de planos econômicos, as diferenças de FGTS decorrentes de expurgos inflacionários, as decorrentes de descumprimento de norma coletiva e a alteração prejudicial de norma regulamentar de concessão de complementação de aposentadoria de caráter geral.

Enfim, os direitos homogêneos são substancialmente iguais porque, embora individuais, decorrem de origem comum (um único fato gerador), o que justifica a sua reunião, como coletiva, na tutela dos interesses decorrentes da ofensa, ainda que por razões como tempo de serviço e patamar remuneratório, os valores patrimoniais acaso devidos variem de um trabalhador para outro. Mas a causa é a mesma e uma só decisão coletiva dirime a questão, sendo mera questão de liquidação de sentença a apuração de valores finais patrimoniais diferentes para os substituídos, se devidos. Mas o valor dos danos extrapatrimoniais será único, reversível, no caso trabalhista, ao FAT ou entidade de caráter geral de interesse profissional dos trabalhadores.

Quer se trate de interesses difusos, coletivos ou individuais homogêneos, a condenação decorrente da ofensa a interesses extrapatrimoniais visa compensar a coletividade quanto ao dano causado aos seus direitos fundamentais e simultaneamente punir o infrator por meio de fixação de valor capaz de fazê-lo rever o seu procedimento. E para fazer cessar a ofensa e/ou inibir novas investidas danosas, podem ser fixadas astreintes.

Observa XISTO TIAGO DE MEDEIROS NETO, que a denominação "dano moral coletivo" é imprecisa, eis que o termo moral está relacionado a sentimento e dor física ou psíquica da pessoa humana, que não se ajusta às ofensas ensejadoras da responsabilidade pelos danos extrapatrimoniais causados a comunidades. Propõe, em substituição, a denominação "dano extrapatrimonial coletivo".[3]

Concordamos, em parte, com a observação e totalmente com a expressão sugerida. O dano causado a valores extrapatrimoniais não necessariamente causa dor ou sofrimento, bastando dizer que a pessoa jurídica, que não é ser humano, impassível, portanto, de sensações ou sofrimento, pode fazer jus a indenização por danos extrapatrimoniais compositivos de ofensa à sua credibilidade, bem jurídico que integra a sua personalidade, sem que seja necessário envolver sentimentos para justificar a reparação.

---

3 *Dano Moral Coletivo*. 2. ed. São Paulo: LTr, 2007. p. 123-124.

De igual sorte, não é correto pensar, em sofrimento necessário de massa de trabalhadores para possibilitar a caracterização do dano moral coletivo. Basta a ofensa aos valores metaindividuais. Individualmente, os seus componentes podem sofrer ou se revoltarem com a ofensa cometida, mas em vários casos pode se revelar inapropriado falar em angústia, aflição ou trauma psicológico da coletividade. O que não significa que valores fundamentais desvinculados desses sentimentos, a exemplo da falta de recolhimento empresarial generalizado dos depósitos do FGTS não possam, no plano coletivo, caracterizar ofensa de natureza extrapatrimonial e ensejar composição dos danos impostos à coletividade. Como também não significa, em casos como agressões à dignidade de grupos raciais, étnicos ou religiosos, que não gerem real sofrimento coletivo.

No entanto, a expressão dano moral coletivo está assentada no meio jurídico, para significar o atentado aos valores extrapatrimoniais de uma comunidade de pessoas, não importando se suscetíveis de gerarem dor sentimental.

Importante mesmo é ter em mente, até pelo aspecto acima referido, que o dano extrapatrimonial ou moral coletivo não se confunde com o dano moral individual. Veremos adiante que o dano coletivo não corresponde a somatório de danos individuais e que ofensas que no plano individual se resumiriam ao dano patrimonial, no coletivo podem gerar dano moral.

São inúmeras as hipóteses em que o empregador pode ofender, extrapatrimonialmente, grupos de trabalhadores: quando promove trabalho escravo, forçado ou ainda de menores de 16 anos; quando, deliberadamente, não cumpre as normas de Segurança e Medicina do Trabalho, colocando em risco a saúde à vida do trabalhador; quando promove atos discriminatórios às mulheres, por exemplo, imposição de intervenções para esterilização como condição de continuidade do vínculo; quando, de forma generalizada, promove causas simuladas para acordos de rescisão ou a obtenção, por ocasião e como condição da contratação, de assinaturas em branco em termos de quitação; quando discrimina por sexo, raça e religião nas admissões; quando atinge grupo de trabalhadores por preconceito ou estigma; quando o empregador pratica atos atentatórios da liberdade sindical ou do direito de greve; quando o empregador, de forma generalizada, não cumpre a legislação trabalhista, deixando de registrar os empregados e com esse procedimento não concede férias, não paga horas extras, gratificações natalinas e demais direitos trabalhistas; quando pratica listas negras, intencionando excluir candidatos que tenham litigado judicialmente.

Os veículos judiciais para a tutela dos danos morais extrapatrimoniais difusos e coletivos são a Ação Civil Pública e a Ação Coletiva.

A Ação Civil Pública, regulada pela Lei nº 7.347/85, destina-se à condenação em dinheiro ou o cumprimento de obrigação de fazer ou não fazer em relação a qualquer interesse difuso ou coletivo, abrangendo danos morais e patrimoniais, sem prejuízo das astreintes destinadas a compelir o devedor a realizar uma obrigação ou fazer cessar um dano.

Sendo de natureza coletiva, não está à disposição dos particulares.

A legitimidade para a defesa dos danos extrapatrimoniais difusos e coletivos é autônoma e concorrente das entidades mencionadas no art. 5º da Lei nº 7.347/85, entre elas, no âmbito trabalhista, o Ministério Público do Trabalho e as associações legalmente constituídas há pelo menos um ano e que incluam entre seus fins institucionais a defesa dos interesses e direitos trabalhistas, dispensada a autorização assemblear.

O CDC, no art. 82, autorizou expressamente o MPT a postular, em ação civil pública, interesses individuais homogêneos, pondo fim à discussão se esses interesses estariam abrangidos em sua legitimidade.

Quanto aos sindicatos, por força do art. 8º, III, da CF, lhes cabe a defesa dos direitos individuais e coletivos da categoria, pelo que podem mover ações coletivas de composição dos danos extrapatrimoniais coletivos.

No tocante aos danos extrapatrimoniais derivados de interesse individual homogêneo, a legitimidade das referidas entidades se dá por substituição processual, posto que titulares dos direitos postulados são os substituídos.

A ação coletiva e a civil pública indenizatória ou impositiva de obrigação de fazer ou de abstenção de procedimento mediante astreintes, podem ser cumuladas com postulação de composição por danos morais por ofensas de natureza coletiva.

As ações civis públicas e coletivas sobre interesses difusos e coletivos não induzem litispendência para as ações individuais, mas os efeitos da coisa julgada erga omnes ou ultra partes não prejudicarão interesses e direitos individuais dos integrantes da coletividade, do grupo, categoria ou classe, mas também não beneficiarão os autores das ações individuais, se não for requerida sua suspensão no prazo de trinta dias, a contar da ciência nos autos do ajuizamento da ação coletiva (art. 104, do CDC). Ou seja, a vítima, individualmente, pode optar pela suspensão da ação individual e se beneficiar da decisão na ação coletiva. Neste caso, optando pela suspensão, se improcedente a ação coletiva, o processo individual retomará seu curso, possibilitando o acolhimento da sua demanda individual.

Se optar por prosseguir em sua ação individual, ficará excluído da extensão subjetiva do julgado prevista para a sentença que vier a ser proferida na ação coletiva, ainda que ela seja favorável, com projeção de seus efeitos erga omnes ou ultra partes (inc. I a III do art. 103, c/c seus §§ 2º e 3º do CDC), assumindo os riscos do resultado desfavorável.

Nas ações civis públicas e coletivas para tutela de interesses ou direitos individuais homogêneos, como o autor da demanda atua em nome próprio na defesa de interesses alheios buscando condenação genérica (legitimação extraordinária ou substituição processual) e enquanto na ação individual o titular da demanda é o próprio titular do direito material nela deduzido buscando condenação *inter partes*, mediante pedido líquido (legitimação ordinária), não se configura a identidade de partes, não ocorrendo assim litispendência.

Nas ações coletivas a sentença fará coisa julgada *erga omnes* ou ultra partes (art. 103, CDC).

Em se tratando de interesses difusos, a coisa julgada terá efeito *erga omnes* para os integrantes da comunidade, exceto se o pedido for julgado improcedente por insuficiência de provas, hipótese em que qualquer legitimado poderá intentar outra ação, com idêntico fundamento valendo-se de nova prova (art. 103, I, CDC).

Em se tratando de interesses coletivos de grupo, categoria ou classe, terá efeito *ultra partes*, mas limitadamente aos respectivos integrantes (art. 103, II, CDC).

Em se tratando de interesses individuais homogêneos, a coisa julgada terá efeito *erga omnes* apenas no caso de procedência do pedido, para beneficiar todas as vítimas e seus sucessores (art. 103, III, CDC). Mas no caso de improcedência, os interessados que não tiverem intervindo no processo como litisconsortes poderão propor ação de indenização a título individual (art. 103, §2º, CDC). Nos termos do art. 97, do CDC, a liquidação e a execução da sentença das ações civis públicas e coletivas poderão ser promovidas pela vítima e seus sucessores, titulares do direito material, assim como pelos legitimados (titulares dessas ações).

No caso da execução coletiva promovida pelos titulares das ações civis públicas e coletivas, ela abrangerá as vítimas cujas indenizações já tiveram sido fixadas em sentença de liquidação, sem prejuízo do ajuizamento de outras execuções (art. 98).

A competência para a execução é do juízo da liquidação da sentença ou da ação condenatória, no caso de execução individual; e da ação condenatória, quando coletiva a execução (art. 98, §2º, do CDC).

Em conclusão, as ações civis públicas e coletivas têm por fim buscar, decisão genérica com efeitos *erga omnes* ou *ultra partes*, conforme o caso, favorável à comunidade, grupo, classe ou categoria de pessoas, para prevenir e fazer cessar as ofensas aos interesses coletivos, sob pena de incidência de astreintes, proteger a coletividade contra investidas do gênero e buscar indenização extrapatrimonial de natureza coletiva, sem prejuízo da responsabilidade pelos danos patrimoniais causados.

É importante mais uma vez ressaltar que os danos extrapatrimoniais coletivos são autônomos em relação aos danos individuais. Podem não se verificar individualmente, a exemplo do empregador que não cumpre a legislação trabalhista em relação aos seus empregados, mas verificar-se coletivamente, posto que esse procedimento, quando generalizado, fere, no plano coletivo, os interesses dos trabalhadores como comunidade, interesses que são metaindividuais e ensejam composição moral por ofensas a valores extrapatrimoniais.

10.1.1. Destinatários da indenização por dano moral coletivo

No dano coletivo, a ofensa atinge a coletividade, pelo que a indenização por danos extrapatrimoniais deve reverter em proveito dela, posto que o direito violado não é o individual e sim o do grupo (vide art. 13 da Lei 7.347/85).

Assim, no caso do dano moral coletivo, a indenização deve ser direcionada em benefício da comunidade atingida, por exemplo, ao Fundo de Amparo ao Trabalhador ou algum órgão ou destinação governamental que reverta em políticas sociais para a comunidade de trabalhadores, e o provimento inibitório deve ser proferido mediante o pagamento de *astreintes*, para coibir a continuidade da prática ilícita.

Têm sido fixadas indenizações destinadas a entidades como Médicos Sem Fronteiras e outras instituições beneficentes as mais variadas.

Ainda que a indenização fixada não sirva para compensar individualmente cada um dos trabalhadores atingidos, porque afetada pela prática ilícita é a coletividade e dano individual poderia até não se caracterizar e sim apenas o coletivo, que com aquele não se confunde, é necessária reflexão a respeito da prática de arbitrar indenizações sociais, por mais altruístas que possam ser e por mais relevantes que possam se revelar os serviços prestados à sociedade por entidades beneficentes em geral.

Com efeito, se a indenização por danos coletivos decorrente de ofensas trabalhistas não for reversível à comunidade de trabalhadores, que é a classe atingida pelo ilícito, é inadequada a opção de direcionamento. Ainda que a indenização não seja direcionada ao FAT, deve ser dirigida especificamente a entidades governamentais de interesse dos trabalhadores em geral. A compensação devida não é à sociedade, por mais carente que possa ser a instituição acaso beneficiada, e sim a um determinado segmento da sociedade, o dos trabalhadores em geral. Direcionamento a entidades beneficentes de colocação de menores aprendizes e deficientes físicos no mercado de trabalho e outro organismos sociais diretamente ligados à preocupação com a concretização de direitos sociais dos trabalhadores são, aí sim, como exemplo, além do FAT instituições adequadas ao direcionamento de valores, como resposta social.

Alguns arestos podem servir para contextualizar a questão das ofensas a direitos metaindividuais dos trabalhadores e a compensação por meio de danos morais coletivos:

> **RECURSO DE REVISTA. AÇÃO CIVIL PÚBLICA... DANO MORAL COLETIVO. DANO – *IN RE IPSA* –** ... Demonstrada a conduta ilegal da instituição bancária, ao não emitir a CAT em caso de diagnóstico de DORT/LER ou mera suspeita, bem como, ao dispensar empregados acometidos ou com suspeita da doença laboral, o dano moral coletivo ocorre – *in re ipsa* –, ou seja, decorre da própria conduta lesiva do empregador ao descumprir normas de proteção à saúde de seus empregados. Trata-se de circunstância em que não se cogita de prova do prejuízo para a coletividade de empregados do estabelecimento bancário,

considerando que o dano se evidencia da ocorrência do próprio fato em si, passível de comprovação. Violação dos arts. 186 e 927 do Código Civil, que não se configura... (RR-9890500-89.2004.5.09.0007, relator Ministro: Walmir Oliveira da Costa, Data de Julgamento: 9.10.2013, 1ª Turma, Data de Publicação: 18.10.2013).

... **B) RECURSO DE REVISTA. 1. DANO MORAL COLETIVO. DESCUMPRIMENTO DE OBRIGAÇÕES TRABALHISTAS. NORMAS RELACIONADAS À SAÚDE E SEGURANÇA DO TRABALHO.** ... está comprovado que a ora recorrente incorreu em conduta prejudicial aos seus empregados, ao descumprir as normas referentes à segurança e à medicina do trabalho, porquanto não observou o limite máximo de jornada de trabalho em turnos ininterruptos de revezamento, bem como não concedeu regularmente os intervalos intrajornada e interjornada e o descanso semanal remunerado, e ainda adotou regime de compensação de jornada sem observar os requisitos legais. Ora, aquele que por ato ilícito causar dano, ainda que exclusivamente moral, fica obrigado a repará-lo. Assim, demonstrado que a recorrente cometeu ato ilícito, causando prejuízos a um certo grupo de trabalhadores e à própria ordem jurídica, não merece reparos a decisão proferida pela instância ordinária que a condenou a indenizar os danos morais coletivos. Recurso de revista conhecido e não provido... (RR - 922-28.2011.5.23.0022, relatora Ministra: Dora Maria da Costa, Data de Julgamento: 9.10.2013, 8ª Turma, Data de Publicação: 11.10.2013).

... **C) RECURSO DE REVISTA DO MPT. AÇÃO CIVIL PÚBLICA. TERCEIRIZAÇÃO ILÍCITA. PATAMAR CIVILIZATÓRIO MÍNIMO INSTITUÍDO PELA ORDEM JURÍDICA CONSTITUCIONAL DO BRASIL (ARTS. 1º, III e IV, 3º I, III e IV, e 170, *CAPUT*. DA CF). INDENIZAÇÃO POR DANO MORAL COLETIVO.** ... Nessa moldura lógica e sistemática da Constituição, não cabem fórmulas de utilização do trabalho que esgarcem o patamar civilizatório mínimo instituído pela ordem jurídica constitucional e legal do país, reduzindo a valorização do trabalho e do emprego, exacerbando a desigualdade social entre os trabalhadores e entre este e os detentores da livre iniciativa, instituindo formas novas e incontroláveis de discriminação, frustrando o objetivo cardeal de busca do bem-estar e justiça sociais. Para a Constituição, em consequência, a terceirização sem peias, sem limites, não é compatível com a ordem jurídica brasileira. As fronteiras encontradas pela experiência jurisprudencial cuidadosa e equilibrada para a prática empresarial terceirizante, mantendo esse processo disruptivo dentro de situações manifestamente delimitadas, atende o piso intransponível do comando normativo constitucional. Nessa linha, posiciona-se a Súmula n. 331 do TST, não considerando válidas práticas terceirizantes fora de quatro hipóteses: trabalho temporário (Lei n. 6.010/1974); serviços de vigilância especializada (Lei n. 7.102/1983); serviços de conservação e limpeza (Súmula n. 331, III); serviços ligados à atividade-meio do tomador (Súmula n. 331, III) ... Portanto, a utilização da terceirização ilícita implica afronta aos princípios e regras essenciais que regem a utilização da força do trabalho no País. Nesse sentido, o fenômeno extrapola o universo dos trabalhadores diretamente contratados de forma irregular para produzir impacto no universo social mais amplo, atingindo uma gama expressiva de pessoas e comunidades circundantes à vida e espaço laborativos. A lesão extrapola os interesses dos trabalhadores irregularmente terceirizados pelo BDMG para alcançar os trabalhadores em caráter amplo, genérico e massivo. Nesse contexto, configura-se o dano moral coletivo. Recurso de revista conhecido e provido. (ARR - 521-29.2011.5.03.0105, relator Ministro: Mauricio Godinho Delgado, Data de Julgamento: 28.8.2013, 3ª Turma, Data de Publicação: 30.8.2013).

RECURSO DE REVISTA INTERPOSTO PELO MINISTÉRIO PÚBLICO DO TRABALHO DA 3ª REGIÃO. DANO MORAL COLETIVO. REPARAÇÃO. POSSIBILIDADE. AÇÃO CIVIL PÚBLICA. ASSINATURA DE RECIBOS SALARIAIS EM BRANCO. Resta delineado nos autos que a postura da empresa, em exigir de seus empregados a assinatura de recibos salariais em branco, atenta contra a ordem jurídica trabalhista. A ação civil pública buscou reverter o comportamento da empresa, na prática de lides simuladas, com o fim de prevenir lesão a direitos sociais indisponíveis dos trabalhadores. Incontroverso o uso da justiça do trabalho como órgão homologador de acordos, verifica-se lesão à ordem jurídica, a possibilitar a aplicação de multa em razão do dano já causado à coletividade. Tal cominação não impede que o dano moral coletivo, infligido em face da prática lesiva, seja reparado, com multa a ser revertida ao Fundo de Amparo ao Trabalhador. Recurso de revista conhecido e provido. (RR - 1347-54.2011.5.03.0073, relator Ministro: Aloysio Corrêa da Veiga, Data de Julgamento: 28.8.2013, 6ª Turma, Data de Publicação: 30.8.2013).

... **II - RECURSO DE REVISTA. TERCEIRIZAÇÃO ILÍCITA. COOPERATIVA. FRAUDE. DANO MORAL COLETIVO. CONFIGURAÇÃO.** 1.1. A terceirização ilícita por meio de falsas cooperativas gera lesão a direitos individuais homogêneos, coletivos e difusos. Suas consequências extrapolam a esfera individual dos envolvidos e repercutem nos interesses extrapatrimoniais da coletividade, fazendo exsurgir o dano moral coletivo. 1.2. O dano moral coletivo verifica-se a partir do próprio fato proibido (dano *in re ipsa*), sendo inexigível a sua comprovação. 1.3. A indenização do dano extrapatrimonial não se confunde com a multa coercitiva para o cumprimento de obrigação de não fazer. Os institutos possuem finalidades distintas e beneficiários diversos. Devem ser utilizados como mecanismos complementares, em especial, na hipótese em que a simples fixação de obrigação de não fazer revela-se como uma resposta de fraca força persuasiva do ordenamento jurídico, de forma a impedir que o custo econômico da violação se incorpore no sistema produtivo da empresa e permita a reiteração do ilícito. Recurso de revista conhecido e provido. (RR-4800-66.2009.5.02.0231, relator Ministro: Alberto Luiz Bresciani de Fontan Pereira, Data de Julgamento: 26.6.2013, 3ª Turma, Data de Publicação: 1º.7.2013).

... **3. DANO MORAL COLETIVO. INSTITUIÇÃO BANCÁRIA. DESCUMPRIMENTO DE LEI ESTADUAL. INSTALAÇÃO DE PORTAS DE SEGURANÇA. RESPONSABILIDADE CIVIL OBJETIVA DECORRENTE DE ATIVIDADE DE RISCO.** 3.1. Nos termos do art. 186 do novo Código Civil, — aquele que, por ação ou omissão voluntária, negligência ou imprudência, violar direito e causar dano a outrem, ainda que exclusivamente moral, comete ato ilícito —. Por sua vez, o art. 927 do mesmo diploma legal disciplina que — aquele que, por ato ilícito, causar dano a outrem, é obrigado a repará-lo —, e, em seu parágrafo único preconiza que — haverá obrigação de reparar o dano, independentemente de culpa, nos casos especificados em lei, ou quando a atividade normalmente desenvolvida pelo autor do dano implicar, por sua natureza, risco para os direitos de outrem —. 3.2. À proporção em que assaltos se tornam ocorrências frequentes, adquirem *status* de previsibilidade para aquele que explora a atividade econômica, incorporando-se ao risco do negócio (fortuito interno), cujo encargo é do empregador (art. 2º da CLT). A realidade de violência que assola o Brasil atrai para a esfera trabalhista a responsabilidade civil objetiva da instituição bancária, em face da atividade de risco desempenhada pelos seus funcionários, quase que rotineiramente submetidos a atos violentos de terceiros. Incidência da cláusula geral de responsabilidade objetiva positivada no parágrafo único do art. 927 do Código Civil. Na linha da teoria do *danum in re ipsa*, não se exige que o dano moral seja demonstrado: decorre, inexoravelmente, da gravidade do fato ofensivo que, no caso, restou materializado pelo descumprimento, por mais de quinze anos, da Lei n. 11.571/1996, que obriga a instalação de portas de segurança nas instituições bancária do Estado do Paraná, expondo os funcionários a ações criminosas e neles incutindo sentimento de insegurança, medo e aflição. Recurso de revista não conhecido. (RR - 1318-56.2011.5.09.0325, relator Ministro: Alberto Luiz Bresciani de Fontan Pereira, Data de Julgamento: 19.6.2013, 3ª Turma, Data de Publicação: 1º.7.2013).

RECURSO DE REVISTA. DANO MORAL COLETIVO. DESCUMPRIMENTO DE OBRIGAÇÕES TRABALHISTAS. NORMAS DE SEGURANÇA DO TRABALHO. Consoante registrou o Tribunal *a quo*, está comprovado que a ora recorrente incorreu em conduta prejudicial aos seus empregados, ao descumprir as normas referentes à segurança e à medicina do trabalho. Ora, aquele que por ato ilícito causar dano, ainda que exclusivamente moral, fica obrigado a repará-lo. Assim, demonstrado que a recorrente cometeu ato ilícito, causando prejuízos a um certo grupo de trabalhadores e à própria ordem jurídica, não merece reparos a decisão proferida pela instância ordinária que a condenou a indenizar os danos morais coletivos. Recurso de revista conhecido e não provido. (RR - 15500-56.2010.5.17.0132, relatora Ministra: Dora Maria da Costa, Data de Julgamento: 12.6.2013, 8ª Turma, Data de Publicação: 14.6.2013).

RECURSO DE REVISTA. 1) APLICAÇÃO DE MULTA POR DESCUMPRIMENTO DE OBRIGAÇÃO DE NÃO FAZER: ABSTER-SE DE UTILIZAR EMPREGADO DO SETOR ADMINISTRATIVO OU BUROCRÁTICO PARA TRANSPORTE DE VALORES. VALOR FIXADO COM RAZOABILIDADE. Não foram demonstrados quaisquer dos pressupostos do art. 896 da CLT, quanto aos temas, consoante os fundamentos expostos pelo primeiro juízo de admissibilidade da revista, que são adotados como razões de decidir para deixar de conhecer do apelo. Recurso de revista não conhecido no particular. 2) AÇÃO CIVIL PÚBLICA. CARACTERIZAÇÃO DE DANO MORAL COLETIVO. TRANSPORTE DE VALORES POR EMPREGADOS NÃO CAPACITADOS PARA A ATIVIDADE. A ação civil pública, prevista na Lei n. 7.347/85, é instrumento de defesa de direitos e interesses metaindividuais. O próprio Código de Defesa do Consumidor (art. 81, inciso III) prevê o cabimento de ações coletivas para salvaguardar direitos ou interesses individuais homogêneos, que são, segundo o STF, subespécie de direitos coletivos e decorrem de uma origem comum. Será cabível a ação civil pública na esfera trabalhista quando se verificar lesão ou ameaça a direito difuso, coletivo ou individual homogêneo decorrente da relação de trabalho, consubstanciando tal ação coletiva um mecanismo de proteção dos direitos sociais constitucionalmente garantidos. No caso concreto, os interesses defendidos pelo Parquet ultrapassam a esfera individual, sendo coletivos e mesmo difusos (art. 83, III, LC 75/1993; art. 81, I e II, CDC), já que se relacionam à alegada prática empresarial consistente na ilegalidade de incumbir a empregados burocráticos o transporte de valores, função para a qual não foram preparados nem habilitados, sendo própria dos vigilantes. Nesse contexto, a prática da Reclamada contrapõe-se aos princípios basilares da nova ordem constitucional, mormente àqueles que dizem respeito à proteção da dignidade humana e da valorização do trabalho humano (art. 1º, III e IV, da CR/88) e à isonomia de tratamento (art. 5º, *caput*, da CR/88), sendo forçoso restabelecer a sentença, mediante a qual o Réu foi condenado ao pagamento de indenização por dano moral coletivo... (RR - 37400-38.2010.5.23.0000, relator Ministro: Mauricio Godinho Delgado, Data de Julgamento: 29.5.2013, 3ª Turma, Data de Publicação: 7.6.2013).

II – RECURSO DE REVISTA. LEI nº 13.015/2014. AÇÃO COLETIVA. MANIFESTAÇÃO DE CUNHO POLÍTICO NO ÂMBITO DAS EMPRESAS RÉS. DANO MORAL COLETIVO. CONFIGURAÇÃO. INDENIZAÇÃO DEVIDA.

... 5. A figura do assédio eleitoral no ambiente de trabalho pode ser definida como o abuso de poder patronal, por meio de coação, intimidação, ameaça ou constrangimento, com o objetivo de influenciar ou mesmo impedir o voto dos trabalhadores. Assim, a interferência do empregador na liberdade de orientação política do empregado contratia a configuração do Estado Democrático de Direito ... 6. No caso concreto, ao contrário do que entenderam as instâncias ordinárias, a campanha ostensiva de cunho político-partidário por parte das rés no ambiente de trabalho implicou abuso do poder diretivo empresarial ... Portanto, a conduta antijurídica da ré configura ofensa ao patrimônio moral coletivo, passível de reparação por meio da indenização respectiva, nos termos dos artigos 186 do Código Civil, 5º, incisos V e X da Constituição Federal. Recurso de Revista conhecido e provido (RRAg – 10460-31.2016.5.15.0038, Relatora Ministra Maria Helena Malmann, Data de Julgamento 13/03/2024, 2ª Turma, Data de Publicação DEJT 15/03/2024.

AGRAVO EM AGRAVO DE INSTRUMENTOEM RECURSO DE REVISTA INTERPOSTO PELA RÉ. ACÓRDÃO REGIONAL

PUBLICADO ANTES DA VIGÊNCIA DA LEI Nº 13.467/2017. CERCEIO DE DEFESA. INDEFERIMENTO DE PROVA PERICIAL. VALIDADE.

... VALOR ARBITRADO À INDENIZAÇÃO POR DANO EXTRAPATRIMONIAL. POSSIBILIDADE DE SE CUMULAR DANO MORAL COLETIVO E OBRIGAÇÃO DE FAZER OU NÃO FAZER. ... No caso dos autos o valor de r$150.000,00 (cento e cinquenta mil reais) fixado a título de condenação se mostra razoável e suficiente aos fins pedagógicos a que se destina, levando em conta o descumprimento da legislação trabalhista concernentes aos limites da jornada de trabalho e à concessão do repouso e dos intervalos previsto em lei, uma vez que tal desr4espeito atenta contra a saúde, a dignidade, a integridade física e psíquica, e o bem estar dos trabalhadores ... Por sua vez, quanto à possibilidade de se cumular dano moral coletivo e obrigação de fazer ou não fazer, considerando o disposto no art.3º da Lei 7.347/85. No sentido de que a ação civil poderá ter por objeto a condenação em dinheiro ou o cumprimento de obrigação de fazer ou não fazer. De acordo com a jurisprudência desta Corte e também a do STJ, o dispositivo deve ser interpretado de forma sistemática, a fim de considerar a conjunção –ou- com o sentido de adição, para o fim de se permitir a cumulação das condenações em dinheiro e em obrigação de fazer ou não fazer, e não restringir o objeto da ação civil pública ... ASTREINTES. A cominação de astreintes, que se apresenta como meio hábil para garantir a satisfação das obrigações e, assim, dar efetividade à atividade judicial, situa-se no campo da atuação discricionária do poder-dever do Juízo, em critério de oportunidade e conveniência, tendo por finalidade reprimir a conduta ilícita e evitar a sua repetição ... AÇÃO CIVIL PÚBLICA. ALCANCE E EFEITOS DA COISA JULGADA. A jurisprudência desta Corte entende que a eficácia erga omnes da coisa julgada em ação civil pública que tutela direito individual homogêneo, como no caso dos autos, não está limitada à competência territorial do órgão prolator da sentença ... devendo prevalecer a diretriz do art.103 do Código de Defesa do Consumidor, pela qual o alcance da coisa julgada independe da competência territorial da autoridade prolatora do julgado. Ademais, o Supremo Tribunal Federal em 8/4/2021 (DEJT 14/06/2021) julgou o RE 1.101.937/SP (processo paradigma do Tema 1075 da sistemática da repercussão geral) e pronunciou a inconstitucionalidade do art. 16 da LACP, com redação dada pelo art.2º da Lei 9.494/1997. Decisão agravada que não merece reforma. Agravo conhecido e desprovido

(Ag.ED-RRAg – 2255-70.2011.5.15.0011, Relator Ministro Alexandre de Souza Agra Belmonte, Data de Julgamento 13/09/2023, 7ª Turma, Data de Publicação DEJT 22/09/2023).

I - AGRAVO DE INSTRUMENTO. RECURSO DE REVISTA. LEI Nº 13.015/2014. NULIDADE DO ACÓRDÃO POR NEGATIVA DE PRESTAÇÃO JURISDICIONAL

... DESCUMPRIMENTO DA OBRIGAÇÃO DE CONTRATAÇÃO DE APRENDIZES. DANO MORAL COLETIVO. CONFIGURAÇÃO. a ofensa a direitos transindividuais que ensej a indenização por danos morais coletivos é a lesão à ordem jurídica, patrimônio jurídico de toda a comunidade. Os arts. 428 e 429 tratam, expressamente, do contrato de aprendizagem e da obrigação dos estabelecimentos de qualquer natureza de admitir aprendizes e os matricular em cursos de formação técnico-profissional metódica, em número equivalente a cinco por cento, no mínimo, e quinze por cento, no máximo, dos empregados existentes em cada um, cujas funções demandem formação profissional. No caso concreto, ficou reconhecida a conduta antijurídica da empresa, que violou interesses coletivos decorrentes de normas trabalhistas ao não contratar a quantidade mínima de aprendizes. A lesão à ordem jurídica, assim, transcendeu a esfera subjetiva dos empregados prejudicados, de modo a atingir objetivamente o patrimônio jurídico da coletividade e gerar repercussão social. Desta forma, resta caracterizado o dano coletivo pelo descumprimento da função social da empresa no que diz respeito à inserção dos jovens aprendizes no mercado de trabalho, bem como o seu dever de indenizar nos termos do s arts.186 e 927 do CCB. Agravo a que se nega provimento ... (RR -276-58.2020.5.05.0004, Relatora Ministra Maria Helena Malmann, Data de Julgamento 27/09/2023, 2ª Turma, Data de Publicação DEJT 29/09/2023).

"(...) DANO MORAL COLETIVO. **TRABALHO ANÁLOGO AO DE ESCRAVO**. RESPONSABILIDADE CIVIL. CONFIGURAÇÃO. 2.1. A existência de trabalho análogo ao de escravo e o descumprimento das normas de segurança do trabalho representam lesões graves aos direitos mínimos trabalhistas. 2.2. As empresas que se lançam no mercado, assumindo o ônus financeiro de cumprir a legislação trabalhista, perdem competitividade em relação àquelas que reduzem seus custos de produção à custa dos direitos mínimos assegurados aos empregados. 2.3. Diante desse quadro, tem-se que a **deliberada e reiterada desobediência do empregador à legislação**

trabalhista ofende a população e a Carta Magna, que tem por objetivo fundamental construir sociedade livre, justa e solidária (art. 3°, I, da CF). 2.4. Tratando-se de lesão que viola bens jurídicos indiscutivelmente caros a toda a sociedade, **surge o dever de indenizar, sendo cabível a reparação por dano moral coletivo** (arts. 186 e 927 do CC e 3° e 13 da LACP). 2.5. Frise-se que, na linha da teoria do **"danum in re ipsa"**, não se exige que o dano moral seja demonstrado. Ele decorre, inexoravelmente, da gravidade do fato ofensivo que, no caso, restou materializado pela evidência de trabalhadores em condições análogas às de escravo, mediante o descumprimento de normas que visam à proteção do salário e a mantença da saúde física e mental dos trabalhadores no Brasil . 3. DANO MORAL COLETIVO. INDENIZAÇÃO. VALOR. CRITÉRIOS PARA ARBITRAMENTO. A indenização por dano moral guarda conteúdo de interesse público. O valor fixado deve observar a extensão do dano sofrido, o grau de comprometimento dos envolvidos no evento, os perfis financeiros do autor do ilícito e da vítima, além de aspectos secundários pertinentes a cada caso. **Incumbe ao juiz fixá-lo com prudência, bom senso e razoabilidade**. Agravo de instrumento conhecido e desprovido" (AIRR-987-69.2014.5.10.0801, 3ª Turma, Relator Ministro Alberto Luiz Bresciani de Fontan Pereira, DEJT 31/03/2017).

"AÇÃO CIVIL PÚBLICA - TRABALHO DOMÉSTICO EM CONDIÇÕES ANÁLOGAS À ESCRAVIDÃO - DESMISTIFICAÇÃO DO ARGUMENTO "COMO SE FOSSE DA FAMÍLIA" - GRAVE VIOLAÇÃO AOS DIREITOS HUMANOS - RECONHECIMENTO DA IMPRESCRITIBILIDADE DO DIREITO ABSOLUTO A NÃO ESCRAVIZAÇÃO (...) Trata-se de ação civil pública ajuizada pelo MPT, juntamente com a DPU, para tutelar direitos individuais de trabalhadora doméstica reduzida, por mais de 20 anos - de 1998 a 2020 -, à condição análoga à de escravo, além de tutelar o direito coletivo da sociedade. (...) Todavia, nos casos envolvendo crime contra a humanidade e grave violação aos direitos fundamentais, a norma geral sobre a prescrição trabalhista deve ser interpretada sistematicamente. Com efeito, extrai-se do conjunto de princípios e das garantias constitucionais, bem como de regras explícitas em diplomas nacionais e internacionais que, na excepcional hipótese de submissão de trabalhador à condição análoga à de escravo, não há como se admitir a consumação de direitos pelo decurso do tempo, pois, nessa circunstância, a restrição da liberdade moral, e até mesmo física, não permite ao ofendido a busca pela reparação de seus direitos. A situação se agrava ainda mais quando ocorre em ambiente doméstico, no qual o trabalhador é mantido em situação de dependência e exploração, e, não raro, ludibriado pela justificativa falaciosa do empregador de que o indivíduo explorado seria "como se fosse da família". A pujança da tese que defende a imprescritibilidade das ações envolvendo a conduta de redução análoga à escravidão é de tal importância que o Ministério Público da União ajuizou, recentemente, a ADPF 1.053. Nela, o Procurado Geral da Republica postula seja declarada a não recepção, sem redução de texto, dos artigos do Código Penal relativos à prescrição, em especial os artigos 107, inciso IV, e 109 a 112 do CP, quanto ao tipo penal de redução à condição análoga à de escravo, previsto no art. 149 do Código Penal, a fim de torná-lo imprescritível. É certo que as esferas penal e trabalhista não se confundem e, a rigor, não se comunicam. Porém, na hipótese específica do ilícito retratado, não há como admitir que o Estado compactue com a impunidade em função do decurso temporal, em detrimento do direito da vítima à reparação integral e da responsabilização do algoz por todas as consequências, inclusive pecuniárias, advindas daquela prática. Isso implicaria não só em um salvo conduto ao explorador, como também em um estímulo à repetição e perpetuação do ilícito na nossa sociedade. Acrescente-se que o Estado Brasileiro, signatário da Convenção nº 29 da OIT, que versa sobre o trabalho forçado ou obrigatório, e da Convenção nº 105 da OIT, que trata da abolição do trabalho forçado e proíbe o uso de toda forma de trabalho forçado ou obrigatório, comprometeu-se a combater e reprimir, sem qualquer restrição, as práticas de escravidão moderna. Por todo o exposto, há que se prover o agravo de instrumento diante da provável má-aplicação do art. 7º, XXIX, da Constituição Federal. Agravo de instrumento conhecido e provido . (...) RECURSO DE REVISTA DO MPT. ACÓRDÃO REGIONAL PUBLICADO NA VIGÊNCIA DA LEI Nº 13.467/2017. AÇÃO CIVIL PÚBLICA - TRABALHO DOMÉSTICO EM CONDIÇÕES ANÁLOGAS À ESCRAVIDÃO - DESMISTIFICAÇÃO DO ARGUMENTO "COMO SE FOSSE DA FAMÍLIA" - GRAVE VIOLAÇÃO AOS DIREITOS HUMANOS - RECONHECIMENTO DA IMPRESCRITIBILIDADE DO DIREITO ABSOLUTO A NÃO ESCRAVIZAÇÃO. (aponta violação aos artigos 1º, III, IV, 5º, caput, V, X, 7º, XXII, XXIX, 225, da CF/88, 11, § 1º, da CLT, e 197 a 200, do Código Civil). Trata-se de ação civil pública ajuizada pelo MPT, juntamente com a DPU, para tutelar direitos individuais de trabalhadora doméstica reduzida, por mais de 20 anos - de 1998 a 2020 -, à condição análoga à de escravo, além de tutelar o direito coletivo da sociedade. Ao analisar o caso, o TRT rejeitou o argumento do Órgão Ministerial segundo o qual é imprescritível a pretensão deduzida em ação trabalhista envolvendo a prática da submissão de trabalhadora doméstica à condição análoga à escravidão. Decidiu a Corte Regional aplicar a prescrição quinquenal prevista no art. 7º, XXIX, da Constituição Federal. Todavia, nos casos envolvendo crime contra a humanidade e grave violação aos direitos fundamentais, a norma geral sobre a prescrição trabalhista deve ser interpretada sistematicamente. Com efeito, extrai-se do conjunto de princípios e garantias constitucionais, bem como de regras explícitas em diplomas nacionais e internacionais, que, na excepcional hipótese de submissão de trabalhador à condição análoga à de escravo, não há como se admitir a consumação de direitos pelo decurso do tempo, pois, nessa circunstância, a restrição da liberdade moral, e até mesmo física, não permite ao ofendido a busca pela reparação de seus direitos. A situação se agrava ainda mais quando ocorre em ambiente doméstico, no qual o trabalhador é mantido em situação de dependência e exploração, e, não raro, ludibriado pela justificativa falaciosa do empregador de que o indivíduo explorado seria "como se fosse da família". Nesta relação, o indivíduo figura como agregado a quem, no início da relação de submissão, é oferecida a ilusão de alcançar melhoria na condição de vida por estar inserido naquele ambiente familiar. Não obstante, na verdade, referidos trabalhadores são submetidos à realidade para a qual foram arregimentados: trabalhar ininterruptas horas, sem direito a salários, descanso remunerado, férias, etc., recebendo, quase sempre, pequenos agrados ou pequenas quantias em dinheiro, apenas para sobrevivência, sofrendo restrição alimentar e todo tipo de humilhação e de violência moral e física. Ressalte-se que esse tipo de exploração criminosa é demasiadamente mais difícil de ser constatada por ocorrer no íntimo de uma residência familiar, longe dos olhos da sociedade e dos órgãos de fiscalização do trabalho, favorecendo a continuidade delitiva por longos anos, atribuindo à pessoa o vergonhoso status de patrimônio familiar, chegando, comumente, a ser transmitido pelas gerações de parentes da família empregadora. O reconhecimento da prescrição no caso dos autos projeta uma anuência a essa violação ao direito fundamental a não ser escravizado - que encontra seu análogo na proibição ao tratamento desumano ou degradante , inscrito no artigo 5º, inciso III, da Constituição da República. Além disso, a liberdade do indivíduo é direito fundamental que só pode sofrer restrição por parte do Estado através de um devido processo legal (art. 5º, inciso LIV, CF). Não há autorização constitucional para restrição de liberdade em uma relação privada, o que inclui um vínculo de emprego. A pujança da tese que defende a imprescritibilidade das ações envolvendo a conduta de redução análoga à escravidão é de tal importância que o Ministério Público da União ajuizou, recentemente, a ADPF 1.053. Nela, o PGR postula seja declarada a não recepção, sem redução de texto, dos artigos do Código Penal relativos à prescrição, em especial os artigos 107, inciso IV, e 109 a 112 do CP, quanto ao tipo penal de redução à condição análoga à de escravo, previsto no art. 149 do Código Penal, a fim de torná-lo imprescritível. É certo que as esferas penal e trabalhista não se confundem e, a rigor, não se comunicam. Porém, na hipótese específica do ilícito em comento, não há como admitir que o Estado compactue com a ausência de punição por decurso temporal em detrimento do direito da vítima à reparação integral e da responsabilização, inclusive pecuniária, do algoz por todas as consequências advindas daquela prática. Isso implicaria não só em um salvo conduto ao explorador, como também em um estímulo à repetição e perpetuação do ilícito na nossa sociedade. Além disso, é amplamente reconhecido, na jurisprudência e na doutrina constitucionalista, que os direitos e garantias fundamentais listados no art. 5º da Constituição de 1988 possuem características essenciais, dentre elas a imprescritibilidade. Portanto, fica claro que o direito à liberdade e à impossibilidade de submissão à condição análoga à escravidão constitui garantia fundamental, com previsão no inciso XIII do artigo 5º da CF/88, não podendo ser alcançado pela prescrição. Trata-se de interpretação sistemática, que busca assegurar a máxima efetividade das liberdades civis dos cidadãos. Invoca-se aqui o lúcido ensinamento de Noberto Bobbio, na clássica obra "A era dos direitos", segundo o qual as únicas exceções à máxima da ausência de direitos absolutos são os direitos absolutos a não ser escravizado e de não ser torturado. Para se ter uma boa compreensão da gravidade do crime contra a humanidade que é submeter um trabalhador a condição análoga à de escravo, sua tipificação em âmbito internacional está prevista no Estatuto de Roma com a característica da imprescritibilidade (artigos 7º e 29), tendo a competência para seu julgamento designada ao Tribunal Penal Internacional (cuja jurisdição o Brasil se submete, nos termos do § 4º, do artigo 5º, da Constituição da República). No Brasil, o Estatuto de Roma ingressou no ordenamento jurídico pátrio por meio do Decreto nº 4.338/02. Por isso, é fundamental aplicar de forma analógica o entendimento firmado na Súmula nº 647 do STJ, que reconhece a imprescritibilidade das ações indenizatórias por danos morais e materiais decorrentes de atos de perseguição política com violação de direitos fundamentais ocorridos durante o regime militar, aos casos de trabalho em condição análoga à de escravo. Além disso, no período anterior a 2015 (atingido supostamente pela prescrição quinquenal trabalhista do artigo 7º, XXIX, da Constituição da República), a vítima era considerada, pelo ordenamento jurídico brasileiro como absolutamente incapaz, conforme as regras vigentes à época. Assim, contra ela não poderia correr a prescrição, nos termos do artigo 198, inciso I, do Código Civil. Além desta incapacidade provisória, a prescrição relativa às pretensões envolvendo o período em que a vítima foi submetida à condição análoga à escravidão não poderia correr considerando que a presente ação tem como objeto fato que deve ser apurado no juízo criminal, nos termos do artigo 200 do Código Civil. Não se pode, assim, entender plausível a limitação do direito absoluto a não se submeter à servidão pela eventual incidência do instituto da prescrição, mormente porque o Estado Brasileiro, também signatário da Convenção nº 29 da OIT, que versa sobre o trabalho forçado ou obrigatório, e da Convenção nº 105 da OIT, que trata da abolição do trabalho forçado e proíbe o uso de toda forma de trabalho forçado ou obrigatório, comprometeu-se a combater e reprimir, sem qualquer restrição, as práticas de escravidão moderna. Dessa forma, há que se prover o recurso a fim de se reconhecer imprescritível a pretensão da parte reduzida a trabalho análogo à de escravo, sendo devidos todos os direitos trabalhistas desde o início da prestação de serviço, nos idos de 1998. Recurso de revista conhecido e provido. (...) **INDENIZAÇÃO POR DANO MORAL** - VALOR ARBITRADO. (...) No tocante à indenização por dano moral individual, o TRT firmou o entendimento de que o valor fixado no 1º grau deveria ser majorado, tendo em vista as circunstâncias do caso. Nesse contexto, constata-se que a quantia de R$ 350.000,00 (trezentos e cinquenta mil), a título de dano moral individual, foi arbitrada dentro de um critério razoável e em conformidade com o art. 944 do CC, mormente porque observados os elementos indispensáveis para tanto, a exemplo da extensão da lesão (**a trabalhadora prestou serviço por cerca de 20 anos como empregada doméstica e "estava reduzida à condição análoga à de escrava, eis que, sujeita a condições degradantes de trabalho, percebendo salários em muito inferiores ao mínimo, quando os recebia, com limitações e impedimento de uso ao**

banheiro, recebendo comida e medicamentos de vizinhos, arcando com despesas dos empregadores, referentes à água e à luz e sofrendo descontos salariais para pagamento de rações de animais pertencentes aos empregadores, sofrendo, ainda, restrições à liberdade, à locomoção e acesso à sua pessoa, além de desamparo dos empregadores em momento de acidente"), a capacidade econômica da vítima ("a obreira era pessoa humilde e tinha medo dos réus") e da rés (trata-se de grupo familiar proprietário de imóveis na localidade em que ocorreram os fatos). Acrescente-se que a quantia arbitrada tem por finalidade permitir à trabalhadora recomeçar a vida após longos anos de exploração e de privações dos direitos mais básicos inerentes à dignidade, como por exemplo, a moradia, a saúde, a alimentação e o lazer. A indenização por dano moral coletivo tem caráter meramente punitivo-pedagógico, uma vez que não há quantia monetária suficiente para reparar a violação de direitos fundamentais por mais de 20 anos, tampouco qualquer valor financeiro será capaz de restaurar as décadas de liberdade suprimidas de quem foi escravizada. O dano extrapola a esfera individual e macula os direitos e os interesses transindividuais e difusos de toda a sociedade. O vilipêndio social do trabalho escravo é irreparável monetariamente. Assim, é fundamental considerar a capacidade econômica dos ofensores. Uma vez que foi concedido o benefício da Justiça Gratuita aos Reclamados, em razão de sua condição econômica para arcar com os custos do processo, reputa-se adequada a redução da indenização por dano moral coletivo para R$ 200.000,00 (duzentos mil reais). Recurso de revista conhecido e parcialmente provido" (RRAg-1000612-76.2020.5.02.0053, 2ª Turma, Relatora Ministra Liana Chaib, DEJT 27/10/2023).

XI

DANO EXISTENCIAL

11.1. Introdução

O trabalho não é um fim em si mesmo e sim um meio para o alcance dos bens materiais e para demonstração de valor social destinado ao alcance da realização espiritual.

Para que o trabalho não se transforme numa finalidade de vida, para efeito de desconexão é necessário conjugá-lo com outros objetivos. E, para isso, é preciso que o trabalhador tenha tempo para si mesmo, para o convívio familiar e para as atividades sociais.

A limitação das horas diárias de trabalho, bem como o direito a intervalos intra e entre jornadas, ao descanso semanal e às férias não objetivam apenas a reposição de energias. Esses direitos têm por finalidade também o alcance do lazer, como direito social. Ou seja, de tempo livre para si e para interações com a família e o meio social.

Nos termos do art. 223-B, causa dano de natureza extrapatrimonial a ação ou omissão que ofenda a esfera moral ou existencial da pessoa física ou jurídica, as quais são as titulares exclusivas do direito à reparação.

A existência da pessoa envolve a sua vida pessoal, familiar e social.

A vida pessoal diz respeito os interesses e aspirações destinados à progressão material e/ou espiritual. Inclui projetos profissionais que demandam dedicação de estudo e de tempo disponível até mesmo para reflexão, resolução de conflitos internos, escolhas e direcionamento.

A vida familiar pressupõe o envolvimento do casal com interesses próprios e dos filhos. Pressupõe tempo disponível para conversas, lazer, desenvolvimento de interesses comuns e projetos de vida familiar. Não ter tempo disponível para estar com a família durante a semana, em fins de semana ou em férias; estar com a cabeça totalmente ocupada ou envolvido com afazeres de trabalho nesses períodos; não chegar a tempo do trabalho para estar com a família; não ver, efetivamente, os filhos crescerem, tudo isso aborta, concretamente, uma vida familiar plena e saudável e a afetividade.

A vida social, por sua vez, pressupõe um círculo de relações no meio social. Ou seja, o convívio em atividades recreativas, espirituais, culturais, esportivas e sociais. Igreja, clube, praia, associações, esportes, amizades e viagens, também fazem parte de uma gama de interesses que compõem a existência de uma pessoa.

As vidas pessoal, familiar e social se entrelaçam. Os impedimentos ao desenvolvimento das interações de afetividade, das aspirações pessoais e familiares e do convívio social simplesmente impactam na possibilidade de progressão material e espiritual do ser humano, frustrando inclusive a possibilidade de melhoria de sua condição social.

ALAIN SUPIOT observa, com propriedade, que a razão humana é um produto de instituições que asseguram ao homem sentido à sua existência, de forma a lhe permitir encontrar um lugar na sociedade e lá expressar o próprio talento.[1]

A busca do equilíbrio entre a vida profissional (o trabalho) e a vida pessoal, familiar e social resulta em qualidade de vida. Trabalhar e ter tempo para si e para o lazer pessoal e familiar; poder física ou psiquicamente trabalhar e ter tempo para dedicar-se a atividades culturais; enfim, poder trabalhar e ter tempo para dedicação a outras atividades e ao convívio familiar e social está dentro do conceito de vida existencial digna. Por isso o lazer é um direito social e as férias e descansos intra, entre jornadas e semanais são direitos fundamentais dos trabalhadores.

Logo, quando o empregador age sistematicamente de forma que o trabalhador se veja impedido de gozar desse tempo para dedicação às suas atividades pessoais e ao convívio familiar ou social, frustra a sua realização como ser humano, levando ao chamado dano existencial.

Dano existencial, portanto, é o decorrente dos impedimentos causados pelo empregador à possibilidade de o trabalhador realizar um projeto de

1 SUPIOT, Alain. Critique du droit du travail. Paris: Presses universitaires de France, 2002, p. 20.

vida, por não dispor física e mentalmente de tempo para si mesmo e de poder alcançar uma aspiração profissional fora do ambiente de trabalho a que submetido, a exemplo de dedicação de estudo nas horas vagas para um concurso público ou requalificação profissional que levem à melhoria de sua condição social.

Exemplificativamente, essa privação pode dar-se em razão da imposição habitual de volume excessivo de trabalho ou de carga horária extrema, impeditivas não apenas de uma vida regular pessoal, como também de tempo para dedicar-se às relações familiar e social. Sem tempo para nada, será impossível ao trabalhador ter tempo para si, para convívio social e para a família, o que ofende o direito à desconexão do trabalho, que nessas circunstâncias funciona como impeditivo de vida pessoal, familiar e social.

A privação também poderá ocorrer quando o trabalhador simplesmente é alijado da sociedade, por exemplo, quando mantido em condições análogas à de escravo, sem contato com o meio social.

Todavia, o dano existencial não se resume ao comportamento abortivo de tempo pessoal para o trabalhador. Pode decorrer, por exemplo, de sequelas provenientes de acidente do trabalho, capazes de frustrar, pelas lesões, um projeto de vida do trabalhador, quer em relação a estudos, quer em relação a uma futura profissão, quer em relação a outras atividades. Um jogador de futebol lesionado por culpa do empregador tem o seu projeto de vida profissional abortado, da mesma forma que um trabalhador burocrático, que almeja e vinha se preparando para ser um grande maratonista e fica aleijado, ou um trabalhador que, em virtude das lesões, fica impedido de estudar ou dedicar-se a certas tarefas para ascensão profissional.

Há situações decorrentes de acidente do trabalho em que o vitimado sofre lesões que provocam a dependência de outras pessoas até para comunicar-se, deslocar-se ou realizar atividades fisiológicas.

<table>
<tr><td rowspan="3">Dano existencial</td><td>à vida pessoal</td></tr>
<tr><td>à vida familiar</td></tr>
<tr><td>à vida de relações sociais</td></tr>
</table>

11.2. Elementos de caracterização do dano existencial

Caracterizam a responsabilidade do empregador pelo dano existencial a conduta ilícita ou o sinistro decorrente de atividade de risco do ofensor; o nexo de causalidade; e o dano proveniente dos impedimentos ao projeto de vida pessoal e à vida de relações familiares e sociais.

O comportamento ilícito decorre de ato ou omissão que por dolo, negligência, imprudência, fato de risco da atividade ou abuso de direito (arts. 186 e 187, do CC), gere o dano, traduzido no impedimento de vida pessoal, familiar ou de relações.

Pode ser proveniente de um acidente de trabalho causado pelo empregador por culpa, dolo ou risco da atividade; pode ser proveniente da imposição habitual de volume excessivo de trabalho ou de carga horária extrema; pode ser proveniente do alijamento social em decorrência de trabalho análogo ao de escravo.

O nexo causal diz respeito ao elo de ligação entre o comportamento ofensivo e o dano verificado. Somente a culpa exclusiva da vítima em se alhear, ela própria, da vida pessoal, familiar e de relações sem contribuição do empregador (ou o fato de terceiro externo na responsabilidade subjetiva), o fortuito natural externo e o fortuito humano externo (os últimos três aplicáveis somente a acidentes do trabalho) são suscetíveis de romper o nexo causal, eliminando a responsabilidade do empregador.

Quanto ao dano, é caracterizado pelos impedimentos ao projeto de vida pessoal e à vida de relações familiares e sociais. As ofensas ao projeto de vida e de relações familiares e sociais atentam contra os direitos à integridade física e psíquica, à integridade intelectual e à integração social.

11.3. Dano existencial à integridade física e psíquica do trabalhador

A imposição habitual de volume excessivo de trabalho; de carga horária extrema; ou de conexão permanente podem resultar, e não raro resultam, em adoecimento e envelhecimento precoce, afetando a saúde do trabalhador.

Essa imposição costuma ser estratégica, no intuito da produção e são inúmeras as formas de convencimento: remuneração em valor superior à norma legal por horas extras; intimidação com a possibilidade de despedimento; fomento de concorrência desmedida entre trabalhadores em prol da produção; falsa amizade com gestores dando aos trabalhadores importância que efetivamente não possuem, acenando-lhes com promessas de futuras promoções (que nunca se realizam), desde que trabalhem mais e mais.

Muitas vezes o trabalho além da capacidade do corpo humano, mormente diante de assédio, produz doenças crônicas, como a Síndrome de Burnout e a Síndrome de Pânico, afetando a capacidade psíquica do ser humano e a possibilidade de produzir e o ânimo para projetos pessoais, convivência familiar saudável e interações sociais.

Enfim, o dano existencial à integridade física e psíquica do trabalhador é efetivo elemento impeditivo de vida pessoal e de vida de relações familiares e sociais.

11.4. Dano existencial à integridade intelectual

O ser humano busca ocupar um papel na sociedade. No campo profissional, envolve aspirações que demandam estudos, aprimoramento e projetos futuros de melhoria de condição profissional.

Para desenvolver essas potencialidades, o ser humano precisa de tempo para si e de condições físicas e psíquicas.

A imposição habitual de volume excessivo de trabalho ou de carga horária extrema, bem como acidentes de trabalho que afetam a saúde e a capacidade laborativa, algumas vezes reduzindo o trabalhador permanentemente a uma cadeira de rodas ou uma cama, são fatores impeditivos de projetos de vida profissional e até mesmo de vida de relações sociais.

Logo, o dano existencial à integridade intelectual é efetivo elemento impeditivo de ascensão profissional e de melhoria da condição social do trabalhador.

Não bastasse, pode ser impeditivo da vida de relações sociais, para desenvolvimento de atividades recreativas, espirituais, culturais, esportivas e sociais, que importem em projetos de ascensão social no clube, na igreja, no esporte ou em associações.

11.5. Dano existencial à integração social

Participar de atividades recreativas, espirituais, culturais, esportivas e sociais não demanda, necessariamente, a intenção do ser humano ter projetos de ascensão social. A simples possibilidade da participação nas interações sociais, o convívio social, enfim, pode ser o objeto de sua realização.

A imposição habitual de volume excessivo de trabalho ou de carga horária extrema, bem como acidentes de trabalho que afetam a saúde e a capacidade para participação no convívio social caracterizam, por si só, o dano existencial.

11.6. Dano moral e dano existencial: distinção e cumulação

O dano moral provoca dores sentimentais como revolta, frustrações, mágoas, indignações, complexos por humilhações, constrangimentos, injustiças, desrespeito, desonra, vexame, redução ou supressão da capacidade laborativa, ao passo que o dano existencial provoca, objetivamente, impedimentos ou privações de vida pessoal e de relações familiares e sociais. O que não significa dizer que do dano existencial não possa, cumulativamente, ocorrer dano moral.

Um acidente de trabalho pode gerar, pela redução ou supressão da capacidade laborativa, dores sentimentais que levam à caracterização do dano mora, além de impedimentos físicos e/ou psicológicos capazes de resultar em privações de vida pessoal e de relações, ensejando cumulação dos danos.

A vedação à acumulação, prevista no §1º do art. 223-G, da CLT, diz respeito a um mesmo tipo de dano (e os danos extrapatrimoniais se diferenciam porque podem ser moral, estético e existencial), decorrente *de um mesmo fato gerador*. Neste caso, os vários aspectos do mesmo dano moral ou do mesmo dano existencial contribuirão apenas para o agravamento da indenização, mas se os fatos geradores forem distintos, mais de uma indenização por dano moral ou mais de uma indenização por dano existencial será devida, admitindo assim a cumulação.

O acidente do trabalho pode ainda resultar em dano estético, com indenização destacada e em dano patrimonial emergente, em lucros cessantes, envolvendo até mesmo indenização por perda concreta de chance.

O dano estético pode frustrar uma carreira profissional, por exemplo, de modelo, em que a vítima dependia da beleza. Como pode frustrar uma chance, como no caso da modelo escolhida por júri entre três participantes da mesma empresa para concorrer ao prêmio em dinheiro para a seleção da mais bela, promovido pelo empregador sob patrocínio, que vem a ser vitimada por queimadura no rosto causada pela atividade patronal na véspera do concurso.

Nos termos do art. 223-F, *caput*, da CLT, a composição dos danos extrapatrimoniais pode ser pedida cumulativamente com a indenização por danos materiais decorrentes do mesmo ato lesivo.

Se houver cumulação de pedidos, o juízo, ao proferir a decisão, discriminará os valores das indenizações a título de danos patrimoniais e das reparações por danos de natureza extrapatrimonial (§1º).

A composição das perdas e danos, assim compreendidos os lucros cessantes e os danos emergentes, não interfere na avaliação dos danos extrapatrimoniais (§2º).

Alguns arestos podem auxiliar na contextualização do tema:

> RECURSO DE EMBARGOS EM RECURSO DE REVISTA COM AGRAVO REGIDO PELA LEI Nº 13.015/2014. RESPONSABILIDADE CIVIL DO EMPREGADOR. DANOS EXTRAPATRIMONIAIS. DANO EXISTENCIAL. CARACTERIZAÇÃO . JORNADA DE TRABALHO EXCESSIVAMENBTE LONGA E DESGASTANTE
>
> ... Na hipótese, a Egrégia Turma excluiu a indenização por dano existencial, pois não há nenhum registro de provas que demonstrem que o excesso de horas extras tenha gerado prejuízo à vida pessoal da autora. Decisão em consonância com a jurisprudência desta Corte. Precedentes. Recurso de embargos conhecidos e não provido (E-ARR-2912-26.2013.5.15.0016, Relator Ministro Cláudio Mascarenhas Brandão, Data de Julgamento 17/12/2020, Subseção I Especializada em Dissídios Individuais, Data de Publicação DEJT 12/02/2021.)
>
> EMBARGOS EM RECURSO DE REVISTA INTERPOSTO NA VIGÊNCIA DA LEI Nº 13.015/2014 – DANO EXISTENCIAL – JORNADA EXCESSIVA.
>
> "... não se pode admitir que, comprovada a prestação de horas extraordinárias, extraia-se daí automaticamente a consequência de que as relações sociais do trabalhador foram rompidas ou que seu projeto de vida foi suprimido do seu horizonte" (E-RR-402-61.2014.5.15.0030

Subseção I Especializada em Dissídios Individuais, Relator Ministro Luiz Philippe Vieira de Mello Filho, DEJT 27/11/2020).

RECURSO DE REVISTA. ACÓRDÃO REGIONAL PUBLICADO NA VIGÊNCIA DA LEI 13.467/2017. DANO EXISTENCIAL. NÃO CONCESSÃO DE FÉRIAS POR LONGO PERÍODO (QUATRO ANOS). CONFIGURAÇÃO, TRANSCENDÊNCIA JURÍDICA

... 5. Contudo, como o dano existencial não se classifica como dano in re ipsa, exige-se, em regra geral, a comprovação pelo trabalhador de que teve efetiva restrição em seu convívio familiar e social, passível de indenização. 6. No caso, ficou registrado no v. acórdão regional que houve supressão das férias "por longo período". "Por longo período" entenda-se a não fruição das férias por quatro anos – períodos de "2010/2011, 2011/2012, 2012/2013, 2013/2014", conforme constou do v. acórdão regional (pág.676). 7. Trata-se de situação que demonstra de forma inequívoca a frustração ao projeto de vida pessoal do empregado, com privação ao lazer e seu convívio social, o que leva à constatação de supressão ao direito ao lazer e das consequências jurídicas impeditivas do convívio familiar e social. Precedentes da Corte ... (RR – 101882-49.2016.5.01.0015, Data de Julgamento 13/12/2023).

XII

AVALIAÇÃO E COMPOSIÇÃO DO DANO EXTRAPATRIMONIAL – DOSIMETRIA OU PARAMETRIZAÇÃO

12.1. Da avaliação e composição do dano extrapatrimonial

O sistema brasileiro atual não exige a necessidade de repercussão econômica para a indenizabilidade pecuniária do dano moral, podendo então servir para compensação, única e exclusiva, da ofensa aos direitos da personalidade.

Com efeito, o art. 5º, X da CF prevê indenização por dano moral puro, ou seja, desvinculado de prejuízo patrimonial.

Regulamentando a Constituição Federal, o art. 186 do Código Civil dispõe que comete ato ilícito quem, por ação ou omissão voluntária, negligência ou imprudência, violar direito e causar dano a outrem, ainda que exclusivamente moral.

O art. 944 do mesmo diploma estabelece o direito à reparação do dano, quer proveniente de ato ilícito, quer proveniente, objetivamente, dos casos especificados em lei ou do risco da atividade.

No plano individual, o art. 223-B, da CLT, estatui que causa dano de natureza extrapatrimonial a ação ou omissão que ofenda a esfera moral ou existencial da pessoa física ou jurídica, e o art. 223-F, determina que a reparação por danos extrapatrimoniais pode ser pedida cumulativamente com a indenização por danos materiais decorrentes do mesmo ato lesivo.

No plano coletivo, a Lei nº 7.347, de 24 de julho de 1985 dispõe sobre a ação civil pública quanto à apuração da responsabilidade por danos morais e patrimoniais metaindividuais, e a Lei nº 8.078, de 11 de setembro de 1990, sobre as ações coletivas de interesses transindividuais, sendo que o sindicato, por força do art. 8º, III, tem legitimidade para a defesa dos direitos individuais e coletivos da categoria.

Apurada e definida a responsabilidade pelo dano extrapatrimonial, torna-se necessária a fixação da indenização devida ao ofendido (*aestimatio damni*), o que é feito por meio da liquidação do dano, procedimento necessário para estabelecer o valor pecuniário destinado a compensar o prejuízo imaterial moral e/ou existencial causado ao ofendido, independentemente de outras medidas, de caráter *in natura*, que se fizerem necessárias, a exemplo de publicações de retratação de ofensas à honra ou imagem da vítima.

A respeito, o art. 12 do Código Civil estatui o ofendido pode exigir que cesse a ameaça, ou a lesão, a direito da personalidade, e reclamar perdas e danos, sem prejuízo de outras sanções previstas em lei.

A liquidação pode dar-se de forma legal, convencional e judicial, conforme estabelecida pela própria lei, por consenso das partes ou judicialmente os critérios para a apuração do valor da indenização, esta apurável por cálculos, arbitramento ou artigos.

Não optando as partes pelo consenso, dois podem ser os sistemas de avaliação pecuniária: aberto ou de compensação por arbitramento judicial e fechado ou de compensação tarifada ou legal. Por arbitramento judicial, quando fica ao prudente arbítrio do juiz a fixação da indenização; tarifário, quando a própria lei fixa ou estabelece limite máximo para a fixação do valor compensatório devido pela ofensa.

Como o prejuízo patrimonial pode ocorrer, também ele é merecedor de reparação pelos critérios normais de fixação da indenização compensatória, nada impedindo a cumulação (art. 5º, X, da CR e 223-F, da CLT). É o caso do dano reflexo, como desdobramento do dano sentimental, quando se verifica, além dele, também um prejuízo patrimonial resultante da mesma ofensa.

A respeito, os arts. 948 e 949 do CC estabelecem a indenizabilidade do dano patrimonial nos casos de homicídio e de ofensa à saúde, ressalvando a possibilidade de obtenção de dano compensatório da dor íntima. E o art. 950, do mesmo diploma, manda indenizar, em caso de redução da capacidade laborativa, as despesas de tratamento, os lucros cessantes e ainda permite a fixação de pensão reparatória da inabilitação.

O Código Civil optou pelo sistema aberto de indenização, limitando-se a fornecer cláusulas gerais para a fixação do dano moral em pecúnia.

Com efeito, dispõe o art. 953, do CC, que a indenização por injúria, difamação ou calúnia consistirá na reparação do dano que delas resulte ao ofendido. E, nos termos do parágrafo único, se o ofendido não puder provar prejuízo material, caberá ao juiz fixar, equitativamente, o valor da indenização, na conformidade das circunstâncias do caso.

Por sua vez, o art. 954, do CC, estabelece que a indenização por ofensa à liberdade pessoal consistirá no pagamento das perdas e danos que sobrevierem ao ofendido, e se este não puder provar prejuízo, tem aplicação o disposto no parágrafo único do artigo antecedente. E o parágrafo único esclarece, em rol exemplificativo, que são consideram-se ofensivos da liberdade pessoal o cárcere privado, a prisão por queixa ou denúncia falsa e de má-fé e a prisão ilegal.

Finalmente, o Código estatui no art. 944, *caput* e parágrafo único, que a indenização deve ser avaliada segundo os critérios da extensão do dano, da gravidade da culpa em relação ao dano e da redução equitativa da indenização se houver desproporção.

Quanto à gravidade da culpa em relação ao dano, o art. 945 determina que se a vítima tiver concorrido culposamente para o evento danoso, a indenização será fixada proporcionalmente à gravidade de sua culpa em confronto com a do autor do dano.

Logo, verifica-se que o Código Civil, ao não fixar valores ou fazer limitações, optou pelo sistema aberto de indenização, restringindo-se a fornecer cláusulas gerais orientadoras da fixação do dano moral em pecúnia.

Nas relações de trabalho, a partir da Lei nº 13.467/2017 (reforma trabalhista), a CLT se afastou do sistema adotado pelo legislador civil e adotou o de parametrização[1] da indenização (vide art. 223-G, da CLT),

---

1 Nossa compreensão é a de que o dispositivo na realidade busca, a partir dos critérios ali inseridos, a parametrização dos danos, sendo os valores ali inseridos meramente sugestivos, posto que a tarifação é inconstitucional.

questão que foi submetida à verificação da constitucionalidade pelo Supremo Tribunal Federal quanto ao tarifamento. Também submetidos à Suprema Corte foram outros aspectos dos noveis artigos sobre danos extrapatrimoniais, por exemplo, o dispositivo que buscou excluir da Justiça do Trabalho a postulação de danos em ricochete (art. 223-B) ou o que adota o salário contratual como parâmetro de contabilidade do dano extrapatrimonial (art. 223-G, §1º, I a IV, CLT).

Sobre essas questões, em julgamento das ADIs nºs 6.050, 6.069 e 6.082, em que se discutia no STF a constitucionalidade dos arts. 223-A a 223-G da CLT, prevaleceu a decisão do Ministro Gilmar Mendes, nos seguintes termos:[2]

> "(...) Em relação às ADI 600,6069 e 6082, conheço as ações e julgo parcialmente procedentes os pedidos para conferir interpretação conforme a Constituição, de modo a estabelecer que:
>
> **1. as redações conferidas aos arts. 223-A e 223-B da CLT não excluem o direito à reparação por dano moral indireto ou dano em ricochete no âmbito das relações de trabalho, a ser apreciada nos termos da legislação civil.**
>
> **2. os critérios de quantificação de reparação por dano extrapatrimonial previstos no art. 223-G, *caput* e §1º, da CLT deverão ser observados pelo julgador como critérios orientativos de fundamentação da decisão judicial. É constitucional, porém, o arbitramento judicial do dano em valores superiores aos limites máximos dispostos nos incisos I a IV do §1º do art. 223-G, quando consideradas as circunstâncias do caso concreto e dos princípios da razoabilidade, proporcionalidade e a igualdade."**

Abstraindo da equação os valores legais que buscaram tarifar as ofensas, no entanto com inegável constitucionalidade e segurança para as partes fornece no art. 223-G os critérios objetivos que precisarão ser discricionariamente avaliados pelo juiz para efeito de diretriz da indenização a ser fixada, a fim de, em atendimento ao art. 93, IX, da Constituição, permitir a demonstração da natureza, intensidade e efei-

2 https://portal.stf.jus.br/noticias/verNoticiaDetalhe.asp?incidente=5612680. Plenário, Sessão Virtual de 16.6.2023 a 23.6.2023. Por maioria, vencidos os Ministros Edson Fachin e Rosa Weber (Presidente), que julgavam procedente o pedido das ações.

tos do dano, da proporcionalidade da culpa em relação ao dano e das circunstâncias particulares, agravantes ou atenuantes, que culminarão na razoável indenização a ser fixada.

12.2. Princípios informativos gerais do Código Civil, orientadores da fixação dos danos extrapatrimoniais

O art. 223-A, da CLT, dispõe que "Aplicam-se à reparação de danos de natureza extrapatrimonial decorrentes da relação de trabalho apenas os dispositivos deste Título", mas, ao mesmo tempo, o § 1º do art. 8º, da CLT dispõe que o direito comum será fonte subsidiária do direito do trabalho em caso de omissão e compatibilidade.

O fato é que o Código Civil estabelece importantes princípios que, subsidiariamente incidentes, que auxiliam sobremaneira o manejo dos parâmetros contidos no art. 223-G, da CLT, para a fixação da indenização por danos extrapatrimoniais.

Com efeito, o art. 944, *caput* e parágrafo único, do Código Civil, estabelece que a indenização deve ser avaliada segundo os critérios da extensão do dano, da proporcionalidade da culpa em relação ao dano e da razoabilidade. E esses critérios gerais, importantíssimos, não constam dos dispositivos celetários, merecendo assim a integração, com base na Teoria do Diálogo das Fontes.

A extensão do dano diz respeito à *restitutio in integrum, dentro do princípio da reparação integral*, para avaliação e composição do dano em toda a sua dimensão. Abrange a categorização entre os bens extrapatrimoniais, do bem jurídico ofendido, além da intensidade da ofensa e dos efeitos dela resultantes.

O critério de avaliação da extensão do dano é objetivo: diz respeito à mera identificação do bem jurídico atingido e do fato da intensidade da ofensa e de seus reflexos.

Já em relação à proporcionalidade da culpa em relação ao dano produzido e a mensuração equitativa, a avaliação a ser feita é de natureza subjetiva.

A proporcionalidade da culpa em relação ao dano diz respeito ao poder ofensivo do comportamento nas circunstâncias em que ocorreu o fato lesivo, para avaliação do grau de culpa em relação ao dano produzido; se exclusiva ou concorrente; e se fatores estranhos à relação jurídica influíram na caracterização ou no resultado produzido.

A mensuração equitativa, por sua vez, tem por fim impedir uma indenização desproporcional em relação a circunstâncias peculiares, agravantes ou atenuantes, para ajuste da indenização à realidade situação jurídica concreta, o que inclui o poder econômico, maior ou menor, do ofensor, posto que o que está em jogo não é a reparação do prejuízo patrimonial.

Tudo considerado, é preciso ter por resultado dessa avaliação uma indenização proporcional à ofensa e respectivos efeitos, significativa para as partes e razoável ou condizente com os aspectos peculiares da situação jurídica, de forma a consistir em *montante capaz de dar uma resposta à ofensa, para servir de lenitivo para o ofendido (efeito compensatório), e de exemplo (efeito exemplar) e desestímulo a novas investidas do ofensor (efeito dissuasório).*

Note-se que a indenização a ser arbitrada não tem caráter retributivo ou reparatório, e sim compensatório. Como é impossível eliminar os efeitos do agravo ou do sofrimento, a fixação em dinheiro, dada a importância econômica que ele representa, funciona como lenitivo, para o ofendido compensando assim, de alguma forma, o dano que lhe foi causado.

Nossa compreensão, no entanto, é a de que apenas a compensação não é o bastante para resolver a questão. A indenização precisa ser, além de compensatória, em valor tal que desestimule o agressor a reiterar.

Reforça esse posicionamento, acerca da implícita incidência do *punitive damage* nos danos extrapatrimoniais, inclusive individuais, o disposto no art. 223-G, § 3º, CLT: por força de lei, a autorização de fixação da indenização em dobro em caso de repetição da conduta ofensiva. E se no caso de repetição a indenização dobrada é devida, nos demais a indenização deve sempre superar a compensação para também servir, em estágio anterior, na exata medida do desestímulo à reiteração.

Evidentemente, essa indenização nada tem a ver com eventuais cominações de astreintes ou outras medidas necessárias à cessação de ofensas.

Pensamos, portanto, que devem informar a fixação dos danos morais:

- *o princípio da integralidade (a indenização mede-se pela extensão do dano – art. 944, caput, CC);*
- *o princípio da proporcionalidade (a indenização deve considerar, nas circunstâncias do fato ofensivo, a proporcionalidade da culpa em relação ao dano – art. 944, parágrafo único, 1ª parte, CC);*
- *o princípio da razoabilidade (a indenização deve ser delimitada equitativamente peculiaridades do caso concreto – art. 944, in fine, CC).*
- *o princípio da tripla função do caráter da indenização: compensatório, dissuasório e exemplar.*

Observa CLAYTON REIS, "*...é da maior importância que o ato de conhecer conduza o julgador a dimensionar, com a precisão possível, o dano que se operou no espírito do lesionado, ou seja, identificar situações como a repercussão do dano na sua intimidade física e psíquica; as consequências advindas na sua vida de relação; os fatores que concorreram para o seu desagravo; a perda da sua auto-estima; a duração da sua dor íntima; procurar o julgador estabelecer a medida exata do preço da dor...*"[3]

Prossegue dizendo que, atento ao comando do art. 5º, da LINDB, possui o magistrado nessa fixação uma relevante função, "*que dependerá essencialmente da sua capacidade sensitiva de captar o verdadeiro sentido contido na pretensão indenizatória*".[4]

Conclui observando que "*o estabelecimento de valores que sejam incompatíveis com a dimensão de todas essas lesões vivenciadas pela vítima, não possui o desejado efeito indenizatório*".[5]

12.3. Parâmetros para a fixação pecuniária da indenização por danos extrapatrimoniais: métodos bifásico e trifásico de apuração

Tomando por base o art. 944 do Código Civil, o STJ utiliza para a fixação do dano o método bifásico. Numa primeira fase é estabelecido um

3 Os Novos Rumos da Indenização do Dano Moral, Forense, 2002, p. 225.

4 REIS, Clayton. Ob. cit, pp. 226-227.

5 Idem, ibidem, p. 229.

valor básico de indenização fundado em precedentes jurisprudenciais que apreciaram casos semelhantes ao interesse ofendido (proporcionalidade) e numa segunda fase o valor encontrado é ajustado às circunstâncias particulares do caso concreto (razoabilidade).[6]

No entanto, esse é um parâmetro ulterior ou de uniformização, que não se ajusta a uma fixação primária, em que os critérios de apuração do comportamento, circunstâncias, efeitos e aspectos peculiares precisam ser considerados e demonstrados para efeitos indenizatórios.

O que ocorre é que o Código Civil estabelece os princípios e diretrizes constantes do art. 944, *caput* e parágrafo, mas não fornece os critérios que devem ser considerados na avaliação da extensão do dano; os que devem ser considerados para mensurar a proporcionalidade da culpa em relação ao dano; e os que devem ser considerado para efeito de mensuração equitativa ou razoável. E isso o art. 223-G, da CLT, faz.

No entanto, é preciso estabelecer um roteiro para utilização dos critérios fornecidos pela CLT, para o que o intérprete deve buscar socorro no Código Civil.

Esse roteiro é constituído de três etapas: deve-se, inicialmente, partir do princípio da integralidade: art. 944, *caput*, CC – a indenização mede-se pela extensão do dano. Nesse procedimento, deve o juiz avaliar a posição de relevância que o bem ou interesse ofendido ocupa entre os demais bens extrapatrimoniais, a intensidade da ofensa diante das circunstâncias e dimensionar os seus efeitos.

Frente à CLT, serão considerados nessa categoria de exame sob a ótica da integralidade e de forma objetiva, a natureza do bem jurídico tutelado, a intensidade do sofrimento ou da humilhação, a possibilidade de superação física ou psicológica, os reflexos pessoais e sociais da ação ou da omissão e a extensão e a duração dos efeitos da ofensa (art. 223-G, I, II, III, IV e V). Esse procedimento permitirá classificar a ofensa como gravíssima, grave, média ou leve. As demais etapas a serem seguidas, de natureza subjetiva de avaliação, permitirão fixar, dentro da classe

---

6 STJ. AgInt no REsp 1719756/SP, Rel. Ministro Luis Felipe Salomão, 4ª Turma, julgado em 15/05/2018, DJe 21/05/2018.

selecionada, o valor maior ou menor da indenização (até 3,10, 20 ou 50, conforme a classe). Mas os referidos tetos dentro das classes, porque sugestivos, podem ser superados.

Na segunda etapa, o juiz deve medir a proporcionalidade da culpa em relação ao dano produzido (parágrafo único, 1ª parte, do art. 944, CC). Nessa avaliação, deverá considerar as condições ou circunstâncias em que ocorreu a ofensa ou o prejuízo moral, o grau de dolo ou culpa, a eventual concorrência de culpas e eventuais fatores estranhos à conduta das partes, que possam influir na caracterização do dano ou no seu resultado (art. 223-G, VI e VII, da CLT; art. 945, do CC; concausa (art. 21, I, Lei nº 8213/1991).

Finalmente, na terceira etapa, deve, equitativamente, ajustar a indenização a um valor compatível com os aspectos peculiares da situação jurídica (parágrafo único, *in fine*, do art. 944). Para isso deve levar em consideração, a situação social e econômica do ofensor e do ofendido, o grau de publicidade da ofensa, a originalidade ou reincidência da conduta, e, em havendo e se for pertinente, a ocorrência de retratação espontânea, o esforço efetivo para minimizar a ofensa e eventual existência e eficácia de perdão, tácito ou expresso (art. 223-G, VIII a XII da CLT).

Quando se diz que a indenização fixada deve ter caráter compensatório, dissuasório e exemplar, é no sentido de que deve ser adequada a montante que a viabilize como compensação (resposta compensatória e punitiva à ofensa), como medida pedagógica (dissuasória) no contexto da situação jurídica apreciada e como medida exemplar em relação à sociedade, para inibir situações do gênero.[7]

Passemos à rápida operacionalização desses princípios e critérios.

---

7 O §3º do art.223-G, ao determinar elevação à dobra em caso de reincidência, acolhe no dano individual o *punitive damage* no efeito punitivo dissuasório e direciona esse plus indenizatório diretamente ao ofendido.

12.3.1. Integralidade e critérios celetários incidentes

Primeiramente, o princípio da integralidade (art. 944, *caput*, CC), com os critérios incidentes (art. 223-G, I a V, da CLT), que corresponde à primeira etapa da avaliação do dano, a ser promovida pelo magistrado.

O grau de relevância do bem jurídico ofendido, comparativamente aos demais de natureza extrapatrimonial, deve ser apreciado em primeiro lugar (art. 223-G, I, CLT): a morte, em confronto com uma despedida retaliativa, deve, em princípio, figurar em nível mais elevado de importância, o que já o posiciona na ofensa gravíssima.

A perda de um membro em decorrência de acidente de trabalho por culpa do empregador, em confronto com a fratura de uma perna também por acidente de trabalho culposo, posiciona aquele bem jurídico em ofensa gravíssima ou grave, dependendo do tipo de perda e influência na funcionalidade e aparência, ensejando, portanto, indenização mais significativa do que a dor íntima da fratura. Mas o membro atingido pela fratura, o tipo de fratura e os efeitos dela decorrentes, podem posicionar a ofensa em classificação leve, média ou grave. E dentro da classe em que for posicionada a ofensa, ensejar uma indenização maior ou menor.

Independentemente de sua natureza em relação aos demais bens jurídicos extrapatrimoniais, uma queimadura corporal aparente de terceiro grau em 50% do corpo, revela a relevância da ofensa, a sua intensidade e a duração permanente dos efeitos (art. 223-G, II, CLT).

Outrossim, a possibilidade ou impossibilidade de superação física ou psicológica da ofensa (art. 223-G, III, CLT), os reflexos pessoais e sociais da ação ou da omissão (art. 223-G, IV) e a extensão e duração da ofensa (art. 223-G, V), demonstram a extensão provocada pelo dano, ou seja, o dano produzido em sua integralidade ou, em outras palavras, o tamanho do poder ofensivo da conduta em si mesma.

Se o abalo é superável, como ocorre com um xingamento ou exposição de uma baixa avaliação do trabalhador no desempenho do serviço, a ofensa é de menor intensidade e salvo em caso de efeitos extraordinários, o posicionamento deve dar-se na classe de ofensa leve, pelo que a indenização respectiva deve ser menor do que a decorrente de abalo insuperável ou permanente, como a perda de um membro. O sofrimento presumivelmente mais intenso ou mais duradouro, deve sofrer maior gravame do que o sofrimento menos intenso.

Dependendo dos meios e instrumentos utilizados, ou do ambiente em que se dá a ofensa, o dano pode ter maior ou menor repercussão, como ocorre se utilizados meios de comunicação como jornais, televisão e internet. A divulgação do fato, no ambiente de trabalho, por meio de correspondência aos funcionários ou a disseminação pública de uma imputação infundada tem o condão de dar a publicidade capaz de agravar a ofensa e influir no valor da indenização a ser fixada.

Portanto, essa apreciação inicial tem por fim avaliar o bem jurídico extrapatrimonial ofendido, a intensidade dessa ofensa e a extensão de seus efeitos, para o fim de posicionamento da ofensa num dos graus ou classe (leve, médio, grave e gravíssimo) estabelecidos no §1º do art. 223-G, da CLT.

Um xingamento é, em princípio, uma ofensa de natureza leve; a colocação de alguém em risco, sem ocorrência de infortúnio, é ofensa de natureza média; despedir alguém de forma humilhante ou retaliativa, é ofensa de natureza grave; a morte, a amputação de uma perna e a queimadura no rosto do trabalhador, com efeitos permanentes, provocada pelo empregador, são ofensas de natureza gravíssima, e assim cada um dos respectivos danos, avaliados em conjunto com a intensidade e efeitos, devem ser posicionados em suas respectivas colocações.

Uma cicatriz no rosto de quem vive da imagem, decorrente de acidente do trabalho, como é o caso de uma modelo, por certo atinge a vítima de forma mais intensa, devendo ser posicionada em uma das classes superiores de ofensa, ensejando indenização mais significativa.

Concluído essa etapa de posicionamento da ofensa numa das classes (gravíssima, grave, média ou leve), é possível então passar à etapa seguinte, de mensuração inicial do valor a ser atribuído à ofensa, dentro da classe anteriormente selecionada.

12.3.2. Proporcionalidade e critérios celetários incidentes

Na segunda etapa de avaliação dos critérios definidos em lei, deverão ser verificadas as condições em que ocorreu a ofensa, envolvendo o exame do grau de culpa ou dolo ou do risco a que submetida a vítima, eventual culpa concorrente da vítima (art. 223-G, VI e VII, do CC e art. 945, do CC c/c 223-E, da CLT) ou concausa, contidos no princípio da proporcionalidade (art. 944, par.único, 1ª parte, CC).

Em se tratando de danos patrimoniais, o grau de culpa é desimportante: basta verificar o montante do dano emergente e dos lucros cessantes para ser encontrado o valor da justa reparação. Mas, no tocante aos danos morais, estéticos e existenciais, a intensidade da culpa e sua proporcionalidade ou contribuição em relação ao dano e/ou do risco da atividade devem ser levados em consideração.

Ora, a morte é ofensa de natureza gravíssima, não importa se causada por culpa ou por dolo. No entanto, a indenização a ser fixada deve levar em consideração o grau de culpa para a produção do resultado, ou seja, se o infortúnio foi decorrente de negligência ou propositalmente provocado, bem como as condições que, somadas, levaram à morte da vítima: se a culpa foi exclusiva ou concorrente; se para a morte uma concausa teve influência; se a responsabilidade é de natureza objetiva e a avaliação de culpa é desimportante; se apesar do risco da atividade, cumulativamente o empregador agiu com negligência ou imprudência para a verificação do dano; etc. Por essa razão, o legislador estabelece a título sugestivo que a ofensa de natureza gravíssima enseja indenização até cinquenta vezes o salário contratual do ofendido. Sendo gravíssima, caso da amputação de uma perna, a indenização, maior ou menor, vai variar conforme a proporcionalidade da culpa em relação ao dano (art. 223-G, VII, CLT). Ou seja, da atuação do critério de proporcionalidade. Indenização em montante maior se decorrente de dolo; menor se decorrente de culpa; proporcional se houver culpa concorrente da vítima.

Portanto, não apenas o grau de culpa ou dolo (art. 223-G, VII, CLT), mas também as condições em que ocorreu o dano (art. 223-G, VI, da CLT), devem ser avaliadas nessa etapa, porque revelam o poder ofensivo, a sua proporcionalidade e as circunstâncias que envolvem a verificação do fato danoso.

Com efeito, independentemente do risco da atividade, fato, por si só perigoso para quem nela atua, se a extensão do dano decorre de falta de fornecimento de equipamentos de proteção individual ou fornece equipamentos desgastados, que contribuem para o resultado, deve responder por culpa mais intensa do que quem fornece e não fiscaliza o uso.

A culpa concorrente da vítima também atua no exame da proporcionalidade da culpa em relação ao dano, atuando como fator redutor da indenização (arts. 945, do CC c/c 223-E, da CLT).

Finalmente, a concausa também se revela de suma importância, por, exemplo, quando o trabalho exercido, somado a condições degenerativas da vítima, levam ao resultado danoso, não sendo assim o empregador o único responsável, o que influi, em proporção, no valor da indenização (art. 20, I, Lei nº 8.213/1991).

12.3.3. Razoabilidade e critérios celetários incidentes

Finalmente, é possível passar para a última etapa, destinada ao ajuste final da indenização frente aos aspectos peculiares que envolve os componentes da relação jurídica. Aqui atua o princípio da razoabilidade (art. 944, par.único, in fine, CC), para conformação da indenização aos critérios previstos no art. 944-G, VIII a XII, da CLT.

Se na ocorrência de um acidente do trabalho sem morte, o empregador toma imediatamente todas as providências para, significativamente, minimizar os efeitos (art. 223-G, IX, CLT), dando e custeando pronto atendimento, bem como suporte ao vitimado e à família, a indenização por dano extrapatrimonial poderá, conforme o caso, ser atenuada, o que não ocorrerá se o ofensor agir de forma negligente inclusive no socorro e encaminhamento do acidentado ao hospital.

De igual sorte, uma vez constatada síndrome do túnel do carpo, inabilitando parcialmente a capacidade laborativa do empregado em função do trabalho executado, se o empregador espontaneamente altera a função do trabalhador, passando a dar-lhe outras tarefas que permitam a sua recuperação ou que se ajustem à eventual inabilitação permanente verificada, até por estímulo deve ter essa conduta ser levada em consideração no valor arbitrado a título de danos morais.

As condições econômicas dos envolvidos é outro fator que importa no aumento ou diminuição do valor da indenização (art. 223-G, XI), porque deve ser ela significativa para quem paga e compensatória para quem recebe (caráter pedagógico). Uma indenização de alto valor para uma microempresa ou empresa de pequeno porte pode inviabilizar a continuidade da atividade, enquanto uma indenização de valor ínfimo para uma empresa de grande porte não irá econômica e pedagogicamente sensibilizá-la a alterar a sua estrutura organizacional ou seus procedimentos para que danos do gênero não mais ocorram.

Uma indenização de pequena monta como forma de coibir revistas íntimas numa grande empresa, pode se revelar inútil e ela até preferir assumir o risco, porque em tese sairia mais barato do que os danos materiais causados por eventuais furtos. A reparação precisa então ser significativa para cobrir os três aspectos apontados: lenitivo, dissuasório e exemplar. A indenização deve ser fixada de forma proporcional à certeza de que o ato ofensivo não fique impune segundo as possibilidades econômicas do ofensor, e que assim lhe sirva de desestímulo a práticas que possam retirar do trabalhador a sua dignidade.

As condições sociais do ofendido também podem influir no valor da indenização (art. 223-G, XI). Com efeito, fatores como popularidade e posição ocupada pelo ofendido (por exemplo, um diretor em uma empresa ou um artista de televisão) diante da repercussão de uma agressão à honra ou imagem, causam danos com mais intensidade, o que deve ser considerado na avaliação do valor arbitrado.

Retratação espontânea (art. 223-G, VIII) e o perdão, tácito ou expresso (art. 223-G, X, CLT), podem servir como elementos atenuantes da indenização, se cabíveis no caso concreto. Não terão serventia em casos como morte ou amputação de membro por acidente do trabalho, mas a retratação pública será eficaz para minimizar os efeitos do dano em hipóteses como ofensas à honra e imagem e reintegração espontânea de empregado despedido por gerente em virtude de doença estigmatizante.

O perdão do trabalhador, tácito ou expresso em relação a uma conduta moral ofensiva, pode até compensar o dano causado.

Finalmente, deve ser considerada, no exame particular do caso concreto, a originalidade ou reincidência da conduta. Conduta reincidente deve ser tida como circunstância agravante. É constatação de que os danos morais anteriormente fixados pelo mesmo fato, não serviu para coibir novas investidas. Daí o §3º do art. 223-G, da CLT, estabelecer que na reincidência entre partes idênticas, o juízo poderá elevar ao dobro o valor da indenização.

Em caso de homicídio, os danos morais decorrentes de acidente do trabalho deverão ser pagos aos beneficiários, porque visam amenizar a dor causada pela perda do ente querido e desestimular novas investidas. Terão direito próprio as pessoas correspondentes ao núcleo familiar, diretamente afetadas. Já nas hipóteses de acidente do trabalho sem óbito, os danos morais e estéticos deverão ser pagos à vítima de uma só vez, eis que não têm caráter alimentar e visam a amenização imediata do sofrimento, limitações e complexos causados pelo afeiamento ou invalidez permanente, total ou parcial, ou então das sequelas da incapacidade temporária, com ou sem afastamento do trabalho. Nesta hipótese, a própria vítima sobrevivente é a parte legítima para postular a indenização.

Vale observar que a fixação de indenização por danos morais e existenciais não inibe a cumulação com indenização pelos danos patrimoniais experimentados, como costuma ocorrer nos acidentes de trabalho (art. 223-F, da CLT).

O mesmo roteiro deve ser seguido em se tratando de danos extrapatrimoniais causados pelo trabalhador ao empregador (arts. 223-D e 223-G, § 2º, da CLT).

Passemos então à tabela operacional que sugerimos para auxiliar o magistrado na fixação da indenização.

12.4. Operacionalização dos princípios e critérios de fixação do valor da indenização dos danos extrapatrimoniais individuais

Dispõe o art. 944, do Código Civil, que a indenização mede-se pela extensão do dano (princípio da integralidade) e, nos termos do parágrafo único, que se houver excessiva desproporção entre a gravidade da culpa e o dano (o que impõe a observância do princípio da proporcionalidade), poderá o juiz reduzir, equitativamente, a indenização (princípio da razoabilidade).

Quanto aos critérios, conforme art. 223-G, da CLT:

> "Ao apreciar o pedido, o juízo considerará:
>
> I - a natureza do bem jurídico tutelado;
>
> II - a intensidade do sofrimento ou da humilhação;
>
> III - a possibilidade de superação física ou psicológica;
>
> IV - os reflexos pessoais e sociais da ação ou da omissão;
>
> V - a extensão e a duração dos efeitos da ofensa;
>
> VI - as condições em que ocorreu a ofensa ou o prejuízo moral;
>
> VII - o grau de dolo ou culpa;

> VIII - a ocorrência de retratação espontânea;
>
> IX - o esforço efetivo para minimizar a ofensa;
>
> X - o perdão, tácito ou expresso;
>
> XI - a situação social e econômica das partes envolvidas;
>
> XII - o grau de publicidade da ofensa.
>
> § 1º Se julgar procedente o pedido, o juízo fixará a indenização a ser paga, a cada um dos ofendidos, em um dos seguintes parâmetros, vedada a acumulação:
>
> I - ofensa de natureza leve, até três vezes o último salário contratual do ofendido;
>
> II - ofensa de natureza média, até cinco vezes o último salário contratual do ofendido;
>
> III - ofensa de natureza grave, até vinte vezes o último salário contratual do ofendido;
>
> IV - ofensa de natureza gravíssima, até cinquenta vezes o último salário contratual do ofendido.
>
> § 3º Na reincidência entre partes idênticas, o juízo poderá elevar ao dobro o valor da indenização.

Complementa o art. 223-E, "São responsáveis pelo dano extrapatrimonial todos os que tenham colaborado para a ofensa ao bem jurídico tutelado, na proporção da ação ou da omissão."

O art. 223-G, da CLT, tem como ponto de partida para a fixação da indenização por danos extrapatrimoniais o ganho do trabalhador.

Essa diferenciação é justificável apenas quando se trata de dano patrimonial, mas nunca no dano extrapatrimonial. Num acidente de trabalho com redução ou supressão da capacidade laborativa, o ganho do trabalhador influi nos lucros cessantes e o valor a ser considerado deve realmente ser o salário auferido, mas tomar como ponto de partida o salário do trabalhador para efeito de avaliação da indenização pela dor sentimental gera discriminação, vedada pela Constituição Federal. O tamanho do sofrimento pessoal ou da família do trabalhador que aufere salário menor é o mesmo do trabalhador que aufere salário maior.

Logo, o critério apresentado pela Medida Provisória nº 808/2017, que caducou, é o melhor: um valor neutro como ponto de partida (como propúnhamos em 2014 em obra anterior à reforma trabalhista[8]). De acordo com a MP referida, o valor base era correspondente ao maior valor de benefícios da previdência social.

O art. 223-G também apresenta limitação quanto ao valor da indenização, o que nos parece injustificável perante a Constituição Federal.

Com efeito, a Lei Maior estabelece indenização por dano extrapatrimonial proporcional ao agravo sofrido (art. 5º, V e X), sem qualquer limitação. E assim sempre interpretou o STF, nas oportunidades em que se manifestou sobre o tema, afastando as limitações previstas na revogada Lei de Imprensa.

Outrossim, interpreta a Súmula 281, do STJ, de 13/05/2004:

> **Responsabilidade civil. Dano moral. Imprensa. Tarifação prevista na lei de imprensa. Inaplicabilidade. Lei 5.250/1967, art. 49, Lei 5.250/1967, art. 51 e Lei 5.250/1967, art. 52. CF/88, art. 5º, V e X. CCB/1916, art. 159.**
>
> *A indenização por dano moral não está sujeita à tarifação prevista na Lei de Imprensa.*

Em julgamento das ADIs nºs 6.050, 6.069 e 6.082, em que se discutia no STF a constitucionalidade dos arts. 223-A a 223-G da CLT, prevaleceu a decisão do Ministro Gilmar Mendes, nos seguintes termos:[9]

> "(...) Em relação às ADI 600,6069 e 6082, conheço as ações e julgo parcialmente procedentes os pedidos para conferir interpretação conforme a Constituição, de modo a estabelecer que:
>
> **1. as redações conferidas aos arts. 223-A e 223-B da CLT não excluem o direito à reparação por dano moral indireto ou dano**

---

8 BELMONTE, Alexandre Agra. Tutela da Composição dos Danos Morais nas Relações de Trabalho – Identificação das Ofensas Morais e Critérios Objetivos para Quantificação, São Paulo, LTr, 2014.

9 https://portal.stf.jus.br/noticias/verNoticiaDetalhe.asp?incidente=5612680. Plenário, Sessão Virtual de 16.6.2023 a 23.6.2023. Por maioria, vencidos os Ministros Edson Fachin e Rosa Weber (Presidente), que julgavam procedente o pedido das ações.

em ricochete no âmbito das relações de trabalho, a ser apreciada nos termos da legislação civil.

2. os critérios de quantificação de reparação por dano extrapatrimonial previstos no art. 223-G, *caput* e §1º, da CLT deverão ser observados pelo julgador como critérios orientativos de fundamentação da decisão judicial. É constitucional, porém, o arbitramento judicial do dano em valores superiores aos limites máximos dispostos nos incisos I a IV do §1º do art. 223-G, quando consideradas as circunstâncias do caso concreto e dos princípios da razoabilidade, proporcionalidade e a igualdade."

Também em nossa compreensão o tarifamento constante da lei deve ser considerado meramente persuasivo, superável por fundamentação que acaso demonstre necessidade de fixação em valor maior em relação ao limite legal sugerido.

Diferente da tarifação ou limitação pecuniária, é a parametrização, ou seja, o estabelecimento de critérios para fixar a indenização, exatamente nas bases que anteriormente já propúnhamos[10]. Nesse aspecto, acertou o legislador, eis que é preciso demonstrar os parâmetros utilizados estabelecer a indenização.

E por que esses parâmetros são tão importantes? Porque quando se trata de bem patrimonial, basta verificar o valor de mercado do bem perdido ou da depreciação do bem avariado, bem como do que se deixou de ganhar. Mas quando se está diante de dano que não tem correspondência pecuniária, ou seja, valor de mercado, a indenização em espécie precisa partir de parâmetros que necessitam ter outro tipo de correspondência avaliativa. Daí a importância daqueles estabelecidos no art.223-G, I a XII, da CLT.

Os parâmetros estabelecidos por lei partem, necessária e aprioristicamente, da natureza do bem ofendido (inciso I do art. 223-G), intensidade do sofrimento ou da humilhação (inciso II), possibilidade de superação física ou psicológica (inciso III) e reflexos pessoais e sociais da ação ou da omissão (inciso IV) e a extensão e a duração dos efeitos

---

10 BELMONTE, Alexandre Agra. Tutela da Composição dos Danos Morais nas Relações de Trabalho: identificação das ofensas morais e critérios objetivos para quantificação. São Paulo: LTr, 2014, 260 p.

da ofensa (inciso V). A finalidade é, para atendimento ao princípio da integralidade ou extensão do dano, possibilitar a inserção apriorística da ofensa em uma das categorias (leve, média, grave e gravíssima), para então, nas etapas seguintes, tornar possível avaliar os demais critérios, que influirão, como agravantes ou atenuantes, no valor da indenização.

Tomemos como exemplo um acidente do trabalho em que um trabalhador, que recebeu cinto de segurança desgastado e sujeito a rompimento para uso em trabalho em andaime em elevada altura, resolveu retirá-lo para ter maior mobilidade na execução da tarefa de limpeza de vidraças, vindo a cair por ação de uma ventania e ficar paraplégico.

A perícia apura que instruía e fiscalizava os trabalhadores quanto ao uso do equipamento, mas que havia 40 % de risco de rompimento do cinto, caso o trabalhador o estivesse usando.

1) Exame de extensão: natureza, intensidade e efeitos da ofensa		
TRABALHADOR DE EMPRESA DE PEQUENO PORTE QUE NÃO USAVA CINTO DE SEGURANÇA (MAS DEFEITUOSO), FICANDO PARAPLÉGICO POR QUEDA DE ELEVADA ALTURA DE UM ANDAIME		
natureza do bem ofendido	**relevante**	
intensidade do sofrimento ou humilhação	**alta**	
possibilidade de superação física ou psicológica	**nenhuma**	
reflexos pessoais e sociais da ação ou da omissão	**devastadores**	
duração dos efeitos da ofensa	**permanente**	
classificação da ofensa (ofensas leve, média, grave e gravíssima)	**GRAVÍSSIMA**	**DOSAGEM: maior que 20 e até 50 X VLMBRGPS***

* O critério legal é em salários contratuais. Sugerimos a adoção de valor base neutro (limite máximo dos benefícios do Regime Geral de Previdência Social) Quer pela natureza da ofensa (paraplegia), quer pela intensidade do sofrimento imposto, in re ipsa, quer pela impossibilidade de superação da ofensa, quer pelos reflexos, a ofensa deve ser desde logo classificada como gravíssima. No entanto, quanto ao valor a ser fixado dentro da classe gravíssima da ofensa, será preciso avaliar os demais critérios.[11]

11 Valor persuasivo ou sugestivo maior do que 20 (vinte) e até 50 (cinquenta) vezes o valor do limite máximo de benefícios da previdência social, ou se vier a ser considerada constitucional

Para isso, devemos passar à etapa seguinte, avaliando as condições em que ocorreu a ofensa, o grau de culpa ou dolo, eventual culpa concorrente da vítima (art. 223-G, VI e VII, do CC e art. 945, do CC c/c 223-E, da CLT), e ou verificação de concausa interna ou externa (arts. 223-E, CLT e 21, I e § 2º, da Lei 8.213/1991) para dosagem das condições da ofensa e proporcionalidade, intensidade e eficiência da culpa em relação ao dano.

2) Exame de Ponderação: Avaliação das condições da ofensa e proporção, intensidade e eficiência da culpa	
TRABALHADOR DE EMPRESA DE PEQUENO PORTE QUE NÃO USAVA CINTO DE SEGURANÇA (MAS DEFEITUOSO), FICANDO PARAPLÉGICO POR QUEDA DE ELEVADA ALTURA DE UM ANDAIME	
Valor do limite máximo dos benefícios do Regime Geral de Previdência Social	7.507,49 (VLMBRGPS)
circunstâncias da ofensa	Por parte do empregador, fornecimento de equipamento defeituoso Por parte do empregado, imprudência ao retirar o cinto e desobediência à determinação do uso do equipamento de proteção
grau de culpa ou dolo	Negligência do empregador e imprudência do trabalhador
Culpa concorrente da vítima	Verificada. As condutas culposas, somadas, levaram ao acidente
DOSAGEM DA CULPABILIDADE E CONDIÇÕES DA OFENSA – PRÉ-AVALIAÇÃO	25 X 7.507,49 = 192.687,25 (LMBRGPS)

Inobstante tratar-se de atividade de risco, empregador e empregado agiram conjuntamente para a produção do resultado. O empregador, ao fornecer cinto de segurança com risco de rompimento caso o trabalhador o estivesse usando, e o empregado pela imprudência em retirar o cinto e desobedecer à determinação do uso do equipamento de proteção. Caso típico de culpa concorrente, que justifica a apuração em proporção (art. 945, do Código Civil c/c 223-E, da CLT).

---

a fixação em salários contratuais, até 50 (cinquenta) vezes esse valor.

Passemos então, em seguida, à última etapa, destinada a avaliar a razoabilidade da indenização inicialmente apurada, frente aos aspectos peculiares da situação jurídica, para ajuste da indenização com base nos critérios previstos no art. 223, VIII a XII, da CLT.

3) Exame de adequação: Razoabilidade da indenização consideradas situação social e econômica, publicidade, meios de atenuação e originalidade ou reincidência	
TRABALHADOR DE EMPRESA DE PEQUENO PORTE QUE NÃO USAVA CINTO DE SEGURANÇA (MAS DEFEITUOSO), FICANDO PARAPLÉGICO POR QUEDA DE ELEVADA ALTURA DE UM ANDAIME	
INDENIZAÇÃO PRÉ-AVALIADA	**R$ 192.687,25 (LMBRGPS)**
porte da empresa	**pequeno**
esforço para minimizar ofensa	**nenhum**
perdão tácito ou expresso	**impertinente**
retratação espontânea	**impertinente**
reincidência (x 2)	**não**
AVALIAÇÃO FINAL DA INDENIZAÇÃO	**REDUÇÃO SUGESTIVA DE 30% = R$134.881,08 (LMBRGPS)**

Em que pese entendermos que os limites estabelecidos no §1º são meramente persuasivos, no caso, por se tratar de empresa de pequeno porte, em que o valor da indenização pode impactar na sua continuidade e geração de empregos e tributos, há de prevalecer a redução e não a ampliação do valor, mas de forma que seja significativa como compensação para a vítima e persuasiva para que o ofensor, no futuro, se adeque às normas de segurança, de forma a prevenir a ocorrência de situações como a verificada.

12.5. Fixação do valor da indenização dos danos morais coletivos

Os danos morais coletivos são autônomos em relação aos danos individuais. Os danos podem não ser constatados individualmente, a exemplo do empregador que não cumpre a legislação trabalhista em relação ao pagamento das parcelas rescisórias ao empregado, salvo se comprovar, como tem entendido a jurisprudência, dano concreto.

Todavia, o descumprimento sistemático da legislação trabalhista pelo empregador em relação aos empregados em geral, fere, no plano coletivo, interesses metaindividuais extrapatrimoniais da categoria, de forma a ensejar medidas coercitivas para implemento das obrigações e compensação pelas ofensas morais que atingem os trabalhadores, coletivamente considerados.

Assim, no dano coletivo os trabalhadores não devem ser considerados pelo somatório e sim enquanto coletividade, *porque o comportamento causador da ofensa atinge a comunidade em seus direitos metaindividuais como um todo*. Consequentemente, o cálculo dano moral coletivo não resulta do somatório de danos extrapatrimoniais individuais, que, como visto, podem até, individualmente, não incidir. Além do que o somatório dos salários individuais para efeito de indenização, dependendo do tamanho do grupo, classe ou categoria, tanto pode resultar em quantia absurda, desestabilizando ou inviabilizando a continuidade de qualquer negócio ou atividade, como resultar em quantia ínfima, finalidade que não é a do ordenamento jurídico. Ele quer que o as reparações, compensações e admoestamentos sirvam, racionalmente, na medida do cumprimento do Direito Objetivo. Não bastasse, o valor da indenização por danos extrapatrimoniais coletivos não reverte para o trabalhador, sequer servindo para a composição individual dos direitos ofendidos. O provimento é destinado a compelir o ofensor a, imediatamente, fazer cessar o dano imposto à comunidade e compensá-la como resposta social, com direcionamento do valor a entidades que possam utilizar o dinheiro em prol da sociedade ou dos trabalhadores em geral.

Logo, se o trabalhador não fica impedido de, individualmente postular danos morais que coincidentemente ofendam simultaneamente a comunidade e a ele próprio, fica claro que os danos morais coletivos não correspondem a um somatório de danos individuais. Se correspondessem, ele não poderia postular, em ação própria, compensação de dano que o atingisse individualmente.

As astreintes já servem para compelir o ofensor a, imediatamente, fazer cessar o dano imposto e não o repetir.

Enfim, o critério de avaliação da ofensa à categoria não é sentimental. É objetivo, decorrente da ofensa em si mesma. Bastam a natureza do bem ofendido e a razoabilidade na avaliação de indenização compensatória à comunidade, com descarte das agravantes e atenuantes que correspondem a aspectos subjetivos inerentes aos direitos individuais.

EMPRESA QUE SUBMETE TRABALHADORES NÃO CAPACITADOS À FUNÇÃO DE TRANSPORTE DE VALORES	
Natureza do bem ofendido: segurança	
natureza da ofensa	grave

Daí resulta que a consideração do bem ofendido frente à capacidade econômica da empresa (de regra mensurável pelo capital social, balanço etc.) é o critério que melhor se adequa para compensar a comunidade atingida, punir o empregador e sensibilizá-lo a fazer cessar a ofensa, mormente por meio de astreintes.

Razoabilidade	
EMPRESA QUE SUBMETE TRABALHADORES NÃO CAPACITADOS À FUNÇÃO DE TRANSPORTE DE VALORES	
Capacidade econômica da empresa (capital social)	R$3.000.000,00
Percentagem sobre o capital social, conforme gravidade da ofensa	R$300.000,00

12.6. Dano social e *punitive damages*

As condutas antissociais ilícitas e altamente reprováveis, que transcendem interesses particulares, colocando em risco a segurança da sociedade, a qualidade de vida da comunidade ou a dignidade da pessoa humana, como soltar balão, despejar em rio de água potável lixo tóxico ou promover trabalho análogo ao de escravo caracterizam os denominados danos sociais. Daí se conclui que os danos sociais só fazem sentido em se tratando de danos extrapatrimoniais coletivamente considerados. Ou seja, dizem respeito às ações coletivas de titularidade dos legitimados do art. 5º da Lei nº 7.437/1985.

Originado do *common law*, os *punitive ou exemplary damages* consistem em indenização que visam ultrapassar a função compensatória, para alcançar um efeito punitivo dissuasório de desestimular a reiteração da conduta lesiva pelo agressor em se tratando de dano decorrente de comportamento ilícito ou antissocial com alto potencial de reprobabilidade, caso exatamente dos danos sociais.

A discussão que se apresenta sob o tema é se o magistrado pode fixar indenização com esse viés independentemente de postulação; se pode fazê-lo em lides individuais e, neste último caso, para quem reverteria, se para a vítima ou para a sociedade.

Entendemos que a indenização por danos extrapatrimoniais tem tripla função: compensatória, exemplar e dissuasória. Serve para compensar o ofendido, dar exemplo social e dissuadir o ofensor quanto a novas investidas.

Portanto, a fixação de valor apenas compensatório não é o bastante para resolver a questão. A indenização, observado os limites do pedido, precisa ser, além de compensatória, tal que desestimule o agressor a reiterar.

Em nosso ordenamento, embora destine a fundo específico o valor, a Lei nº 7.347/1985 deixa muito claro que o dano extrapatrimonial coletivo atribui funções múltiplas à indenização: compensatória e inibitória ou punitivo-dissuasória do dano causado. No que, a nosso ver, inclui a função punitiva. Caberá ao magistrado, ao fixar a indenização, considerar a relevância do bem jurídico tutelado ofendido e o grau de reprobabilidade da conduta antissocial ou ilícita para todos os efeitos da indenização.

Reforça esse posicionamento da tripla função indenizatória o disposto no art. 223-G, §3º, CLT: por força de lei é autorizada a fixação da indenização em dobro em caso de repetição da conduta ofensiva, com direcionamento do plus indenizatório diretamente para o ofendido, deixando clara a possibilidade de condenação punitiva mesmo em ação individual e ainda que não se trate de dano social. E se no caso de repetição a indenização dobrada é devida, nos demais ela deve sempre superar a compensação para também servir, desta feita em estágio anterior à reiteração da ofensa, na exata medida do desestímulo à sua repetição.

Evidentemente, essa indenização nada tem a ver com eventuais cominações de astreintes ou outras medidas necessárias à cessação de ofensas em andamento.

12.7. O princípio constitucional da motivação das decisões judiciais

Nos termos do art. 93, IX, da Constituição Federal as decisões judiciais precisam ser fundamentadas. No caso da indenização por danos extrapatrimoniais, essa fundamentação destina-se a explicar às partes e ficar registrado para efeito de reexame via recurso, à luz dos fatos e provas existentes nos autos frente ao direito vigente, os motivos que levaram à solução adotada e os critérios utilizados.

Os princípios estabelecidos nos arts. 944, *caput* e parágrafo único e 94, do Código Civil, subsidiariamente utilizados no manejo dos critérios previstos no art. 223-G, da CLT, precisam ser demonstrados na fixação do valor indenizatório dos danos extrapatrimoniais. Motivações genéricas, alusivas apenas aos princípios da integralidade, proporcionalidade e razoabilidade, ou que genericamente consideram de forma global os critérios do art. 223-G, da CLT, não demonstram uma efetiva avaliação, tornando letra morta o disposto no art. 93, IX, da Constituição Federal e sonegam ao jurisdicionado e às instâncias superiores as necessárias informações destinadas ao exame ou reexame das circunstâncias fáticas ensejadoras do provimento.

XIII

PRESCRIÇÃO DOS DANOS EXTRAPATRIMONIAIS

13.1. Prescrição e decadência: distinção pela natureza do direito e hipóteses

Ao contrário do Código Civil de 16, o novo distingue prescrição da decadência. Embora tenha, na Parte Geral, optado pela regulação pormenorizada dos casos de prescrição (art. 206), ali disciplinou de forma apenas genérica a decadência (arts. 207 a 211), deixando para a Parte Especial e para as convenções o aponte dos casos em que incide.

A respeito, observa MIGUEL REALE:

> *"Preferimos, por tais motivos, reunir as normas prescricionais, todas elas, enumerando-as na Parte Geral do Código. Não haverá dúvida nenhuma: ou figura no artigo que rege as prescrições, ou então se trata de decadência."*[1]

Nem todos os prazos extintivos para o exercício de pretensões são de igual natureza. No plano do direito material, uns são prescricionais e outros são decadenciais (incluindo o direito de exercício da preferência).

Prescrição é a perda do poder de exigir, no plano jurídico, o cumprimento coercitivo de um dever jurídico, pelo não exercício dessa pretensão, num determinado prazo, estabelecido pelo legislador.

---

1 O Projeto de Código Civil, ed. Saraiva, 1986.

A prescrição atinge a pretensão. São atingidas pela prescrição pretensões patrimoniais e extrapatrimoniais: à satisfação da gratificação natalina, à percepção do salário, à concessão e remuneração de férias anuais, à fixação da data das férias vencidas e não concedidas, apesar de já remuneradas, e à composição dos danos morais.

Enfim, em se tratando de pretensão de cumprimento de dever jurídico, em que o comportamento do sujeito passivo pode violar a respectiva satisfação, o direito subjetivo de prestação desse dever jurídico está subordinado a prazo de exercício, que tem início a partir da violação, ou seja, do descumprimento pelo devedor.[2]

As pretensões acima referidas dizem respeito à cobrança de valores ou de cumprimento de prestações de fazer (direito subjetivo). São obrigações que de um comportamento exigível junto ao devedor.

Há, no entanto, direitos que não dependem de comportamento do devedor para a satisfação da obrigação e sim, apenas, da vontade do próprio credor. Esses direitos são os potestativos à constituição, modificação ou extinção de relações jurídicas.

Tem-se, portanto, que as pretensões ao cumprimento de um dever jurídico, porque dependentes de comportamento alheio, admitem violação pelo descumprimento e por isso são prescricionais, a exemplo da cobrança de gratificação natalina impaga, ao passo que os direitos potestativos, por dependerem apenas do credor exercer o seu direito e assim sujeitarem o devedor à sua vontade,são decadenciais, a exemplo do direito da grávida de mudar de função ou romper o contrato, se houver prejuízo à gravidez (arts. 392, § 4º e 394, CLT).

O fato da grávida decair do direito à mudança de função, não significa que esteja prescrita a compensação do dano moral decorrente, ou do dano patrimonial por gastos decorrentes de eventual aborto.

Decadência é a perda de um direito potestativo de sujeitar outrem à constituição, desconstituição, modificação ou extinção de uma relação jurídica, pela inércia do titular em exercitá-lo, num determinado prazo, legal ou convencional.

---

2 Amorim Filho, Agnelo *in* Critério Científico para Distinguir a Prescrição da Decadência e para Identificar as Ações Imprescritíveis – Revista Forense, 193-30, e Guimarães, Carlos da Rocha. Prescrição e Decadência, 2ª ed., Forense, 1984.

A prescrição que atinge o titular de um direito subjetivo tem início na inércia em cobrar o cumprimento da prestação desatendida pelo devedor, enquanto a decadência que atinge o direito potestativo tem início a partir da inércia do titular em constituir, desconstituir, modificar ou extinguir uma relação jurídica mediante providência que só dele depende e que não decorre de descumprimento de obrigação.

O exercício de um direito potestativo não decorre de violação de dever jurídico: a potestatividade está em que depende ele, para o seu exercício, única e exclusivamente da vontade do seu titular em constituir, desconstituir, modificar ou extinguir uma relação jurídica, sujeitando o sujeito passivo, de forma irrecusável, a essa vontade.[3]

São atingidos pela decadência direitos como a rescisão de uma sentença de mérito, caso não exercitada a pretensão no prazo de 02 anos após a sua publicação (visando assim a desconstituição da relação jurídica imposta pela sentença rescindenda); de pretender a despedida de empregado estável, caso não ajuizado o inquérito para a apuração de falta grave até 30 dias após a sua suspensão (visando assim a extinção da relação de emprego); de pretender a renovação do contrato de locação mercantil de 5 anos, caso não exercitada a pretensão no prazo de 01 ano a 06 meses antes do término do contrato (visando assim a criação de novo contrato); da gestante mudar de função, se prejudicial à gravidez a exercida (§ 4º do art. 392, da CLT, caso portanto, de modificação, de alteração da relação jurídica contratual de emprego); da gestante romper o compromisso resultante de qualquer contrato de trabalho, se prejudicial à gestação (art. 394, CLT); do empregado retornar ao emprego, uma vez terminado o serviço militar obrigatório (visando assim a manutenção ou não-extinção da relação jurídica de emprego: cuida-se do exercício de um direito potestativo de manter o contrato ou não permitir que ele seja extinto).

Nas relações civis, os atos nulos não são atingidos por prazo decadencial: se, geralmente, não produzem efeitos (ou os efeitos esperados), não se os desconstitui, mas sim declara-se a nulidade daquilo que não pode, de ordinário, convalidar-se com o decurso do tempo. Mas sobre os atos anuláveis, porque producentes de efeitos até a data da desconstituição,

3 Idem, ibidem.

incide o prazo decadencial, a exemplo a hipótese contida no par. único do art. 119, do CC.

Em sede trabalhista, ressalvados os atos subjetivamente nulos (art. 440, da CLT) os demais (objetivamente nulos) prescrevem (vide redação do art. 7º, XXIX, da Constituição da República), com exceção das ações que tenham por objeto anotações para fins de prova junto à Previdência Social, em razão de sua natureza declaratória, destituída de pretensão condenatória (art. 11, § 1º, CLT).

13.2. Prescrição e decadência: distinção baseada em outros aspectos

O prazo prescricional admite interrupção (nova contagem) e suspensão (sustação da contagem).

Em algumas hipóteses nem mesmo corre prazo prescricional: a) contra determinadas pessoas (por exemplo, contra menores de 16 anos, no Direito Civil, e de 18 anos, no Direito do Trabalho; entre ascendentes e descendentes, durante o poder familiar); e b) diante de determinadas circunstâncias (por exemplo, enquanto não verificada a condição suspensiva ou não estando vencido o prazo).

Pelo Código Civil, salvo nos casos especificados em lei, o prazo decadencial, uma vez iniciado, não se interrompe e não se suspende (art. 207, CC).

Alguns direitos potestativos podem ser exercitados perpetuamente, não tendo assim prazo de exercício, caso do aviso prévio no contrato em curso, do direito de despedir sem justa causa empregado não-estável e do pedido de demissão (nos dois casos para extinguir a relação).

Também pelo Código Civil, somente pode haver renúncia a prazo decadencial convencional, o que é inadmissível quanto a prazo decadencial fixado por lei, sendo que a parte a quem a decadência convencional aproveita, pode alegá-la em qualquer grau de jurisdição lei (art. 209, CC).

Tem-se, pois, que o prazo prescricional difere do prazo decadencial: a) não apenas pela natureza dos direitos alcançados (no primeiro, direitos subjetivos de prestação e no outro, direitos subjetivos potestativos), mas também: b) porque o prazo decadencial, ao contrário do prescricional, de regra não se suspende e nem se interrompe (art. 207, CC); c) porque a prescrição deve ser conhecida, de ofício, pelo juiz, não obstante esteja impedido de apreciar, de ofício, a decadência convencional, que depende de alegação pela parte a quem aproveita (art. 211, do CC); d) pela admissão da renúncia expressa ou tácita, uma vez consumada, do prazo prescricional, ao contrário do prazo decadencial fixado em lei, que não admite renúncia (art. 209, CC).

Nos termos do art. 487, II, do CPC, uma das formas de extinção do processo, com resolução de mérito, ocorre quando o juiz decide, de ofício ou a requerimento, sobre a ocorrência de decadência ou prescrição.

Todavia, diante da possibilidade de fatos impedientes, interruptivos, suspensivos da prescrição e da eventualidade da renúncia tácita ou expressa, dispõe o parágrafo único do § 1º do art. 332, CPC, que a prescrição e a decadência não serão reconhecidas sem que antes seja dada às partes oportunidade de manifestar-se.

Quanto à decadência, a convencional depende de alegação pela parte a quem aproveita, não podendo ser pronunciada de ofício (art. 211, CC).

Na Justiça do Trabalho, contudo, não se aplica o pronunciamento da prescrição de ofício, entendendo-se que a regra é incompatível com os princípios que regem as relações de trabalho. Ou seja, depende sempre de comprovação da parte a quem aproveita.

13.3. A natureza do prazo bienal pós-extinção do contrato de emprego

É de prescrição o prazo de 02 (dois) anos após a terminação do contrato de emprego para a postulação de pretensões. Isto porque as pretensões que daí podem advir pertinem a direitos subjetivos de prestação, referentes a cobrança de créditos decorrentes de uma relação já extinta, assim não tendo as postulações por fim a criação, modificação ou extinção da relação jurídica.

Até pode acontecer de a pretensão dizer respeito à invalidação de despedida de empregado estável, mas mesmo assim o prazo será prescricional, posto que se cuida do ato objetivamente nulo e a pretensão não é constitutiva-negativa, mas sim declaratória da nulidade, com os respectivos efeitos.

Já em meio ao desenvolvimento da relação jurídica de emprego, os prazos podem ser prescricionais de cinco anos, até o limite de dois, se vier a ocorrer a terminação do contrato, como também decadenciais.

13.4. Prescrição: modalidades e normas gerais

Primeiro com a revogação do Código Civil de 16 e depois com a revogação do art. 194, do atual Código, o juiz poderá conhecer de ofício de qualquer prescrição, pelo que as distinções anteriormente para efeito de necessidade ou desnecessidade de requerimento da parte interessada, fundadas na natureza econômica ou não econômica do direito, ou na capacidade ou incapacidade do prejudicado (prescrição de direitos patrimoniais e extrapatrimoniais, prescrição beneficiando pessoas capazes e incapazes), deixam de ter importância, porque a solução será sempre a mesma.

Em sentido comum, a prescrição pode ser aquisitiva, quando se adquire a propriedade por meio dela e é especificamente denominada de usucapião, e extintiva ou liberatória, quando faz fenecer o poder jurídico de exercitar direitos subjetivos de prestação.

Em sentido técnico, prescrição aquisitiva corresponde ao direito que favorece o devedor, de não mais ser juridicamente exigido quanto a determinada pretensão, enquanto a extintiva é a que prejudica o credor no poder jurídico de exercitar determinado direito subjetivo de prestação.

A prescrição pode ser originária e superveniente, esta intercorrente ou não.

Prescrição intercorrente é a que ocorre entre atos interruptivos, podendo ter por início de cômputo a inércia a partir da data do ato, judicial ou extrajudicial, destinado a interrompê-la, do último ato praticado no curso de um processo, ou da sentença no processo de conhecimento, para fins de execução (vide par.único do art. 202, do Código Civil).

Nos termos do art. 11-A, da CLT, ocorre a prescrição intercorrente no processo do trabalho no prazo de dois anos, sendo que a fluência do prazo prescricional intercorrente se inicia quando o exequente deixa de cumprir determinação judicial no curso da execução (§1º).

A regra não é absoluta, incidindo nas hipóteses em que a paralisação do processo ocorrer por inércia da parte, por exemplo, quando não fornece o endereço para a citação da parte a ser executada ou não apresenta os cálculos destinados à liquidação do julgado, hipótese em que, abandonando o processo durante o prazo necessário à consolidação da prescrição intercorrente, será ela reconhecida, por provocação da parte interessada, nos termos do art. 884, §1º, da CLT.

Também não incide na falta de bens penhoráveis do executado não leva à caracterização da prescrição intercorrente. Nos termos da Lei 6830/80, art. 40, §§2º e 3º, o processo será arquivado, sem baixa, e desarquivado se encontrados bens penhoráveis.

A prescrição pode ser total, quando afeta a pretensão ao próprio direito, ou parcial, quando afeta apenas as partes ainda não prescritas.

Conforme art. 11, § 2º, da CLT, tratando-se de pretensão que envolva pedido de prestações sucessivas decorrente de alteração ou descumprimento do pactuado, a prescrição é total, exceto quando o direito à parcela esteja também assegurado por preceito de lei.

Assim ocorre porque, quando a parcela está prevista em lei, a exigibilidade é inquestionável, ao passo que nas parcelas convencionais, não asseguradas por lei, a própria pactuação é questionável, ou seja, a existência e a respectiva exigibilidade podem ser objeto de discussão.

A prescrição do direito principal leva à dos direitos acessórios, por exemplo, se prescrita a pretensão à postulação de gratificação natalina, prescrita também se encontrará a projeção das horas extras nessa gratificação.

A prescrição iniciada contra uma pessoa continua a correr contra o seu herdeiro ou sucessor; por exemplo, na sucessão do empregado falecido, a prescrição iniciada contra o sucedido, continua a correr contra os sucessores quanto aos créditos resultantes da extinta relação de emprego (art. 196, CC).

13.5. Prescrição de direitos patrimoniais e extrapatrimoniais

O revogado Código Bevilaqua, de 1916, fazia a distinção entre direitos patrimoniais e extrapatrimoniais para efeitos prescricionais, vedando o conhecimento, de ofício, da prescrição de direitos patrimoniais.

O Código Reale, de 2002, deixou de lado a distinção entre direitos patrimoniais e não-patrimoniais para efeito de conhecimento independentemente de requerimento, passando a permitir o conhecimento judicial, de ofício, apenas quando a prescrição beneficiasse incapazes.

No entanto, a Lei nº 11.280, de 16 de fevereiro de 2006, que entrou em vigor em 17 de junho de 2006, revogou, expressamente, o art. 194 do Código Reale e, alterando o § 5º do artigo 219 do Código de Processo Civil de 1973, passou a enunciar a obrigatoriedade do juiz pronunciar, de ofício, a prescrição.

Logo, tem-se que o antigo critério de vedação, na prescrição, do conhecimento, de ofício, do prazo prescricional, exceto para beneficiar incapazes, que se contrapunha à obrigatoriedade da apreciação, pelo juiz, da decadência estabelecida por lei (art. 210), foi superado pela revogação do art. 194, do Código Civil de 2002.

Assim, no âmbito civil o conhecimento da questão não mais depende de requerimento da parte interessada, porque não mais importa, para esse fim, se o direito envolvido beneficia pessoa capaz ou incapaz, ou se ele é patrimonial ou extrapatrimonial.

O art. 332, § 1º, do atual CPC dispõe que "O juiz também poderá julgar liminarmente improcedente o pedido se verificar, desde logo, a ocorrência de decadência ou de prescrição."

Complementa, no entanto, o art. 487, p.único, que "Ressalvada a hipótese do § 1º do art. 332, a prescrição e a decadência não serão reconhecidas sem que antes seja dada às partes oportunidade de manifestar-se."

Essa ressalva tem por fim dar à parte prejudicada pela alegação de prescrição o direito de comprovar fato impeditivo, suspensivo ou interruptivo da prescrição.

Na Justiça do Trabalho não se aplica o pronunciamento da prescrição de ofício, entendendo-se que, por ser a regra do direito comum incompatível com os princípios que regem as relações de trabalho, depende sempre de comprovação da parte a quem aproveita.

13.6. Direitos perpétuos e interesses imprescritíveis

Alguns direitos subjetivos potestativos são perpétuos porque não têm prazo definido de exercício. É o caso de despedir, imotivadamente empregado não estável; de pedir demissão; ou de dar aviso prévio no contrato em curso. Em hipóteses como essa, verifica-se que tais direitos, embora potestativos, não estão sujeitos a prazo decadencial. Podem ser exercidos a qualquer momento.

Outrossim, há interesses que são imprescritíveis, porque destituídos de pretensão contra o sujeito que com o interessado manteve relação jurídica. É o caso de ações que tenham por objeto anotações para fins de prova junto à Previdência Social (art. 11, §1º, da CLT).

13.7. Prescrição: causas impedientes, suspensivas e interruptivas. A regra contra *non valentem*

Salvo nas hipóteses expressamente previstas em lei, o prazo decadencial não se suspende e nem se interrompe (art. 207, CC), somente cessando quando exercitado o direito potestativo.

Quanto aos direitos subjetivos de prestação, embora tenham prazo de exercício, não o possuem *em relação a certas pessoas ou diante de determinadas circunstâncias*: a) contra os absolutamente incapazes; b) pendendo condição suspensiva; c) não estando vencido o prazo; d) pendendo ação de evicção (art. 199, I a III, CC); e, e) pendendo sentença definitiva de fato apurável no juízo criminal (art. 200, CC).

No plano do Direito do Trabalho, além das hipóteses já mencionadas, também não corre a prescrição contra os menores de 18 anos (art. 440, da CLT).

Essas são as causas impedientes do cômputo do prazo prescricional.

Causas há que tanto podem impedir, como suspender o cômputo do prazo prescricional. Impedem quando não começou a correr e suspendem no ponto onde parou, quando ocorrentes determinadas situações, a saber: a) entre cônjuges, na constância do matrimônio; b) entre ascendentes e descendentes, durante o poder familiar; c) entre tutelados e curatelados e seus tutores ou curadores, durante a tutela ou curatela; d) contra os absolutamente incapazes; e) contra os ausentes do Brasil em serviço público da União, dos Estados, ou dos Municípios; f) contra os que se acharem servindo na armada e no exército nacionais, em tempo de guerra (art. 198, CC).

Na suspensão, cessada a causa que a ensejou, o prazo prescricional recomeça a correr do ponto onde parou.

Nos termos do art. 625, da CLT, a postulação de direitos perante a Comissão de Conciliação Prévia Trabalhista suspende o cômputo do prazo prescricional.

O deferimento do processamento da recuperação judicial também suspende a prescrição (art. 6º da Lei de Recuperação e Falência), voltando a fluir o prazo uma vez ultrapassado o período de seis meses, exceto se houver prorrogação, por igual período, uma única vez, em caráter excepcional, se o devedor não haja concorrido com a superação do lapso temporal (art. 6º, § 4º, da LRF). O deferimento do processamento da recuperação judicial não mais suspende as ações e sim apenas as execuções (nova redação do art. 6º da LRF), e nos termos do § 2º, "É permitido pleitear, perante o administrador judicial, habilitação, exclusão ou modificação de créditos derivados da relação de trabalho, mas as ações de natureza trabalhista, inclusive as impugnações a que se refere o art. 8º desta Lei, serão processadas perante a justiça especializada até a apuração do respectivo crédito, que será inscrito no quadro-geral de credores pelo valor determinado em sentença".

Outras causas interrompem o cômputo do prazo prescricional, iniciando-se nova contagem, respeitada, contudo, nos contratos de duração, a prescrição das partes já consumadas. Podendo ocorrer somente uma vez (*caput* do art. 202, do CC), são elas: a) a citação pessoal feita ao devedor, mesmo ordenada por juiz incompetente; b) pelo protesto; c) pela apresentação do título de crédito em juízo de inventário, ou em outro concurso de credores; d) por qualquer ato judicial que constitua o devedor em mora, e, e) por qualquer ato inequívoco, ainda que extrajudicial, que importe no reconhecimento do direito, pelo devedor (notificação, interpelação, reconhecimento da dívida, pelo devedor etc.).

Assim acontece, porque o credor manifesta, com essas atitudes, a vontade de cobrar o seu crédito, demonstrando que não ficou inerte em relação à pretensão que possui contra o devedor, ou porque o próprio devedor, através de ato inequívoco seu, reconhece, juridicamente, a dívida, demonstrando que, para ele, que seria o próprio interessado no decurso do prazo, o passar do tempo passado nada significou.

Contudo, em se cuidando de ato judicial, faz o Código Civil a seguinte ressalva: a prescrição não se interrompe com a citação nula por vício de forma, por circunduta, ou por se achar perempta a instância, ou a ação.

Conforme art. 11, § 3º, CLT, a interrupção da prescrição somente ocorrerá pelo ajuizamento de reclamação trabalhista, mesmo que em juízo incompetente, ainda que venha a ser extinta sem resolução do mérito, produzindo efeitos apenas em relação aos pedidos idênticos.

A norma merece interpretação lógica e extensiva. Ela tem por finalidade o ajuste da norma contida no art. 202, I, do CC às peculiaridades da relação trabalhista e do processo do trabalho. Ou seja, dando solução própria, em vez de condicionar a interrupção da prescrição à citação válida, como faz a lei civil, estabelece que basta o ajuizamento, mesmo perante juízo incompetente, para interromper a prescrição.

Contudo, isso não significa o afastamento dos demais meios de interpelação do devedor para interromper a prescrição: protesto, aviso, notificação judicial ou extrajudicial, documento de autoria devedor, ainda que por email, SMS ou zap, de reconhecimento da dívida.

Nos termos do art. 855-E, da CLT, *"A petição de homologação de acordo extrajudicial suspende o prazo prescricional da ação quanto aos direitos nela especificados. Parágrafo único. O prazo prescricional voltará a fluir no dia útil seguinte ao do trânsito em julgado da decisão que negar a homologação do acordo."*

Questão interessante é a indagação se as causas impeditivas ou suspensivas da prescrição podem ocorrer independentemente de norma legal expressa, quando o titular do direito se encontra impedido de demandá-lo por motivos não especificados em lei. É a regra *contra non valentem agere non currit praescriptio.*

Três correntes abordam o assunto: a) a dos negativistas, que entendem não ser possível a aplicação, por analogia, por já representarem as causas impedientes e suspensivas exceções; b) a dos que a aceitam, por motivos de força maior, com fundamento em que os motivos legais são subjetivos, nada impedindo a ocorrência de motivos objetivos e, c) a dos que acolhem a regra nos impedimentos de direito, em hipóteses como confusão e direitos ilíquidos, repelindo-a nos impedimentos de fato.

A razão parece estar com a segunda corrente e tem imenso valor. Por exemplo, a doença ou o acidente do trabalho (típico, ocupacional e equiparado) interromperão ou suspenderão o cômputo do prazo prescricional quando, mesmo transitoriamente, impedirem o titular de exprimir a vontade (arts. 3º, II e III e 4º, II, do CC). Assim, AVC, amnésia, coma e outros fatores poderão interromper o suspender o cômputo do prazo prescricional.

Sendo cada sujeito do direito tratado individualmente em suas pretensões pessoais, vigora o princípio de que a interrupção da prescrição aproveita exclusivamente a quem a promove e prejudica apenas aquele contra quem é processada, daí estabelecer o Cód. Civil, no art. 204 do CC, que a interrupção da prescrição por um credor não aproveita aos outros; semelhantemente, a interrupção operada contra o codevedor, ou seu herdeiro, não prejudica aos demais coobrigados (art. 204, CC).

Todavia, em se cuidando de obrigação solidária, ativa e/ou passiva, *a interrupção* aberta por um dos credores solidários aproveita aos outros, assim como a interrupção efetuada contra o devedor solidário envolve os demais e seus herdeiros (§ 1º).

Evidentemente, a interrupção da prescrição, aberta por um dos credores solidários, aproveita aos outros somente quando exigida a totalidade do crédito; da mesma forma, a interrupção efetuada contra o devedor solidário envolve os demais *e seus herdeiros,* quando exigida a totalidade da dívida (art. 204, § 1º, do CC).

Outrossim, não se tratando mais do devedor solidário e sim de um dos seus herdeiros e desde que a obrigação ou direito não seja indivisível, já então a interrupção da prescrição operada contra um deles não prejudica aos outros herdeiros ou devedores (art. 204 § 2º, CC).

Uma das formas de interromper a prescrição, é através da interpelação; como corolário, aliás, da própria solidariedade, a interpelação feita a um dos devedores solidários da totalidade do crédito constitui em mora também os demais.

Aplicada a norma em sede trabalhista, tem-se que a interrupção da prescrição efetuada contra um dos componentes de grupo econômico via notificação ou ajuizamento seguido de citação válida, envolve os demais participantes do grupo.

A interrupção feita contra o devedor principal prejudica o fiador (inclusive porque é responsável solidário), *ex-vi* do art. 204, §3º, CC. Como consequência, em se tratando de subempreitada, onde o empreiteiro principal é, de forma análoga à fiança, garante dos créditos do subempreiteiro, a interrupção feita contra este prejudica aquele. De igual sorte, nos casos de terceirização e trabalho temporário, em relação ao tomador.

Quando o credor solidário exige do devedor solidário apenas o pagamento de sua cota e não a totalidade da dívida, já então o efeito da interrupção é apenas parcial.

Diferentemente do que ocorre na interrupção, *a suspensão* da prescrição em favor de um dos credores solidários aproveita aos outros *somente quando for indivisível* a prestação (art. 201, do CC). Vale dizer, quando um dos credores solidários reclama a totalidade do crédito, mas a obrigação é divisível, os efeitos *da suspensão* da prescrição, que acaso tenham beneficiado esse credor, não se estendem aos demais credores, ocorrendo o contrário se a prestação é indivisível ou a hipótese for de interrupção.

13.8. Da renúncia à prescrição e à decadência

O prazo de decadência fixado por lei é irrenunciável, tanto assim que pode ser conhecido pelo juiz até mesmo de ofício (art. 209, CC). O que não ocorre com o prazo decadencial fixado por convenção das partes (art. 211, CC).

Permanece em vigor o art. 191, do Código Civil, que estabelece as formas expressa e tácita de renúncia. Diante do conhecimento oficial, ou seja, independentemente de requerimento para a pronúncia da prescrição, as formas expressa e tácita de renúncia da prescrição têm mais relevo no plano do direito material, para alegação de sua ocorrência pretérita no processo. Mas nada impede que ela ocorra a partir do processo, quando o juiz não a pronuncia de ofício e a parte não a argui, ou pratica atos incompatíveis com a intenção de considerar prescrita a pretensão.

Relembramos que na Justiça do Trabalho não se aplica o pronunciamento da prescrição de ofício, entendendo-se que, por ser a regra do direito comum incompatível com os princípios que regem as relações de trabalho, depende sempre de comprovação da parte a quem aproveita.

O prazo de prescrição, que não pode ser alterado (diminuído ou dilatado) por acordo das partes (art. 191, CC), desde que consumado, admite renúncia pelo favorecido, tanto a expressa, manifestada por meio de ato declaratório, verbal ou escrito, como a tácita, que ocorre quando o devedor pratica ato comissivo (paga ou amortiza, total ou parcialmente, uma dívida trabalhista extinta) incompatível com a prescrição (art. 191, do CC).

Se, ajuizada a ação, o réu pagar a dívida, não poderá reaver o valor, porque caracterizada estará a renúncia tácita à prescrição já consumada (art. 882, do Código Civil). A obrigação cumprida, apesar de consumado o prazo prescricional, não dá ao devedor o direito de postular indébito: a obrigação já tinha se tornado natural (juridicamente inexigível), mas se o devedor pagou porque a sua consciência assim determinou, não podendo exigir a devolução do pagamento que importou em renúncia tácita.

De qualquer sorte, se a renúncia à prescrição prejudicar terceiros, perderá a sua eficácia, pelo que no direito pátrio têm os credores do devedor beneficiado, com a prescrição, direito à impugnação da renúncia do devedor à prescrição: na renúncia tácita do devedor, por meio de intervenção no processo para invocar a exceção não oposta pelo seu devedor; na renúncia expressa, por meio da ação pauliana, em virtude do intuito de fraudar credores.

A prescrição pode ser alegada, em qualquer grau de jurisdição pela parte a quem aproveita (art. 193, do CC), ainda que o juiz não venha a pronunciá-la de ofício. Pode ser alegada após a defesa e até mesmo em recurso de segundo grau de jurisdição, mas não em execução (que não é grau de jurisdição e sim outro processo ou, quando menos, outra instância), salvo a prescrição superveniente (ou seja, a da própria execução).

A devolutividade, em profundidade, da matéria recorrida, pode exigir o conhecimento, em grau de recurso ordinário, de prescrição que não foi antes examinada, embora alegada. Por exemplo, se o pedido foi julgado improcedente e a prescrição parcial não foi por essa razão apreciada e a decisão é revertida em segundo grau. Neste caso, será preciso obrigatoriamente examinar a prescrição parcial quanto às parcelas deferidas, independentemente de recurso, porque até então não havia interesse recursal.

Essa matéria, pacificada, encontra-se inclusive sumulada (Súmula nº 393, TST).

13.9. Legitimação para a interrupção

Estão legitimados a interromper a prescrição: o titular do direito em vias de prescrição, seu representante legal e terceiro interessado.

Quanto ao representante legal, é evidente que nas hipóteses do art. 3º do CC inexiste interesse, porque não corre prescrição, podendo ele intervir em todos os demais casos em que o representado não possa, pessoalmente, praticar atos de interrupção.

Quanto ao terceiro com legítimo interesse, em regra será o credor do titular do direito em vias de prescrever.

13.10. Prazos gerais de prescrição no Direito do Trabalho

Nos termos do inciso XXIX do art. 7º, da CF, é direito dos trabalhadores urbanos e rurais ação, quanto aos créditos resultantes das relações de trabalho, com prazo prescricional de cinco anos, até o limite de dois anos após a extinção do contrato de trabalho. O que abrange os domésticos. O art. 11, da CLT, regulamenta a matéria.

Assim, nas relações de trabalho urbanas e rurais, o prazo prescricional em meio ao desenvolvimento da relação jurídica de emprego é de cinco anos.

Todavia, a partir da terminação do contrato, tem por limite o prazo bienal.

No tocante aos trabalhadores avulsos, inciso XXXIV do art. 7º da Carta Magna lhes atribuiu igualdade de direitos em relação ao trabalhador com vínculo empregatício permanente, oque abrange o regime prescricional.

Logo, a partir de cada trabalho ultimado inicia-se para o avulso a contagem do prazo prescricional de cinco anos para as pretensões decorrentes, com limitação a dois anos contados da data do descredenciamento do trabalhador junto ao OGMO.

O regime prescricional estabelecido na Constituição e na CLT abrange os trabalhadores temporários (Lei nº 6.019/1974) e os cooperados quanto aos direitos previstos na Lei nº 12.690, de 19 de julho de 2012 e também no tocante aos direitos celetistas nos casos de falsas cooperativas.

Quanto aos trabalhadores que prestam serviços com pessoalidade (pequenos empreiteiros, agentes, representantes comerciais etc.), embora lhes seja aplicável a legislação civil ou comercial, o regime prescricional para aforar lides trabalhistas é o da CLT.

Sobre as causas impedientes, suspensivas e interruptivas do cômputo, verifique-se o examinado no item 10, supra.

De qualquer sorte, a interrupção do prazo prescricional, quer mediante causa extraprocessual (notificação, reconhecimento da dívida pelo devedor etc.), quer mediante ajuizamento da ação trabalhista (art. 11, § 3º, da CLT), fica limitada a uma vez (art. 202, *caput*, CC c/c 8º, *caput*, da CLT) e contra os menores de 18 anos não corre prazo prescricional (art. 440, da CLT), que também não corre contra os incapazes que não puderem, de forma transitória ou definitiva, exprimir a sua vontade ou agir.

Nas alterações contratuais impostas pelo empregador, o prazo para reverter a situação em hipóteses de prejuízo é de natureza decadencial, posto que tem por fim desconstituir (ou constituir negativamente) uma modificação na relação jurídica de emprego, com a agravante de que a lei, na hipótese, em vez de considerar anulável o ato, o tem por nulo (arts. 468 e 9º, da CLT).

Quanto à grávida, que tem direito à mudança de função ou rompimento do contrato de trabalho, quando prejudiciais à gestação (arts. 392, § 4º, I e 394, da CLT), tem *direito potestativo à alteração ou à extinção (conforme o caso) da relação jurídica* contratual de trabalho, que somente pode ser exercido durante o prazo decadencial da gravidez.

13.11. Prescrição e arguição de ofício em sede trabalhista

Com a revogação expressa do art. 194, do Cód.Civil, que dispunha que o juiz não poderia suprir, de ofício, a alegação de prescrição, salvo se favorecesse a absolutamente incapaz, no âmbito civil passou a prescrição a ser de conhecimento oficial, independentemente de requerimento da parte a quem aproveite.

Quanto à decadência, não pode o juiz pronunciar de ofício a convencional (art. 210, CC).

Contudo, na Justiça do Trabalho firmou-se entendimento pela inaplicabilidade do pronunciamento da prescrição ou da decadência de ofício,, por ser a regra do direito comum incompatível com os princípios que regem as relações de trabalho, daí depender sempre de alegação da parte a quem aproveita.

13.12. Prescrição dos danos extrapatrimoniais e regras de transição

No tocante aos danos extrapatrimoniais, o prazo para exercício da pretensão de reparação é de 5 (cinco) anos durante o contrato, com limitação a 2 (dois) a partir de sua extinção. Rompido o contrato, o trabalhador passa a ter dois anos para postular as pretensões dos cinco anos pretéritos.

A violação a direito alheio faz surgir a pretensão à reparação (art. 189, do CC), mas a *actio nata* surge para o titular do direito violado a partir da ciência da violação, quer se trate de vencimento de dívida, quer se trate de problemas de saúde ou lesões decorrentes de acidente de trabalho típico ou morte, sendo daí contado o prazo prescricional.

No caso dos acidentes de trabalho, típicos ou provenientes de doenças ocupacionais, a *actio nata* tem início a partir da constatação ou ciência dos efeitos, que podem não coincidir com a data do infortúnio.

Note-se, no entanto, que para efeito de submissão a risco efetivo de doença ou perigo iminente, o prazo corre a partir da exposição ao fato.

Assim é que se o empregador expõe o trabalhador ao risco de contrair câncer por trabalho habitual com amianto, o prazo prescricional para compor o dano extrapatrimonial corre da exposição. Mas se o trabalhador vem, anos depois, a contrair a doença, mesmo que posteriormente à extinção da relação de trabalho, o prazo prescricional para efeito de obtenção de provimento reparatório corre a partir da verificação da doença.

De igual sorte, danos patrimoniais reflexos por ofensas extrapatrimoniais à honra ou à imagem podem se verificar posteriormente até mesmo ao rompimento do contrato e a ciência da vítima só ocorrer em data posterior à ofensa. É daí que o prazo prescricional é contado.

Quanto aos danos extrapatrimoniais em geral, duas são as situações: as decorrentes de acidentes do trabalho (vida e integridade física) e as derivados dos demais danos (intimidade, vida privada, honra, imagem etc.).

Quanto aos acidentes do trabalho, por força do disposto no art. 114, VI, da Constituição Federal, restou superada, pelo STF, a polêmica da competência para julgar as ações de acidentes de trabalho. Ficou estabelecida que é da Justiça do Trabalho[4]: a indenização acidentária, decorrente do seguro previdenciário e assim da responsabilidade objetiva, a cargo do órgão previdenciário (e, substitutivamente, do empregador que a obstar) não exclui a reparação pelas sequelas causadas ao empregado por culpa ou dolo do empregador (responsabilidade subjetiva). Muito menos, acrescentamos, a reparação pelas sequelas decorrentes do exercício de atividade de risco ou de circunstâncias de risco (responsabilidade objetiva).

A indenização de seguro acidentário deve ser postulada na Justiça Comum, mas a reparação decorrente do complexo e da exclusão social advindos da perda, deformação ou paralisia de membro, quando decorrentes da relação de emprego, deve ser buscada na Justiça do Trabalho. Assim também os danos patrimoniais decorrentes de das despesas médicas, hospitalares e as decorrentes de tratamento, bem como eventuais lucros cessantes (por exemplo, o valor correspondente à inabilitação).

Embora antes afeta a questão à Justiça Comum, o dano patrimonial ou extrapatrimonial sempre foi decorrente das relações de trabalho, a envolver questão de direito material tipicamente trabalhista. Logo, a prescrição aplicável é a quinquenal, com limitação a dois anos a partir da extinção do contrato.

Todavia, até a modificação da competência a Justiça Comum aplicava a prescrição civil, daí porque, é preciso fazer incidir regra de transição.

Pelo Código Civil de 1916, o prazo prescricional para as ações acidentárias era de 20 anos. Passou a ser de 3 anos a partir do atual Código Civil, cuja vigência teve início em 11 de janeiro de 2003 (art. 206, VI). E de 5 anos no curso do contrato, com limitação a 2 com a extinção do contrato, a partir da Emenda Constitucional nº 45, de 31 de dezembro de 2004.

Assim, à luz da teoria da *actio nata*, quando a pretensão nasce posteriormente à publicação da Emenda Constitucional 45/2004, a qual alterou a competência desta Justiça Especializada para processar esse

4 Em julgamento do Conflito de Competência nº 7204, DJU de 03/08/2005, relatado pelo ministro Carlos Ayres Brito, por unanimidade de votos o STF declarou a competência da Justiça do Trabalho para processar e julgar as ações nas quais os trabalhadores buscam reparação de danos em razão de acidente de trabalho derivado de culpa ou dolo do empregador.

tipo de ação, postergado para a data da decisão do STF (03/08/2005) que reconheceu a competência da Justiça do Trabalho para o respectivo exame, o prazo prescricional aplicável é aquele previsto no art. 7º, XXIX, da Constituição Federal; se anterior à publicação da EC 45/2004, a prescrição incidente é a civil.

Para os acidentes ocorridos entre 11 de janeiro de 2003 e a Emenda Constitucional nº 45/04, aplica-se a prescrição de 3 anos. E para os acidentes ocorridos a partir de 03/08/2005, a prescrição trabalhista, de 5 anos, com limitação a 2 anos a partir da extinção do contrato.

Quanto aos acidentes ocorridos antes do Código Civil de 2002, que teve vigência a partir de 11 de janeiro de 2003, deve-se observar o disposto no art. 2028, do Código Civil: *"Serão os da lei anterior os prazos, quando reduzidos por este Código, e se, na data de sua entrada em vigor, já houver transcorrido mais da metade do tempo estabelecido na lei revogada."*

Logo, se a prescrição civil no Código de 1916 era de 20 anos, se na data da entrada em vigor do atual Código (11 de janeiro de 2003), se já houver transcorrido mais da metade do tempo estabelecido na lei revogada, aplica-se o prazo antigo; do contrário, aplicável é o prazo do Código de 2002, de 3 (três) anos.

No tocante aos efeitos patrimoniais das doenças ocupacionais, verificados mais de dois anos após o rompimento do contrato, o prazo tem início a partir da verificação dos efeitos, mesmo nas hipóteses de contratos já rompidos. São várias as hipóteses em que lesões pulmonares, auditivas ou motoras surgem somente tempos após o rompimento do contrato.

Relativamente aos danos morais em geral, não decorrentes de acidentes do trabalho, igualmente aplicam-se as regras de transição, mas com cômputo a partir de 31.12.2004, ocasião em que a EC nº 45/2004 atribuiu expressamente o exame dos conflitos que o envolvem à Justiça do Trabalho (art. 114, VI, CF), sem a discussão relacionada aos casos derivados de acidentes de trabalho, só resolvida em 03/08/2005.

13.13. Prescrição e decadência durante o período da pandemia da COVID-19

A Lei nº 14.010/2020, dispõe, em caráter geral, sobre o Regime Jurídico Emergencial e Transitório das relações jurídicas de Direito Privado (RJET) no período da pandemia do coronavírus (Covid-19).

Nos termos do art. 3º, "Os prazos prescricionais consideram-se impedidos ou suspensos, conforme o caso, a partir da entrada em vigor desta Lei até 30 de outubro de 2020."

Os prazos não serão interrompidos, porque isso importaria em nova contagem de prazos já iniciados. Ou não é contado (impedimento) ou fica paralisado (suspenso), com aproveitamento do tempo decorrido antes da suspensão quando da retomada do curso do prazo prescricional.

Relativamente às relações de trabalho, a norma precisa ser interpretada segundo a *mens legis*, a *occasio legis* e a *ratio legis* e de forma lógica e sistemática, que supere a sua literalidade.

Com efeito, a Medida Provisória nº 927 data de 22 de março de 2020 e tem por finalidade o enfrentamento do estado de calamidade pública reconhecido pelo Decreto Legislativo nº 6, de 20 de março de 2020, e da emergência de saúde pública de importância internacional decorrente do coronavírus (covid-19), decretada pelo Ministro de Estado da Saúde, em 3 de fevereiro de 2020, nos termos do disposto na Lei nº 13.979, de 6 de fevereiro de 2020 (art. 1º).

Assim, é evidente que para os efeitos trabalhistas o prazo inicial de impedimento e suspensão da prescrição teve início a partir da paralisação das atividades empresariais, nas datas dos vários decretos estaduais e municipais e de suas prorrogações.

Afinal, quem esteve confinado e com órgãos do judiciário com atividades externas suspensas, não teve como praticar atos.

Outrossim, a data de 30 de outubro de 2020, como previsto na própria lei em comento, não se aplicará enquanto perduraram as hipóteses específicas de impedimento, suspensão e interrupção dos prazos prescricionais previstas no ordenamento jurídico nacional (§ 1º).

Aqui também cabe interpretação, posto que houve liberação para a retomada dos prazos judiciais em relação aos tribunais que passaram a adotar funcionamento por meio remoto.

Assim ocorrendo, cessou o impedimento para o exercício de direitos subjetivos ao menos em relação às medidas judiciais nos tribunais que passaram a funcionar remotamente a partir de 15 de maio de 2020.

Nada impede, no entanto, que o óbice ao exercício de direitos subjetivos tenha dependido de providências que não puderam ser tomadas durante o período de pandemia. Neste caso, o prazo permaneceu com impedimento ou suspensão até o esgotamento da data prevista.

Finalmente, considerando como exceção, em relação ao Código Civil, o disposto no § 2º, o legislador emergencial estendeu aos prazos decadenciais os impedimentos e suspensões.

As normas atinentes à decadência vêm, como já exposto, sofrendo alterações ao longo do tempo e diante dos efeitos do coronavírus o caso é mesmo de excepcionar, para admitir impedimento e suspensão dessa espécie de prazo de direito cujo exercício depende apenas do titular, quando cabível.

XIV

ATUALIZAÇÃO MONETÁRIA E JUROS SOBRE A INDENIZAÇÃO POR DANOS EXTRAPATRIMONIAIS

A atualização monetária atua de forma distinta conforme a decisão condenatória diga respeito a dano patrimonial ou a dano extrapatrimonial.

Quanto ao dano patrimonial decorrente de dano emergente, que corresponde a um prejuízo material imediato, a atualização sobre o crédito incide a partir da data do desembolso das despesas a serem indenizadas. Neste caso, a atualização será feita pelo IPCA-e até o ajuizamento da reclamação trabalhista, e após, até o pagamento, será aplicada a taxa SELIC, que abrange atualização monetária e juros da mora.

Com base na Súmula nº 439, do TST, fundamentada nos art. 883, da CLT, 39, § 1º da Lei nº 8.177/91 e 27, § 6º, da Lei nº 9.060/95, como os juros trabalhistas são contados a partir do ajuizamento da reclamação e a decisão do STF no RE 1269353 determina a aplicação da taxa SELIC, já compreensiva dos juros a partir do ajuizamento, não incidirão, como já não incidiam anteriormente a essa decisão, juros sobre o período até o ajuizamento.

No tocante aos lucros cessantes ou pensionamento, a atualização do crédito indenizatório se dará a partir da data do vencimento da obrigação quanto às parcelas vencidas e vincendas.

Contudo, como tais valores observarão a mesma periodicidade de vencimento dos salários (Súmula 381, do TST), com atualização periódica baseada na variação salarial da categoria profissional do acidentado ou na mesma proporção das variações do salário-mínimo (art. 533, § 4º, do CPC), incidirá a taxa SELIC a partir daí e até o pagamento.

Em relação ao pensionamento transformado em indenização para pagamento de uma só vez, como o cálculo é feito com base na variação salarial da categoria profissional do acidentado ou na mesma proporção das variações do salário-mínimo (art. 533, §4º, do CPC), o valor encontrado já estará atualizada à época de sua definição, incidindo a partir daí a taxa SELIC até o pagamento.

Como já antes referido, como os juros trabalhistas são contados a partir do ajuizamento da reclamação e a decisão do STF no RE 1269353 determina a aplicação da taxa SELIC, já compreensiva dos juros a partir do ajuizamento, não incidirão juros sobre o período até o ajuizamento.

A mesma lógica observada para a atualização dos danos patrimoniais não pode ser aplicada em se tratando de danos extrapatrimoniais. Isso porque o valor da indenização não corresponde a um gasto feito, que possa ser ressarcido; a um crédito obstado; ou à cobrança de quantia necessária para um reparo ou substituição de bem material. A indenização compensatória da ofensa extrapatrimonial passa a existir no mundo jurídico somente a partir da decisão que fixa o valor ou que o revê, em quantia contemporânea a essa fixação. E se for determinada atualização retroativa à data da ofensa, verificar-se-á *bis in idem*, com incidência de atualização sobre um valor já atualizado à data da decisão definitiva de fixação.

Por tais razões, tanto o STJ, como o TST pacificaram a questão, decidindo que o termo inicial da correção monetária dos danos morais ou estéticos, deve ser o da decisão que o quantifica, ou seja, a do arbitramento (Súmulas 362, STJ e 439, TST), porque já fixado em valor atual na data dessa decisão.

Logo, em relação à decisão do STF, de que para a atualização monetária dos débitos trabalhistas devem ser aplicados o Índice Nacional de Preço ao Consumidor Amplo Especial (IPCA-e) na fase pré-judicial, e, a partir do ajuizamento da ação, a taxa Selic (RE 1269353), só a segunda parte dessa decisão incide em se tratando de danos extrapatrimoniais. Isto porque se o valor respectivo passa a ser devido somente a partir da decisão que define a obrigação e fixa o valor correspondente de forma atualizada, a incidência da atualização monetária dar-se-á, não a partir da ofensa, mas sim da decisão definitiva que fixa o valor da indenização, nesse ponto conforme a Súmula 439 do TST.

A outra questão que se impõe esclarecer diz respeito aos juros da mora nas indenizações por danos extrapatrimoniais. E aí pensamos que a Súmula 439 merece revisão. Isso porque os juros legais da mora correspondem à compensação pela utilização de capital alheio, o que bem se ajusta aos direitos de natureza patrimonial, para remunerar o credor pelo tempo de uso, pelo devedor, do crédito do credor.

Todavia, o uso de bem material alheio (ressarcimento de despesa; crédito obstado; ou cobrança de quantia necessária para um reparo ou substituição de bem material) não ocorre em se tratando de ofensa a direitos extrapatrimoniais (violação da honra, da intimidade, da vida privada, assédio moral etc.), pelo que os juros da mora devem incidir somente quando o crédito passa a existir para o credor, ou seja, a partir da fixação definitiva da indenização compensatória do dano.

No entanto, a súmula nº 439 do TST sintetiza a jurisprudência pacificada, no sentido de que nas condenações por dano moral, os juros incidem desde o ajuizamento da ação, nos termos do art. 883 da CLT.

Como, para o STF, para a atualização monetária dos débitos trabalhistas, devem ser aplicados o Índice Nacional de Preço ao Consumidor Amplo Especial (IPCA-E) na fase pré-judicial, e, a partir do ajuizamento da ação, a taxa Selic (RE 1269353), compreensiva dos juros da mora, essa decisão, de repercussão geral, impõe, no caso, o afastamento do art. 883, da CLT, para aplicação unicamente da taxa SELIC, compreensiva da atualização monetária e dos juros da mora, com incidência a partir da decisão definitiva que fixa o valor da indenização por danos extrapatrimoniais e até o pagamento.

BIBLIOGRAFIA

ABRANTES. JOSÉ JOÃO. *Contrato de Trabalho e Direitos Fundamentais*. Coimbra: Coimbra Editora.

ADRIANO DE CUPIS *Os Direitos da Personalidade*. Lisboa: Livraria e Editora Morais, 1961.

AGUIAR DIAS *Da Responsabilidade Civil*. vol. I. 9. ed. Rio de Janeiro: Forense, 1994.

ALVES, Alexandre Ferreira de Assumpção. *A Pessoa Jurídica e os Direitos da Personalidade*. Rio de Janeiro: Renovar, 1998.

ALVIM, Agostinho. *Da Inexecução das Obrigações e suas Consequências*. Rio de Janeiro: Jurídica e Universitária, 1965.

AMARANTE, Aparecida. *Responsabilidade Civil por Dano à Honra*. 3. ed. Del Rey, BH, 1996.

AMORIM FILHO, Agnelo. Critério Científico para Distinguir a Prescrição da Decadência e para Identificar as Ações Imprescritíveis. *Revista Forense*, 193-30.

ANTUNES VARELA, João de Matos. Das Obrigações em Geral – vol.1, editora Almedina, Coimbra, 2000

APOSTOLIDES, Sara Costa. *Do Dever Pré-Contratual de Informação e da sua Aplicabilidade na Formação do Contrato de Trabalho*. Coimbra: Almedina, 2008.

ARAUJO, Bruna de Sá. Aplicação da LGPD pelos tribunais trabalhistas: análise da jurisprudência recente. In Lei Geral de Proteção de Dados, Ano X, n.97, Março/2021

ARENHART, Sérgio Cruz. *A Tutela Inibitória da Vida Privada*. São Paulo: RT, 2000.

ASSIS, Rui. *Legislação Laboral*. 1. ed. Coimbra: Coimbra Editora, 2009.

AZEVEDO, Antonio Junqueira de. *Por uma nova categoria de dano na responsabilidade civil*: o dano social. Novos estudos e pareceres de direito privado. Saraiva, São Paulo, 2009.

BANDEIRA DE MELLO, Oswaldo Aranha. *Conceito de Responsabilidade e Responsabilidade Civil*. São Paulo: RDPubl, 1968. v. 3, item 23.

BANDEIRA DE MELLO, Celso Antonio. *Curso de Direito Administrativo*. 4. ed. São Paulo: Malheiros.

BARBOSA, Mafalda Miranda e Muniz, Francisco, coord. Responsabilidade Civil – 50 anos em Portugal – 15 anos no Brasil. Editora JusPodium, Salvador, BA, 2017.

BARRETO, Margarida Maria Silveira. *Uma Jornada de Humilhações*. Dissertação – Pontifícia Universidade Católica de São Paulo. Saraiva, São Paulo, 2000.

BARROS, Alice Monteiro de. *Proteção à Intimidade do Empregado*. São Paulo: LTr, 1997.

BARROS, Alice Monteiro de. *Contratos e Regulamentações Especiais de Trabalho*. 3. ed. rev. e ampl. 2. tir. São Paulo: LTr.

BARROS, Alice Monteiro de. *O Assédio Sexual no Direito Comparado*. Disponível em: <www.internet-lex.com.br>.

BEGUOCI, Leandro. Pressão cotidiana ou humilhação continuada? *Folha de S. Paulo*, São Paulo, 26 jul. 2005. Caderno Sinapse.

BELMONTE, Alexandre Agra. *Danos Morais no Direito do Trabalho*. 2.ed. Rio de Janeiro, 2002.

BELMONTE, Alexandre Agra. *Tutela da Composição dos Danos Morais nas Relações de Trabalho – Identificação das ofensas morais e critérios objetivos para quantificação*. 1. ed. São Paulo: LTr, 2014.

BELMONTE, Alexandre Agra. *O Monitoramento da Correspondência Eletrônica nas Relações de Trabalho*. 2. ed. São Paulo: LTr, 2014.

BELMONTE, Alexandre Agra; Freitas, Cláudio. O Monitoramento Tecnológico das Relações de Trabalho no Mundo Digital, Venturolli, São Paulo, 2024

BELMONTE, Alexandre Agra. *A Tutela das Liberdades nas Relações de Trabalho*. 1. ed. São Paulo: LTr, 2014.

BEPPLER, Daniela. Internet e informatização: implicações no universo jurídico. In ROVER, A. J. (Org.). Direito, sociedade e informática: limites e perspectivas da vida digital. Florianópolis: 2000

BITTAR, Carlos Alberto. *Reparação Civil por Danos Morais*. 3. ed. São Paulo: RT, 1999.

BITTAR, Carlos Alberto, *Responsabilidade Civil:* Teoria e Prática. 1. ed. Rio de Janeiro: Forense Universitária, 1989.

BITTAR, Carlos Alberto. *Curso de Direito Civil*. vol. I. Rio de Janeiro: Forense Universitária.

BRASIL, Câmara dos Deputados, Projeto de Lei (de nº 4.742/2001) de autoria do deputado federal Marcos de Jesus - PL/PE In https://www.camara.leg.br/proposicoesWeb/fichadetramitacao?idProposicao=28692. Consulta feita em 17/01/2022.

BRASIL, Câmara dos Deputados. In https://www.camara.leg.br/proposicoesWeb/fichadetramitacao?idProposicao=28692&fichaAmigavel=nao Consulta feita em 24/6/2024

BRASIL, Senado Federal In https://www25.senado.leg.br/web/atividade/materias/-/materia/135758 Consulta feita em 24/6/2024

BRASIL, STF. In https://portal.stf.jus.br/noticias/verNoticiaDetalhe.asp?incidente=5612680 Consulta feita em 24/6/2024

BRASIL, Tribunal Superior do Trabalho, PROCESSO Nº TST-ARR-11559-20.2017.5.03.0140, acórdão unânime da Terceira Turma do TST, julgado em 07/04/2021, publicado no DEJT de 09/04/2021, Relator Ministro Alexandre Agra Belmonte.

BRASIL, Superior Tribunal de Justiça. AgInt no REsp 1719756/SP, Relator Ministro Luis Felipe Salomão, 4ª Turma, julgado em 15/05/2018, DJe 21/05/2018.

BRASIL, TST. In https://www.tst.jus.br/-/justi%C3%A7a-do-trabalho-recebe-mensalmente-cerca-de-seis-mil-a%C3%A7%C3%B5es-por-ass%C3%A9dio-moral%C2%A0 Consulta feita em 04/06/2024.

BRASIL, STF In https://portal.stf.jus.br/noticias/verNoticiaDetalhe.asp?incidente=5612680 Plenário, Sessão Virtual de 16.6.2023 a 23.6.2023. Por maioria, vencidos os Ministros Edson Fachin e Rosa Weber (Presidente), que julgavam procedente o pedido das ações.

BRASIL, Senado Federal, Projeto de Lei nº 2338, de 2023, Consulta em 19/6/2024 em https://www25.senado.leg.br/web/atividade/materias/-materia/15723

BRASIL, Tribunal Superior do Trabalho, RRAg-217-19.2020.5.17.0010, 5ª Turma, Relator Ministro Breno Medeiros, DEJT 01/03/2024.

BRASIL, Tribunal Superior do Trabalho, Ag-AIRR-500-89.2018.5.14.0141, 1ª Turma, Relator Ministro Amaury Rodrigues Pinto Junior, DEJT 18/02/2022

BRASIL, Tribunal Superior do Trabalho, RR-1000864-41.2018.5.02.0444, 7ª Turma, Relator Ministro Claudio Mascarenhas Brandao, DEJT 23/06/2023

BRASIL, Tribunal Superior do Trabalho, AIRR-569-71.2020.5.06.0013, 6ª Turma, Relator Ministro Augusto Cesar Leite de Carvalho, DEJT 15/12/2023

BRASIL, Tribunal Superior do Trabalho, Ag-AIRR-255-28.2019.5.05.0195, 6ª Turma, Relator Desembargador Convocado Jose Pedro de Camargo Rodrigues de Souza, DEJT 03/03/2023

BRASIL, Tribunal Superior do Trabalho, RRAg-1282-34.2017.5.08.0130, 8ª Turma, Relator Ministro Alexandre de Souza Agra Belmonte, DEJT 03/10/2022

BRASIL, Tribunal Superior do Trabalho, E-ED-RR-207400-63.2009.5.02.0203, Subseção I Especializada em Dissídios Individuais, Relator Ministro Joao Oreste Dalazen, DEJT 08/09/2017

BRASIL, Tribunal Superior do Trabalho, ARR-204-27.2016.5.09.0028, 8ª Turma, Relatora Ministra Dora Maria da Costa, DEJT 24/11/2017

BRASIL, Tribunal Superior do Trabalho, AIRR-759-02.2011.5.01.0009, 8ª Turma, Relatora Ministra Dora Maria da Costa, DEJT 11/03/2016

BRASIL, Tribunal Superior do Trabalho, RRAg-1001252-95.2018.5.02.0038, 1ª Turma, Relator Ministro Amaury Rodrigues Pinto Junior, DEJT 20/10/2023; TST.

BRASIL, Tribunal Superior do Trabalho, Ag-AIRR-221-92.2015.5.02.0028, 2ª Turma, Relatora Ministra Maria Helena Mallmann, DEJT 09/06/2023

BRASIL, Tribunal Superior do Trabalho, RRAg-10255-26.2018.5.03.0180, 5ª Turma, Relator Ministro Breno Medeiros, DEJT 01/07/2022

BRASIL, Tribunal Superior do Trabalho, RRAg-11304-77.2016.5.03.0114, 6ª Turma, Relatora Ministra Katia Magalhaes Arruda, DEJT 21/10/2022; TST. RR-2743900-28.2007.5.09.0004, 7ª Turma, Relator Ministro Claudio Mascarenhas Brandao, DEJT 13/12/2013.

CAHALI, Yussef Said. O Dano Moral e Sua Reparação. São Paulo: RT, 1998.

CAIRO JUNIOR, José. O Acidente de Trabalho e a Responsabilidade Civil do Empregador. 2. ed. São Paulo: LTr, 2005.

CALMON DE PASSOS, J. J. Comentários ao Código de Processo Civil. 7. ed. Rio de Janeiro: Forense, 1992.

CANOTILHO, José Joaquim Gomes. O Provedor de Justiça e o efeito horizontal dos direitos, liberdades e garantias. Disponível em: <http://www.provedor-jus.pt/publicações/sessao/gcanotilho.htm>. Consulta feita em: 20 fev. 2003.

CARNELUTTI, Franscesco. Il Danno e Il Reato. Padova: Cedam, 1926; SAVATIER, Traité de La Responsabilité Civile. II, Paris, 1951, n. 525.

CARVALHO DE MENDONÇA, M. I. Doutrina e Prática das Obrigações. 4. ed. Rio de Janeiro: Forense, 1956, II, n. 743.

CASTRO, Guilherme Couto de. A Responsabilidade Civil Objetiva no Direito Brasileiro. 2. ed. Rio de Janeiro: Forense, 1997.

CAVALLINI, Marta. Vide https://g1.globo.com/economia/concursos-e-emprego/noticia/empresas-monitoram-comportamento-nas-redes-sociais-para-contratar-ou-demitir--veja-cuidados.ghtml Acesso em 1º/05/2024.

CAVALLIERI FILHO, Sérgio. Programa de Responsabilidade Civil. 6. ed. São Paulo: Malheiros, 2005.

CASTELLO, Jorge Pinheiro. Do Dano Moral Trabalhista. *Revista LTr*, vol. 59 n. 04, abril/95.

CASTELLS, Manuel. A galáxia da internet: reflexões sobre a internet, os negócios e a sociedade. Rio de Janeiro: Zahar, 2003.

CASTELLS, Manuel. A sociedade em rede: do conhecimento à política. In CASTELLS, Manuel; CARDOSO, Gustavo (orgs.). A sociedade em rede: do conhecimento à acção política. Imprensa Nacional: Casa da Moeda, 2006

CASTRO, Guilherme Couto de. *A Responsabilidade Civil Objetiva no Direito Brasileiro*. 2. ed. Rio de Janeiro: Forense, 1997.

CHAVES, Antonio. *Tratado de Direito Civil*. vol. III. São Paulo: RT, 1985.

CHAVES, Antonio. *Direitos Conexos*. São Paulo: LTr.

COECKELBERG, Mark. Ética na Inteligência Artificail, Ubu editora, S.P. e Puc Rio, RJ. Trad.Clarisse de Souza, Edgar Lyra, Matheus Ferreira e Waldyr Delgado. Trad, 2023

COELHO, Fábio Ulhoa. *Curso de Direito Civil*. vol. 2. 2. ed. São Paulo: Saraiva, 2004.

CONI JR., Vicente Vasconcelos; PAMPLONA FILHO, Rodolfo A Lei Geral de Proteção de Dados Pessoais e seus reflexos nas relações jurídicas trabalhistaso. In Revista Direito UNIFACS, n.239, 2020.

CORREIO BRAZILIENSE, "Denúncias de assédio sexual aumentam 64%, aponta MPT" in https://www.correiobraziliense.com.br/brasil/2020/12/4895170-denuncias-de-assedio-sexual-aumentam-64--aponta-mpt.html. Consulta feita em 17/01/2022.

COVIELLO, L'art. 185 del Codice Penale e la Risarcibilità del Danni Morali in Materia Civile. *Rivista Diritto Civile*, 1932.

COUTINHO, Sayonara Grillo. *Relações Coletivas de Trabalho*. Configurações Institucionais no Brasil Contemporâneo. São Paulo: LTr, 2008.

COVIELLO, L'art. 185 del Codice Penale e la Risarcibilità del Danni Morali in Materia Civile, *Rivista Diritto Civile*, 1932.

DANTAS, Miguel Calmon; CONI JR, Vicente Vasconcelos. Constitucionalismo digital e indignação na sociedade da informação. In MARTINI, Sandra Regina; CAVALCANTI,

Ana Elizabeth Lapa Wanderley (Org.). Transdiciplinariedade e o direito: os desafios dos direitos humanos na sociedade da informação. Porto Alegre: Evangraf, 2017

DALLOZ, *Répertoire Alphabetique*, Supplément.DAL-RÉ, Fernando Valdés. Los Derechos Fundamentales de la Persona del Trabajador, *in Libro de Informes Generales Del XVII Congreso Mundial de Derecho del Trabajo y de La Seguridad Social*, Uruguay, 2003.

DE CUPIS, Adriano. *Os Direitos da Personalidade*. Lisboa: Livraria Morais Editora, 1961.

DELGADO, Mauricio Godinho. *Curso de Direito do Trabalho*. 4. ed. São Paulo: LTr, 2005.

DELGADO, Mauricio Godinho. *Revista LTr*, n. 06, junho de 2006.

DE TRACY, Antoine Louis Claude Destutt. *Elementos de ideologia*, 1801. DINIZ, Maria Helena. *Curso de Direito Civil Brasileiro*, 7º vol, Responsabilidade Civil, Saraiva, São Paulo, 2002.

DINIZ, Maria Helena. *Curso de Direito Civil Brasileiro*, Responsabilidade Civil, 7ª ed, Saraiva, 1998.

EUBANK, Virginia. Automating inequality: how high-tech tools profile, police, and punish the poor. New York: St. Martin's Press, 2017

FAZZIO JUNIOR, Waldo. *Nova Lei de Falência e Recuperação de Empresas*, Atlas, 2005.

FONSECA, Rodrigo Dias. *Assédio moral:* breves notas, *in* http://jus2.uol.com.br/doutrina/texto.asp?id=9512, consulta feita em 08/10/2008.

FORNASIER, Mateus de Oliveira. Cinco Questões Ético-Jurídicas Fundamentais sobre a Inteligência Artificial. Lumem Juris Direito, Rio de Janeiro, 2021

FLORINDO, Valdir. *Dano Moral e o Direito do Trabalho*, LTr, São Paulo, 1995.

FLORINDO, Valdir. *A Justiça do Trabalho e o Dano Moral Decorrente da Relação de Emprego*. Revista LTr, vol. 59, n. 03, março 95.

FRAZÃO, Ana. Aspectos estruturais da LGPD e direitos dos titulares de dados. In FRAZÃO, Ana; TEPEDINO, Gustavo; OLIVA, Milena Donato (orgs.). Lei Geral de Proteção de Dados Pessoais e suas repercussões no Direito Brasileiro. 2ª ed. São Paulo: RT, 2020.

GABBA, *Questione di Diritto Civile*, II, Torino, Fratelli Rocca, 1898; SAVIGNY, *Traité de Droit Romain*, I.

GALO e TENO, Thais e Thiago, *Redes sociais: o empregador deve proibir ou regulamentar? In* http:/www.migalhas.com.br/dePeso/16,MI148377, 11049-Redes+sociais+o+empregador+deve+proibir+ou+regulamentar, acesso em 07/12/2012.

GILMAR FERREIRA MENDES. *Direitos Fundamentais*: Eficácia das Garantias Constitucionais nas Relações Privadas – Análise da Jurisprudência da Corte Constitucional Alemã, *in* http://geocities.yahoo.br/profpito/direitosfundamentaisgilmar.html. Consulta feita em 22/3/03.

GOMES, Orlando. *Introdução ao Direito Civil*, 9ª ed., Forense, Rio de Janeiro, 1987.

GOMES, Orlando, *Obrigações*, Forense, 1986.

GOMES e GOTTSCHALK,Orlando e Elson. *Curso de Direito do Trabalho*, 16ª edição, Forense, Rio de Janeiro, 2000.

GONÇALVES, Carlos Roberto, *Responsabilidade Civil*, 6ª ed., ed. Saraiva, São Paulo, 1995.

GONZÀLEZ, José Alberto, Direito da Responsabilidade Civil, Quida Juris, Lisboa, 2017

GUIMARÃES, Carlos da Rocha. *Prescrição e Decadência*, 2ª ed., Forense, 1984.

http://www.bbc.co.uk/portuguese/noticias/2011/11/111115_espanha_chips_ai.shtml>. Acesso em: 7 dez. 2012HIRIGOYEN, Marie-France. *Mal-Estar no Trabalho:* Redefinindo o Assédio Moral. Tradução de Rejane Janowitzer. Bertand Brasil, 2002, Rio de Janeiro.

HUNGRIA, Nélson. *Comentários ao Código Penal*, vol.VI, Forense, Rio de Janeiro, 1955.

JHERING, Rudolf von. *Actio injuriarum des lésions injurieuses en droit romain (et en droit français)*. Trad.Meulenaere. Paris: Chevalier, 1888.

JABUR, Gilberto Haddad. *Liberdade de Pensamento e Direito à Vida Privada*, RT, 2000.

JOSSERAND, Louis. *Cours de Droit Civil Positif Français*, II, n. 416, 3ª ed.,1939.

JOSSERAND, Louis. *Évolutions et actualités*, Sirey, Paris, 1936; *Revista Forense*, vol.86,. trad.Raul Lima.

LANEY, Doug. 3D Data Management: controlling datav, velocity and variety. In Technical report of META Group Research Note, 6, 2001.

LARENZ, Karl. *Tratado de Derecho Civil Alemãn* – parte general, trad. de Miguel Izquierdo, Editoriales de Derecho Reunidas, Madrid.

LEGAL INFORMATION INSTITUTE (Cornel Law School). Disponível em https://www.law.cornell.edu/wex/tort na data de 13/5/2024

LEI E ORDEM. In http://www.leieordem.com.br/direito-do-trabalho-uso-de-blogs-e-redes-sociais-e-motivo-de-demissao-por-justa-causa.html Acesso em: 7 dez. 2012.

LIMA, Alvino, *Da Culpa ao Risco*, São Paulo, Ed. R.T., 1938.

LIMA, Mauricio Pessoa. *O Trabalho em Condições Análogas à de Escravo no Brasil Contemporâneo*. Exposição proferida na Oficina Jurídica "Trabalho Escravo", no II Fórum Social Mundial em 2 de fevereiro de 2002, Porto Alegre-RS. Consulta feita em 27/07/2010, *in* http://www.oitbrasil.org.br/trabalho_forcado/brasil/documentos/trabalhoescravofsm.pdf.

LIMONGI FRANÇA, RUBENS. *Manual de Direito Civil*, vol. I, São Paulo: RT, 1966.

LIMONGI França R. *Instituições de Direito Civil*, 3ª.ed., ed.Saraiva, 1994.

LISBOA, Roberto Senise. *Manual de Direito Civil*, vol.2, Obrigações e Responsabilidade Civil, 3. ed., RT, 2004.

LOPEZ, Teresa Ancona. *O Dano Estético*, 2ª edição, RT, 1999.

MAGANO, Octavio Bueno. *Lineamentos de infortunística*, 1976.

MARTELETO, Regina Maria. Análise de redes sociais: aplicação nos estudos de transferência da informação. In Ciência da Informação, Brasília, v. 30, n. 1, p. 71-81, jan./abr. 2001.

MARTINS, José Eduardo de Figueiredo. DILEMAS ÉTICOS E JURÍDICOS DO USO DA INTELIGÊNCIA ARTIFICIAL NA PRÁTICA JURÍDICA. Disponível em: https://www.cidp.pt/revistas/rjlb/2021/4/2021_04_0919_0952.pdf Acesso em 10/06/2024.

MARTINS-COSTA, Judicth; PARGENDLER, Mariana Souza. Usos e abusos da função punitiva (punitive damages e o Direito Brasileiro). In Revista CEJ, Brasília, n.28, jan/mar, 2005.

MARTINS FILHO, Ives Gandra. A Reforma do Poder Judiciário e seus Desdobramentos na Justiça do Trabalho, *in Revista LTr*, São Paulo, vol. 69, janeiro de 2005.

MARTINS, Marcos In http://www.marcosmartins.adv.br/artigos/280706.pdf Consulta feita em 06/09/2012.

MARTINS, Sergio Pinto. Comentários à CLT. 17º Ed. São Paulo: Atlas, 2016.

MARTINEZ VIVOT, Julio. *Acoso Sexual*, editora Astrea, Buenos Aires, 1996.

MAZEAUD et MAZEAUD, Henri et León. *Responsabilité Civile*, vol. I, n. 23, Henri et Léon 5th ed. Paris, Editions Monchrestien, 1957.

MEDEIROS NETO, Xisto de. *Dano Moral Coletivo*, 2ª edição, LTr, São Paulo, 2007.

MELO, Raimundo Simão de. *Ação Civil Pública na Justiça* do Trabalho, LTr, São Paulo, 2002.

MELLO FILHO, José Celso. *Constituição Federal anotada*, 2. edição, Saraiva, São Paulo, 1986.

MENDES, Gilmar; BRANCO, Paulo Gustavo Gonet. Curso de Direito Constitucional. 12ª ed. São Paulo: Saraiva, 2012

MENDES, Gilmar Ferreira, Os direitos individuais e suas limitações: breves reflexões, *in* MENDES, Gilmar *et alii*. *Hermenêutica constitucional e direitos fundamentais*, Brasília Jurídica, 2002, Brasília, MENDONÇA, M.I.Carvalho de. *Doutrina e Prática das Obrigações*, 4ª ed., Forense, Rio de Janeiro, 1956, II, n. 743.

MILLARES, Daniel Ulloa. Entidades sin Fines de Lucro, Libertad Religiosa y Contrato de Trabajo, *in Temas Centrales Del Derecho Del Trabajo Del Siglo XXI*, Ara Editores, Perú, 2009.

MONTEIRO, Antonio Pinto. Responsabilidade Civil – 50 anos em Portugal – 15 anos no Brasil. Coord. Mafalda Miranda Barbosa e Francisco Muniz. Editora JusPodium, Salvador, BA, 2017.

MONTOYA MELGAR, ALFREDO. *Derecho del Trabajo*, 24ª edición, Tecnos, Madrid, 2003.

MORAES, Luis Felipe do Nascimento. Elementos para o exercício da liberdade de expressão e do direito à informação pelos trabalhadores. *Revista Crítica Jurídica* n. 19, jul/dez 2001, da Faculdades do Brasil, Curitiba; MORAES, Maria Celina Bodin de. "O Princípio da Dignidade Humana", *in Princípios do Direito Civil Contemporâneo*, Renovar, Rio de Janeiro, 2006.

MOREIRA ALVES, José Carlos. *Direito Romano*, vol II, Forense, 1986.

MOREIRA ALVES, José Carlos, *Direito Romano*, vol.II, Forense, 1986.

MUNIZ, Carolina. Vide https://www.baptista.com.br/a-empresa-pode-monitorar-o--email-e-o-celular-corporativos/#:~:text=A%20verifica%C3%A7%C3%A3o%20%C3%A9%20permitida%2C%20porque,Chagas%2C%20s%C3%B3cio%20do%20Chagas%20Advocacia. Acesso em 1º/05/2024

MUÑOZ, Ramón, As redes sociais e o ambiente de trabalho, *El País*, Madri, tradução de Luiz Roberto Mendes Gonçalves, *in* www.relacoesdotrabalho.com.br/profiles/blogs/no-uol-noticias-as-redes. Consulta feita em: 7 dez. 2012.

NASCIMENTO, Amauri Mascaro. *Compêndio de Direito Sindical*. São Paulo: LTr, 2000.

NEWPORT, Cal. Trabalho focado: como ter sucesso em um mundo distraído. 1ª ed. Rio de Janeiro: Alta Books, 2018.

OBSERVATÓRIO SOCIAL. In http://www.observatoriosocial.org.br/conex2/?q=node/4625 Consulta feita em 06/09/2012.

OIT. Convenção 190 file:///C:/Users/c051037/Downloads/wcms_807561%20(1).pdf Consulta feita em 24/6/2024.

OLIVEIRA, Paulo Eduardo V. *O Dano Pessoal no Direito do Trabalho,* São Paulo, LTr, 2002.

OLIVEIRA, Sebastião Geraldo de. *Indenizações por Acidente do Trabalho e Doenças Ocupacionais,* LTr, São Paulo, 2005.

PACETE, Luis Gustavo. Vide https://forbes.com.br/forbes-tech/2023/03/brasil-e-o-terceiro--pais-que-mais-consome-redes-sociais-em-todo-o-mundo/#:~:text=O%20estudo%20mostra%20que%20esses,Estados%20Unidos%2C%20M%C3%A9xico%20e%20Argentina Acesso em 1º/05/2024.

PANCOTTI, José Antonio. A Nova Competência da Justiça do Trabalho, *in Revista LTr,* São Paulo, vol. 69, janeiro 2005.

PAIVA, Mário Antonio Lobato de. *A dignidade e consciência do empregado frente aos interesses patrimoniais e comerciais da empresa.* Consulta em 27.07.2010 *in* http://www.buscalegis.ufsc.br/revistas/index.php/buscalegis/article/viewFile/30377/29751.

PAMPLONA FILHO, Rodolfo. *O Assédio Sexual na Relação de Emprego,* LTr, São Paulo, 2001.

PAULI, Fernando de Morais. *Breves considerações sobre a possibilidade de obrigar a permanência dos empregados na sede da empresa durante o horário destinado ao período de intervalo intrajornada sob o argumento do consumo excessivo de álcool por alguns dos funcionários. In* http://www.marcosmartins.adv.br/artigos/280706.pdf. Consulta feita em 06/09/2012.

PEREIRA, Caio Mário da Silva. *Responsabilidade Civil,* 4ª ed., Forense, Rio de Janeiro, R.J., 1993.

PEREIRA, Caio Mário da Silva. *Instituições de Direito Civil,* vol. III, 7ª ed., Forense, Rio de Janeiro, 1986.

PINHO PEDREIRA. A Reparação do Dano Moral no Direito do Trabalho, *Revista LTr* n. 55, 1991; PONTES DE MIRANDA. *Tratado de Direito Privado,* 2ª ed., Borsói, Rio de Janeiro, XXVI.

PLÁ RODRIGUES, Américo. *Curso de Direito do Trabalho,* LTr, São Paulo, 1982.

PONTES DE MIRANDA, *Comentários ao Código de Processo Civil,* Forense, RJ, Tomo IV, 1974.

RAQUEL TAVARES DOS REIS, *Liberdade de Consciência e de Religião e Contrato de Trabalho do Trabalhador de Tendência,* Coimbra Editora.

RAQUEL TAVARES DOS REIS, *Direitos, Liberdades e Garantias da Pessoa do Trabalhador Despedido em Razão da sua Conduta Extralaboral, Gestão e Desenvolvimento,* 10(2001), 95-127. Consulta realizada em 27.07.21010, *in* http://www.estig.ipbeja.pt/~ac_direito/gestaodesenvolvimento10_95.pdf.

REALE, Miguel. *O Projeto de Código Civil,* ed. Saraiva, 1986.

REALE, Miguel. *Temas de Direito Civil,* "O Dano Moral no Direito Brasileiro", RT, São Paulo, 1992.

REALE, Miguel. *Filosofia do Direito,* 11ª edição, Saraiva, São Paulo, 1986.

REIS, Clayton. *Dano Moral,* 4ª edição, Forense, Rio de Janeiro, 1994.

REIS, Clayton. *Os Novos Rumos da Indenização do Dano Moral,* Forense, Rio de Janeiro, 2002.

REIS, Ricardo; FEIJÓ, Carmem. *Uso de redes sociais repercute no ambiente de trabalho. In* http://www.relacoesdotrabalho.com.br/profiles/blogs/no-tst-uso-de-redes-sociais-repercute-no-ambiente-de-trabalho. Acesso em 20/11/2012.

REIS, Raquel Tavares dos. Direitos, liberdades e garantias da pessoa do trabalhador despedido em razão da sua conduta extra-laboral In https://revistas.ucp.pt/index.php/gestaoedesenvolvimento/article/view/69 Consulta em 24/6/2024

RIPERT, Georges. *A Regra Moral nas Obrigações Civis*, trad. de Osório de Oliveira, Bookseller, Campinas, 2000.

ROCHA, Renan. A relação de causalidade no direito penal. COLEÇÃO CIÊNCIA CRIMINAL CONTEMPORÂNEA Coordenação: Cláudio Brandão. D'Placido editora, Belo Horizonte, MG, 2016.

RODRIGUES, Américo Plá, *Curso de Direito do Trabalho*, LTr, 1982.

ROMITA, Arion Sayão. *Direitos Fundamentais nas Relações de trabalho*, LTr, São Paulo, 2005.

ROMITA, Arion Sayão *in Competência da Justiça do Trabalho*, Genesis, 2005.

ROSENVALD, Nelson e Braga Netto, Felipe. Responsabilidade Civil – Teoria Geral. Editora Foco, Indaiatuba, SP, 2024.

SAMPAIO, José Adércio Leite. *Direito à Intimidade e à Vida Privada*, Del Rey, BH, 1998.

SERPA LOPES, Miguel Maria de, *Curso de Direito Civil*, vol.II, 5ª ed., revista e atualizada pelo Prof.José Serpa Santa Maria, Livraria Freitas Bastos S.A., Rio de Janeiro, RJ.

SERPA LOPES, Miguel Maria de. *Curso de Direito Civil*, 2ª. ed., Freitas Bastos, Rio de Janeiro, 1962.

SIQUEIRA, José Francisco. *Liberdade Sindical e Representação dos Trabalhadores nos Locais de Trabalho*, LTr, São Paulo, 2000.

SILVA, José Afonso da. *Curso de Direito Constitucional Positivo*, RT, São Paulo.

SILVA, Wilson Melo da. *O dano moral e sua reparação* (tese). Belo Horizonte: Faculdade de Direito da UFMG, 1949.

SILVA, Luiz de Pinho Pedreira. *A Reparação do Dano Moral no Direito do Trabalho*, LTr, São Paulo, 2004.

SINPAF In http://www.sinpaf.org.br/13/01/trabalhadores-de-campo-sao-mantidos-em-situacao-analoga-a-de-carcere-privado-no-amazonas/ Consulta feita em 06/09/2012.

SÜSSEKIND, Arnaldo. *Tutela da Personalidade Jurídica do Trabalhador*, Revista LTr n. 59, maio/95.

SÜSSEKIND, Arnaldo Lopes. *Direito Constitucional do Trabalho*, Renovar, Rio de Janeiro.

SZANIAWSKI, Elimar. *Direitos da Personalidade e sua Tutela*, RT, São Paulo, 1993.

TEIXEIRA FILHO, João de Lima, *Instituições de Direito do Trabalho*, vol.1º, 20ª ed, LTr, 2002.

URIARTE, Oscar Ermida. *Teoria da Discriminação nas Relações de Trabalho*, *Campus* Jurídico, 2011, Prefácio, XII.

VALENTE, Cláudia Valente, *in* http://www.jusbrasil.com.br/topicos/887251/alegada-perseguicao-por-motivos-politicos-nao-comprovacao.

VENOSA, Silvio de Salvo. *Direito Civil* – Responsabilidade Civil, 3ª ed., Atlas, 2003.

VIANA, Márcio Túlio. *Direito de Resistência*, LTr, 1996.

VILLAHERMOSA, Alfonso. *Privacidad Laboral, in* www.alfa-redi.org/revista/data/49-14.asp. Consulta feita em 08.07.02.

VON JHERING, Rudolf. *L'Esprit du Droit Romain*, vol. I, n. 53.

VON JHERING, Rudolf. Actio injuriarum *des lésions injurieuses en droit romain (et en droit français)*. Trad. Meulenaere. Paris: Chevalier, 1888.

WALD, Arnoldo. *Obrigações e Contratos*, 15ª ed., Malheiros, 2001.

WALD, Arnoldo. *Curso de Direito Civil Brasileiro*, vol. II, 10ª ed. rev., atualizada e ampliada com a colaboração de Semi Glanz, Ed.R.T., São Paulo, 1992.

WANDERLEY, Carolina de Castro. Direitos Autorais e Trabalhistas. *In* http://direitoculturalcuritiba.blogspot.com/2007/11/direitos-autorais-e-trabalhistas.html. Consulta realizada em 21/09/2010.

ZENUN, Augusto. *Dano Moral e sua Reparação,* Forense, Rio de Janeiro, 1994.

EDITORA JusPODIVM
www.editorajuspodivm.com.br

Impresso por:

Docuprint

CNPJ 01.036.332/0001-99

JUS3699